D1656754

HEYNE
NON FICTION

Plato (427–347 v. Chr.).
War er der Erfinder oder Historiograph von Atlantis?

de Camp

Versunkene Kontinente

Von Atlantis, Lemuria und anderen untergegangenen Zivilisationen

WILHELM HEYNE VERLAG
MÜNCHEN

HEYNE-BUCH Nr. 7010
im Wilhelm Heyne Verlag, München

Titel der amerikanischen Originalausgabe:
LOST CONTINENTS
Deutsche Übersetzung von Brigitte Straub

Printed in Germany 1975
Fotos: Süddeutscher Bilderdienst
Umschlaggestaltung: Atelier Heinrichs, München
Gesamtherstellung: Presse-Druck, Augsburg

ISBN 3–453–00504–X

Für Catherine Crook de Camp
die beste aller Ehefrauen

Dank schulde ich Conrad Aiken für die Erlaubnis, aus *Priapus and the Pool* und *Senlin* zitieren zu dürfen; der Macmillan Company für die Genehmigung, John Masefields *Fragments* zu verwenden; der J. B. Lippincott Company, die mir die Erlaubnis erteilte, aus Noyes' *Forty Singing Seamen* zu zitieren, und den Otis Kline Associates, den literarischen Agenten von Robert E. Howard, die es mir ermöglichten, ein Gedicht von E. Howard in das Buch aufzunehmen; ferner John Wiley & Sons für die Reproduktionserlaubnis einer paläographischen Karte aus Dr. Charles Schucherts *Outlines of Historical Geology*. Einige Passagen dieses Buches wurden zuvor in *Astounding Science Fiction, Galaxy Science Fiction, National History Magazine, Other Worlds Science Stories* und dem *Toronto Star* veröffentlicht. Für die Nachdruckerlaubnis danke ich den Herausgebern. Einiges Material, das in dem Buch Verwendung fand, stammt aus Vortragsmanuskripten. Für Kritik und Anregung habe ich zu danken: Everett F. Bleiler, Bernard de Voto, Evelyn Payne Hatcher, L. Don Leet, Willy Ley, Garrett Mattingly, P. Schuyler Miller und Victor Wolfgang von Hagen sowie Oswald Train, der mir reichliches Quellenmaterial aus seiner Bibliothek zur Verfügung stellte.

L. Sprague de Camp

INHALT

1

ATLANTIS

Einst, aus unsterblichem Chaos geboren,
erhob sich eine Insel aus den Fluten der Weltenmeere
mit Türmen aus Topas und schimmernden Perlmutt-Bäumen,
Traumbild der Frauen, Schrecken der Krieger.

Vor Urzeiten versank sie im Meer,
um nun, in unermeßlichen Tiefen,
von Seeschlangen umspielt,
mit ihren verwaschenen Mosaiken den Meerestieren als Heimstatt zu dienen.

AIKEN*)

Die Menschheit hat sich seit jeher nach einem Land gesehnt, in dem Milch und Honig fließen und Frieden und Gerechtigkeit herrschen. Da dies in unserer Welt nicht realisierbar zu sein scheint, dachte man sich den Garten Eden aus, Utopia oder das Goldene Zeitalter. In früheren Zeiten wurden diese Wunschbilder in die Vergangenheit verlagert oder in noch unentdeckten Welten angesiedelt. Heutzutage, da uns nur wenige unerforschte Plätze auf Erden verbleiben und diese wenig einladend sind, werden solche Utopien als Visionen in die Zukunft projiziert oder deren Existenz auf anderen Planeten angenommen.

Viele dieser visionären Träume wurden zu Papier gebracht, wobei manche Autoren, um ihren Gedankenspielereien mehr Nachdruck zu geben, diesen den Anschein von Authentizität verliehen. Dies hatte leider zum Ergebnis, daß manche Leser Schwierigkeiten hatten, Wahrheit und Fiktion auseinanderzuhalten. Als zum Beispiel Sir Thomas More im 16. Jahrhundert sein rasch zu Berühmtheit gelangendes Buch »Utopia« veröffentlichte – die Geschichte eines imaginären Inselstaates, in dem die Bevölkerung in schlichter Tugendhaftigkeit lebt –, kam er nicht wenig in Ver-

*) Aus *Priapus and the Pool* von Conrad Aiken, erschienen in *Selected Poems* (1929).

legenheit, als ein übereifriger Zeitgenosse namens Budé ihm mitteilte, daß Missionare nach Utopia entsandt worden seien, um dessen Bevölkerung zu christianisieren! Nachdem G. B. McCutcheon seine »Graustark«-Geschichten herausgebracht hatte, erreichte ihn eine wahre Flut von Briefen, in denen sich Begeisterte danach erkundigten, wie man nach Graustark gelangen könne. Ferner wurden ernsthaft Einwände gegen bestimmte Darstellungen seines imaginären balkanesischen Königreiches erhoben. Offensichtlich hatte keiner dieser Leser je einen Blick auf die Landkarte getan.

Von all den Schöpfern fantastischer Welten hatte der griechische Philosoph Aristokles, Sohn des Ariston, bekannt unter dem Namen *Plato*, den nachhaltigsten Einfluß. Er war entweder der Erfinder oder aber der Historiograph von *Atlantis*. Seine Geschichte von Atlantis, die zu seiner Zeit wenig Aufsehen erregte, vermochte die Menschen späterer Jahrhunderte so zu inspirieren, daß bis in unsere Tage bei Nennung des Namens *Atlantis* das Bild einer besseren Welt auf hoher Kulturstufe (die beklagenswerterweise dahingegangen ist) in Tausenden von Gehirnen beschworen wird, denen der Name Plato nicht das geringste sagt.

An die zweitausend Bücher und Artikel wurden über Atlantis und andere hypothetische Kontinente geschrieben. Ihr Inhalt reicht von ernsthaftesten wissenschaftlichen Überlegungen bis zu den fantastischsten Hirngespinsten. Forscher reisten Tausende von Kilometern, um Reste der Atlantis-Kultur, wie sie uns Plato darstellte, aufzuspüren. Geologen haben ungezählte Arbeitsstunden darauf verwandt, durch Untersuchungen der Erdkruste herauszufinden, ob Kontinente sich heben oder absinken, und, wenn dem so ist, warum. Und gewiß nicht wenige gewöhnliche Sterbliche haben sich ebenfalls mit Atlantis beschäftigt.

Vor nicht allzu langer Zeit hat eine Gruppe englischer Zeitungsleute das Wiederauftauchen von Atlantis an die vierte Stelle der »wichtigsten vorstellbaren Nachrichten« gesetzt – fünf Positionen vor »Eine zweite Wiedergeburt Christi«. Astronomen haben einer bestimmten Marsregion den Namen »Atlantis« verliehen (neben anderen Bezeichnungen aus der klassischen Mythologie). Der Name diente einigen Periodika als Titel usw. . . . Offensichtlich übt die Vorstellung von Atlantis auf den menschlichen Geist eine faszinierende Wirkung aus, und ich würde es nicht für unangemessen halten, wenn wir die Existenz oder Nichtexistenz von Atlantis in unsere Überlegungen über die Herkunft des Menschen und den Ursprung menschlicher Zivilisation mit einbeziehen würden.

Mag sein, daß die Unwahrscheinlichkeit der Atlantis-Idee einen Teil ihrer Attraktion ausmacht. Es ist wohl eine Art Eskapismus, der Menschen dazu veranlaßt, mit Zeitaltern und Kontinenten zu spielen wie ein Kind mit Bauklötzen.

Da viele Menschen bislang nur vage etwas von der Theorie versunkener Kontinente gehört haben, ohne je in die historischen und wissenschaftlichen Voraussetzungen eingedrungen zu sein, möchte ich in vorliegendem Buch versuchen, die Geschichte der Idee von Atlantis und dessen Schwesterreichen *Mu* und *Lemuria* darzustellen. Wo hat die Atlantis-Geschichte ihren Ursprung? Handelt es sich dabei um einen Tatsachenbericht, um eine Fiktion oder eine Fiktion, die auf Tatsachen beruht? Was ist dran an den verschiedenen Theorien von versunkenen Kontinenten? Existierten Atlantis oder Lemuria überhaupt je? Wenn nicht, warum dann diese merkwürdige Besessenheit der Menschen, an der Vorstellung verschwundener Kontinente festzuhalten? Ich kann Ihnen nicht versprechen, letzte Antworten auf diese Fragen geben zu können. Aber einiges werden Sie dennoch erfahren.

Zunächst einmal lassen Sie uns die Atlantis-Geschichte in ihrer frühesten uns überlieferten Form betrachten: Um das Jahr 355 v. Chr. schrieb Plato zwei sokratische Dialoge, *Timaios* und *Kritias*, welche die Atlantis-Story in ihren Grundzügen enthalten. Zu dieser Zeit war Plato in den Siebzigern und hatte einiges hinter sich – Sklaverei und Freilassung eingeschlossen, ebenso einen wenig erfolgreichen Versuch, seine Staatsideen am Hof des Tyrannen von Syrakus durchzusetzen. Viele Jahrzehnte hindurch hatte er in Athen gelehrt und in dieser Zeit eine Reihe von philosophischen Schriften verfaßt: Dialoge zwischen seinem alten Lehrer Sokrates und dessen Schülern, welche sich mit Politik, Moral und semantischen Problemen befaßten.

Sokrates ist der Hauptredner in vielen dieser Dialoge; dennoch läßt sich nicht mit Bestimmtheit sagen, ob die darin vertretenen Gedankengänge von ihm oder von Plato stammen. Wenn wir auch manche der Ideen von Plato heutzutage als unzureichend oder verwerflich empfinden – er verhöhnte die experimentelle Wissenschaft und redete einer Regierungsform das Wort, die wir als ›faschistoid‹ oder ›technokratisch‹ bezeichnen würden –, so kommen wir dennoch nicht um die Feststellung herum, daß er in gewissen Gebieten menschlichen Denkens bahnbrechend wirkte.

Einige Jahre zuvor hatte er seinen berühmtesten Dialog *Der Staat* verfaßt, worin er seine Vorstellungen von einem idealen Staatswesen entwickelte. *Timaios* sollte eine Fortsetzung von *Der Staat* sein. Wir finden darin die gleichen Personen wieder, die sich im Hause von Platos Großonkel oder Vetter Kritias versammelt haben, und zwar am Tage nach der Diskussion um den *Staat*. Die Zusammenkunft wird in das Jahr 421 v. Chr. verlegt, als Sokrates noch nicht fünfzig war und Plato ein kleiner Junge. Die Personen sind: Sokrates, Kritias, Timaios und Hermokrates. Kritias, Platos Verwandter, war talentierter Historiker und Dichter einer- und ein gerissener Politiker andererseits, Anführer der »Dreißig Tyrannen«, die über Athen eine Zeit des Terrors verhängten, nachdem der Stadtstaat im Peloponnesischen Krieg von Sparta besiegt worden war. Timaios (nicht zu verwechseln mit dem später lebenden Historiker gleichen Namens) war ein Astronom aus Locri in Italien, Hermokrates ein im Exil lebender General aus Syrakus.

Timaios war als das erste Buch einer Trilogie konzipiert, in dem zunächst Timaios über die Erschaffung der Welt und die Natur des Menschen nach der pythagoreischen Philosophie zu Wort kam. Danach erzählt Kritias die Geschichte des Krieges zwischen Atlantis und Athen. Als letzter sollte Hermokrates sich mit demselben Sujet befassen – wie anzunehmen ist, mit der militärischen Seite des Krieges zwischen Athen und Atlantis, nachdem Kritias die theologischen und politischen Aspekte behandelt hatte. Es ist wahrscheinlich, daß Plato, ein ausgemachter Militarist, etliche Diskurse darüber im Kopfe hatte. Doch die Trilogie wurde nie vollendet. Einige Zeit (mag sein Jahre), nachdem er *Timaios* beiseite gelegt hatte, beschäftigte sich Plato intensiv mit *Kritias*, ließ aber das ganze Projekt fallen, bevor er die Sache beendet hatte, und machte sich statt dessen an sein letztes Werk, *Die Gesetze*.

Timaios beginnt damit, daß Sokrates und Timaios auf den Diskurs von Sokrates vom Vortage in *Der Staat* zurückkommen. Dann führt Hermokrates aus, daß Timaios, Kritias und er bereit seien, über Mensch und Universum zu sprechen, vor allen Dingen sei dazu jedoch Kritias in der Lage, der bereits eine Geschichte erwähnt habe, die »aus alter Überlieferung stamme«.

Aufgefordert, Einzelheiten darzutun, erzählt Kritias die Geschichte, die dem bereits legendären Staatsmann Solon in Ägypten zu Ohren gekommen sei, wohin es diesen, nachdem seine Maßnahmen zur Reform der attischen Verfassung eine zu große Unruhe hervorgerufen hatten, verschlug. Nach seiner Rückkehr nach Athen vertraute er sie seinem Bruder Dropides, Kritias' Urgroßvater, an, der sie wiederum an seinen Nachkommen weitergab. Ursprünglich hatte Solon die Absicht gehabt, daraus ein Epos zu verfassen, doch wegen seiner politischen Aufgaben fand er dazu nie die Zeit.

Während seines Ägypten-Aufenthaltes hielt sich Solon auch in Saïs auf, der Hauptstadt des ihm wohlgesonnenen Königs Aahmes. (Eine Diskrepanz ist anzumerken: Solon, so kann angenommen werden, unternahm seine Reise zwischen 593 und 583 v. Chr., während Aahmes II. von 570 bis 526 regierte. Doch ist dies in unserem Zusammenhang nicht von Interesse.) Hier geriet der Grieche mit einer Gruppe von Priestern der Göttin Isis (die für die Ägypter das bedeutete, was die Kriegsgöttin Athene für die Griechen war) in eine Diskussion um die Entstehung der Welt. Als Solon sie dadurch zu beeindrucken suchte, daß er auf die griechische Überlieferung von Deukalion und Pyrrha und der Großen Flut zu sprechen kam, lachte ihn der Ältestenpriester (nach Plutarch trug er den Namen Sonchis) aus. Die Griechen seien Kinder, meinte er; sie besäßen keine Geschichte, da sämtliche Überlieferungen durch die periodisch auftretenden Feuersbrünste und Flutkatastrophen, die die Welt heimgesucht hätten, unmöglich gemacht worden seien. Allein in Ägypten, das vor solchen Mißgeschicken bewahrt worden sei, gingen die Überlieferungen auf den Anbeginn der Welt zurück.

Der Priester fuhr fort, Solon darüber aufzuklären, daß Athene 9000 Jahre zuvor (das wäre ungefähr 9600 v. Chr.) ein großes attisches Königreich begründet hätte, das nach göttlichen Gesetzen regiert worden sei (wie sie Plato in seinem *Staat* fixierte). Eine Militärkaste habe nach ›kommunistischen‹ Prinzipien den Staat regiert, und jedermann sei mutig, wohlgestalt und tugendhaft gewesen.

Zu jener Zeit habe auf einer Insel, die westlich der »Säulen des Herakles« (der Meerenge von Gibraltar) lag, das mächtige Königreich Atlantis existiert. Die Insel sei in ihrer Ausdehnung größer gewesen als Nordafrika und Vorderasien zusammengenommen. Kleinere Inseln hätten sie umgeben. In jenen Tagen habe man, indem man den weitläufigen Archipel Insel für Insel hinter sich

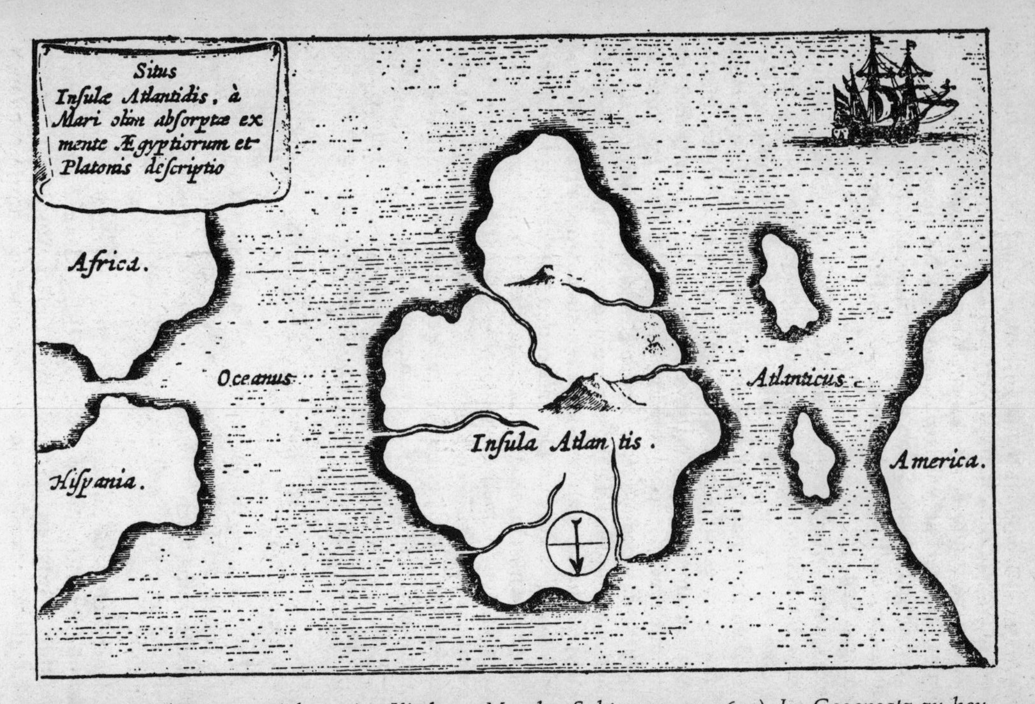

Karte von Atlantis aus Athanasius Kirchers ›Mundus Subterraneus‹ 1644). Im Gegensatz zu heutigen Karten ist Süden oben und Norden unten.

brachte, den Riesen-Kontinent jenseits von Atlantis erreichen können.

Die Atlantis-Bewohner, nicht zufrieden damit, ihr eigenes Inselreich zu bewohnen, hätten versucht, die ganze mediterrane Welt zu erobern, und ihre Herrschaft bereits bis Ägypten und Italien ausgedehnt, als sie von den kühnen Athenern besiegt wurden. Danach hätten ein gewaltiges Erdbeben und eine Flutkatastrophe Athen verwüstet, die attische Armee dezimiert und die Wogen des Atlantischen Ozeans Atlantis verschlungen. Von da ab seien die Gewässer westlich von Gibraltar wegen der Untiefen, die die Insel hinterlassen habe, nicht mehr für Schiffe befahrbar gewesen.

Kritias berichtet sodann, daß er die ganze Nacht wachgelegen habe, um sich die Einzelheiten dieser Geschichte in die Erinnerung zurückzurufen, da sie dazu geeignet sei, das zu illustrieren, was Sokrates am Vortage vorgetragen habe. Er fährt fort: »Die Stadt und ihre Einwohner, die du uns gestern beschrieben hast, als handle es sich um eine Sage, können wir nun in einem Reich der Wirklichkeit ansiedeln; wir können annehmen, daß diese Stadt die Stadt ist, die du uns vor Augen geführt hast, und die Einwohner, die du beschrieben hast, sind in Wirklichkeit unsere Vorfahren, von denen der Priester erzählte.«

Sokrates ist begeistert, vor allem von der Feststellung, daß alles »nicht erdacht, sondern geschichtliche Wirklichkeit« sei. Doch Kritias möchte nun, daß zuerst Timaios seine Ansichten vorträgt. So ergreift dieser das Wort und widmet den Rest seiner langen Ausführungen den pythagoreischen Lehren: den Bewegungsabläufen des Sonnensystems, den Atomen mit den vier Elementen, der Erschaffung der Menschheit und der Funktion von Körper und Seele.

In *Kritias* hat Kritias Gelegenheit, seine Darlegungen wieder aufzunehmen. Er spricht davon, wie die Götter die Welt unter sich aufteilten, wobei Athene und Hephaistos Athen erhielten und den attischen Staat ins Leben riefen (der Platos Intentionen in seinen Grundzügen entsprach), dessen Arbeiter und Bauern unglaublich fleißig und dessen Verteidiger schier unfaßbar edelmütig waren. Doch nicht genug damit, Griechenland selbst war in diesen Tagen größer und fruchtbarer. Eine der Platoschen Widersprüchlichkeiten ist, daß in *Timaios* Athen 9000 Jahre vor Solon gegründet wurde, während in *Kritias* davon die Rede ist, daß »viele Generationen« nach dieser Gründung Atlantis versank – und zwar ebenfalls 9000 vor Solons Erdendasein.

Wie dem auch sei, mittlerweile war Poseidon, dem Meeresgott, dem Gott des Erdbebens und der Reitkunst, Atlantis zum Aufenthaltsort zugeteilt worden. Atlantis war zu der Zeit von einem Paar bewohnt – Euenor und Leukippë –, das der Erde entsprungen war und eine Tochter namens Kleito besaß. Als das Paar starb, tat sich Poseidon, ungeachtet der Tatsache, daß er bereits Gemahl von Amphitrite, einer der Töchter des Okeanos, des Herrn des Weltstromes, war, mit Kleito zusammen und lebte mit ihr auf einem Hügel der Insel Atlantis. Um die Geliebte in Sicherheit zu wissen, umgab er den Hügel mit konzentrischen Wällen und Wassergräben. Überdies stattete er den Hügel mit kalten und heißen Quellen aus, die aus unterirdischen Flüssen gespeist wurden. (Die Griechen hatten kühne Vorstellungen, was unterirdische Flußläufe betraf. So nahmen sie zum Beispiel an, daß der Fluß Alpheios in Westgriechenland, das Vorbild von Coleridges »Fluß Alph«, unter der Adria verlaufe und als Quelle in Arethusa in Sizilien wieder entspringe.)

Poseidon, fruchtbar wie alle Götter, hatte mit Kleito zehn Söhne – fünf Zwillingspaare. Als sie erwachsen waren, teilten sie Atlantis und die umliegenden Inseln unter sich auf und regierten darüber in einem Königsbund. Der älteste von ihnen, Atlas (nach dem Atlantis benannt wurde), war der Anführer. Atlas' Bruder Gadeiros (griech. Eumelos, d. h. »reich an Schafen« oder »reich an Früchten«) erhielt als seinen Anteil die Region Gadeira (woraus Gades oder Cadiz wurde) in Spanien. Plato macht darauf aufmerksam, daß Solon die Atlantis-Namen ins Griechische übertrug, um sie so für seine Hörer merkbarer zu machen. Irgend jemand muß dabei sprachlich nicht sehr auf Draht gewesen sein, denn »Gadeira« ist offensichtlich phönizischen Ursprungs und bedeutet »Hecke«.

Da die Könige fruchtbar waren und ihr Land reich an landwirtschaftlichen Erträgen, Bodenschätzen und Elefanten, wurde Atlantis mit der Zeit zu einer beachtlichen Macht. Die Herrscher und ihre Nachfahren errichteten die Stadt Atlantis an der Südküste des Kontinents. Die Metropole war kreisförmig angelegt und hatte einen Durchmesser von ca. 24 Kilometern. Kleitos Hügel lag im Zentrum, noch immer umgeben von konzentrischen Wassergräben und Wällen (zwei Wälle, drei Wassergräben). Die Schutzanlage hatte einen Radius von ca. drei Kilometern. Die Herrscher bauten Brücken, um die Landwälle miteinander zu verbinden, und Tunnel, die groß genug waren, um Schiffe von einem Wassergraben zum anderen passieren zu lassen. Die Landeplätze der Stadt lagen an der Peripherie des äußeren Wasserrings. Ein Kanal von mächtiger Breite durchzog die Stadt und verband den Meerhafen am Südende mit einer weitläufigen, rechtwinkligen Ebene, die bewässert wurde, im Norden. Diese Ebene hatte eine Ausdehung von 370 beziehungsweise 547 Kilometern und wurde im Norden von hochaufragenden Bergen begrenzt. Sie war in quadratische Parzellen aufgeteilt, die Bauern zur Bestellung zugeteilt wurden. Aus diesen Bauern rekrutierten sich wiederum die Soldaten für die Armee von Atlantis – für die schwere Infanterie, die Kavallerie und die Streitwagen-Einheiten (Tausende von Jahren, bevor Kavallerie und Streitwagen erfunden wurden).

Ein antikes Symbol: das sogenannte »Atlantis-Kreuz«, das in schematischer Darstellung die Hauptstadt Atlantis, umgeben von den drei Wällen mit dem Wasserweg als Hauptachse, zeigt.

Auf der Hauptinsel errichteten die Könige einen königlichen Palast und auf dem geheiligten Fleckchen Erde, wo Poseidon mit Kleito gelebt hatte, einen Tempel, der von einer goldenen Mauer umgeben war. Zwischen den Wällen befanden sich Parks, Tempel, Unterkünfte für die Dienerschaft, Rennplätze und andere Einrichtungen zur öffentlichen Vergnügung. Sämtliche Bauwerke waren verschwenderisch mit Gold, Silber, Messing, Zinn, Elfenbein und dem geheimnisvollen Metall *oreichalkon* (das »wie Feuer glüht«) geschmückt.

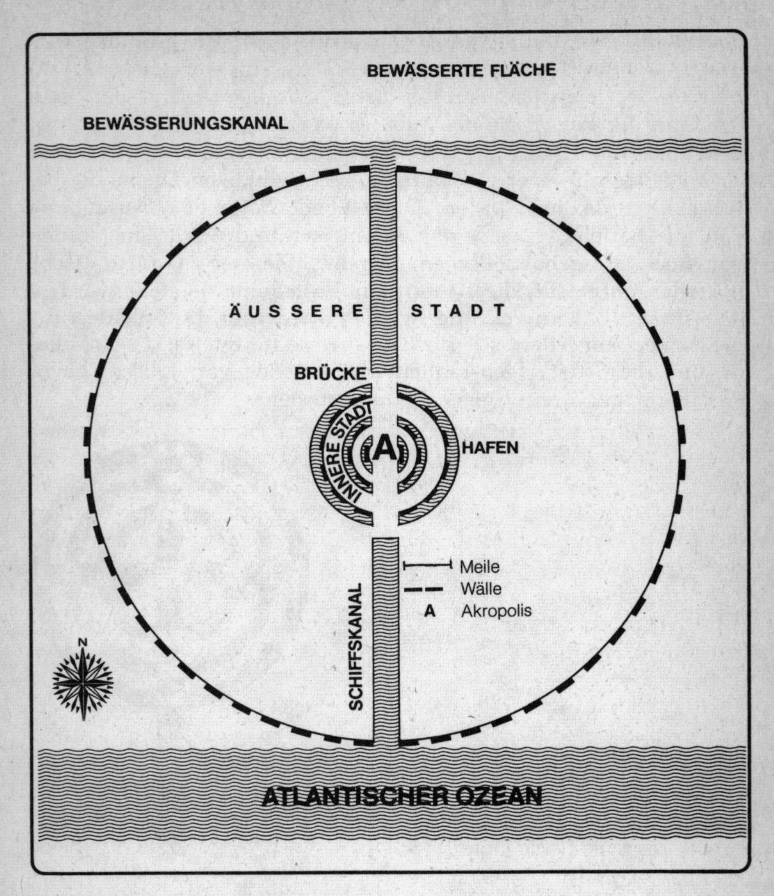

Die Stadt Atlantis nach der Beschreibung in Platos ›Kritias‹.

Beachtenswert ist, daß Plato weder Leuchtfeuer noch Landelichter noch Flugzeuge erwähnt, die einige fantasiebegabte moderne Atlantis-Chronisten den verschollenen Inselbewohnern zuschreiben. Das einzige Seefahrzeug, das genannt wird, ist die Trireme (auch Triëre, ein Schiffstypus, der, so wird überliefert, von Ameinokles von Korinth 700 v. Chr. erfunden wurde). Außer *oreichal-*

kon beschreibt er nichts, was nicht zu seiner Zeit bekannt gewesen wäre. Orichalk (wörtlich »Gebirgsbronze«) wurde noch nicht einwandfrei identifiziert. Die Beschreibung durch klassische Schriftsteller legt den Schluß nahe, daß es sich um eine außerordentlich gelungene Kupfer- oder Messinglegierung handelte.

Die Herrscher trafen sich abwechselnd alle fünf oder sechs Jahre, um über Staatsfragen zu beraten. Sie versammelten sich im geheiligten Tempelbezirk des Poseidon, ließen einen Bullen mit einem Lasso einfangen, opferten ihn mit großem Zeremoniell und hielten ein Bankett ab. Danach hüllten sie sich in dunkelblaue Gewänder, löschten das verglühende Heilige Feuer und verbrachten den Rest der Nacht damit, im Kreise sitzend Urteile zu fällen. Am folgenden Morgen wurden ihre Entscheidungen auf goldenen Tafeln für die Nachwelt festgehalten.

Viele Jahrhunderte hindurch waren die Atlantis-Bewohner tugendhaft — wie die Athener jener Tage. Doch im Laufe der Zeit, da das göttliche Blut Poseidons, das in ihren Adern floß, immer dünner wurde, kam es zu einem moralischen Abstieg. Göttervater Zeus, dem ihre verruchten Wünsche und Begierden nicht verborgen blieben, beschloß, sie zu züchtigen, um hinfort wieder auf ihr Wohlverhalten zählen zu können. Er rief die Götter in seinen Palast im Zentrum des Universums, um die Angelegenheit mit ihnen zu besprechen. ». . . und als sie versammelt waren, sprach er zu ihnen . . .«

Damit endet Platos Dialog *Kritias* mitten im Satz. Somit werden wir niemals die Einzelheiten des Krieges zwischen Athen und Atlantis erfahren.

Was liegt uns damit nun vor? Eine Mythe, mit der Plato seine philosophischen Ideen veranschaulichen wollte? Oder ein historischer Tatsachenbericht eines in grauer Vorzeit existierenden Kontinents, der von der ägyptischen Priesterschaft und Solon — wie beschrieben — überliefert wurde? Oder eine mündliche Überlieferung, die von den Ägyptern, Solon, Dropides oder Plato ausgeschmückt wurde?

Es gibt eine ganze Menge Möglichkeiten als Antwort. Vielleicht wurde die Geschichte Solon so erzählt, wie Plato es beschrieb, war aber von den Priestern, die es mit der Wahrheit nicht so genau nahmen, erfunden worden, um Besucher zu unterhalten. Andererseits behaupten einige Geschichtsschreiber, daß Plato, ebenso wie Solon, Ägypten besucht und dort mit Priestern gesprochen habe.

Es taucht dabei sogar ein Name auf — Pateneit von Saïs. Dies ist nicht ausgeschlossen, auch wenn sich in Platos Aufzeichnungen keinerlei Hinweise auf eine derartige Reise findet. Doch er reiste gern; indes ist auch zu bedenken, daß es zu jener Zeit üblich war, griechischen Philosophen eine Ägyptenreise zuzuschreiben, ob sie nun eine solche unternommen hatten oder nicht. Sollte er wirklich eine solche gemacht haben, konnte ihm die Geschichte in Ägypten zu Ohren gekommen sein, und er mag sie, als er sie aufschrieb, mit der Erzählung von Solon verquickt haben, um ihr den Glanz der Vergangenheit zu leihen.

Man sollte jedoch festhalten, daß vor Plato kein Schriftsteller von einem versunkenen Eiland im Atlantik zu berichten wußte und daß nur Platos Wort dafürsteht, daß ein unvollständiges Epos von Solon zu diesem Thema existierte. In der vorplatonischen, ziemlich schmalen Literatur der Griechen findet sich hierzu nichts und auch in den ägyptischen, phönizischen, babylonischen und sumerischen Überlieferungen nichts, die viele Jahrhunderte weiter zurückreichen als die griechische Zivilisation.

Selbstverständlich beweist das nicht, daß es eine solche Überlieferung nicht gab. Nur ein kleiner Teil der griechischen Literatur gelangte im Original zu uns. Schuld daran sind die Zerstörungen, die die Zeit bewirkte, Fahrlässigkeit, aber auch der Fanatismus früher Christen wie etwa der Papst Gregors I., der heidnische Literatur vernichten ließ, da sie seiner Meinung nach die Gläubigen von der Vorbereitung auf den Himmel abhielt. Da Lesenswertes handschriftlich auf unpraktischen, weil leicht zerstörbaren Papyrusrollen festgehalten wurde, bedurfte es schon außerordentlicher Umstände oder einfach des Glücks, um mehr als einige Jahrhunderte zu überstehen. Der Verlust wird, in gewissem Maße, dadurch aufgefangen, daß die griechischen Schriftsteller einander zu zitieren pflegten; dennoch, Hunderte von Büchern, die uns Dinge erzählen könnten, die wir zu wissen begehren, sind für immer verloren.

Einzelne Bestandteile von Platos Erzählung tauchen indessen bereits vor seiner Zeit auf. Zum Beispiel war Atlas eine Figur der alten griechischen Mythologie: Sohn des Titanen Iapetos (einer jener schlangenfüßigen Giganten, die die Götter des Olymps attackierten), Bruder von Prometheus und Epimetheus. Homer spricht von ihm als dem »listigen Atlas, der um die Tiefe des Meeres weiß und die Säulen trägt, die Himmel und Erde auseinanderhalten«. Wörtlich spricht der Dichter von Atlas, der die Säulen

»hat« *(echei)*, was in Griechenland soviel wie »besitzen«, »verantwortlich sein« oder »stützen« heißen konnte. Spätere Schriftsteller nahmen an, daß die letztere Definition stimme, und gingen in ihren Beschreibungen mehr ins Detail. So sprach der Dichter Hesiod davon, daß Atlas die Himmel mit seinem Haupt und seinen Armen trage, und griechische Dramatiker fügten hinzu, Atlas sei von Zeus dazu verdammt worden, weil er an der Rebellion der Titanen teilgenommen habe:

»Wo die Hesperiden singen,
vermag kein Seemann seine Reise fortzusetzen,
denn Neptun selbst wacht an den geheiligten Bezirken,
in denen Atlas unermüdlich sich bemüht,
der Himmel schwere Last zu tragen . . .«

Spätere klassische Schriftsteller versuchten, den Atlas-Mythos mit der Vernunft zu erklären, indem sie den Riesen zum Begründer der Astronomie erhoben. Einige christliche Theologen setzten ihn dem biblischen Enoch, Sohn des Kain, gleich.

Von Pleione, einer Tochter des Okeanos, hatte Atlas sieben Töchter, genannt die Atlantiden. (Die Einzahl »Atlantis« bedeutet »Tochter des Atlas«.) Diese, Alkyone, Merope, Kelaino, Elektra, Sterope, Taÿgete und Maia, wurden die Sterne der Plejaden.

Der andere Meeresgott, Poseidon, zeugte einen Sohn namens Lykos und siedelte diesen auf den »Inseln der Glückseligen«, irgendwo im Westen, an. In der klassischen Version der Atlas-Sage war Poseidon der Schwiegersohn von Atlas. Er war unsterblich und hätte damit ebensogut der Vater von Atlas sein können (zu dem Plato ihn macht).

Auf jeden Fall ist es sinnlos, sich irgendeinen substantiellen Aufschluß aus den Sagen zu erwarten. Dazu sind sie zu widerspruchsvoll, wenngleich im Verlaufe der kulturellen Entwicklung von eifrigen Gelehrten versucht wurde, ihnen eine vernunftgemäße Grundlage zu geben. Als eine Parallele zur Poseidon-Kleito-Romanze wurde Rhodos, von dem die Sage ging, es sei, aus den Tiefen des Meeres emporgetaucht, zum Wohnsitz von Poseidon bestimmt, »wo dieser sich in Halia verliebte, die Schwester des Telchines, und mit ihr sechs männliche Kinder und eine Tochter zeugte, die Rhodos benannt wurde«.

Herakles überredete Atlas dazu, ihm die Goldenen Äpfel der Hesperiden zu stehlen, wofür er versprach, ihn von seiner Last zu befreien. Doch mit einem Trick brachte Herakles den Giganten wieder dazu, das Himmelsgewölbe zu stemmen, und verschwand mit seinen Früchten. Schließlich verwandelte Perseus den armen Riesen in einen Felsen, indem er ihn dem Gorgonenblick aussetzte. So entstand das Atlas-Gebirge.

Es ist nicht sicher, ob diese Elemente der Atlas-Sage wirklich weit zurückreichen. Anzunehmen ist, daß die Vorstellung von Atlas, der das Himmelsgewölbe als eine Art Verbindungsmann zwischen Himmel und Erde trägt, bei den Griechen bereits existierte, als sie noch keine Vorstellung von den westlichen Gefilden des Mittelmeerraumes hatten. Atlas im Westen anzusiedeln und ihn mit einem Gebirge zu identifizieren, geschah wahrscheinlich erst später.

Die Rivalität zwischen Poseidon und Athene, die bei Plato die Umrisse eines Krieges zwischen Atlantis und Athen annimmt, geht ebenfalls auf frühere Zeiten zurück. Sie gehört zu den Standardmythen der griechischen Sagenwelt: Der Meeresgott machte seine Ansprüche geltend, indem er seinen Dreizack in die Akropolis stieß, wodurch an dieser Stelle (wie bei Moses) ein Quell entsprang. Athene indessen läßt einen Olivenbaum wachsen und wird zur Siegerin erkoren. Dieser Götterzank wurde zu einem vielvariierten Thema in der griechischen Kunst. Man könnte so weit gehen, zu sagen, bei Plato wurde Poseidon Atlantis als eine Art Trostpreis zuerkannt.

Verschiedene Geschichtsschreiber der Klassik, bei Herodot angefangen, berichten von primitiven Stämmen, die im Nordwesten Afrikas lebten. Sie nannten sie Atlantes, Atarantes oder Atlantioi — alles Namen, die Atlas ähneln.

Da sie sämtlich verzeichnen, daß die Atlantes keine Namen führen, niemals träumen und schlangenfüßige Wesen (die Titanen wurden schlangenfüßig gesehen) sowie kopflose Menschen, die ihre Gesichter auf der Brust tragen, zu Nachbarn haben, können die Autoren ihr Wissen kaum aus erster Hand bezogen haben. Diodoros von Sizilien erzählt eine ausführliche Geschichte von den Amazonen Nordafrikas (er unterscheidet sie sorgfältig von den asiatischen Amazonen Homers), welche auf der Insel Hespera im Tritonischen Sumpf lebten, ihrer Königin Myrina, die das benachbarte Atlantioi eroberte, und von den später auftauchenden Feinden, den Gorgonen. Nach Angaben dieses unkritischen Vielschreibers des 1. Jh. v. Chr. beanspruchten die Atlantioi Atlas, einen Sohn des Gottes Uranos, für sich. Sie benannten das Atlas-Gebirge und ihren Stamm nach ihm. Herakles rottete dann sowohl die Gorgonen als auch die afrikanischen Amazonen aus. Der Tritonische Sumpf verschwand nach einem Erdbeben.

Ferner erwähnen klassische Autoren des öfteren Inseln im Atlantik und Kontinente jenseits des Ozeans. Homer fing damit an, indem er Inseln wie Ääa und Ogygia westlich von Griechenland in mehr oder minder großer Negierung der geographischen Gegebenheiten über das Mittelmeer hinstreute. Später sprachen Geschichtsschreiber von Inseln im Atlantik; einige ließen dabei ihre Fantasie kräftig spielen, indem sie diese Eilande mit Wesen bevölkerten, die Pferdefüße hatten, oder mit Satyrn und Geschöpfen mit Ohren, die so groß waren, daß sie damit ihre Blöße bedekken konnten. Andere derartige Schilderungen beziehen sich ganz offensichtlich auf die Kanarischen Inseln, auf Madeira und, möglicherweise, die Azoren (auch die »Glücklichen Inseln« genannt). Diese waren den Karthagern bekannt und wurden von Genueser Seefahrern im 13. und 14. Jahrhundert wiederentdeckt.

Sie nahmen, ebenso wie Plato, an, daß der Ozean, der nach ihrer Meinung die Welt, wie sie damals bekannt war (also Europa, Asien und Afrika), umschloß, von einem Riesenkontinent begrenzt wurde. Der Geschichtsschreiber Theopomp, ein jüngerer Zeitgenosse Platos, wußte von einer Unterhaltung zwischen König Midas von Phrygien und dem Satyr Silenos zu berichten, in deren Verlauf letzterer den »Äußeren Kontinent« als von Menschen bewohnt wähnte, die zweimal so groß seien als die der bekannten Welt und doppelt so lang lebten. Ein Landstrich davon, Anostos (»Land der Nimmerwiederkehr«) benannt, läge hinter wallenden Nebelschleiern und werde von zwei Flüssen bewässert, dem Fluß der Freude und dem des Kummers. Einst habe ein kriegslüsterner Stamm dieser Riesen den Ozean überquert, um in die zivilisierte Welt einzufallen. Als sie jedoch bei den Hyperboreern anlegten und in deren Land nichts Stehlbares fanden, seien sie zu der Auffassung gekommen, daß es nutzlos sei, weiter vorzudringen. Daraufhin kehrten sie angewidert nach Hause zurück.

Eine ähnliche Legende stammt von Zarathustra, der sich als Nachkomme dieser Eindringlinge vom »Äußeren Kontinent« sah. Es mag durchaus so sein, daß beide Erzählungen Versionen früher Völkerwanderungsmythen sind, die in ihrer ursprünglichen Form auf immer verlorengingen.

Die Griechen waren also mit der Vorstellung vertraut, Inseln könnten aus dem Meer auftauchen und darin wieder versinken (wie die Insel Rhodos). Herodot fand auf seiner Ägyptenreise versteinerte Seemuschel-Abdrücke und folgerte ganz richtig — dies ist die früheste geologische Untersuchung, die uns erhalten geblieben ist —, daß das Land einst vom Meer bedeckt gewesen sein müsse. Ferner wurde allgemein angenommen, daß Sizilien bei einem Erdbeben vom italienischen Festland getrennt wurde und daß die Straße von Gibraltar durch ein ähnliches Naturereignis entstanden sei.

Die Griechen hätschelten auch eine ganze Reihe von Sintflut-Legenden, zum Beispiel die von Deukalion und Pyrrha. Das Paar, durch Zeus gewarnt, entkommt der großen Flut, weil es sich zuvor ein schwimmendes Behältnis gebaut hat. Diese Mythe — wie die von Noah — könnte auf eine sumerische Legende zurückgehen, die sich auf eine der Flutkatastrophen bezog, von denen das Euphrat-Tal seinerzeit heimgesucht wurde.

Es ist offensichtlich, daß, wenn ein intelligenter Mann zu Platos Zeiten eine fiktive Geschichte wie die Atlantis-Story schreiben wollte, er hierzu genug Material zur Verfügung hatte. Leidenschaftliche Anhänger der Atlantis-Theorie nehmen als gegeben an, daß die Andeutungen und Gerüchte um unentdeckte Länder, Völker und Überschwemmungen sich auf ein einstmals vorhandenes Atlantis bezogen. Gewisse Widersprüchlichkeiten seien lediglich auf Entstellungen des historischen Berichts, wie ihn Plato in seinen Dialogen verwendete, zurückzuführen. Skeptiker wiederum machen geltend, daß die Widersprüchlichkeiten daraus resultieren könnten, daß Plato aus geographischen, historischen und mythologischen Quellen geschöpft habe, um aus vielen Einzelheiten sein fiktives Meisterwerk zu klittern.

Wir werden auf diese Frage noch einmal zurückkommen. An dieser Stelle sei lediglich darauf hingewiesen, daß viele klassische Bezugnahmen auf Atlantes, Atlantische Inseln und Überschwemmungen in Einzelheiten an Platos Erzählung erinnern und vielleicht auch tatsächlich etwas damit zu tun haben. In keiner einzigen wird jedoch unmißverständlich zum Ausdruck gebracht, daß ein Eiland namens Atlantis einst einem zivilisierten Staat Heimstatt gewesen sei und später in den Wellen des Atlantiks versank. Von den Atlas-Mythen und Legenden um das afrikanische Atlantes und Inseln westlich von Afrika weiß man im übrigen, daß sie vor Platos Atlantis-Konzeption existierten.

Nach Plato kommentierten zahllose Schriftsteller die Atlantis-Geschichte. Aus den drei Jahrhunderten nach Platos Tod sind uns davon keine Originale erhalten geblieben. Von Schriftstellern wie Strabon erfahren wir jedoch, was Platos unmittelbare Nachfolger von ihr hielten. Die meisten von ihnen nahmen als selbstverständlich an, daß es sich dabei um eine Fiktion handelte, eine Allegorie, an der Plato seine Sozialideen exemplifizieren wollte (was im übrigen auch zu dem paßt, was wir über seinen Charakter wissen).

An erster Stelle ist Platos Musterschüler Aristoteles von Stageira zu nennen, der sich zu einem arroganten Enzyklopädisten auswuchs, mit seinem Lehrer in Streit geriet, seine eigene Schule gründete und – ohne Platos Charme zu besitzen, aber dafür mit einem wesentlich besser ausgeprägten Sinn für Realitäten begabt – eine Reihe weitschweifiger, trockener Traktakte über den Menschen und das Universum schrieb. In diesen breitete er nahezu das ganze Wissen seiner Zeit aus, wobei es ihm auf manchen Gebieten, vor allem dem der Biologie und Logik, gelang, der menschlichen Wissenschaft neue Erkenntnisse zu erschließen.

Aristoteles' einzige überlieferte Bemerkung zur Atlantis-Erzählung seines früheren Lehrers stand in einem verlorengegangenen Werk, das von Strabon zitiert wird. Darin äußerte Aristoteles ironisch, Homer habe zuerst – aus kompositorischen Gründen – die Achäer Wälle um ihre Schiffe am Strand von Troja bauen und diese sodann durch die Meeresfluten hinwegspülen lassen. Ebenso sei es mit Atlantis: »Der, der es sich ausdachte, zerstörte es auch.«

Etwas mehr als zwei Jahrhunderte danach war der Philosoph Poseidonios, Freund und Hauslehrer von Cicero, über diese boshafte Bemerkung verärgert. Er schrieb, daß es in Anbetracht der bekannten Wirkweisen von Erdbeben und Bodenerosionen vernünftiger sei, zu sagen: »Es ist möglich, daß die Geschichte von Atlantis keine Fiktion ist.« Dies war vorsichtig formuliert. Strabon, der Poseidonios in anderer Hinsicht als einen leichtgläubigen Enthusiasten abqualifizierte, billigte diese Äußerung zu Atlantis.

Noch später, im 1. Jahrhundert der christlichen Ära, äußerte Plinius der Ältere, daß Atlantis versank, »wenn wir Plato Glauben schenken können«. Sein Zeitgenosse Plutarch spricht von Solons Versuch, ein Epos aus »der Geschichte oder Fabel um das atlantische Eiland« zu machen, ein Epos, das niemals vollendet wurde, und davon, daß Plato Solons Unternehmung mit etwas mehr Erfolg fortsetzte. Mag Plutarch hinsichtlich des Wahrheitsgehaltes der Geschichte skeptisch gewesen sein, so anerkannte er doch deren literarischen Gehalt: »... und des Lesers Bedauern über die Unvollständigkeit der Erzählung ist größer als die Befriedigung darüber, daß er an etwas ganz Außergewöhnlichem teilhaben durfte.«

Bis zu jenem Zeitpunkt wurde Platos Erzählung von ihren Kommentatoren kühl-kritisch betrachtet. In der spätrömischen Epoche indessen scheint der kritische Standpunkt aufgegeben worden zu sein mit dem Ergebnis, daß Leute wie der neuplatonische Philosoph Proklos sie ernst nahmen. Die Neuplatoniker waren die Begründer eines jener halbmagischen, halbphilosophischen Kulte, die im glanzvollen hellenistischen Alexandria aus dem Boden schossen, im Römischen Reich zur Blüte gelangten, immer okkultistischer wurden und schließlich beim triumphalen Vormarsch des Christentums verschwanden beziehungsweise absorbiert wurden. Die scharfsinnige Analyse gehörte nicht zu ihren Tugenden.

Proklos behauptete, daß Krantor, einer der unmittelbaren Plato-Nachfolger, die Überlieferung für historisch erwiesen hielt. Er habe seine Behauptung dadurch erhärtet, daß er von ägyptischen Priestern berichtete, die Reisenden Säulen zeigten, auf denen die Inschrifen von den Ereignissen kündeten (wobei die Besucher, die die Hieroglyphen nicht entziffern konnten, die Worte ihrer Führer für bare Münze nehmen mußten). Proklos führte weiter aus, daß der Geograph Marcellus (1. Jh. v. Chr.) in seiner *Äthiopischen Geschichte* von Inseln im Atlantik – drei großen und sieben kleinen – gesprochen habe, deren Bewohner die Traditionen des Königsreiches Atlantis bewahrt hätten. Wieder andere, so der Neuplatoniker Porphyrios und der Kirchenvater Origenes, hielten Platos Geschichte für eine Allegorie, der sie symbolische Bedeutung beimaßen. Danach sollte der Atlantis-Krieg die Konflikte zwischen den Mächten, die das Universum bevölkerten, symbolisieren. Die Neuplatoniker Iamblichos und Proklos unternahmen wahrhaft herkulische Anstrengungen, um sich selbst davon zu überzeugen, daß die Geschichte wahr sei, in wörtlichem wie übertragenem Sinne. Das klassische Alexandria war eine Brutstätte der Untugend, alles in Allegorien zu kleiden. Der alexandrinische Philosoph Philo der Jude (ein Verfechter der Atlantis-Idee) und die früheren Kirchenväter hatten ihre Freude daran, ihren ehrwürdigen Schriften symbolische Bedeutung zu unterlegen, wobei sie absurderweise darauf bestanden, daß jede Passage daraus für wahr genommen und zugleich allegorisch verstanden werden solle.

Mit seinem Kommentar zu Platons *Timaios* unternimmt Proklos denselben Versuch. Das Ergebnis ist eine Anhäufung mystifizierter ›Interpretationen‹, die völlig bedeutungslos sind. Er faselt dabei auch über die Bedeutung verschiedener Schals, die mit Bildern vom Kampf der Götter mit den Giganten bestickt waren und zeigten, wie die Athener mit den Barbaren kurzen Prozeß machten, Schals, wie sie bei religiösen Festen in Athen getragen wurden. Dabei läßt er die Bemerkung einfließen, daß Kritias einen Mythos gewoben hätte, der dem Panathenäen-Fest würdig gewesen sei, das zu jener Zeit gefeiert wurde, in der *Timaios* spielt.

Ein späterer Kommentator von Platos *Staat* verstand diese Interpretation so, daß es Brauch gewesen sei, zum Panathenäen-Fest einen Schal mit Bildern des Krieges zwischen Athen und Atlantis zu schmücken. Damit erweckte er den unbegründeten Eindruck, daß die Atlantis-Geschichte bereits vor Platos Zeit bekannt gewesen sei, und brachte so noch mehr Verwirrung in ein ohnehin dunkles Kapitel. Doch wir können ihm deswegen nicht böse sein, vollends wenn man in Betracht zieht, daß Proklos einer der obskursten Philosophen war, die jemals ihre Feder über Papyrus gleiten ließen.

Die meisten Kirchenväter, die sich mit der Atlantis-Darstellung befaßten, zeigten mehr kritische Einsicht als die Neuplatoniker. Doch schließlich lenkten die Verbreitung der christlichen Lehre und der Niedergang des Römischen Reiches das intellektuelle Interesse mehr auf jenseitige Dinge, und die Neugier nach Ereignissen der Vergangenheit, einschließlich Atlantis, schwand. *Timaios,* von Chalcidius ins Lateinische übersetzt, blieb auf Jahrhunderte hinaus das einzige Werk Platos, das der westlichen Welt bekannt war.

Zum letztenmal, bevor das Zeitalter christlichen Glaubens für die westliche Welt anbrach, wurde Atlantis von Kosmas, auch Indikopleustes (»Indien-Reisender«) genannt, einem ägyptischen Mönch, der im 6. Jahrhundert lebte, erwähnt. In seinen jüngeren Tagen war Kosmas ein reisender Kaufmann gewesen, der sich, alt und fromm geworden, damit befaßte, heidnische Geographie-Vorstellungen in einem Werk mit dem Titel *Christliche Topographie* zu widerlegen. In dieses »Monument unfreiwilligen Humors« bezog er die Atlantis-Erzählung mit ein, wobei er den recht mühseligen Versuch unternahm, zu beweisen, daß die Erde nicht rund sei, wie dies die Griechen angenommen hatten, sondern eine flache Scheibe.

Kosmas war der Überzeugung, daß das Universum das Innere eines Gehäuses sei (eine Vorstellung, die von den alten Ägyptern stammte — Moses hatte danach die Bundeslade bauen lassen). Unsere Erde war eine Insel auf dem Boden des Behältnisses, umgeben vom Ozean, der wiederum von Land begrenzt wurde, das im rechten Winkel die Seitenwände bildete. Das Paradies (das später ein fester Bestandteil mittelalterlicher Landkarten werden sollte) lag auf dem östlichen Teil dieser Landbegrenzung, und die Menschheit hatte hier gelebt, bevor die große Flut kam. Was die Atlantis-Version betraf, so behauptete Kosmas, daß diese lediglich eine entstellte Darstellung der biblischen Sintflut-Überlieferung sei. Timaios habe sie von den Chaldäern übernommen und für seine Zwecke zurechtgebogen.

In den Jahrhunderten nach Kosmas, so scheint es, versank Atlantis zum zweitenmal. Abgesehen von einer kurzen Erwähnung in der mittelalterlichen Enzyklopädie *De Imagine Mundi* von Honorius von Autun (um 1100) wurde von der sagenumwobenen Insel nichts mehr gehört. Doch war die Kunde davon nicht tot. Das Wissen blieb nur ungenutzt. Als Europa die intellektuellen Fesseln, die ihm von der Kirche angelegt worden waren, abwarf und man aus der Enge des Kontinents herausstrebte, um ferne Länder und vergangene Zeiten zu entdecken, trat Atlantis erneut in das Bewußtsein der Menschen.

2

DAS WIEDERAUFTAUCHEN VON ATLANTIS

Legt ab und durchpflügt die singenden Wogen!
Dem Sonnenuntergang möcht' ich entgegenfahren,
dem Meer der Sterne im Westen,
bis daß es Zeit ist, zu sterben.
Kann sein, daß die Tiefen uns verschlingen,
kann sein, wir erreichen die Glücklichen Inseln,
und werden den Großen Achilles sehn,
wie wir ihn kennen.

TENNYSON

Als der aggressive und habsüchtige junge Gigant, die westliche Zivilisation, noch in Kinderschuhen steckte, besänftigte ihn seine Mutter, die Römisch-Katholische Kirche, mit Geschichten von Gott und dem Jenseits, Heiligen und Engeln, Wundern und Madonnen. Sobald er gehen gelernt hatte, begab er sich selbst auf Entdeckungsreise. Was er dabei am schnellsten erwarb, war geographisches Wissen.

In der Zeit nach dem Zusammenbruch des Römischen Reiches und im Mittelalter war viel von Ländern jenseits des Atlantischen Ozeans die Rede. Einiges davon basierte auf Tatsachen, das meiste jedoch entsprang der Fantasie der Menschen und wurde mit abenteuerlichen Erzählungen von Kannibalen und Menschen, denen die Köpfe unterhalb der Schultern wuchsen, ausgeschmückt. Da gab es zum Beispiel die Legende von sieben Bischöfen, die im Jahr 734 zusammen mit ihrer Gemeinde vor den Sarazenen aus Spanien flohen (eine Geschichte, die zum erstenmal im 15. Jahrhundert auftaucht). Westwärts segelnd, fanden sie eine Insel, auf welcher sie sieben Städte errichteten. Man nahm vielfach an, daß es sich dabei um die Antilha, Antillia oder Antigla genannte Insel gehandelt habe, die auf vielen präkolumbischen Landkarten verzeichnet war. Antillia stimmte in Größe, Umrissen und Lage derart mit der Insel Kuba überein, daß man diese, als sie entdeckt wurde, samt ihren Nachbarinseln *Antillen* benannte. Und achtzehn Jahre, bevor Kolumbus auf seine erste Amerika-Reise ging, riet ihm der Astronom Toscanelli, Antillia als ideale Zwischenstation auf dem Weg nach China zu wählen.

Der Geograph Babcock war der Meinung, daß Antillia der Beweis dafür sei, daß bereits vor Kolumbus eine Entdeckungsreise stattfand, bei der Kuba angelaufen wurde. Dies könnte durchaus zutreffen. Immer wieder gab es Diskussionen um Entdeckungsfahrten zur Neuen Welt vor Kolumbus, die sich an präkolumbische Landkarten und Reiseschilderungen entzündeten. Aber nichts wirklich Definitives kann darüber gesagt werden. Hjalmar Holand zum Beispiel hat jahrelang zu beweisen versucht, daß die Expedition unter Paul Knudson, die vom norwegischen König Haakon VI. Mitte des 14. Jahrhunderts nach Grönland entsandt worden war, Nordamerika erreichte. Dort seien von den Teilnehmern der geheimnisvolle Runde Turm von Newport gebaut und die seltsamen Runensteine von Kensington mit Inschriften versehen worden. Schließlich setzte ein mittelalterlicher Landkartenzeichner im Jahre 1455 Antillia mit Platos Atlantis gleich, ungeachtet der Tatsache, daß Atlantis als im Atlantik versunken galt.

Etwa zur gleichen Zeit, als die Flucht der sieben Bischöfe stattfand, soll sich ein irischer Mönch namens Brendan aufgemacht haben, einen idealen Platz für ein Kloster zu suchen. Spätere Geographen jedenfalls sprenkelten den Ozean mit St.-Brendan-Inseln, und Schriftsteller reicherten seine Berichte mit Dämonen, Drachen, Seeschlangen und vulkanischen Inseln an. Man wird dabei in augenfälliger Weise an die *Odyssee* und die Geschichten von *Sindbad dem Seefahrer* erinnert. Wenn ein solcher Mann je auf Reisen ging, was mehr als zweifelhaft erscheint, dann könnte er die Glücklichen Inseln wiederentdeckt haben.

In der Artus-Legende wird geschrieben, wie König Artus nach der Schlacht von Camlan seine Wunde auf einer Märcheninsel im Westen auskurierte, ebenso wie Barbarossa im Kyffhäuser auf den Tag wartend, da er zurückkehren könnte zu seinem Volk. Bei ihm harrten Olaf Tryggvasson, der christliche König von Norwegen, und Ogier von Dänemark, einer der legendären Paladine Karls des Großen, aus.

Um aus dem Reich der Mythen in die Welt der Tatsachen zu kommen: die Norweger entdeckten Nordamerika um 1000 n. Chr. — auch wenn Lord Raglan die Geschichten von Leif Eiriksson und Thorfinn Karlsevni als Sage abtut. Selbst wenn Leif nichts weiter gewesen sein sollte als ein irischer Sonnengott in menschlicher

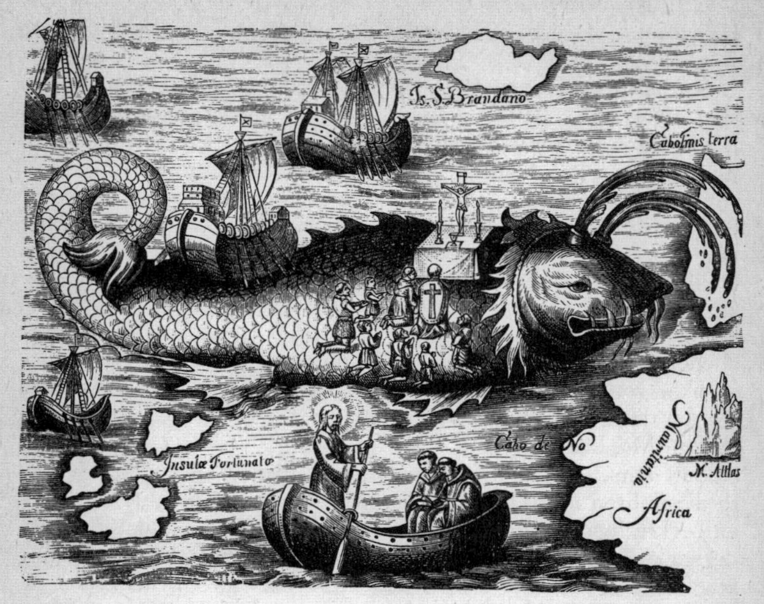

Die Seereise des irischen Mönches St. Brendan hat immer wieder Dichter und Maler inspiriert. Hier wird die wundersame Landung auf einem Riesenwal illustriert.

Verkleidung, hätten die Urheber der Sage wohl kaum eine so exakte Beschreibung der Indianer Amerikas geben können (»dunkelhäutige Menschen . . . mit großen Augen und breiten Kinnbakken . . . die Lederanzüge tragen, in Booten aus Häuten fahren, sich mit Bogen, Schlingen und Keulen verteidigen und Tuch, Metall und Hausgetier nicht kennen«), wäre nicht irgend jemand aus Amerika zurückgekehrt, um davon zu berichten.

Diese Entdeckung sprach sich herum, und der Papst ernannte einen Bischof von Vinland. Wenn auch keine Kolonisation erfolgte, so geriet doch diese Entdeckung niemals ganz in Vergessenheit. Man nahm an, daß Kolumbus davon gehört haben könnte, als er in jungen Jahren, der Familientradition gemäß, als reisender Kurzwarenhändler unterwegs war und auch eine Fahrt nach Island unternahm. Ferner wird behauptet, er sei von dem

Hinweis auf transozeanische Länder in Senecas *Medea* inspiriert worden.

Ein Jahrhundert nach der norwegischen Entdeckerfahrt vermerkt der arabische Geograph Edrisi eine andere Atlantik-Befahrung: Eine Gruppe von acht Personen, die von Lissabon (zu jener Zeit eine Moslem-Stadt) aus abgesegelt war, verlor die Orientierung und geriet in seichte, stinkende Gewässer, die gefährliche Riffe bedeckten. Nach Überwindung einer Region völliger Dunkelheit erreichten die Seefahrer eine Insel, die nur von Schafen bevölkert war. Eine weitere Zwölftagefahrt gen Süden brachte sie zu einer Insel, die von hochgewachsenen, dunkelhäutigen Menschen bewohnt war. Deren König, durch einen Arabisch sprechenden Dolmetscher befragt, wies ihnen den Weg zur Küste von Afrika, von wo aus sie ihren Weg nach Hause zurückfanden. Waren diese Irrfahrer Madeira und die Kanarischen Inseln angelaufen? Möglicherweise.

Daß man den Atlantik für mit Inseln übersät hielt, geschah erst in den Jahren nach den Reisen von Kolumbus. Gerüchte um neuentdeckte Inseln schossen wie Pilze aus der Erde, zumal die Entdecker selbst nicht immer ganz korrekt in ihren Schilderungen waren. Das hatte zur Folge, daß die Landkarten bedeckt waren mit einem Schwarm von Inseln, die gar nicht existierten. Zudem bewirkten Navigationsfehler, daß ein und dasselbe Eiland oft an ganz verschiedenen Stellen vermutet wurde. Wolkenbildungen, Driften oder schlicht Sehschwächen führten zu Lokalisierungen von Klippen und Inseln, wo es keine gab. So weist die Weltkarte von Ortelius aus dem Jahre 1570 eine nicht existierende Insel Brasilien auf, eine St.-Brendan-Insel, eine Insel der Sieben Städte, eine Insel der Dämonen, die Eilande Vlaenderen, Drogeo, Emperadada, Estotilant, Grocelant und Frieslant — letztere eine imaginäre Zwillingsinsel des wirklich existierenden Island, die zwischen Island und den Färöer-Inseln plaziert wurde.

Die Geisterinsel Brasilien war auf den Landkarten über viele Jahre hinweg heimisch und verschwand endgültig erst im 19. Jahrhundert. Im allgemeinen wurde sie einige hundert Seemeilen westlich von Südirland angenommen und als kreisförmig beschrieben. In einem Falle ist von einem Inselring die Rede. Dieses Phantomland wurde am Leben erhalten durch Berichte wie der von Kapitän Nisbet, der 1674 in Schottland mit einigen Schiffbrüchigen anlegte, von denen er angab, sie von der Insel Brasilien gerettet zu haben. Er berichtete, daß die Insel von riesigen schwarzen

Manche steinzeitlichen Jägerstämme besaßen hochbegabte Zeichner: Höhlendarstellung von Lascaux, Frankreich.

Die Stufenpyramide von Sakkara in Ägypten (III. Dynastie). Lassen sich Gemeinsamkeiten mit den Stufenpyramiden der Inkas nachweisen?

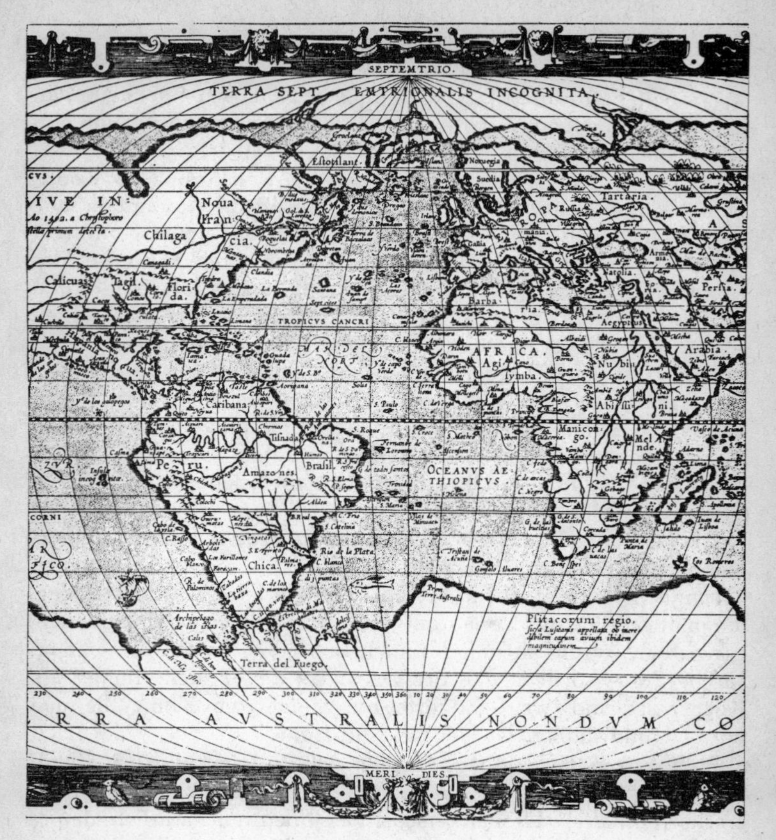

Weltkarte von Ortelius (1570), die imaginäre atlantische Inseln (Brasilien etc.) und Polar-Kontinente aufweist. Eine der Erklärungen besagt, daß der südliche Polar-Kontinent, die Terra Australis, von Riesenpapageien bewohnt sei.

Kaninchen und von einem Zauberer bewohnt sei, der die Schiffbrüchigen in seiner Burg gefangengehalten habe, bis er, der Kapitän, den über sie verhängten Zauberbann brach. Leider eine Fabel! Eine solche Insel gab es nie.

Die Karte von Ortelius zeigt auch den riesigen Südkontinent *Terra Australis Incognita,* der für die Geographen seit Ptolemäus im Südindischen Ozean und Südpazifik lag. Die Annahme eines solchen zirkumpolaren Landes – wie die Antarktis, nur zehnmal so groß – hatte ihren Ursprung in den zahllosen Spekulationen der Antike hinsichtlich der möglichen Existenz von Kontinenten in der westlichen und südlichen Hemisphäre.

Für die frühen griechischen Geographen war Europa *der* Kontinent mit Asien und Afrika als Halbinseln. Daher kommt es, daß wir absurderweise von Europa noch immer als einem Kontinent sprechen, anstatt, was korrekter wäre, von einer Halbinsel des Kontinentes Asien. Als bereits bekannt war, daß Asien und Afrika kontinentale Größe hatten, behielten es sich die antiken Kartenzeichner vor, diese nicht in ihren wirklichen Ausmaßen abzubilden. In jenen Tagen nahmen die Menschen an, die Erde sei flach, und diese drei ›Kontinente‹ (Europa, Asien, Afrika) wären von einem Strom oder von einem Meer umschlossen, das sie den *Ozean* nannten. Jenseits des Ozeans vermutete man unbekanntes Land, das sich ins Unendliche erstreckt, wie Silenos dies Midas in Theopomps Märchen erzählt.

Als man davon auszugehen begann, die Erde sei eine Kugel, errechneten alexandrinische Astronomen, daß die drei ›Kontinente‹ zusammen weniger ausmachten als ein Viertel der Erdoberfläche, die man sich in fünf Zonen aufgeteilt vorstellte: zwei Polarzonen, die zu kalt waren, als daß darauf Leben möglich wäre, eine äquatoriale Zone, so heiß, daß der Ozean an dieser Stelle immer am Kochen sei, und zwei Landgürtel mit gemäßigtem Klima, die man nördlich und südlich des Äquators annahm.

Philosophen der pythagoreischen Schule (einschließlich Plato) waren der Meinung, daß die Götter das Universum symmetrisch erschaffen hätten. Deshalb erschien es ihnen nur natürlich, daß es außer den ihn bekannten Landmassen noch andere gäbe, die sozusagen die ›Balance‹ hielten. Nach Krates von Mallos (2. Jh. v. Chr.) waren dies drei Kontinente, die die drei verbleibenden Viertel der Erde ausfüllten. Der große alexandrinische Wissenschaftler Hipparchos vermutete, Ceylon könne der nördliche Zipfel eines solchen Landes sein. Einige Geographen benannten diesen hypothetischen Kontinent *Antichthon* (»Gegenwelt«). Die Bezeichnung wurde von Pythagoras übernommen, der sie für den imaginären Planeten einführte, den man sich erdachte, um die beweglichen Himmelskörper auf die magische Zahl von zehn zu bringen. Selbst Aristoteles, der die Idee von sich wies, es könne noch andere bewohnte Planeten geben, hielt solche Kontinente indes für denkbar. Einige Jahrhunderte danach sprach auch Strabon von einer derartigen Möglichkeit, gab aber gleichzeitig kund, daß er nichts von derlei Spekulationen hielte, da sie unnütz seien, solange nicht jemand die Länder gesehen habe.

Dann, im 2. Jh. n. Chr., verfaßte der ägyptische Astronom und Mathematiker Ptolemäus seine große *Einführung in die Geographie,* worin er einige kapitale Schnitzer machte. Einer davon war, daß er in dem Bestreben, einen Fehler seiner Vorgänger auszumerzen, Asien und Afrika größer machte, als sie dies in Wirklichkeit sind, ein anderer, den Schluß zu ziehen (möglicherweise veranlaßt durch einen Bericht, daß der Indische Ozean keine Gezeiten habe), daß dieser Ozean eine Art Binnenmeer sein müsse wie das Mittelmeer. Aus diesem Grund stellte er sich vor, Afrika und Asien liefen an einer Stelle zusammen (dort, wo tatsächlich die Malaiische Halbinsel liegt) und umschlössen somit den Indischen Ozean.

Spätere Geographen (unter ihnen Kolumbus), die von Ptolemäus' Vorstellungen ausgingen, waren der Meinung, daß die Landoberfläche der Erdkugel größer sei als die Wasseroberfläche, wobei die Ozeane nur etwas zu groß geratene Teiche seien, auf allen Seiten von Land umgeben. Das Zeitalter der Entdeckungen war nötig, um zu beweisen, daß diese Annahmen falsch waren und daß Aristoteles recht hatte: daß nämlich die Wasseroberfläche weitaus größer ist und die Kontinente von den Meeren eingeschlossen sind.

Eigentlich hatten die phönizischen Segler, die König Niku II. sieben Jahrhunderte zuvor von Ägypten aus auf eine gefährliche Reise um Afrika geschickt hatte, die Theorie von einer afroasiatischen Verbindung der Landmassen ad absurdum geführt. Aber lange Zeit hindurch wurde der Bericht von ihrer Reise nur mit Skepsis aufgenommen. Ähnliche Versuche – so der des persischen Edlen Sataspes (der diese Fahrt unternahm, um der Exekution zu entkommen, scheiterte und hingerichtet wurde) und der des furchtlosen Forschers Eudoxos von Kyzikos – endeten mit Mißerfolgen. Der Glaube an eine afroasiatische Verbindung im Süden starb nicht eher, als bis Vasco da Gama Afrika auf dem Weg nach Indien umsegelt hatte (1497–98).

Der christliche Glaube der Frühzeit wandte sich gegen die Annahme, daß transozeanische Kontinente existierten. Abgesehen davon gab es immer wissenschaftliche Ergebnisse negierende Extremisten wie etwa Kosmas, der die Idee von der Erde als flacher

Tafel wiederzubeleben trachtete, und andere, die die Erde als Kugel akzeptierten, aber nicht den Gedanken über Bord zu werfen vermochten, daß es Antipoden gäbe – Gegenfüßler, die mit dem Kopf nach unten hängend herumliefen. Viele christliche Theologen – wie der heilige Augustinus und Isidor von Sevilla – bekämpften den Glauben an die Antipoden mit dem Argument, daß das Evangelium dort niemals verkündet worden und daß weder Christus noch einer seiner Apostel dort gewesen sei.

Indes, der antiwissenschaftliche Flügelschlag des Christentums vermochte die Vermutung, daß es auch auf der anderen Seite der Erdkugel Länder gäbe, niemals ganz zu verdunkeln, und das Zeitalter der Entdeckungen belebte rasch die Idee eines unbekannten Südkontinents.

Selbst da Gamas Reise räumte nicht mit der Meinung auf, daß es einen südlichen Kontinent gäbe. Irrtümer dieser Art pflegen eben, wenn sie widerlegt werden, gewöhnlich in anderer Verkleidung erneut zu erscheinen. Ortelius' Landkarte geht von der Annahme aus, daß zur Terra Australis die Antarktis samt Australien, Java und Feuerland gehören. In einer Erklärung wies Ortelius darauf hin, daß letzteres Land von riesigen Papageien bewohnt sei. Magellan war in der Tat, als er durch die Meeresstraße segelte, die nach ihm benannt wurde, davon überzeugt, daß die Küste zur Linken eine Landzunge der Terra Australis sei. Er gab ihr den Namen *Feuerland,* da man bei Nacht Lagerfeuer ausmachen konnte, an denen sich die primitiven Feuerland-Bewohner wärmten.

Selbst die Entdeckung, daß Feuerland eine Insel war, trug nicht dazu bei, der Terra Australis den Garaus zu machen. Juan Fernandez zum Beispiel berichtete 1576 von einem Kontinent mit »Schlünden von Flußmündungen ...«, dessen »Menschen weiß und wohlgekleidet sind«. Vermutlich hatte er die Osterinseln ausgemacht, und eine allzu optimistische Imaginationskraft beförderte dieses kleine grasbewachsene Inselreich zu einem hervorragend bewässerten Kontinent und die Handvoll polynesischer Fischer zu einem mächtigen Volksstamm. Juan Fernandez war einige Jahre zuvor dadurch bekannt geworden, daß er die Küste Südamerikas von Callao nach Chile hinuntersegelte und dabei so geschickt den Wind ausnutzte, daß er dafür nur extrem wenig Zeit benötigte (dreißig Tage). Bei seiner Ankunft wurde er allerdings von der Inquisition gefangengenommen, da der Verdacht auf Hexerei bestand. Nachdem er das Heilige Offizium davon überzeugen konnte, daß er seine Seele um der christlichen Seefahrt willen nicht dem Teufel verschrieben hatte, wollte er sein Heimatland noch einmal sehen. Er starb jedoch, bevor ihm dies vergönnt war.

Selbst nachdem Australien entdeckt worden war, hielten sich die Gerüchte um einen größeren Kontinent, der im Südpazifik liegen sollte. Schließlich klärte Kapitän Cook die Frage, indem er 1760—70 das dafür in Frage kommende Gebiet absegelte, und zwar so lange, bis es kein unentdecktes Fleckchen mehr gab. Es ist zu schade, daß die Terra Australis nicht existiert, die viel interessanter gewesen wäre als die windgepeitschte Wasserwüste mit ihren berghohen Wellen, die das meiste der Fläche bedeckt, an der man diesen geheimnisvollen Südkontinent wähnte.

Das Interesse an Atlantis erwachte mit der Entdeckung von Amerika zu neuem Leben und nahm seitdem die Ausmaße einer Neurose an. 1553, einundsechzig Jahre nach Kolumbus' Entdeckung, vertrat der spanische Geschichtsschreiber Francesco López de Gómara in seiner *Historie der Indianer* die Auffassung, daß Platos Atlantis und die neuentdeckten Kontinente dasselbe seien; zumindest müsse Plato von transatlantischen Kontinenten gehört und das Gehörte als Grundlage für seine Geschichte benutzt haben. Diese Theorie erhielt Auftrieb durch die Entdeckung einer aztekischen Legende, die davon erzählt, daß der Stamm aus einem Land Aztlan (»Riedland«) ausgewandert sei und daß *atl* eine gebräuchliche Silbe in der Azteken-Sprache war, die auch »Wasser« bedeutete. Die Idee schlug ein. 1561 machte Wilhelm de Postel den liebenswürdigen Vorschlag, einen der neuentdeckten Kontinente »Atlantis« zu benennen. 1580 verlieh der englische Hexenmeister John Dee auf seinen Karten Amerika diesen Namen. 1689 gingen der französische Kartograph Sanson und 1769 Robert de Vangoudy noch weiter, indem sie Landkarten von Amerika herausgaben, die zeigten, wie Poseidon das Land unter seinen zehn Söhnen aufteilt. Voltaire machte sich über Vangoudys Vorstellungen lustig.

Die Atlantis-Amerika-Theorie entwickelte sich recht aussichtsreich. Sir Francis Bacon griff sie für seine utopische Geschichte *Nova Atlantis* auf (die unvollendet blieb) und ließ John Swan in seinem *Speculum Mundi* (1644) zu folgendem Schluß kommen: »... ich glaube, es darf angenommen werden, daß *Amerika* einst Teil des großen Landes war, das *Plato* die Insel *Atlantick* nannte, und daß die Herrscher dieser Insel Verbindung zu den Bewohnern von *Europa* und *Afrika* hatten ... Als jedoch die Insel vom Meer überflutet wurde, löschte die Zeit auch die Erinnerung an ferne Länder aus, nicht zuletzt deshalb, weil dort, wo sie versunken war, die See zunächst ganz schlammig wurde, so daß man darauf lange Zeit nicht segeln konnte. Ja, so lange nicht, daß Seeleute jener Tage starben, bevor das Meer wieder klar wurde, wenn sie nicht zuvor bereits von den Fluten verschlungen worden waren. Die Nachkommen, die von Navigation wenig Ahnung hatten, segelten in kleinen Booten von Insel zu Insel; da sie jedoch nicht weiter vorstießen, legte sich über ihre Existenz der Schleier des Vergessens ... Daß eine solche Insel jedoch existierte und durch ein Erdbeben versank, dessen bin ich sicher. Und wenn *Amerika* im Westen auch nicht direkt daran angestoßen haben sollte, so war es doch nicht weit von ihr entfernt, denn *Plato* spricht von einer großen Insel. Ebensowenig nehme ich an, daß das Meer zwischen *Afrika* und dem besagten Eiland sehr breit war.«

Im 18. Jahrhundert wurde diese Theorie von Buffon aufgenommen, von Jakob Krüger und Alexander von Humboldt dann im 19. Jh. Um 1855 lokalisierte der deutsche Schriftsteller Robert Prutz Atlantis nicht nur in Amerika, sondern arbeitete auch, indem er jeden Hinweis, der seiner Meinung dienlich schien, mit einbezog, eine Theorie aus, wonach die Phönizier Amerika entdeckten.

Nach Prutz gab es allerdings nur wenige Anhänger dieser Theorie. Vom wissenschaftlichen Standpunkt aus stehen zu viele Tatsachen dagegen: die amerikanische Urbevölkerung bestand zu Zeiten Platos aus Barbaren. Diese besaßen keineswegs das technische Wissen, um militärische Transozean-Expeditionen auszurüsten. In vorplatonischer Zeit war man mit den Mittelmeer-Schiffen nicht in der Lage, den Atlantik zu überqueren und zurückzukehren; man konnte in den Ruderbooten nicht genug Nahrung und Wasser für die Ruderer transportieren, und mit Segelbooten zu fahren, war ausgeschlossen, da das Segeln gegen den Wind noch nicht bekannt war.

Von einem gewissen romantisch-geheimnisvollen Standpunkt aus gesehen, ist die Atlantis-Amerika-Vorstellung zu gemäßigt

Diese von einem deutschen Kartographen des 18. Jahrhunderts entworfene Karte zeigt angebliche Untiefen im Atlantischen Ozean zwischen Afrika und Südamerika, die man mit Atlantis in Zusammenhang brachte. Der untere, mit N° 2 bezeichnete Kartenteil stellt einen Querschnitt von den Kordilleren bis zum Westafrikanischen Vorgebirge (mit vermuteter Unterwasserlandschaft) dar. ▷

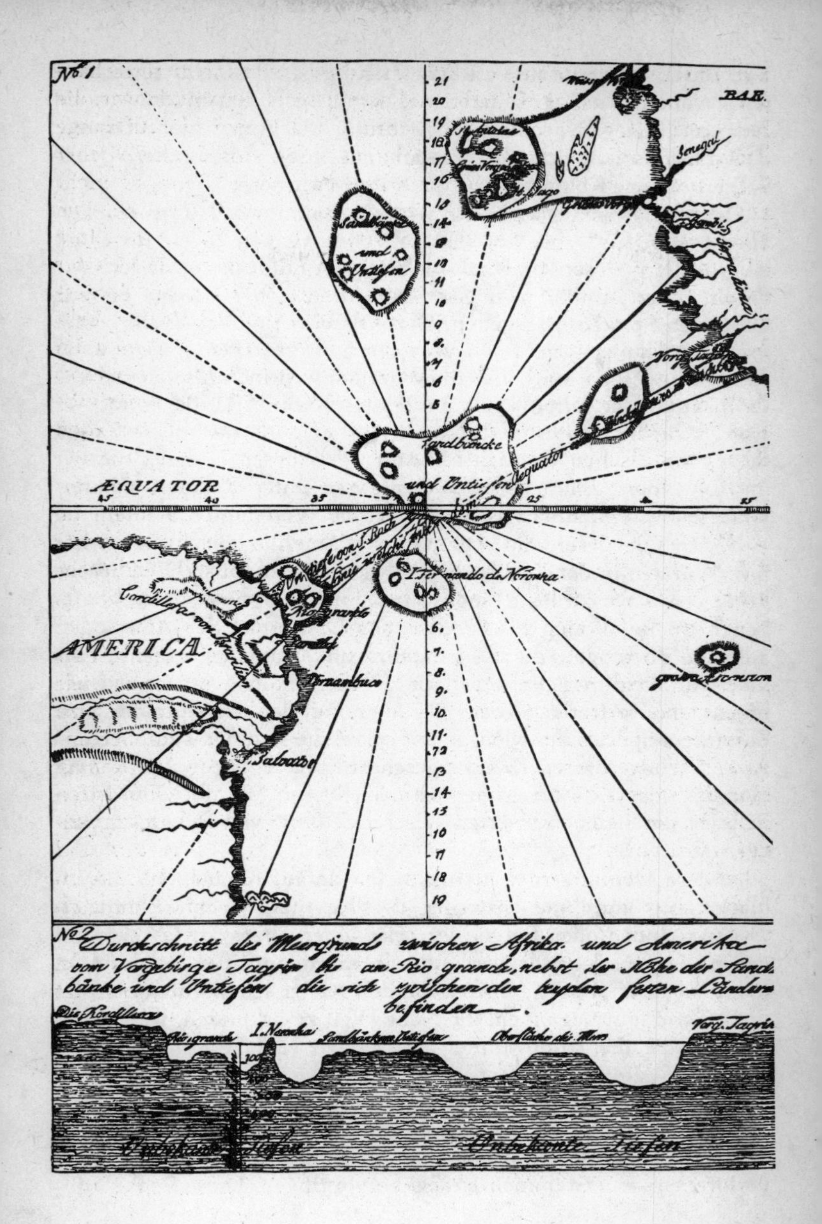
No 1
AEQUATOR
AMERICA
Senegal
Sandbäncke
und Untiefen
I. Fernando de Noronha
Rio grande
Pernambuco
No 2
Durchschnitt des Meergrunds zwischen Afrika und Amerika
vom Vorgebirge Tagrin bis an Rio grande, nebst der Höhe der Sand-
bänke und Untiefen die sich zwischen den beyden festen Ländern
befinden.
Die Kordilliera
Rio grande
I. Noronha
Oberfläche des Meers
Vorg. Tagrin
Unbekannte Tiefen

und prosaisch, um eine wirkliche Lösung des Problems darzustellen. Während des vergangenen Jahrhunderts haben denn auch Atlantis-Jünger der okkulten Richtung die Annahme vertreten, daß die amerikanische Zivilisation mit ihrer indianischen Urbevölkerung eine Kolonie von Atlantis gewesen sei.

Der »Atlantismus« streckt wie ein Baum seine Zweige nach allen Seiten aus. Aber nur sehr selten ziert einen Zweig die Blüte einer echten wissenschaftlich-historischen Entdeckung. Indem wir diesen Baum studieren, müssen wir jeden seiner Zweige bis zur äußersten Spitze untersuchen. Der Atlantis-Amerika-Zweig endet zwar seit langem in einer verdorrten Spitze. Der Zweig einer Theorie indessen, nach der die amerikanisch-indianische und die Zivilisation der Alten Welt als Ableger von Atlantis betrachtet werden, grünt weiterhin. Vielleicht ist er der kraftvollste Zweig dieses unirdischen Gewächses. Anhänger dieser Theorie, die wir im folgenden untersuchen wollen, war unter anderen Charles Gates Dawes, einstmals Vizepräsident der Vereinigten Staaten.

Die Schule derer, die Atlantis mit Amerika gleichsetzen, hat ihre Wurzeln in der Zeit nach den Reisen Kolumbus'. Die Entdekkung von Amerika löste eine wahre Flut von pseudowissenschaftlichen Spekulationen hinsichtlich des Ursprungs der Amerinden aus. Die Theologen, die die Existenz von Antipoden verneint hatten, wurden durch die neuen Entdeckungen in Verlegenheit gebracht und vertraten alsbald die Meinung, daß die Rothäute eine besondere Spezies der Menschheit seien, die sich der Teufel eigens für seine lasterhaften Zwecke geschaffen habe. Diese Auffassung war bei unseren Vorfahren recht beliebt, bot sie doch die Möglichkeit, die bedauernswerten Geschöpfe ohne viel Federlesen niederzumetzeln.

Andere Meinungen wiederum liefen darauf hinaus, daß die Indianer Abkömmlinge entweder der Ägypter, Neger, Phönizier, Assyrer, Inder oder Polynesier seien oder aber, daß es sich bei ihnen um Überlebende versunkener Kontinente handle. Ja, man nahm sogar an, daß sie direkt von den Affen abstammten. Als die Europäer damit begannen, die Neue Welt zu erkunden, waren diejenigen, die die Ureinwohner zum ersten Male trafen, der Meinung, daß sie Walisisch sprächen und deshalb die Abkömmlinge Prinz Madocs und seines Klans seien, die — einer walisischen Legende zufolge — den Atlantik um 1170 überquert hatten, oder daß sie alte hebräische Riten praktizierten und demnach aus den verlorenen zehn Stämmen Israels hervorgingen. Diese Spekulationen haben sich bis auf den heutigen Tag erhalten, trotz der Tatsache, daß die Wissenschaft unzweifelhaft nachweisen konnte (wie dies bereits Sir Paul Rycaut im 17. Jahrhundert vermutete), daß die Indianer Amerikas zur mongoloiden oder gelben Rasse gehören wie die Eskimos, Chinesen und Malayen und daß sie über Sibirien nach Alaska kamen.

Viele dieser pseudowissenschaftlichen Aktivitäten beziehen sich auf das Werk eines Mannes – Diego de Landa. Dieser spanische Mönch, der mit den *conquistadores* nach Amerika kam, war der erste Prior des Klosters von Izmal und wurde schließlich Bischof von Yucatán. Die Maya-Indianer, über die er gebot, besaßen eine beachtliche Literatur. Diese war in Büchern aus langen Streifen primitiven Papiers aufgezeichnet, die im Zickzack gefaltet und in hölzerne Buchdeckel gebunden waren. Sie berichtete von der Geschichte des Landes, von Astronomie und anderen Dingen. Landa, entschlossen, ›heidnische‹ Kultur auszurotten und die christlich-europäische Zivilisation einzuführen, ließ ab 1562 die Bücher, die aufzufinden waren, verbrennen. Er schrieb dazu: »Wir fanden eine große Anzahl von Büchern dieser Art. Da sie nichts wie Aberglauben und Teufelswerk enthielten, verbrannten wir sie sämtlich, was die Leute in erstaunlicher Weise bedauerten und was ihnen viel Kummer zu bereiten schien.« Wegen dieses Vandalismus wurde Landa von einigen seiner spanischen Amtsbrüder kritisiert; von Wissenschaftlern wurde er seitdem wohl mehr als einmal zur Hölle gewünscht.

Doch nach und nach begann sich Landa für die Kultur der Mayas zu interessieren und befaßte sich mit ihrer Schreibkunst. Die Mayas benutzten ein kompliziertes System von Schriftzeichen, die durch einige phonetische Elemente ergänzt wurden, woraus eine komplexe Hieroglyphen-Schrift entstand, ähnlich dem frühen ägyptischen und dem modernen japanischen Schriftbild. Landa jedoch nahm an, daß in der Maya-Sprache – wie ihm dies aus dem Spanischen und Lateinischen geläufig war – von einem phonetischen Alphabet ausgegangen wurde.

Offenbar war sein Vorgehen derart, einen literarisch gebildeten Maya zu sich zu zitieren, zu erklären, was er wollte, und diesen anzuherrschen: »Qué es A?« Der Arme, zweifellos zitternd vor Angst, als Ketzer verbrannt zu werden, nahm wohl an, der schreckeinflößende Alte frage nach dem Zeichen für *aac*, »Schildkröte«, und zeichnete das Symbol dafür, nämlich den Kopf einer Schildkröte.

»Qué es B?«

Nun bedeutet *be* in der Maya-Sprache »Straße«, also zeichnete der Maya das Symbol für »Straße« – zwei parallele Linien, die einen Pfad darstellen sollten, und zwischen ihnen die Umrisse eines menschlichen Fußabdrucks. Und so ging es weiter durch das Alphabet, bis Landa 27 Zeichen und einige verbindende Begriffe zusammenhatte. Die meisten davon entsprachen aber nicht der Bedeutung, die er ihnen gab. Zudem stellte er – dies allerdings korrekt – die Zahlen der Mayas zusammen.

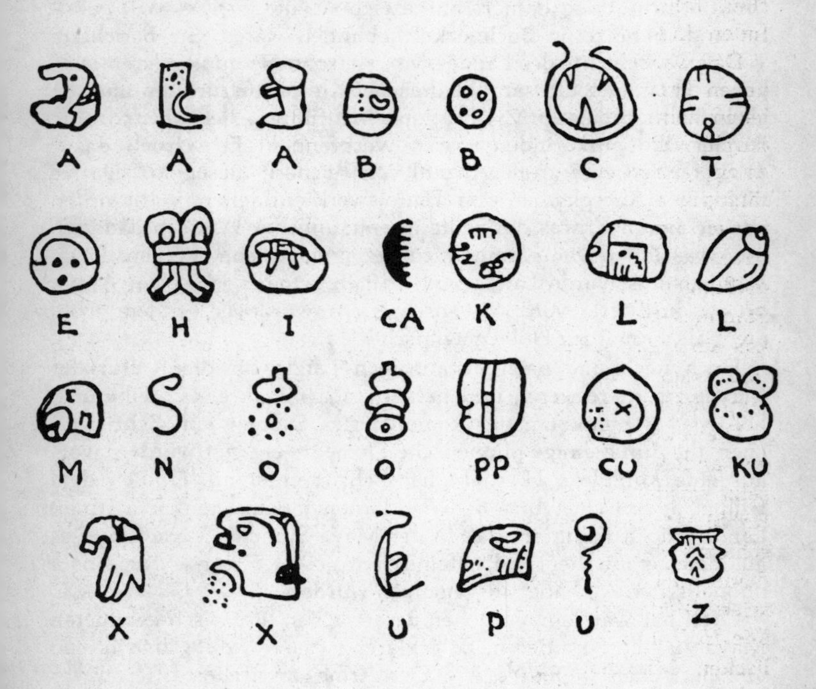

Das »Maya-Alphabet« in der Transkription von Bischof Diego de Landa (aus dessen ›Relación de las Cosas de Yucatán‹).

Etwa 1570 wurde Landa nach Spanien zurückberufen. Man warf ihm vor, seine Autorität mißbraucht zu haben. Um sich zu verteidigen (erfolgreich, wie ich leider vermerken muß), schrieb er eine ausführliche Abhandlung über die Kultur der Mayas nieder, *Relación de las Cosas de Yucatán (Rechenschaftsbericht der Verhältnisse in Yucatán)*, worin er sein »Maya-Alphabet« mit verwandte. Dieses Buch ist bis heute eine der wichtigsten Quellen für Kultur und Geschichte der Mayas. Er hielt fest: »Einige der alten Leute von Yucatán berichten, daß sie von ihren Vorfahren gehört hätten, das Land sei von Menschen besiedelt worden, die aus dem Osten kamen und die Gott errettet habe, indem er ihnen zwölf Wege durch das Meer eröffnete. Sollte dies der Wahrheit entsprechen, folgt daraus zwingend, daß die Indianer Abkömmlinge der Juden sind ...«

Das war die Initialzündung einer weiteren pseudowissenschaftlichen Theorie: die Amerinden seien die Nachfahren der verschollenen zehn Stämme des Volkes Israel. Viele Jahrhunderte hindurch war darüber spekuliert worden, was das Schicksal der 27 290 Juden gewesen sein könne, die Sargon von Assyrien ungefähr 719 v. Chr. aus dem nordhebräischen Königreich Israel deportiert und in »Halah in Habor am Fluß Gozan und in den Städten von Medes« angesiedelt hatte. Jüdische und christliche Mutmaßungen gingen gleichermaßen dahin, daß diese entführten Stammesangehörigen irgendwo in den Steppen Asiens oder Afrikas ein verborgenes Leben führten, und man erwartete den Tag (die Juden voller Hoffnung, die Christen mit Bangen) der Wiederkunft dieses versprengten Haufens auf der Weltenbühne.

Die jüdisch-indianische Theorie war also von Landa und einigen anderen spanischen Missionaren, z. B. Durán, in Umlauf gesetzt worden. Später war es der Abenteurer Aaron Levi, der dem Rabbi Manasseh ben Israel von Amsterdam eine romantische Geschichte von seinem Besuch bei einer Bruderschaft jüdischer Indianer in Peru berichtete, die Abkömmlinge des Stammes Ruben seien. Manasseh veröffentlichte diese Geschichte in einem Buch, *Die Hoffnung Israels*, das das Interesse eines puritanischen englischen Ministers fand. Dieser begann mit Manasseh einen Schriftwechsel und empfahl dessen Theorie der Aufmerksamkeit von Oliver Cromwell. Cromwell wiederum lud Manasseh nach England ein. Es entwickelte sich zwischen beiden eine solch enge Freundschaft, daß der englische Staatsmann die Einwanderung der Juden nach England wieder zuließ, obwohl ihm dies nur bis zu einem gewissen Grade möglich war.

Damals wurde auch vorgeschlagen, die Indianer sollten nach Palästina zurückkehren, doch sie zeigten verständlicherweise kein Interesse daran.

Die jüdisch-indianische Idee hielt sich munter über zwei Jahrhunderte hinweg, unter anderem wurde sie von William Penn aufgenommen. Ihr letzter prominenter Verfechter, Lord Kingsborough, wandte im vorigen Jahrhundert sein ganzes Vermögen von 40 000 Pfund Sterling daran, das Monumentalwerk *Die Altertümer von Mexiko* zu veröffentlichen, bestehend aus neun umfänglichen Bänden, die Reproduktionen von aztekischer Bilderschrift, Kunstgegenständen und Aufzeichnungen zur jüdisch-indianischen Theorie enthielten. Kingsboroughs Besessenheit war buchstäblich sein Tod, denn sie brachte ihn ins Schuldgefängnis von Dublin. Er hatte Rechnungen im Zusammenhang mit der Drucklegung des Werkes nicht bezahlen können. Dort starb er.

Seit jener Zeit geschah es immer wieder, daß man meinte, die zehn Stämme in den Zulus, den Burmesen, den Japanern, den Papua und anderen Völkerschaften wiedergefunden zu haben. Im letzten Jahrhundert machten, was den Kult um die verlorenen Stämme anlangt, die Anglo-Israeliten am meisten von sich reden. Die Sekte war um 1795 von Richard Brothers gegründet worden, der sich als »Neffe Gottes« sowie »Prinz der Hebräer und Beherrscher der Welt« bezeichnete. Brothers versuchte, Georg III. zur Abdankung zu bewegen, wodurch ihm, Brothers, die Übernahme der Regentschaft ermöglicht werden sollte. Doch er wurde in eine Anstalt für Geisteskranke eingeliefert.

All diesen Theorien mangelt es an wissenschaftlichen Voraussetzungen. Sie entstanden aufgrund falscher Geschichtsauslegungen sowie anthropologischen, sprachlichen oder bibelinterpretatorischen Mißverständnissen. Es gibt nicht den leisesten Zweifel daran, daß die von Sargon Verschleppten das taten, was andere Völkerschaften unter fremder Herrschaft oder in der Fremde auch taten: Sie ließen sich in ihrer neuen Heimat nieder, heirateten in dort ansässige Familien ein, wobei nach und nach ihre Muttersprache, ihre Kultur und Religion verlorengingen. Ihre Abkömmlinge sind die heutigen Einwohner Syriens und des Irak.

Derartige Argumente haben jedoch der Jagd nach den verlorenen zehn Stämmen keinen Abbruch getan. Wahrscheinlich vermögen noch so stichhaltige Beweisführungen auch der Suche nach

Atlantis keinen Einhalt zu gebieten. Solche Unternehmungen haben ihren Ursprung im Emotionalen und können daher durch Tatsachenbeweise nicht berührt werden. Die Zehn-Stämme-Doktrin und der Atlantismus weisen etliche Berührungspunkte auf. Beide Kulte haben bisweilen etwas Exklusives. Die Zehn-Stämme-Doktrin beinhaltet eine fundamental christliche Auffassung von der Bibel. Der Atlantismus hingegen nimmt der wirren Anthologie früher hebräischer Literatur gegenüber eine kavaliersmäßige Haltung ein. Kosmas Indikopleustes' Behauptung wird auf den Kopf gestellt: die biblische Sintflut sei nichts weiter als der örtlich verlagerte Bericht des Untergangs von Atlantis.

Wir wollen zu den Mayas und ihren Unterdrückern zurückkehren: Nach Landas Zeit ging das Wissen um die Schreibkunst der Mayas verloren, da die katholische Geistlichkeit ihre Kampagne gegen die Literatur der Eingeborenen fortsetzte und diese es vorzogen, das leichtere lateinische Alphabet anzuwenden, das die Priester in ihre Sprache übertrugen. (Sie verwandten den Buchstaben *x*, um einen sch-Laut zum Ausdruck zu bringen; daher werden die *x* in mittelamerikanischen Namen wie ›sch‹ ausgesprochen. Uxmal z. B. lautet »usch-mahl«, Xiu »schi-yu«). Nur drei Maya-Bücher überlebten: der *Dresdner Codex*, der *Codex Perezianus* in Paris und der zweiteilige *Tro-Cortesianus-Codex* in Madrid. Kein Mensch war in der Lage, sie zu entziffern und zu verstehen, ebensowenig wie man die Inschriften auf Maya-Monumenten entschlüsseln konnte. Landas Abhandlung verschwand ebenfalls, das Original wurde nie mehr aufgefunden, obwohl intensiv danach gesucht wurde.

Die Schreibkunst der Mayas blieb voller Rätsel, bis 1864 ein ebenso fleißiger wie verschrobener französischer Gelehrter, der Abbé Charles-Étienne Brasseur (genannt »de Bourbourg«), eine gekürzte Abschrift von Landas *Relación* in der Bibliothek der Historischen Akademie von Madrid entdeckte. Brasseur (1814–1874) hatte ausgiebig die Neue Welt bereist, einen Verwaltungsposten in Maximilians kurzlebigem mexikanischen Königreich bekleidet und etliche Werke, einschließlich historischer Romane, unter dem Pseudonym »de Ravensberg« veröffentlicht. Außerdem hatte er die Einleitung zu einem Buch des begabten Scharlatans Waldeck verfaßt.

Als Brasseur Landas *Alphabet der Mayas* fand, war er hocherfreut, da er annahm, er habe den Schlüssel zur Sprache der Mayas gefunden. Umgehend versuchte er, den *Troano-Codex* (einen Teil des *Tro-Cortesianus*) mit Hilfe des Alphabets und seiner Intuition zu entziffern. Was herauskam, war die zusammenhanglose Beschreibung einer vulkanischen Katastrophe, welche folgendermaßen begann: »Er ist der Herr der sich emporhebenden Erde, der Herr der Flaschenkürbisse, die Erde hob sich über dem lohfarbenen Tier (dort, wo alles von den Fluten verschlungen wurde). Er ist der Herr der sich emporhebenden Erde, der ohne jedes Maß schwellenden Erde, er, der Herr . . . des Wassers.«

Bei seinem Versuch, das Manuskript zu entschlüsseln, stieß Brasseur auch auf die beiden folgenden Symbole

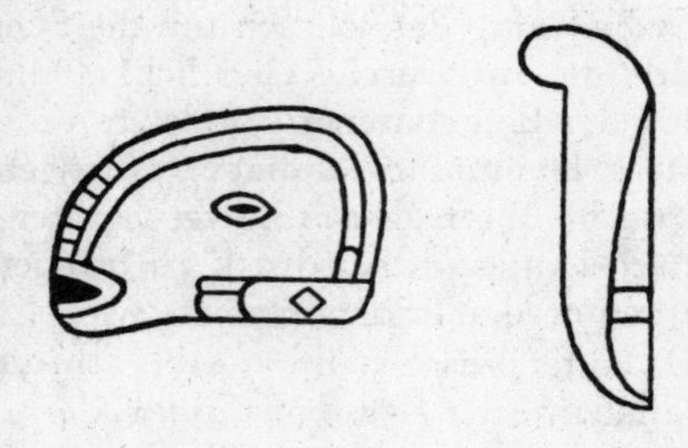

die er sich nicht erklären konnte. Wenn man sie mit den Zeichen, die in der Abbildung auf Seite 42 aufgeführt sind, vergleicht, kann man feststellen, daß das linke Zeichen eine leichte Ähnlichkeit (aber nur eine leichte) mit Landas ›M‹ aufweist und das andere mit dessen ›U‹. In einer kühnen Schlußfolgerung unterstellte Brasseur, daß diese beiden Symbole den Namen des bei einer Katastrophe untergegangenen Landes ergäben: *Mu*.

In einem anderen Buch wies er außerdem bedeutungsvoll auf die Übereinstimmung zwischen Platos Atlantis und dem unterirdischen Reich von Xibalba im *Popol Vuh*, einer Schöpfungsmythe der Kischés, einem Nachbarvolk der Maya, hin, welche er ebenfalls übersetzt und veröffentlicht hatte. Weiter ging er, was Atlantis betrifft, nicht.

Die Auffindung des Landa-›Alphabets‹ rief selbstverständlich unter Historikern und Archäologen eine gewisse Sensation hervor. Diese schlug aber in eine heftige Enttäuschung um, als man herausfand, daß die Entzifferung von Maya-Literatur nach diesem

Schlüssel ein bloßes Kauderwelsch ergab. Die Anstrengungen anderer französischer Gelehrter, wie etwa die von Léon de Rosny, verliefen ebenfalls erfolglos. Dennoch gelang es Wissenschaftlern wie Förstemann, Bowditch und Morley aufgrund gewissenhafter Studien, über ein Drittel der Maya-Hieroglyphen zu entschlüsseln. Das reicht zwar noch nicht aus, um Maya-Texte zu lesen, ist aber genug, um die Hauptzüge ihres Inhalts zu vermitteln. So weiß man mittlerweile, daß der *Troano-Codex* nicht die Beschreibung einer Eruption darstellt, sondern eine Abhandlung über Astrologie. Der *Dresdner Codex* behandelt die Astronomie und der *Perezianus* Ritualien. Die Inschriften auf Steinen haben überwiegend eine kalendarische oder liturgische Bedeutung.

Obwohl sich Brasseurs Übersetzung als nutzlos herausstellte, wurden seine Theorien von zwei großen pseudowissenschaftlichen Atlantis-Anhängern, Donnelly und Le Plongeon — zwei bemerkenswerten Persönlichkeiten, abgesehen von ihrer Atlantis-Besessenheit —, weiterentwickelt.

Ignatius T. T. Donnelly (1831—1901) war ein Mann von außerordentlich lebenhaftem Geist, aber allzu rasch in seinen Schlußfolgerungen und, wenn es galt, diese zu beweisen, von nicht sehr kritischem Verstande, wie dies bei den meisten Autodidakten, die sich durch vieles, aber unsystematisches Lesen fortgebildet haben, der Fall ist. In Philadelphia geboren, befaßte er sich mit der Juristerei. 1856 siedelte er nach Minnesota über, wo er sich in Nininger bei St. Paul ansiedelte und eine Kleinstadt-Zeitung herausgab. Mit 28 wurde er zum stellvertretenden Gouverneur von Minnesota gewählt und danach für acht Jahre in den Kongreß entsandt. Doch anstatt sich für das Wohl der Nation einzusetzen, verbrachte er die meiste Zeit in der Library of Congress, um sich Wissenswertes anzueignen und vielleicht der gelehrteste Mann zu werden, der jemals im Repräsentantenhaus saß.

Als er im Jahre 1870 bei einer Wahl unterlag, kehrte er in sein weitläufig gebautes Haus zurück, um das erste von zahlreichen recht erfolgreichen Büchern zu schreiben: *Atlantis — die vorsintflutliche Welt* (1882 erschienen), das über fünfzig Neuauflagen erlebte. Die letzte erschien 1949. Es folgten *Ragnarok* und *Das Zeitalter des Feuers und der Eiszeit*. In letzterem wird (fälschlicherweise) behauptet, daß die pleistozäne Eiszeit durch den Zusammenstoß der Erde mit einem Kometen verursacht worden sei. In *Das große Kryptogramm* wird durch kryptographische Methoden zu beweisen versucht, daß Sir Francis Bacon der Verfasser der Werke war, die Shakespeare zugeschrieben werden.

Letztere Theorie war im vorigen Jahrhundert aus Spaß von Walpole aufgestellt worden. Einige Jahrzehnte, bevor Donnellys Buch erschien, hatten sich bereits einige Schriftsteller ernsthaft mit ihr befaßt, so Delia Bacon, eine puritanische Bostoner Schullehrerin, die es nicht verwinden zu können glaubte, daß der Verfasser der wundervollen Dramen und Sonette dem lockeren und vulgären Schauspielervölkchen angehört haben sollte. Während Miß Bacon nicht so weit ging, Sir Francis als den Urheber zu benennen, taten dies andere, so etwa William H. Smith in England.

Donnelly suchte mit seinem gewaltigen Werk zu beweisen, daß sich Bacon in den Tragödien mittels bestimmter Chiffren geoffenbart habe. Doch ein herzloser Kryptograph wies alsbald darauf hin, daß man, wolle man Donnellys Methode folgen, genauso exakt schlußfolgern könne, Shakespeare habe den 46. Psalm verfaßt. Das 46. Wort am Beginn des Psalms lautet »shake«, das 46. Wort vom Schluß aus gerechnet »spear«! Qued erat demonstrandum!

Ungeachtet solcher Kritik gedieh der »Baconismus« zu einem beachtlichen Kult, der mit dem Atlantismus und der Zehn-Stämme-Theorie wohl konkurrieren konnte. Er spaltete sich sogar in verschiedene häretische Lager auf. Die einen behaupteten, daß Shakespeares Werke nicht von Bacon, sondern von dem Earl of Oxford oder irgendwelchen anderen elisabethanischen Größen verfaßt worden seien, andere kamen zu dem Schluß, daß Bacon nicht nur der Urheber der Werke von Shakespeare, sondern auch der seiner Zeitgenossen Burton, Jonson, Peele, Greene, Marlowe und Spenser gewesen sei. Letztere Behauptung ist vollends absurd. Bacon kann schwerlich gleichzeitig seine aktive politische Karriere gemacht, seine eigenen voluminösen Werke verfaßt und Zeit genug gefunden haben, um die Werke von sieben der profiliertesten Schriftsteller der englischen Literatur abzufassen.

Donnelly, ein dicklicher, glattrasierter Mann, fuhr fort, ein außergewöhnlich aktives Leben zu leben. Er ging auf Vortragsreisen und schrieb noch einige weitere Bücher, z. B. den prophetischen Roman *Die Säule des Caesar — eine Geschichte des 20. Jahrhunderts,* der eine Auflage von einer Million erreichte. Er gründete die *Populist Party* und ließ sich zweimal für diese Partei zur Wahl zum Vizepräsidenten der Vereinigten Staaten aufstellen.

Donnelly kann den Ruf für sich in Anspruch nehmen, die vielleicht größten Einzelbeiträge zu zwei Richtungen spekulativen

Denkens geleistet zu haben – zum *Atlantismus* und zum *Baconismus.* Der Atlantismus hatte in den vergangenen drei Jahrhunderten nur schwaches Interesse gefunden, hauptsächlich bei weltfremden Wissenschaftlern. Einige, wie etwa Pater Kircher, hatten Platos Geschichte für bare Münze genommen, andere hingegen sprachen von ihr als einer Fiktion, wie z. B. Bartoli, der vorschlug, sie als Satire auf die politischen Verhältnisse Athens zu werten. Einige, wie Voltaire, blieben unschlüssig, wohingegen wieder andere der Meinung waren, daß die Erzählung zwar nicht wortwörtlich auszulegen sei, aber von Sagen ausginge, deren Grundlage historische Ereignisse gewesen seien.

Es sollte Donnelly vorbehalten bleiben, den Atlantismus populär zu machen. Sein Werk gründete auf der Annahme, die bereits von den Amerikanern Hosea und Thompson (und ein Jahrhundert früher von Conte Carli) vertreten worden war und besagte, daß die Maya-Kultur und andere frühe Zivilisationen auf Atlantis zurückgingen. Edward H. Thompson, damals Student am Polytechnischen Institut von Worcester, hatte in einem Artikel im *Popular Science Monthly* den Beweis dafür zu führen gesucht, daß es Flüchtlingen vom versunkenen Atlantis gelungen sei, in Nordamerika zu landen. Sie wären an den Lake Superior verschlagen worden, um dann, durch Stämme der Ureinwohner vertrieben, nach Yucatán auszuwandern. Thompson wurde später Archäologe, einer der führenden Kenner der Mayas, und ließ die Atlantis-Theorie fallen.

Donnelly stellte folgende dreizehn »Thesen« auf:

1. daß einst im Atlantischen Ozean, gegenüber dem Eingang zum Mittelmeer, ein großes Inselland existiert habe, das der Überrest eines atlantischen Kontinents gewesen sei. Diese Insel sei in der antiken Welt als *Atlantis* bekannt gewesen;
2. daß die Beschreibung der Insel durch Plato nicht, wie bisher angenommen, ins Reich der Fabel gehöre, sondern historisch sei;
3. daß zuerst auf Atlantis die Menschheit aus einem Zustand der Barbarei heraus- und auf eine gewisse Kulturstufe gelangte;
4. daß im Verlauf der Jahrhunderte aus den Atlantis-Bewohnern ein mächtiges Volk wurde, das die Strände des Golfes von Mexiko, die Ufer des Mississippi, des Amazonas, die Pazifische Küste von Südamerika, das Mittelmeergebiet, die Westküste

von Europa und Afrika, das Baltikum, das Schwarze und das Kaspische Meer besiedelte;

5. daß Atlantis die voreiszeitliche Welt war, der Garten Eden, der Garten der Hesperiden, die Elysäischen Gefilde, die Gärten des Alkinous, der Mesomphalos, der Olympos, Asgard – alles Vorstellungen einer Art universaler Erinnerung an ein großes Land, in dem die frühe Menschheit Zeitalter hindurch in Frieden und Wohlergehen lebte;
6. daß die Götter der alten Griechen, Phönizier, Hindus und Germanen die Könige, Königinnen und Heroen von Atlantis waren und daß die Taten, die ihnen in den Mythen zugeschrieben wurden, etwas wirre Rekonstruktionen von historischen Ereignissen darstellen;
7. daß mit der ägyptischen und peruanischen Mythologie (beides Sonnenkulte) die ursprüngliche Religion von Atlantis überliefert wurde;
8. daß die älteste Kolonie, die von den Atlantis-Bewohnern gegründet wurde, wahrscheinlich Ägypten war, dessen Kultur sozusagen eine Kopie des atlantischen Staatswesens gewesen sei;
9. daß die Gerätschaften des Bronzezeitalters aus der atlantischen Zeit stammen. Die Atlantis-Bewohner seien auch die ersten gewesen, die Eisen bearbeiteten;
10. daß das phönizische Alphabet, auf das sämtliche europäischen Alphabete zurückgehen, von einem atlantischen Alphabet hergeleitet ist, das von Atlantis auch auf die Mayas überkam;
11. daß Atlantis die Wiege der indogermanischen Rasse, der Semiten und möglicherweise auch der turanischen Rasse war;
12. daß Atlantis bei einer Naturkatastrophe von schrecklichen Ausmaßen unterging, wobei das Inselreich mit nahezu allen seinen Bewohnern im Ozean versank;
13. daß einige wenige Bewohner auf Schiffen und Flößen entkamen und den Menschen in Ost und West von der furchtbaren Katastrophe berichteten. Die Sintflut- und Überschwemmungslegenden kündeten davon bis zum heutigen Tage.

Diese Thesen verdienen es, mit Sorgfalt geprüft zu werden, da sie, wenn man so will, die zentrale Position der Atlantis-Idee darstellen, wobei sie sowohl von einem okkulten Schwingenschlag als auch von einem Anflug von Wissenschaftlichkeit gestreift sind. Die meisten der nichtokkulten Atlantis-Bücher, die seit Donnelly veröffentlicht wurden, beziehen im wesentlichen seine Position und stützen sich auf das von ihm vorgelegte Material. Donnelly geht dabei weiter als Plato, der niemals die Behauptung aufstellte, Atlantis sei der Mutterschoß jeglicher Kultur gewesen.

Zunächst zitierte Donnelly geeignete Passagen aus *Timaios* und *Kritias*. Danach ging er daran, seine Thesen zu belegen. Er führte aus, daß das Fehlen magischer oder fantastischer Elemente in Platos Dialogen auf deren Wahrheitsgehalt schließen lasse. Zudem komme die Topographie der Azoren-Gegend der Vorstellung von einer Insel im Platoschen Sinne entgegen. Donnelly gab zu bedenken, daß Kontinente sich in erdgeschichtlichen Zeiträumen heben und senken (richtig) und daß Inseln bei vulkanischen Eruptionen versinken (ebenfalls richtig). Warum also sollte nicht ein ganzer Kontinent infolge einer einzigen Erderuption versunken sein? Erdbeben wie etwa das von Lissabon im Jahre 1775 hatten verheerende Folgen. »Wir kommen zu dem Ergebnis«, so führte er aus, »daß es 1. aufgrund geologischer Gegebenheiten außer Frage steht, daß riesige Landmassen in dem Gebiet, das von Plato angegeben wird, existiert haben müssen. Damit dürfte es eine Insel, wie sie von Plato beschrieben wird, gegeben haben; 2. daß es nicht unwahrscheinlich oder unmöglich ist, daß diese plötzlich in einer einzigen schrecklichen Nacht und einem Tag durch ein Erdbeben vernichtet wurde.«

Leider blieb Donnelly die Beweise schuldig. Er setzte lediglich einige unbeweisbare Behauptungen in die Welt, die das einstige Vorhandensein eines solchen Landes belegen sollten.

Donnelly wies auch auf die Ähnlichkeit vieler europäischer und amerikanischer Tier- und Pflanzenarten hin. Ferner zitierte er einige Kapazitäten, um aufzuzeigen, daß bestimmte Pflanzen, wie etwa Tabak oder Baumwolle, nicht, wie angenommen, vor Kolumbus auf eine bestimmte Hemisphäre beschränkt waren, sondern sowohl in der Alten als auch in der Neuen Welt wuchsen. Die Assyrer zum Beispiel hätten die Ananas gekannt. Die Sintflut-Legenden der Juden, Babylonier, Azteken und anderer Völker ließen sich im Sinne eines Untergangs von Atlantis, dessen kulturelle Blüte niemals wieder erreicht wurde, deuten.

Donnelly nahm an, daß die ägyptische Kultur von Anbeginn an in Blüte stand und sich nicht erst langsam entwickelte. Damit wollte er zeigen, daß sie importiert worden war. Indem er feststellte: »Ich kann nicht glauben, daß die großen Erfindungen spontan an verschiedenen Plätzen der Welt gleichzeitig entstanden ... wenn dem so wäre, hätten alle Wilden den Bumerang erfunden; alle Wilden würden Kenntnisse in der Töpferei besitzen, Pfeil und Bogen, Lasso, Zelte und Kanus ...« – indem er dies feststellte, antizipierte er die Auffassung einiger Wirrköpfe von heute.

Wie diese zog Donnelly aus der Tatsache, daß unter den verschiedenen europäischen Völkerschaften gemeinsame Kulturmerkmale festgestellt werden können, den Schluß, daß sie eines gemeinsamen Ursprungs seien. Dasselbe galt für ihn für gemeinsame Merkmale unter den Völkern der Neuen Welt. Sodann wies er darauf hin, daß auf beiden Seiten des Atlantiks Säulen, Pyramiden, Grabhügel gefunden wurden, daß man hier wie dort die Verarbeitung von Metall kannte, künstlerische Betätigung, Acker- und Schiffsbau usw.

Um zu beweisen, daß die Alphabete der Alten Welt, die sich vom phönizischen Alphabet herleiten, ursprünglich auf die Atlantis-Kultur zurückgehen, ließ Donnelly Übersichtstafeln anfertigen, auf denen das lateinische Alphabet neben dem Landaschen Maya-»Alphabet« stand, wie es ziemlich unexakt von Brasseur de Bourbourg überliefert wurde. Diese beiden ähneln einander in keiner Weise. Doch Donnelly störte das nicht. Aus bestimmten Maya-Hieroglyphen versuchte er »Zwischenformen« zwischen lateinischen und den angenommenen Maya-Buchstaben zu konstruieren.

Dann unternahm er es, die Geschichte von Atlantis zu rekonstruieren, wobei er davon ausging, daß alle Mythen der Alten Welt, wie etwa die *Genesis*, verzerrte Darstellungen der Historie von Atlantis seien. Poseidon, Thor, Melkart und andere Götter der Alten Welt waren Könige des alten Inselreiches, die Titanen der griechischen und die Fomorianer der irischen Sagenwelt waren Atlantier etc.

Schließlich versuchte er, seine Behauptungen durch linguistische Argumente abzudecken, wobei er der Sache den Anschein der Beweiskraft zu geben verstand. Er behauptete, die verschiedenen Sprachen der Neuen Welt seien mit denen der Alten Welt eng verwandt. Le Plongeon (zu dem wir noch kommen) wird zitiert, der behauptet: »Ein Drittel der (Maya-)Sprache ist reines Griechisch« (obwohl es schwerhalten dürfte, zwei Sprachen zu finden, die sich mehr voneinander unterscheiden als eben diese). Ein Señor Melgor wird angeführt, der der Meinung war, daß Chiapanec, eine zentralamerikanische Sprache, dem Hebräischen ähnelt.

Die Sprache der in Mexiko lebenden Otomi gehe indessen auf Chinesisch zurück.

Donnellys enormes Wissen ist imstande, den Durchschnittsleser glauben zu machen, seine Feststellungen basierten auf Tatsachen. Es bedarf schon einer sehr intensiven Lektüre seines Buches, um sich darüber klarzuwerden, wie sorglos, tendenziös und im großen und ganzen wertlos es ist. Was bedeutet es schon, wenn ausgeführt wird, die Europäer und die Ureinwohner Amerikas hätten beide Speere und Segel benutzt; beide hätten die Ehe und die Scheidung praktiziert; beide hätten an Geister und Sintflut-Legenden geglaubt. Dies sagt doch noch gar nichts über versunkene Kontinente aus, sondern lediglich darüber, daß diejenigen, von denen die Rede ist, menschliche Wesen waren und ihre Sitten und Religionen weltweit.

Um der Wahrheit die Ehre zu geben: Die meisten der von Donnelly angeführten ›Tatsachen‹ waren keine oder wurden durch nachfolgende Entdeckungen widerlegt. Es ist einfach nicht wahr — wie er es feststellte —, daß die Indianer Perus ein Schreibsystem hatten, daß die Baumwollpflanzen der Neuen und Alten Welt von der gleichen Art sind, daß die ägyptische Kultur mit einem Male da war, daß Hannibal bei seinen militärischen Operationen über das Schießpulver verfügte. Donnellys »assyrische Ananas« sind nichts weiter als die Früchte der Dattelpalme, welche ein beliebtes Motiv der assyrischen Kunst waren. Ich kann mir nicht denken, welches Chinesisch er verwandte, als er mit Hilfe von Tabellen die Ähnlichkeit zwischen Otomi und Chinesisch beweisen wollte: mit Sicherheit nicht Nordchinesisch, das als repräsentativ für Chinesisch gilt. Zum Beispiel gab er die chinesischen Bezeichnungen für »Kopf«, »Nacht«, »Zahn«, »Mann« und »ich« mit *ten, siao, tien, ne* und *nago* an, während sie richtig *tou, yi, ye, jin* (oder *rin*) und *wu* lauten mußten. Das Mißverständnis um die Ähnlichkeit zwischen Otomi und den ostasiatischen Sprachen scheint daher zu rühren, daß Otomi, wie Chinesisch, phonemisch ist: der Ton, auf welchem eine Silbe betont wird, bestimmt die Bedeutung eines Wortes. Daraus meinten einige Theoretiker die Schlußfolgerung ziehen zu können, daß eine Bezehung zwischen Otomi und Chinesisch oder Japanisch bestehen müsse, eine Annahme, die durch nichts weiter sonst gedeckt ist. Wie dem auch sei, phonemische Sprachen sind nichts Ungewöhnliches. Viele afrikanische Sprachen sind ebenfalls polyton.

Trotz seiner Mängel wurde Donnellys Werk zum ›Neuen Testament‹ des Atlantismus, so wie *Timaios* und *Kritias* das ›Alte Testament‹ dieser Idee darstellen. Und Jahr für Jahr wiederholen Atlantis-Gläubige die Behauptung, daß Otomi Altchinesisch oder -japanisch sei.

Donnellys Zeitgenosse Augustus Le Plongeon (1826 – 1908) grub als erster Maya-Ruinen in Yucatán aus und lebte dort lange Jahre. Le Plongeon, ein melancholisch dreinblickender französischer Physiker mit einem auffallenden Bart, der ihm bis auf den Bauchnabel reichte, verheiratet mit einer hübschen Amerikanerin, die viel jünger war als er, war ein Experte eigener Art. Obwohl er unmittelbar vertraut war mit den Gebräuchen und der Sprache der Maya, erhielt sein Werk nicht die wissenschaftliche Anerkennung, die er erhofft hatte. Zudem hatte er unter der Willkür mexikanischer Behörden zu leiden, die in jenen Tagen Gringo-Archäologen ruhig graben ließen, um ihnen dann das, was sie vielleicht gefunden hatten, abzunehmen und sie des Landes zu verweisen.

Nach der *Troano-Codex*-Übersetzung Brasseurs und einigen Wandbildern, die er in den Ruinen der Maya-Stadt Chichén-Itzá gefunden hatte, konstruierte Le Plongeon, ein noch kühnerer Schlußfolgerer als Donnelly, die romantische Geschichte von der Rivalität zwischen den Prinzen Coh (»Puma«) und Aac (»Schildkröte«), die um die Hand ihrer Schwester Móo oder Mu, Königin von Atlantis, anhielten. Coh trug den Sieg davon, wurde aber von Aac ermordet, der Móos Reich eroberte. Beim Untergang des Kontinents floh Móo nach Ägypten, wo sie die Sphinx von Gizeh in Erinnerung an ihren Ehemann und Bruder errichten ließ und als Isis die ägyptische Zivilisation begründete. (In Wirklichkeit handelt es sich bei dieser Sphinx wohl um ein Monument für Pharao Chefren der IV. Dynastie.) Andere Mu-Bewohner hatten sich derweilen in Zentralamerika angesiedelt – ihre Nachfahren sind die Maya.

Le Plongeon gab seinen fantastischen Vorstellungen in mehreren Büchern Raum. Als sein schmales Bändchen *Geheiligte Mysterien der Maya und der Quiches vor 11 500 Jahren* 1886 erschien, mokierten sich seriöse Wissenschaftler darüber. Daraufhin schrieb der wütende Le Plongeon ein weitaus umfänglicheres Werk *Königin Móo und die ägyptische Sphinx*, worin er die »Arrogranz und Überheblichkeit der oberflächlich Gebildeten«

anprangerte, jene »sogenannten Autoritäten«, mit denen er Brinton und andere Amerikanisten meinte.

Wie Brasseur, so versuchte sich auch Le Plongeon daran, den *Troano-Codex* zu übersetzen. Das Ergebnis war, wenn auch nicht wissenschaftlich glaubhafter, so doch zumindest verständlicher: »Im Jahre 6 Kan, am 11. Muluc im Monat des Zac, fanden schreckliche Erdbeben statt, die ohne Unterbrechung bis zum 13. Chuen anhielten. Das Land der Hügel und Schlammebenen, das Land Mu, wurde geopfert: Zweimal hob sich das Land empor, bis es mit einem Male während der Nacht verschwand, indessen die Fluten ringsum von vulkanischen Beben aufgewühlt wurden. Verschiedene Male tauchte es nochmals empor. Zuletzt gab die Oberfläche nach, die in zehn Teile zerbarst. Diese Erschütterung löste den endgültigen Untergang aus. Mit 64 000 000 Bewohnern versank der Kontinent 8060 Jahre, bevor dieses Buch geschrieben wurde.«

Le Plongeon führte die Freimaurerei und das Metrische System auf die Maya zurück, hielt Mme. Blavatskys fantastisches *Buch des Dyzan* allen Ernstes für »ein altes Sanskritbuch«, behauptete, daß das griechische Alphabet in Wirklichkeit eine Maya-Dichtung sei, die vom Untergang Mus erzähle, und veröffentlichte ein Foto mit einem Leoparden aus der Alten Welt, den er als Beispiel für die zentralamerikanische Fauna ausgab. Als Gewährsleute zitierte er den Londoner Verleger John Taylor (einen »gelehrten englischen Astronomen«) und den exzentrischen schottischen Astronomen Charles Piazzi Smyth (»den bekannten Ägyptologen«), die den pseudowissenschaftlichen Pyramidenkult begründet hatten. Ihren Lehren nach war die Cheopspyramide von Gizeh in Wirklichkeit von Noah oder einem anderen alttestamentarischen Patriarchen unter göttlicher Anleitung erbaut worden. Deren Maße (die sie unglaublich unexakt angaben) hatten etwas mit den Zeitaltern zu tun und waren prophetische Chiffren im Hinblick auf die Zukunft der Menschheit. Obwohl sich keine der Weissagungen der ›Pyramidologen‹ als wahr erwiesen hat, betreiben diese auch heutzutage noch das Geschäft der Wahrsagerei.

Der nächste dieses speziellen Zweiges der Pseudowissenschaft war Dr. Paul Schliemann, Enkel des großen Heinrich Schliemann, jenes kleinwüchsigen, nervösen und introvertierten deutschen Geschäftsmannes und Pioniers der archäologischen Wissenschaft, der das klassische Troja und Mykenä ausgrub. 1912 war der junge Schliemann es offensichtlich leid, nur Träger eines berühmten Namens zu sein. Er verkaufte an den *New York American* einen Artikel mit dem Titel *Wie ich Atlantis entdeckte, den Ursprung jeglicher Kultur*. Schliemann gab darin an, daß sein Großvater ihm Papiere hinterlassen habe, die sich mit archäologischen Problemen befaßten, und ferner eine antike eulenköpfige Amphore. Das Kuvert, das die Dokumente enthielt, trug einen Hinweis, daß es nur von demjenigen Mitglied der Schliemannschen Familie geöffnet werden dürfe, das willens sei, zu beschwören, sein Leben der Sache zu weihen, mit der sich die Dokumente befaßten. Paul Schliemann verpflichtete sich dazu und öffnete den Briefumschlag. Die erste Instruktion lautete, die Amphore zu zerschlagen. In ihr fanden sich einige viereckige Münzen einer Platin-Aluminium-Silber-Legierung und eine Metallplatte mit einer phönizischen Inschrift: »Aus dem Tempel der durchsichtigen Mauern«. In den Aufzeichnungen seines Großvaters stieß er dann angeblich auf den Hinweis, daß dieser einst in Troja eine Bronzeamphore ausgegraben habe, in welcher er Münzen und Gerätschaften aus Metall, Knochen und Ton fand. Die Amphore und einige der Gegenstände hätten die Aufschrift getragen: »Von König Kronos von Atlantis«. Schliemann schwärmte: »Sie können sich meine Erregung vorstellen, hier war der erste materielle Hinweis auf den Riesenkontinent, der Jahrhunderte hindurch nur in der Legende gelebt hatte ...« Dann führte er die üblichen Argumente an, die einen gemeinsamen Ursprung der Kulturen der Neuen und Alten Welt in Atlantis belegen sollten und die er kritiklos von Donnelly und Le Plongeon übernommen hatte. Wie letzterer machte er geltend, Einblick in den *Troano-Codex* genommen zu haben, und zwar im Britischen Museum – dabei befand sich dieser in Madrid. Außerdem, so suchte er seine Behauptungen zu erhärten, sei die Geschichte von dem Versinken Mus in einem 4000 Jahre alten chaldäischen Manuskript, das in einem Buddhistentempel zu Lhasa in Tibet aufbewahrt werde, enthalten. Es werde darin erzählt, wie das Land der Sieben Städte durch ein Erdbeben und eine Eruption, ausgelöst durch den herabfallenden Stern Bel, zerstört worden sei, und daß Mu, der Priester Ras, die Leute gewarnt habe.

Schliemann versprach, seine Entdeckungen vollständig in einem Buch über Atlantis auszubreiten, schloß aber seinen Artikel mit dem vieldeutigen Satz: »Wenn ich alles sagen würde, was ich weiß, wäre das Geheimnis zerstört.« Gott sei Dank erschien das

Buch nie. Auch gab es keine weiteren interessanten Enthüllungen. Die eulenköpfige Amphore, das chaldäische Manuskript und die anderen Relikte von unschätzbarem Wert wurden nie für wissenschaftliche Prüfungen zur Verfügung gestellt. Wilhelm Dörpfeld, Heinrich Schliemanns Mitarbeiter, schrieb, verärgert über diese Veröffentlichung, daß, soweit er unterrichtet sei, der ältere Schliemann niemals ein besonderes Interesse an Atlantis an den Tag gelegt habe und daß es keinen Forschungsbericht von ihm dazu gäbe. Die offensichtliche Tatsache, daß das Ganze ein Jux war, hielt Atlantis-Gläubige nicht davon ab, Schliemann als Autorität auf diesem Gebiet zu benennen, wobei er nicht selten mit seinem Großvater verwechselt wurde.

Die letzte und bizarrste Blüte dieses besonderen Zweiges ist James Churchward, ein kleiner, gespenstisch aussehender Anglo-Amerikaner, der in jüngeren Jahren ein Buch für Sportfischer geschrieben hatte. Später ernannte er sich selbst zum »Colonel« und behauptete, weite Reisen durch Asien und Zentralamerika unternommen zu haben (wo er von einer fliegenden Schlange attackiert wurde). In den Siebzigern angelangt, legte er sein Buch *Der untergegangene Kontinent Mu* vor (1926), andere Publikationen über Mu folgten. Die Ideen, die er von Le Plongeon und Paul Schliemann bezogen hatte, baute er noch aus, indem er sich zwei versunkene Kontinente vorstellte: Atlantis im Atlantik und Mu (mit dem Lemuria der Okkultisten identisch) im Mittleren Pazifik, wo man nach geologischen Erkenntnissen sicher sein kann, daß ein solcher Kontinent niemals existierte und niemals existieren wird.

Churchward war von einer Lieblingsvorstellung der Okkultisten besessen: daß es vor Zeiten einmal eine universale Geheimsprache gegeben habe, in der unsere Altvorderen ihr geheimes Wissen weitergegeben hatten. Eine intuitiv begabte Person könne, wenn sie nur lange genug auf alte Zeichensymbole starre, deren Bedeutung herauslesen und auf diese Weise vergessene historische Tatsachen ans Licht bringen. Zugegeben, unsere Vorfahren benutzten eine ganze Reihe von Symbolen, so wie wir das mit unseren Signalen und Warenzeichen heute tun. Wenn man jedoch mit einer Kultur nicht sehr vertraut ist, kann man auch nicht sagen, ob ein Stück einer antiken Dekoration irgend etwas bedeutet oder bloße Arabeske ist. Sollten Sie der Meinung sein, Symbole ließen sich subjektiv interpretieren, versuchen Sie dies einmal mit einer Seite Chinesisch, vorausgesetzt, Sie kennen diese Sprache nicht.

Das chinesische Schriftbild ergibt nichts weiter als ein Bild – genau das, wovon Churchward behauptete, er könne es auslegen.

Churchward nahm zum Beispiel an, daß im Mu-Alphabet ein Rechteck für den Buchstaben ›M‹ und für ›Mu‹ stand. Da jeder Baustein rechteckig ist, hatte er natürlich keinerlei Schwierigkeiten, alles und jedes auf Mu zu beziehen. Zudem zitierte er Plato falsch (»in Platos *Timeus Critias* [sic] finden wir folgenden Hinweis auf den verschwundenen Kontinent: ›Das Land Mu hatte zehn Bewohner.‹« etc.) und brachte unsinnige Fußnoten an, wie etwa »4. griechischen Berichten zufolge« oder »6. nach verschiedenen Berichten«. Von einer von ihm herausgegebenen Übersichtstabelle mit 42 ägyptischen Hieroglyphen waren nur sechs davon in etwa richtig.

Churchward begründete seine Theorie mit zwei ›Schrifttafel‹-Funden. Einer zumindest existiert wirklich. Es handelt sich dabei um eine Sammlung von Objekten, die von einem amerikanischen Ingenieur namens Niven in Mexiko gefunden wurden. Diese erscheinen dem Auge des Nichteingeweihten wie die flachen Bilddarstellungen, die die Azteken, Zapoteken und andere mexikanische Stämme in großer Zahl für religiöse Gelegenheiten anfertigten. Für Churchward hingegen stellen sie Schriftbilder dar und ihre Unebenheiten und Verzierungen sind für ihn Mu-Symbole, die geheime Bedeutung besitzen.

Der andere Fund bleibt im dunkeln: die »Naacal-Schrifttafeln ... die mit Naga-Symbolen und Buchstaben beschriftet sind«. Diese wurden Churchward angeblich von einem liebenswürdigen Priester in Indien gezeigt. Das heißt, in einem seiner Bücher erzählt er, er habe sie in Indien gesehen, in einem anderen war es in Tibet. Glücklicherweise hatte Churchward sich gerade mit dieser ›toten Sprache‹ befaßt und konnte so aus den Inschriften die Schöpfungsgeschichte und den Untergang Mus herauslesen ... Aus diesen Quellen erfuhr Churchward, daß Mu einstmals ein riesiger Kontinent im Pazifik war, der sich von den Hawaii- bis zu den Fidschi-Inseln und von den Oster-Inseln bis zu den Marianen erstreckte. Er war flach (denn die Berge waren damals noch nicht ›erfunden‹) und von üppiger tropischer Vegetation bedeckt. In den Zeiten ihrer Hochblüte zählte die Insel 64 Millionen Menschen, die in zehn Stämme aufgeteilt waren und von einem Priester-Herrscher mit Namen Ra regiert wurden. Die Mu-Bewohner waren verschiedener Hautfarbe. Die Weißen stellten die herrschende Schicht. Sie besaßen nicht nur eine hohe Kultur, sondern

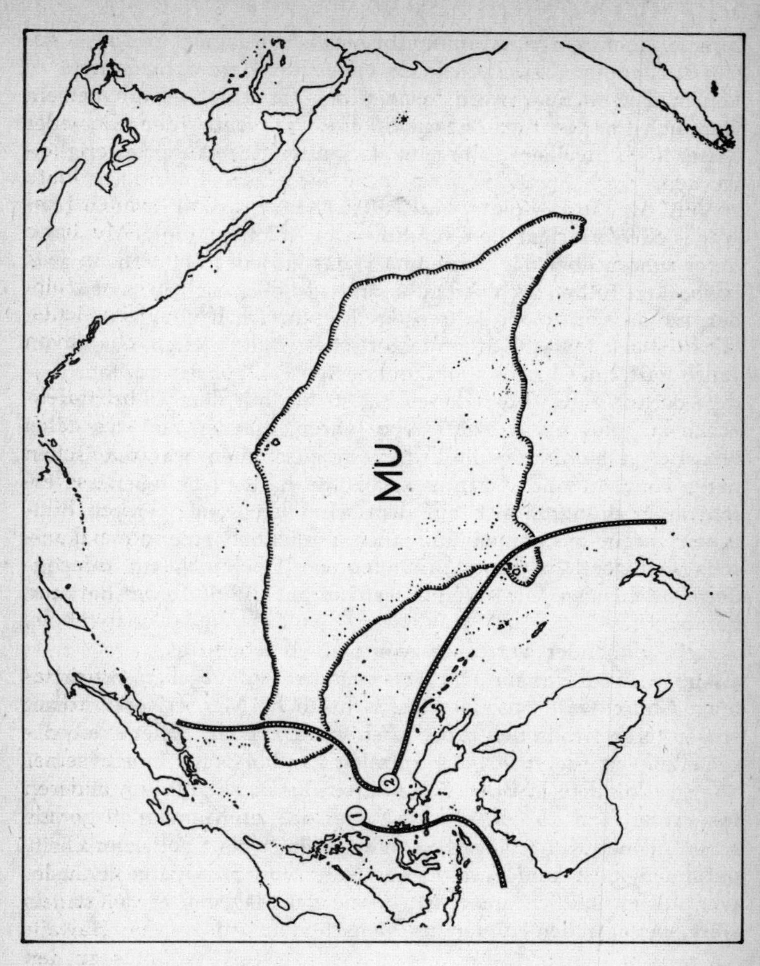

Karte des Pazifischen Ozeans mit der Wallace-Linie (1), der Andesite-Linie (2) und Churchwards versunkenem Kontinent Mu.

hingen einer rein arisch-monotheistischen Religion an, die Jesus Christus später wiederzubeleben versuchte. Barbarei existierte zu keiner Zeit. Churchward hielt nichts von der »Der-Mensch-stammt-vom-Affen-ab-Theorie«, er war der Meinung, der Mensch sei im Pleiozän bereits als kultiviertes Wesen erschaffen worden.

Von Mu aus erfolgte unter der Leitung von Priestern (den Nagas oder Naacals) die Gründung von Kolonien. Einige Auswanderer fuhren über das Binnenmeer, das zu jener Zeit das Amazonasbecken füllte, nach Atlantis, andere ließen sich in Asien nieder, wo sie vor 20 000 Jahren das Riesenreich Uighur gründeten. (Es existierte tatsächlich ein historisches Uighur-Reich, das im 10. Jahrhundert n. Chr. entstand und dessen Fall auf das 12. Jahrhundert datiert wird. Aber dieses hat nichts mit dem Churchwardschen zu tun.) Dann, vor 13 000 Jahren, brachen die »Gas-Gürtel«, riesige Hohlräume im Erdinnern, zusammen, was den Untergang von Mu und Atlantis zur Folge hatte. Überlebende Mu-Bewohner drängten sich auf dem schmalen Raum der polynesischen Inseln zusammen und aßen schließlich einander auf, da nicht genügend Nahrung vorhanden war. Doch nicht nur sie, sondern die meisten Mu-Kolonien sanken auf die Stufe der Barbarei herab.

Kein glühender Verfechter von Mu, so scheint es, wird seinen Glauben daran um ein paar Tatsachen willen aufgeben. So haben auch Churchwards pseudowissenschaftliche Meisterwerke Nachfolger gefunden, in den Broschüren von Dr. Louis Effler etwa, der um die Welt fliegt, um das Spiralen-Symbol von Mu zu finden. 1947 verkündete F. Bruce Russell, ein Psychoanalytiker, der sich ins Privatleben zurückgezogen hatte, daß er Mumien vom verschwundenen Kontinent Mu von 2,50 Meter bis 2,70 Meter Länge gefunden habe, und zwar in der Nähe von St. George in Utah. Ganz offensichtlich spukt Mu, ohne daß dagegen etwas zu tun wäre, weiter in den Köpfen der Menschen herum.

3

DAS LAND LEMURIA

Niemand erreicht unseren Sagenstrand,
kein Seemann je an unsre Küste fand,
unser Spiegelbild man kaum noch sieht,
darüberhin die grüne Woge flieht.
Karten, selbst aus längst vergeßnen Tagen,
unsre Konturen schemenhaft nur tragen ...

THOREAU

Die Erwähnung von Lemuria im voraufgegangenen Kapitel führt uns zu zweierlei hin: zur Paläographie (der Wissenschaft von den geographischen Verhältnissen der erdgeschichtlichen Vergangenheit) und zum okkulten Atlantismus.

Der Name *Lemuria* entstand folgendermaßen: Nachdem die darwinistische Revolution die Wissenschaftler sozusagen mit einem soliden Bezugsrahmen versorgt hatte, in den die historische Entwicklung der Erde und ihrer Lebewesen eingepaßt werden konnte, verzeichneten die letzten Jahrzehnte des vorigen Jahrhunderts eine emsige Aktivität auf dem Felde der Biologie und der Geologie. Lücken, die noch zwischen den geologischen Zeitaltern bestanden, wurden gefüllt, Meereseinbrüche früherer Zeiten kartographiert und die entwicklungsgeschichtlichen Spuren von Pferden, Oktopussen und anderen Lebewesen gesichert.

Zwischen 1860 und 1870 stellte eine Gruppe britischer Geologen, darunter Stow und Blanford in Indien und Griesbach in Afrika, eine auffallende Ähnlichkeit zwischen bestimmten Erdformationen in Indien und Südafrika fest. William T. Blanford wies auf die Gleichartigkeit von Gestein und Fossilien eines Fundes aus der Perm-Periode in Zentralindien, einem Landstrich namens Gondwana, und einer ähnlichen Ablagerung in Südafrika hin. Gondwana bedeutet »Land der Gond«, einem Jägerstamm, der dieses Gebiet bewohnte und der einst den scheußlichen Kultus ausübte, Menschen langsam in magischen Ritualen zu Tode zu quälen, um dadurch die Ernte zum Gedeihen zu bringen. Die Perm-Periode war der jüngste Abschnitt des Paläozoikums.

Danach begann das Mesozoikum oder das Zeitalter der Reptilien – eine kalte, unwirtliche Epoche, in der echsenhafte Reptilien die am weitesten entwickelten Lebewesen waren.

Blanford und seine Kollegen folgerten aus ihren Beobachtungen, daß Südafrika und Indien einst durch eine Landbrücke verbunden waren, die Madagaskar mit seinen eigentümlichen Ausbuchtungen, die Aldabra-Inseln mit ihren riesigen Schildkröten, die weitläufigen Seychellen-Riffe, die Malediven und Lakkadiven mit einschloß. Diese Inseln und Riffe seien die Bergspitzen einer riesigen submarinen Gebirgskette, die sich von Afrika bis zum Südzipfel von Indien erstreckte.

Diese Schlußfolgerungen erregten die Aufmerksamkeit des österreichischen Paläontologen Neumayr und des deutschen Naturforschers Haeckel. Es ist wohl der erste uns bekannte Versuch einer paläographischen Weltkarte, die Neumayr 1887 in seiner *Erdgeschichte* veröffentlichte und die seine Vorstellungen von der Gestalt der Welt im Jura, der mittleren Epoche des Mesozoikums, zeigt. Es gehören dazu ein großer »brasilianisch-äthiopischer Kontinent«, dessen Südostecke in eine »indomadagassische Halbinsel« ausläuft, die Blanfords Landbrücke entspricht.

Ernst Haeckel war für Deutschland das, was Thomas Huxley für England war – der unüberhörbare und angriffslustige Verfechter der revolutionären Theorien von Darwin. Haeckel kam die Vorstellung von einer indomadagassischen Landbrücke gerade recht, um die Verbreitung der Lemuren zu erklären, Tierwesen, die wie eine Kreuzung zwischen Eichhörnchen und Affen aussehen und die in der Abstammungslehre hinter den Affen rangieren. Lemuren gibt es auf Madagaskar sowie vereinzelt in Afrika, Indien und auf dem malaiischen Archipel. Wenn die madagassische Landbrücke im Perm und Jura bestanden hatte, so überlegte Haeckel, warum dann nicht auch noch im Känozoikum, dem Zeitalter der Säugetiere?

In seinem Überschwang ging Haeckel sogar so weit, zu spekulieren, ob dies versunkene Land nicht die Wiege der Menschheit gewesen sei. Zu seiner Zeit waren versteinerte Reste von Affenmenschen noch nicht gefunden (inzwischen gibt es über ein Dutzend solcher Ausgrabungen). Dann schlug der englische Zoologe Philip L. Sclater den Namen *Lemuria* für diese Landbrücke vor. Der Name blieb, auch wenn wir heute wissen, daß Haeckel mit seiner Annahme, Lemuria habe auch noch im Känozoikum existiert, wahrscheinlich Unrecht hatte. Die meisten Paläontologen

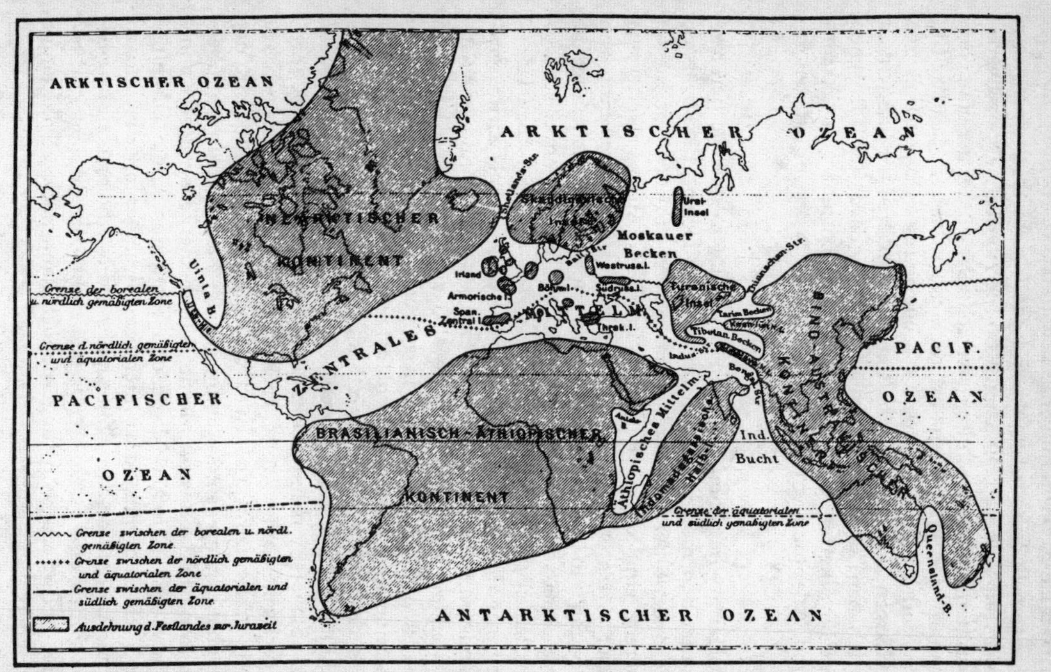

Die erste paläogeographische Weltkarte aus Neumayrs ›Erdgeschichte‹ (1887), die seinen hypothetischen brasilianisch-äthiopischen Kontinent und die indomadagassische Halbinsel zeigt, die später »Lemuria« benannt wurde.

können sich übrigens auch ohne die Existenz einer Landbrücke die Möglichkeit einer Verbreitung der Lemuren vorstellen.

Für andere Forscher war Lemuria das Überbleibsel eines weitaus riesigeren vorgeschichtlichen Kontinents, den sie Gondwanaland nannten und der nach ihrer Ansicht Dreiviertel der südlichen Hemisphäre der Welt einnahm; den Rest bildete der Pazifik. Diese hypothetischen Kontinente haben indessen wenig mit den Vorstellungen von Atlantis zu tun, denn sollten sie tatsächlich existiert haben, so verschwanden sie lange, bevor die Menschen die Erde bevölkerten. Dennoch wurde ihre Existenz von Okkultisten und Atlantomanen für ihre Theorien in Anspruch genommen.

Nachfolgerin von Simon Magus und Cagliostro und die berühmteste unter den modernen Okkultisten war Helena P. Blavatsky, die Begründerin der Theosophie. Die in New York lebende Russin war bereits eine korpulente Dame mittleren Alters, als sie sich 1870 der Atlantis-Bewegung anschloß. Sie lebte getrennt von ihrem Mann, einem russischen General, und war nacheinander die Geliebte eines slowenischen Sängers, eines englischen Geschäftsmannes, eines russischen Adligen und eines kaukasischen Händlers gewesen. Ihren Lebensunterhalt hatte sie sich als Zirkusreiterin, Pianistin, Geschäftsfrau, Süßwarenverkäuferin und spiritistisches Medium verdient. Sie hatte also einen ziemlich bewegten Lebenslauf hinter sich, den sie in späteren Jahren zu vertuschen suchte, indem sie sich eine recht bemerkenswerte Vergangenheit als allzeit bedrängte Jungfrau erfand, die die ganze Welt bereiste, um okkultes Wissen aufzuspüren.

Mme. Blavatsky nahm als okkulten Partner Henry Steel Olcott, einen gerissenen amerikanischen Rechtsanwalt, der Frau und Kinder um ihretwillen verlassen hatte, mit ins Geschäft. Mit der Theosophie begann es erst richtig, als das Paar nach Indien übersiedelte, wo Mme. Blavatsky lernte, ihre bemerkenswerten Kenntnisse in abendländischer Magie und abendländischem Okkultismus mit einer breiten, aber nichtsdestoweniger oberflächlichen Kenntnis von ostindischer Philosophie und Mythologie zu vereinigen. Sie führte eine faszinierende und turbulente Existenz und besaß eine große Schar von Jüngern, auch dann noch, als ihr einige Bloßstellungen widerfuhren.

1882 gelang es ihr, zwei leichtgläubige, in Indien lebende Engländer, den Verleger Arnold P. Sinnett und den Regierungsbeam-

Die Sphinx von Gizeh (IV. Dynastie um 2650 v. Chr.). Im Hintergrund die Cheopspyramide.

Das Tempelgebiet von Knossos, das einst Residenz des sagenhaften Königs Minos und blühendes Zentrum minoischer Kultur war.

ten Alan Octavian Hume, zu beeindrucken, indem sie ihnen Briefe zugehen ließ, von denen sie behauptete, sie seien von ihrem »Meister« Kut Huumi geschrieben worden, während die Handschriftenanalyse später ergab, daß sie sie selbst niedergeschrieben hatte. In diesen Briefen ertastete sie sich den Weg zu jener verblüffenden Lehre von der Entstehung der Welt, die sie später vertreten sollte – einer gewaltigen Synthese fernöstlicher und westlicher Magie und einem Mythenglauben an die sieben Ebenen der Existenz, die sieben Zeitalter, in denen sich alles entwickelt, die sieben Urrassen der Menschheit, die sieben Inkarnationen, die jeder von uns besitzt, und die Bruderschaft der Mahatmas, die die Welt von ihrem Hauptquartier in Tibet aus mittels okkulter Strahlen und der Fähigkeit, die Schöpfung in ihre Astralleiber aufzulösen, erobern würden.

Mme. Blavatsky war bei ihren Studien auf die Lemuria-Theorie gestoßen und hatte sie, zusammen mit der von Atlantis, in ihren eigenen Kosmos eingebaut. Ein paar Hinweise darauf finden sich in ihren Mahatma-Briefen. Später verarbeitete sie dann ihre Lehren in ziemlich konfuser Weise in ihrem ›Hauptwerk‹, der *Geheimlehre,* das sie in Europa niederschrieb, nachdem ein Helferpaar, das bei ihren Wundervorführungen assistiert hatte, ihre Tricks verriet. Dadurch war sie gezwungen gewesen, Indien zu verlassen.

Dieses Riesenwerk basiert angeblich auf dem *Buch des Dzyan,* von dem ihr im Zustand der Trance in der Begegnung mit ihren Mahatmas von diesen eine Manuskriptkopie gezeigt wurde, die auf Palmblättern niedergeschrieben war. Das Buch, so wird uns mitgeteilt, war ursprünglich in Atlantis verfaßt worden, und zwar in der vergessenen Senzar-Sprache. Die *Geheimlehre* besteht aus Zitaten aus dem *Dzyan* und Mme. Blavatskys langatmigen Kommentaren dazu. Dazwischengestreut sind Passagen in okkultem Kauderwelsch und Schmähungen gegen die »materialistische« Wissenschaft und die »dogmatischen« Religionen.

Die *Stanzen Dzyans* beginnen folgendermaßen:

1. Die Ewige Mutter, in ihre unsichtbaren Gewänder gehüllt, hatte abermals den Sieben Ewigkeiten entgegengeschlafen.
2. Es gab keine Zeit. Diese schlief am unendlichen Busen der Ewigkeit.
3. Es gab keinen Universalgeist, da es keine Ah-hi gab, ihn aufzunehmen.

4. Die Sieben Wege der Seligkeit gab es nicht ...

Mit einem Male begann das Universum zu erwachen: »Die letzte Vibration der Siebten Ewigkeit läßt die Unendlichkeit erschauern. Die Mutter schwillt an aus dem Nichts wie die Knospe des Lotus ...«

Nach einigen kosmischen Ereignissen, die in einer dunkel-irisierenden Sprache beschrieben werden, erscheint das Leben auf der Erde: »Nach heftigen Wehen warf sie ihr altes Drei ab und zog ihre neuen Sieben Hüllen an und stand in ihrer ersten Erscheinung da. Das Rad drehte sich um dreißig *kror* mehr. Es wurde von Rûpas ersonnen; sanfte Steine, die sich härteten, harte Pflanzen, die sanft wurden. Sichtbares kam aus Unsichtbarem, Insekten und Kleinlebewesen ... Die Fährleute, schrecklich und unheilvoll, wurden von ihr selbst erschaffen aus den Überresten anderer ... Die großen Kohans riefen die Herren des Mondes und der Astralleiber: ›Bringet hervor Menschen, Menschen, wie Ihr es seid ...‹ Tiere mit Knochen, Drachen der Tiefe, fliegende Schlangen wurden dem Kriechenden hinzugefügt ...«

Ohne daß auf den genauen Weltenplan der Theosophie mit seinen verschiedenen Existenzebenen, seinen Planeten, die einander von Ebene zu Ebene folgen wie die Pferdchen eines Karussells, und was der anderen kruden Ideen mehr sind, weiter eingegangen wird, wird die Geschichte der Erde wie folgt beschrieben: Das Leben entwickelt sich durch sieben Zeitalter, auch »Kreise« genannt, in welchen die Menschheit durch sieben Wurzelrassen hindurchgeht, wovon jede sieben Unterrassen hat. Die erste Wurzelrasse, eine Art astrale Qualle, lebte im sogenannten Unvergänglichen Heiligen Land. Die zweite, etwas substantieller, hauste auf dem einstmals arktischen Kontinent Hyperborea. Die dritte Rasse bestand aus den affenartigen, hermaphroditischen, eierlegenden Lemuriern, von denen manche vier Arme und ein Auge auf der Rückseite des Kopfes hatten. Die vierte Wurzelrasse bildeten die bereits menschlichen Atlantier. Wir, die wir heute leben, sind die fünfte Rasse, und die sechste wird bald in Erscheinung treten.

Hyperborea war, wie Atlantis, eine Gedankenkonstruktion der griechischen Antike. Die Hyperboreer lebten der Sage nach im fernen Norden, entweder auf einer Insel oder auf dem Festland von Europa oder Asien. Für gewöhnlich wurde die nördliche Küste von Asien, hinter den imaginären Riphaner Bergen, als ihr Wohnsitz angenommen. Da die Griechen niemals dort gewesen waren, vermuteten sie, die Arktis sei ein angenehmer Aufenthaltsort mit balsamischem Klima, wo die Menschen tausend Jahre alt würden:

> Die Mädchen tanzen,
> das Schlagen der Leier tönt unablässig
> und die Klänge der Flöte,
> indessen sie feiern und glücklich sind.
> Ihr Haar bekränzen güldene Lorbeerblätter;
> keine Krankheit sucht diese
> glücklichen Menschen heim,
> nicht das hassenswerte Alter . . .

Soweit bekannt ist, hat kein Grieche jemals den Fernen Norden besucht, bis zu Platos Zeiten die Stadt Massalia (das heutige Marseille) Pytheas aussandte, der den Norden Europas erkunden sollte. Er kam bis zur Rheinmündung, setzte nach Britannien über und hörte dort von einer Insel hoch im Norden namens Thule. Damit waren wahrscheinlich die Shetland- oder Orkney-Inseln gemeint. Manche Forscher sind auch der Auffassung, daß es sich dabei um Norwegen oder Island gehandelt habe. Über Thule hinaus, so wurde Pytheas berichtet, komme man nicht, da dort Land, Wasser und Luft nicht in einzelne Elemente getrennt seien, sondern zu einer Art kosmischem Gallert von der Konsistenz einer Qualle vereint. Vielleicht hatte jemand diesem Unerschrockenen eine übertriebene Schilderung des arktischen Nebels gegeben: »So dick, daß du ihn mit dem Messer schneiden kannst!«

Die Hyperboreer, so wurde erzählt, beteten Apollo an. Einer ihrer Zauberpriester mit Namen Abaris zauberte so vorzüglich, daß ihm der dankbare Gott einen goldenen Speer zum Geschenk machte, auf welchem Abaris wie auf einem Hexenbesen um die Erde flog. Er besuchte Griechenland, wo er durch seine Zauberkraft in Sparta einer Seuche Einhalt gebot, dann ging es weiter nach Italien, wo er unter Pythagoras den Okkultismus studierte, bevor er nach Hyperborea heimkehrte.

Um auf die geheimnisumwitterte Madame Blavatsky und ihr Buch zurückzukommen: Die *Geheimlehre* ist weder derart auf antiken Quellen gründend noch so gelehrt, noch so authentisch, wie dies vorgegeben wird. Als das Werk erschien, unternahm es der ebenso gebildete wie humorlose William Emmette Coleman, erbost über Mme. Blavatskys Anspruch, sich in der Orientalistik auszukennen, das ganze Buch exegetisch zu untersuchen. Er zeigte auf, daß dessen Hauptquellen H. H. Wilsons Übersetzung von *Vishnu Purana*, Alexander Winchells *Weltleben* oder *Vergleichende Geologie*, Donnellys *Atlantis* und andere zeitgenössische wissenschaftliche bzw. okkulte Werke waren, die rücksichtslos plagiiert und in stümperhafter Weise benutzt wurden, so daß man nur von oberflächlichster Einsichtnahme sprechen kann. Die Autorin schrieb zumindest einen Teil ihrer *Dzyan*-Strophen von der *Schöpfungshymne* der in Sanskrit geschriebenen *Rig-Veda* ab, wie ein Vergleich der beiden Vorlagen ohne weiteres zeigt. Coleman versprach, ein Buch vorzulegen, das sämtliche Quellen aufzeigen sollte. Unglückseligerweise verlor er beim Erdbeben von San Francisco seine gesamte Bibliothek und seine Aufzeichnungen. Er starb drei Jahre später, das Buch blieb ungeschrieben.

Mme. Blavatskys Lehren von versunkenen Kontinenten scheinen vor allem auf den Werken von Donnelly, Harris und Jacolliot zu basieren. Ihr Zeitgenosse Thomas Lake Harris war Dichter, Ex-Priester der Universalisten und gegen Mitte des vorigen Jahrhunderts Mitarbeiter des Spiritistenführers Andrew Jackson Davis. Harris löste sich von Davis und gründete eine eigene Sekte, zuerst im Staate New York, später in Kalifornien. Der von ihm ins Leben gerufene Kult besaß eine etwas seltsam anmutende Kehrseite: Harris verbot zwar seinen Jüngern geschlechtliche Liebe, genoß sie selbst aber recht ausgiebig.

Harris' umfangreiches schriftstellerisches Werk stellt – wie das von Mme. Blavatsky – eine Mischung aus indischem und westlichem Okkultismus dar. Es wird darin von mehreren Bewußtseinsebenen ausgegangen. Harris gibt einen Fantasiebericht über das Leben in anderen Welten und den vielen Himmeln sowie Höllen, die diese Welten umgeben, erzählt vom Sexleben der Engel und macht ›Interviews‹ mit berühmten Persönlichkeiten, so etwa mit Galilei. Die Erde, so scheint es, ist das einzige Fleckchen der Welt, wo das Böse existiert. Einst gab es eine andere Welt, Ariana, aber Gott wurde ungeduldig und zerschmetterte sie zu Meteoren. Die menschliche Rasse durchlief das Goldene, Silberne und Kupferne Zeitalter, wobei sie eine Zeitlang von Jüngern der Venus begleitet wurde. Das Böse, vor allem die Zaubereien, die auf Atlantis betrieben wurden, verursachten eine Serie von Flutkatastrophen, bei denen Atlantis und andere Erdteile überschwemmt wurden. Bis zum heutigen Tage leben sie im Gedächtnis der Völker als die Biblische Flut weiter.

Louis Jacolliot (1837—1890), der profilierte, aber unzuverlässige französische Schriftsteller, von dem Mme. Blavatsky ebenfalls profitierte, hatte auf einer Reise durch Indien eine Sammlung von Sanskrit-Mythen zusammengestellt und sie nach seiner Rückkehr nach Frankreich in einem Buch veröffentlicht. Ihm zufolge berichten die Hindu-Sagen von einem Kontinent *Rutas* im Indischen Ozean, der in den Wassern versank. Für Jacolliot war dies ein früherer Kontinent im Pazifik, der die polynesischen Inseln mit einschloß. Von hier aus sei die menschliche Zivilisation ausgegangen. Vom Untergang dieses Kontinents gebe Platos Atlantis-Erzählung lediglich einen Abklatsch. Als Rutas versank, seien andere Länder, wie etwa Indien, aus dem Meer emporgetaucht.

Spätere theosophische Schriftsteller wie Sinnett und Annie Besant, die Nachfolgerin von Mme. Blavatsky, füllten deren skeletthaften Bericht von verschwundenen Kontinenten mit Substanz. Ihre Darstellungen weichen jedoch von der Platoschen vollkommen ab, wobei sie Platos altsteinzeitliche Athener und deren Krieg mit Atlantis überhaupt nicht erwähnen.

So behauptete der englische Theosoph W. Scott-Elliot, von den theosophischen Meistern durch »astrale Übermittlung« folgende Offenbarung erhalten zu haben: Die ersten Menschen der ersten Wurzelrasse, die im Heiligen Land des Polarkreises lebten, hätten Astralleiber gehabt und wären für uns nicht sichtbar gewesen. Wenn unsere hellseherischen Fähigkeiten es uns erlaubt hätten, sie zu erkennen, würden sie sich uns als gigantische, eiförmige Phantome dargestellt haben. Sie hätten sich wie Amöben durch Zellteilung fortgepflanzt.

Die Menschen der zweiten Wurzelrasse hingegen hätten eine materielle Körperlichkeit besessen. Da ihre Leiber jedoch aus Äther gewesen seien, wäre es nur geübten Okkultisten möglich gewesen, sie zu sehen. Sie lebten in dem ausgedehnten nördlichen Kontinent von Hyperborea, dessen Überreste Grönland, Island, die nördlichen Ausläufer Europas und Sibirien seien. Diese geographischen Details sind farbenfroh auf den Karten festgehalten, die Scott-Elliot nach okkulten Übermittlungen zeichnete und die in den Innentaschen der Schutzumschläge seiner Bücher stecken.

In der Folge zerfiel Hyperborea, und der ebenso große südliche Kontinent Lemuria nahm Gestalt an. Lemuria hatte seine Hochblüte angeblich im Mesozoikum, in dem es von Dinosauriern und anderen gefährlichen Reptilien nur so wimmelte. Pterodaktylen

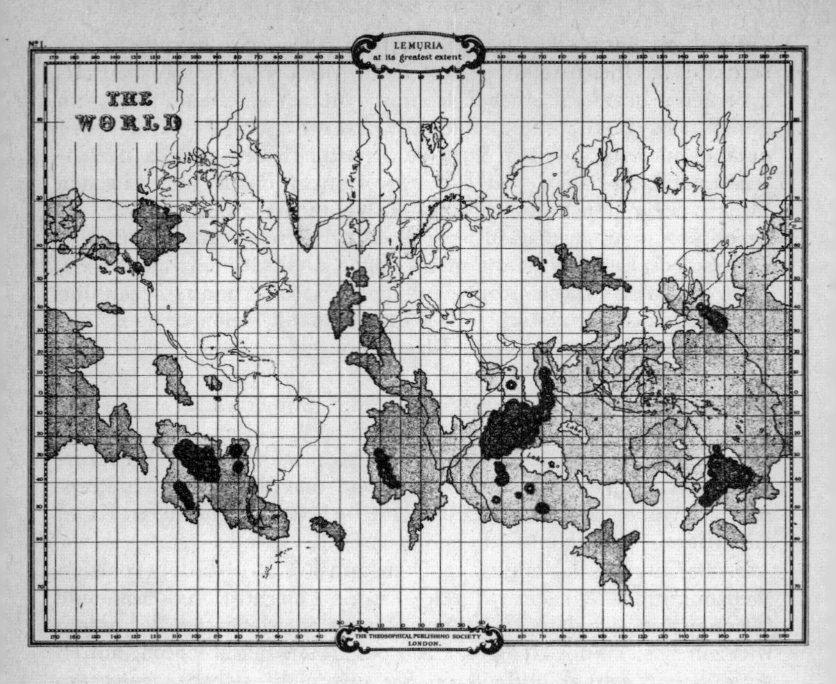

Das theosophische Lemuria in seiner größten Ausdehnung (nach Scott-Elliot). Lemuria nimmt einen großen Teil der südlichen Hemisphäre ein und erstreckt sich bis in den Nordpazifik. Die dunklen Flecken stellen gebirgige Gebiete dar. Überreste von Hyperborea sind noch im äußersten Norden zu sehen.

(Flugsaurier) durchschwirrten die Luft mit ihren ledernen Schwingen, Ichthyosaurier und Plesiosaurier sielten in den Sümpfen.

Als *Manu,* einer der übernatürlichen Aufsichtsbeamten des Universums, beschloß, die menschliche Entwicklung einen Schritt voranzubringen, wählte er eine affenartige Kreatur, die sich bereits auf anderen Planeten entwickelt hatte, zum Vorbild. Sein erster Versuch zeitigte ein quallenartiges Geschöpf mit weichen Knochen, das aufrecht stehen konnte, doch mit der Zeit verfestigte sich dessen Körperstruktur. Diese primitiven und geistig nicht sehr hochstehenden Lemurier waren kaum attraktiver als die Reptilien, mit denen sie das Land teilten.

Aus ungenannter Quelle wurde dem Autor eine detaillierte Beschreibung eines Lemuriers zuteil: Dieser war zwischen 3,60 und 4,50 Meter groß, hatte eine braune Haut, ein flaches Gesicht mit einem vorspringenden Mund und kleinen Augen, die so weit auseinanderstanden, daß er ebensogut seitlich sehen konnte wie geradeaus. Er war stirnlos, besaß jedoch ein drittes Auge am Hinterkopf, das bei uns heute die Zirbeldrüse ist. Seine Gliedmaßen vermochte er nicht ganz auszustrecken. Er hatte riesige Hände und Füße, die Fersen standen so weit nach hinten, daß er sich ebensogut rückwärts wie vorwärts bewegen konnte. Er trug ein lose fallendes Gewand aus Reptilienhaut, besaß einen Holzspeer und führte einen Plesiosaurus an der Leine mit sich.

Seltsamerweise haben vor noch nicht allzu langer Zeit Wissenschaftler in Südostasien die Gebeine und Zähne von riesigen frühpleistozänen Affenmenschen gefunden (*Gigantanthropus* und *Meganthropus*), von denen die größten Exemplare riesiger gewesen zu sein scheinen als ein ausgewachsener fünfhundertpfündiger Gorilla. Diese Monster entsprechen in Größe und wahrscheinlich auch in vielem anderen dem theosophischen Lemurier. Selbstverständlich beweist das aber nicht, daß die Theosophen wußten, wovon sie redeten, ebensowenig wie Platos Bemerkung über einen »Äußeren Kontinent« der Beweis dafür ist, daß er von der Existenz Amerikas etwas wußte. Es ist durchaus möglich, rein zufällig auf wissenschaftliche Tatsachen zu stoßen, wenngleich planloses Herumraten nicht gerade eine anerkannte wissenschaftliche Methode ist.

Die hermaphroditischen eierlegenden Lemurier fingen in der vierten Unterrasse an, sich für Sex zu interessieren, in der fünften Unterrasse pflanzten sie sich so fort, wie wir dies tun. Da sie nicht sehr helle waren, paarten sie sich mit Tieren, und die Produkte dieser seltsamen Vereinigung waren die Menschenaffen. Dieser Sündenfall brachte die Lhas (übernatürliche Wesen, die – nach dem kosmischen Schöpfungsplan – sich in menschlichen Körpern inkarnieren sollten), so auf, daß sie sich weigerten, ihren Pflichten nachzukommen.

So geschah es, daß Wesen von der Venus, wo es bereits eine hohe Zivilisation gab, freiwillig den Platz der Lhas einnahmen. Diese »Herren der Flamme« geleiteten die noch unsichere Menschheit an den Punkt, wo die Lemurier reif wurden zur Unsterblichkeit und Reinkarnation. Die Venusianer lehrten die Lemurier auch die Kunst des Feuermachens, der Metallverarbeitung, des Webens und der Agrikultur. In dieser Zeit erreichten die Lemurier ihre siebte Unterrasse und sahen einigermaßen menschlich aus.

Gegen Ende des Mesozoikums erlebte Lemuria (wie zuvor Hyperborea) seinen Niedergang, da einige seiner Landesteile versanken, während die Halbinsel, die in den Atlantik hineinragte, zu Atlantis wurde. Da erschien dann die vierte Wurzelrasse, die Atlantier. Die erste Unterrasse dieser Wurzel, die Rmoahals, begab sich von Rest-Lumuria nach Atlantis. Einige von ihnen, die zurückblieben, kreuzten sich mit den überlebenden Lemuriern, das Resultat waren Mischlinge, die wie die amerikanischen Indianer aussahen, nur daß sie eine bläuliche Hautfarbe besaßen.

Die ersten Rmoahals, schwarzhäutige Menschen und zwischen 3 und 3,70 Meter groß, ließen sich an der Südküste von Atlantis nieder und fochten endlose Kriege mit der sechsten und siebten Unterrasse der Lemurier aus. Zu dieser Zeit wurden die organisierten kriegerischen Auseinandersetzungen erfunden, allerdings hatten die Lemurier zuvor schon, wenngleich recht planlos, Raubüberfälle und Morde verübt. Im Verlauf der Zeit wurden die Rmoahals kleiner. Einige wanderten nach Nord-Atlantis aus, ihre Haut wurde heller, obgleich sie zweimal durch das Vordringen von Eiszeitausläufern in tropische Breiten zurückgedrängt wurden. Die Cro-Magnons, jene robuste Rasse des europäischen Steinzeitalters, waren ihre direkten Nachkommen. Eine kleinere Eiszeitperiode tritt ungefähr alle 30 000 Jahre und eine große alle 3 000 000 Jahre auf. In eine der letzteren Perioden fällt angeblich die Rmoahal-Epoche.

Die nächste Unterrasse, die Tlavatlis, waren unerschrockene rötlichbraune Menschen, nicht ganz so groß wie die Rmoahals, und stammten von einer Insel westlich von Atlantis, dort, wo heute Mexiko liegt. Sie wanderten in das Bergland von Atlantis ein, von wo aus sie sich über den Kontinent ausbreiteten und die Rmoahals verdrängten. Während die tierischen Lemurier und die kindlichen Rmoahals unfähig waren, sich selbst zu regieren, waren die Tlavatlis in der Lage, Häuptlinge oder Könige durch Akklamation zu benennen.

Eine weitere Unterrasse, die Tolteken, erschienen in der großen Zeit atlantischen Glanzes zu Beginn des Zeitalters der Säugetiere. Sie waren Rothäute, nur etwa 2,50 Meter groß und ausgesprochen hübsch. (Mme. Besant, die Scott-Elliot wohl übertrumpfen wollte, machte sie zu über acht Meter großen Wesen mit Körpern aus einer steinharten Masse.) Sie entdeckten die Prinzipien erblicher

Monarchien und wurden Tausende von Jahren lang von ihren Königen weise regiert, da diese in Kontakt mit übernatürlichen Adepten blieben, so wie der legendäre römische Herrscher Numa Pompilius, von dem gesagt wird, er habe Ratschläge von der Nymphe Egeria erhalten.

Unglückseligerweise degenerierten die Tolteken, nachdem sie etwa 100 000 Jahre lang eine glanzvolle Kultur bewahrt hatten. Sie gaben sich der Zauberei sowie dem Phalluskult hin und benutzten ihre großartigen psychischen Kräfte nur noch zur persönlichen Erhöhung. »Die Anhänger der ›Schwarzen Künste‹, die sich nicht länger der weisen Regentschaft ihrer erleuchteten Herrscher unterwarfen, rebellierten und setzten einen Gegen-Herrscher ein, der nach manchen Kämpfen und Widerständen den weißen Herrscher aus der Hauptstadt, der ›Stadt der Goldenen Tore‹, vertrieb und sich selbst auf den Thron setzte.« Der weiße Herrscher suchte bei einem befreundeten König Zuflucht, woraufhin Dynastien von Zauberern wie der »dämonische König« Thevatat elementare Geister erschufen und durch blutige Riten verehrten.

Zu dieser Zeit erschien die nächste Unterrasse, die Turanier. Es kam zu Kämpfen zwischen ihnen und den Tolteken. Die Neuankömmlinge waren eine gesetzlose, ungezügelte, grausame und brutale Schar, wurzel- und verantwortungslose Individualisten, die, um ihre Bevölkerung für kriegerische Auseinandersetzungen zu mehren, Promiskuität ausübten. Ihre Nachfahren, die Azteken, setzten die Tradition der Grausamkeit fort. Ungefähr 800 000 Jahre vor unserer Zeit versank der größte Teil von Atlantis bei einer Katastrophe im Ozean, samt dem Landstrich, der von den Zauberern beherrscht wurde. Der Kontinent wurde auf eine große Insel reduziert, während andere Inseln sich vergrößerten und zu den heutigen Kontinenten wurden (z. B. Asien etc.). Die Turanier setzten sich nach Asien ab, wo sie schließlich in den tatarischen Steppen zu den zivilisierten und körperlich tüchtigen Mongolen wurden, der siebten Unterrasse. Der Ursprung dieser Rasse bleibt im dunkeln.

Die fünfte und sechste Unterrasse trat nun ebenfalls in Erscheinung. Das waren die Semiten und Akkadier. Erstere, deren Stammland die nördliche Halbinsel von Atlantis war – das heutige Schottland und Irland –, waren ein unzufriedenes, streitsüchtiges, energiegeladenes Volk, das unter einem patriarchalischen System lebte und ständig seine Nachbarn überfiel, vor allem die gesetzestreuen Akkadier. Bei einer weiteren Katastrophe, die sich vor 200 000 Jahren ereignete, wurde Atlantis in zwei atlantische Inseln geteilt: in das große, nördlich gelegene Ruta und das kleinere südliche Daitya. Eine Dynastie semitischer Zauberer herrschte in der »Stadt der Goldenen Tore« in Daitya, während in Ruta toltekische Hexenmeister den Ton angaben.

Ungefähr vor 100 000 Jahren vertrieben die Akkadier die Semiten von Atlantis. Die Akkadier, unternehmungslustige Kolonisatoren mit einem stark ausgeprägten juristischen und kommerziellen Sinn, besiedelten auch die Levante. Durch die Basken werden sie heute noch repräsentiert. Eine weitere Erdsenkung vor 80 000 Jahren hatte die Überflutung von Daitya zur Folge und verkleinerte Ruta auf die Größe von Frankreich und Spanien. Dies war die Insel, die eigentlich Poseidonis hieß und von deren Verschwinden Plato berichtet.

Banning, ein anderer okkulter Atlantis-Verfechter, erzählt, daß, als Poseidonis im Jahre 9564 v. Chr. versank, die Erde ihre jetzige Gestalt annahm, die jedoch nicht von Bestand sei, da in unseren Tagen der Kontinent der nächsten Wurzelrasse (den Banning mit dem beziehungsvollen Namen »Namerica« belegte) aus dem Pazifik emporsteigen werde. In ferner Zukunft werde noch ein anderer Kontinent (»Nalantis«) auf der Bildfläche erscheinen, der den Südatlantik und Teile der angrenzenden Kontinente umfassen soll.

Vor jeder dieser Katastrophen werden erleuchtete Priester, die durch okkulte Kräfte vorgewarnt wurden, eine Schar auserlesener Anhänger zu neuen Ufern führen. So erklärt sich auch, daß vor der Flutkatastrophe vor 200 000 Jahren die »Okkulte Loge« die göttliche Dynastie in Ägypten gründete und die zwei großen Pyramiden in Gizeh errichtete, deren Bau spätere Generationen fälschlicherweise Pharao Chefren zuschrieben. Während der Überschwemmung von Daitya wurde Ägypten überflutet, aber die Menschen waren gewarnt worden und nach Äthiopien geflohen. Als das Wasser wieder gesunken war, kehrten sie in das Land zurück. Ihre Dokumente hatten die Katastrophe ebenfalls überstanden, da man sie in den Pyramiden eingelagert hatte. Der Untergang von Poseidonis sandte eine weitere Erdbebenwelle über Ägypten, welche die Göttliche Dynastie beendete, aber Ägypten erholte sich erneut.

Manu, der in der intellektuellen Kraft der Semiten die besten Zukunftschancen für die menschliche Entwicklung sah, führte eine auserwählte Gruppe dieses Volkes nach Zentralasien, woraus dann die Arier entstanden — die fünfte Wurzelrasse, der die Hindus und Europäer angehören. Scott-Elliot gibt nur einen verschwommenen Hinweis auf die Stellung der Juden in diesem Semiten-Arier-Schema, und zwar, daß sie »ein abnormes, unnatürliches Glied zwischen der vierten und fünften Wurzelrasse darstellten«. Die Geschichte von Wanderungen und Rassenmischungen, woraus das heutige rassische Gesicht der Erde entstanden sein soll, wird in dieser Weise fortgesetzt. Es ist einfach unmöglich für uns, dem zu folgen.

Scott-Elliot fährt fort, das Leben in Atlantis zu beschreiben. Unter den Tolteken waren die Atlantier Untertanen eines kollektiven Despotismus, ähnlich dem des Inkareiches in Peru, das wiederum ein Ableger von Atlantis war. Dem Herrscher gehörte alles. Er regierte mit Hilfe einer Gruppe von Vizekönigen, unter deren Anleitung die Bauern das Land bestellten. Die Vizekönige kassierten jede Ernte ein. Davon erhielt die Regierung ihren Teil sowie die Priesterschaft, der Rest wurde unter der Bevölkerung aufgeteilt. Dieses System funktionierte so ausgezeichnet, daß Atlantis keine Armut kannte. Erst in der Zeit der Dekadenz wurde die herrschende Klasse selbstsüchtig und tyrannisch, und das System brach zusammen.

Die Atlantier bauten Weizen an, der von Manu von einem anderen Planeten zur Erde gebracht worden war, und andere Getreidearten wie z. B. Hafer, die Kreuzungen zwischen Weizen und irdischen Pflanzen waren. Die größte Leistung der Atlantis-Agronomen war die Züchtung der Banane. Sie domestizierten Tiere, die dem heutigen Tapir, Leoparden, Lama und Wolf ähnelten. Um Fleisch und Leder zu erhalten, hielten sie in Reservaten Herden von halbwilden irischen Elchen. Sie aßen Gemüse, Brot, Fleisch und Fisch und tranken Milch. Was Fleisch und Fisch anbelangt, so zeigten die Atlantier einen etwas ausgefallenen Geschmack, indem sie den Fisch in verdorbenem Zustand bevorzugten und vom Fleisch jene Teile, die uns am wenigsten genießbar erscheinen. Sie tranken auch Blut. Die Herrscher und Priester indessen, die die höchsten Weihen hatten, waren Vegetarier. Es gab Zeiten, da nahm die Trunksucht so überhand, daß eine Art Prohibition eingeführt wurde.

Die Atlantier praktizierten zwar die Gleichberechtigung von Mann und Frau, dennoch war Bigamie erlaubt. Ihr Bildungswesen war hervorragend organisiert, aber höhere Bildung war nur der Eliteschicht zugänglich. Die Massen erhielten nicht nur Lese- und

Schreibunterricht, sondern wurden auch musikalisch ausgebildet. Die Elite schrieb auf Metallfolien, vervielfältigt wurde durch eine Methode, die der heutigen Kopiertechnik ähnlich ist. Was ihr Kunstverständnis betrifft, so waren sie mittelmäßige Maler, die grelle Farben liebten, gute Bildhauer und hervorragende Architekten, die gigantische Bauten errichteten. Ein Tolteken-Haus besaß stets ein Observatorium. Läden gab es nicht, Kauf und Verkauf wurde in den Privathäusern abgewickelt.

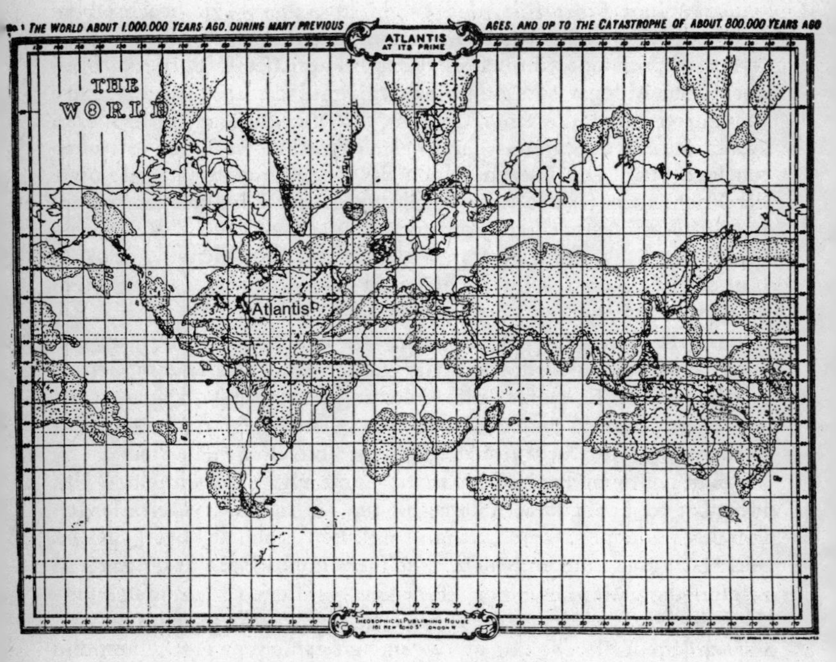

Das theosophische Atlantis in seiner Blütezeit (nach Scott-Elliot). Atlantis nimmt den größten Teil des Atlantischen Ozeans ein; Lemuria umfaßt Südasien, Australien und benachbarte Regionen.

Ihre Wissenschaften waren hoch entwickelt. Alchimisten stellten kostbare Metalle in jeder gewünschten Qualität her. Astrologen berieten die Vizekönige hinsichtlich der Wetteraussichten, um ihnen die Planung der Landbestellung zu ermöglichen. Kriege wurden mit Schwertern, Speeren, Pfeil und Bogen sowie Gasbomben, die von Katapulten fortgeschleudert wurden, ausgetragen. Ihre Flugzeuge waren bootsartige Konstruktionen, die aus Sperrholz und Leichtmetallegierungen gefertigt waren und von Kräften angetrieben wurden, wie sie der viktorianische Schriftsteller Bulwer-Lytton in seiner Novelle *Die kommende Rasse* beschreibt, wo unterirdische Supermänner eine unsichtbare, vom Geist gesteuerte Energie benutzen, mit der sie Felsen und Ungeheuer hinwegblasen. Die Flugzeuge der Atlantier hatten eine Steighöhe von rund 3000 Metern und eine Maximalgeschwindigkeit von zirka 160 km/h. Die Reichen besaßen Privatflugzeuge. Der Herrscher verfügte über eine Flotte von Kriegsflugzeugen, wovon jedes fünfzig bis hundert Männer befördern konnte. Die Kampftaktik bestand darin, mit den gegnerischen Flugzeugen zu ›spielen‹, bis diese in einem Moment der Unachtsamkeit gerammt werden konnten. Die Atlantier befuhren auch die Meere, wobei die Schiffe mit derselben Energie betrieben wurden wie die Flugzeuge.

In der Religion der Atlantier wurde bald Manu, bald die Sonne verehrt. In Zeiten des Niedergangs waren der Satansglaube und die Anbetung von Statuen, die reiche Leute von sich selbst anfertigen ließen, im Schwange. Die »Stadt der Goldenen Tore« ähnelte Platos Hauptstadt von Atlantis mit einem Netz von Wassergräben, einem Gästehaus, wo Fremde kostenlos untergebracht wurden, und einer Einwohnerschaft von zwei Millionen.

Der theosophische Schismatiker Rudolf Steiner gab in seinem Buch *Lemuria und Atlantis* Einzelheiten über die Psychologie der Lemuria- und Atlantis-Bewohner bekannt. Steiner, ein großgewachsener Österreicher mit mächtigem Stimmvolumen und einer ansehnlichen Kollektion von Universitätsgraden, war eine Kapazität in der europäischen Theosophie, bis er 1907 mit der Dachorganisation brach. Anlaß dazu war die Streitfrage gewesen, ob man Mme. Besants Vergöttlichung des jungen Hindu Krishnamurti folgen solle oder nicht. Er trennte sich mit 2400 Anhängern von der Theosophie und begründete einen neuen Kult, die Anthroposophie. Die Anthroposophische Gesellschaft hat ihr Hauptquartier in Dornach in der Schweiz, von wo aus Steiner bis zu seinem Tode im Jahre 1925 die Dinge lenkte.

Nach Steiner besaßen die Lemuria-Bewohner so schwach ausgeprägte Geisteskräfte, daß sie die Dinge zwar wahrnehmen, aber keine Bilder davon im Gedächtnis behalten und daher auch keine Überlegungen darüber anstellen konnten. Sie waren auf ihren »Instinkt« und die diesem »innewohnende geistige Kraft« angewiesen. Trotzdem beherrschten sie die Natur besser, als wir dies tun, da sie große Willenskräfte freimachen konnten, mit deren Hilfe sie schwere Lasten zu heben vermochten. Die Erziehung der Lemurier zielte darauf ab, diese Willenskräfte zur Entfaltung zu bringen. Die jungen Lemurier wurden dazu erzogen, Schmerz zu ertragen.

Nachdem sie individuelle Seelen erhalten hatten, entwickelten sich bei den Lemuriern – gegen Ende ihrer rassischen Entwicklung – sprachliche Ansätze. Bevor sie in zwei Geschlechter getrennt wurden, war ihr Sehvermögen nur schlecht ausgebildet. Eine Zeitlang besaßen sie lediglich ein Auge. Solange die Seele ihren Körper beherrschte, waren diese Körper – da die Seele ein Neutrum ist – geschlechtslos. Bei der ständig zunehmenden Verkörperlichung jedoch gedieh auch der Sex. Dennoch, noch lange Zeit nach dem Auftreten dieser interessanten Neuerung galt Sex nicht als Vergnügen, sondern als heilige Pflicht. Die Frauen der Lemurier, die spiritueller veranlagt waren als ihre Männer und sehr aufgeschlossen für die mystische Trance, waren die ersten, die einen Sinn für Recht und Unrecht entwickelten.

Die Atlantier vergleichweise konnten nicht vernünftig denken oder rechnen, aber sie hatten ihren Vorgängern gegenüber den Vorteil, fein ausgebildete Gedächtnisse für geistige Bilder zu besitzen. Die Erziehung der Atlantier ging auch hauptsächlich darauf aus, das Gedächtnis auf das Bewahren von Bildern hin zu schulen. Ein erwachsener Atlantier verfügte über eine riesige Menge an gespeicherten Bildern; wenn er mit einem Problem konfrontiert wurde, so löste er dies, indem er sich früherer gleichartiger Probleme erinnerte. Wenn er jedoch einer völlig neuen Situation gegenüberstand, mußte er entweder blindlings darauf reagieren oder vor ihr kapitulieren.

Die Atlantier waren ausgezeichnete Kenner der Lebenskräfte. Sie wußten, wie man Pflanzen, zum Beispiel Weizenkörner, zum Wachsen bringt. Mit diesen Kräften betrieben sie auch ihre Flugzeuge. Sie bemächtigten sich auch der Zauberkräfte der Wörter und bewältigten mit diesen okkulten Energien Arbeiten auf materieller Ebene. So konnten Wörter beispielsweise Wunden heilen oder wilde Tiere bändigen. Der Atlantier war natürlicher und instinktiver in seinen Reaktionen, als wir dies sind. Er besaß die absolute Kontrolle über seine Körperkräfte, und die Städte der Atlantier gediehen nach Naturgesetzen wie ein Organismus. Die Tolteken erreichten die Fähigkeit, ihre individuelle Kollektion von »Lebensbildern« auf ihre Nachkommen zu übertragen. Sie gaben diesen also die vollständige Ausrüstung zur Lebensbewältigung mit.

Als die Semiten auf der Bildfläche erschienen, verloren die Menschen die Kontrolle über die »Lebenskraft«. Selbstsüchtiger Individualismus machte sich breit. So entwickelten die Semiten die Vernunft, um auf Veränderungen wie ein Rechenautomat reagieren zu können. Und mit der Vernunft kam auch das Gewissen. Ihre Nachfahren, die Arier, brachten diese Fähigkeiten zu noch größerer Entfaltung.

Seit Helena Blavatsky sind Atlantis und andere verschwundene Kontinente zu Bezugsbildern in der westlichen Okkultismusbewegung geworden. Synthesen von östlichem und westlichem Okkultismus, vermengt mit Atlantis, Lemuria und dem achtdimensionalen Universum, Reinkarnation, Pyramidologie und ähnlichem, wurden von ihrem gelehrten Zeitgenossen, dem Okkultisten Manly P. Hall, und dem hinterwäldlerischen Hellseher und Diagnostiker Edgar Cayce angeboten. W. P. Phelon, ein zum Okkultisten gewordener Arzt, nahm die Leute in seine »Hermetische Bruderschaft von Atlantis, Luxor und Elephantis« auf (in die er, wie er angab, durch Geweihte aus Ägypten eingeführt worden sei), während der berüchtigte englische Hexenmeister Aleister Crowley, der sich gern als den »bösesten Menschen der Welt« bezeichnete, in der Auswahl seiner Gimpel-Netze auch eine »Gesellschaft für Atlantis-Jünger« führte.

Der Vollständigkeit halber wäre noch R. Swinburne Clymer zu nennen, der eine Vereinigung der Rosenkreuzer in Pennsylvania führte, die mit der bekannten AMORC rivalisierte. In seinen umfänglichen Werken versicherte er seinen Lesern, daß nur seine Vereinigung die originale authentische Feueranbetung der Atlantier kenne; sämtliche anderen Glaubensrichtungen und Sekten stellten lediglich degenerierte Nachfolgeorganisationen dar. Laut Clymer geschah der Niedergang der Atlantier zu dem Zeitpunkt, als sie – überheblich geworden durch ihre wissenschaftlichen und magischen Leistungen – Gott unangemeldet besuchen wollten. Dieser unbesonnene Akt, der das natürliche Kräfteverhältnis störte, verursachte den Untergang des Kontinents. Überlebende

Atlantier aber, die in ihren Schlupfwinkeln in Yucatán leben, bewahren noch heute ihr uraltes Wissen.

Mit Atlantis wurde selbstverständlich auch spiritistischer Kontakt aufgenommen. Doch die Berichte aus diesen Quellen hinsichtlich Sprache und Kultur von Atlantis differieren derart, daß sich kein Zusammenhang ergibt (wie sich ja auch die spiritistischen Berichte über die Geisterwelt beträchtlich voneinander unterscheiden). Zu Beginn dieses Jahrhunderts befragte J. B. Leslie Atlantis-Geister durch ein Medium und veröffentlichte die Informationen, die er auf diese Weise erhalten hatte, in einem umfänglichen Werk von 805 Seiten, das Briefe der Atlantier, Zahlen und Musikaufzeichnungen enthielt. Eine ganze Reihe gleichartiger »sensationeller« Enthüllungen folgte.

Mittlerweile hatten andere Okkultisten Lemuria vom Indischen Ozean (Mme. Blavatsky hatte wenigstens den Anstand besessen, es dort zu belassen) einige tausend Kilometer weiter in den Zentralpazifik versetzt, wo Jacolliot sein untergegangenes Ruta lokalisiert hatte.

Ein anderer Zeitgenosse von Mme. Blavatsky, John Ballou Newbrough, schrieb (nach einer erfolgreichen Karriere als Goldgräber, Mediziner, Zahnarzt und spiritistisches Medium) eine Art Ersatz-Bibel, *Oahspe.* In diesem Buch wimmelt es von ganz außergewöhnlichen Fehlinformationen (so soll zum Beispiel Thot den mohammedanischen Glauben begründet haben) und nicht in Erfüllung gegangenen Prophezeiungen wie diesen, daß in Bälde alle Menschen die Religion, der sie angehörten, verlassen würden, um sich Newbroughs pazifistischen und vegetarischen Jehova-Anhängern anzuschließen. Newbrough versicherte, daß das Buch ihm von Engeln eingegeben worden sei und er es psychographenartig niedergeschrieben habe.

Oahspe enthält eine Karte, die die Erde in vorsintflutlicher Zeit zeigt. Darauf ist ein riesiger dreieckiger Kontinent abgebildet, der den ganzen nördlichen Pazifik ausfüllt und dem der Autor den Namen *Pan* gab. Er veröffentlichte ferner ein sogenanntes *Pan-Lexikon* und ein *Pan-Alphabet,* das zum überwiegenden Teil aus kleinen Kreisen und Mustern besteht. Seine Lehren werden von seinem Nachfolger Wing Anderson mehr ins einzelne gehend ausgelegt. Anderson, der in Los Angeles eine kosmische Zeitschrift herausgibt, hatte vorausgesagt, daß Franklin Roosevelt 1940 von einem faschistischen Diktator abgelöst würde, daß 1944 in Amerika ein Bürgerkrieg ausbrechen und daß Hitler durch einen Aufstand von Untergebenen gestürzt würde, bevor er imstande wäre, die USA anzugreifen.

Die Menschheit, so Newbrough und Anderson, trat vor 72 000 Jahren in Erscheinung, als sich die Engel auf Erden materialisierten, sich mit einem seehundartigen Tier, dem A'su, kreuzten und die I'hin zeugten. Diese wiederum begatteten sich mit den A'su und brachten die Druk hervor. Die Druk ihrerseits mischten sich mit den I'hin, wobei die Ghan entstanden – wir. Die afrikanischen und asiatischen Völker sind Reste der Druks. Anderson zeigt in einer Tabelle, welche Anteile an Engel-Blut jede dieser Rassen hat, wobei er allerdings die Werte etwas durcheinandergebracht zu haben scheint. Pan oder Mu verschwand vor 24 000 Jahren von der Bildfläche, aber es wird bald wieder aus dem Pazifik emporsteigen und dann von der kosmischen Rasse bewohnt werden, die aus einer Vereinigung aller gegenwärtigen Rassen entstehen wird. Das Goldene Zeitalter wird bereits 1980 anbrechen.

Ein Schriftsteller namens Frederick Spencer Oliver trug das Seine zum Pazifik-Lemuria-Konzept bei mit dem langweiligen Roman *Bewohner zweier Welten* (1894), den er unter dem Pseudonym »Phylos der Tibetaner« verfaßte. In dieser Geschichte berichtet der Erzähler, wie er seinen Meister, einen Chinesen mit Namen Quong, auf dem Mount Shasta in Nordkalifornien traf. Quong heilte den Erzähler nicht nur von seinen antichinesischen Vorurteilen, er vermochte auch nur mit einem Wort Bären und Pumas zu zähmen (wie dies der heilige Franziskus mit einem Wolf getan haben soll). Er führte den Erzähler in einen Orden von Weisen ein, die das Wissen der Vorfahren in ihrem Shasta-Hauptquartier bewahrten.

Quong nahm Oliver mit auf eine Reise zur Venus, und zwar in seinem Astralleib, ferner lehrte er ihn, sich seiner früheren Inkarnationen zu erinnern. Auf diese Weise erfuhr Oliver, daß er sich als Zailm Numinos von Atlantis durch harte Arbeit und eine gute Portion Glück vom armen Bergarbeitersohn zum Herrscher des Reiches emporgearbeitet hatte und daß alles blendend lief, bis er sich mit zwei Frauen auf einmal einließ. Die Hauptstädte von Atlantis oder Poseid waren Idosa, Marzeus, Corosa, Numea und Kaiphul. Das Land erlebte unter einer Wahlmonarchie eine Blüte. Der Rai oder Herrscher wurde von einer Schicht aristokratischer Priester (Incala) und Wissenschaftler (Xioqua) gewählt. Die

Atlantier waren selbstverständlich wissenschaftlich sehr beschlagen und besaßen Flugzeuge (Vailxi) sowie Fernsehen.

Von diesem Roman wurde Edgar Lucien Larkin beeinflußt, ein älterer Okkultist, der einige Jahre vor seinem Tode (1924) das Mount-Lowe-Observatorium in Kalifornien leitete – nicht zu verwechseln mit dem nahe gelegenen Mount-Wilson-Observatorium. Während das letztere eine renommierte wissenschaftliche Einrichtung ist, wurde das Mount-Lowe-Observatorium von der Pacific-Electric-Railway in Verbindung mit ihrem Mount-Lowe-Restaurant als Touristenattraktion eingerichtet. Larkin zeigte Besuchern durch ein kleines Teleskop die Sterne. Er behauptete, er habe die Lemurier vom Mount Shasta durch dieses Teleskop beobachtet, wobei er erspähen konnte, daß ein rundes Tausend von ihnen in einer »Geheimstadt«, die um einen großen, im Maya-Stil gehaltenen Tempel herumgebaut sei, lebten. Gelegentlich, so wußte er zu berichten, erschienen sie in den Ortschaften der Umgegend, in lange weiße Gewänder gehüllt, höflich, aber schweigsam, um ihre Vorräte zu ergänzen (vor allem kauften sie Schwefel, Salz und Schmalz), wofür sie mit Goldklumpen zahlten. Um Mitternacht feierten sie stets ihre Flucht von Lemuria. Bei diesen Zeremonien sei der Berg von grünrotem Licht überflutet. Leider legten sie keinen Wert auf Besucher. Wer es trotzdem versuche, in ihr Refugium einzudringen, der hätte entweder keinen Erfolg oder verschwände für immer.

Acht Jahre nach dem Tode Larkins schrieb Edward Lanser über die Lemurier vom Mount Shasta einen Tatsachenbericht für die *Los Angeles Sunday Times*, in welchem Lanser selbst auftrat und von den transzendentalen Feuerwerken der Lumerier berichtete, welche er auf der Fahrt am Mount Shasta vorbei aus dem Zug gesehen habe. Ein Zeitungsausschnitt mit dieser Story inspirierte den schottischen Mythologen Lewis Spence, die Sache in seinem Buch *Problem Lemuria* weiter auszubauen ... Wir werden später noch auf Spences Theorien zurückkommen.

Okkultisten und Pseudowissenchaftler benutzen die Shasta-Lemurier in ihren Nachtgewändern noch immer für ihre Zwecke, trotz der Tatsache, daß Campingfreunde und Forstbeamte sich fröhlich in dem Shasta-Gebiet tummeln, ohne jemals auf diese interessanten Wesen gestoßen zu sein. W. S. Cervé zum Beispiel stattete sie mit Flugzeugen und einem englischen Akzent aus. Cervés Buch, das von den Rosenkreuzern von San José herausgegeben wurde, kombiniert Lemuria mit Atlantis, der jüdisch-indianischen Theorie und der Wegnerschen Hypothese von der Kontinentalverschiebung. Die Mayas waren demnach Abkömmlinge der Atlantier und Lemurier, während alle anderen amerikanischen Ureinwohner von den verlorenen zehn Stämmen abstammten. Cervés Lemurier hatten in der Mitte ihrer Stirn eine Beule – ein telepathisches Organ.

Zu guter Letzt nahm Guy Warren Ballard, alias Godfré Ray King, Begründer des I-AM-Kultes, für sich in Anspruch, seinen Herrn und Meister Saint-Germain auf dem Mount Shastra getroffen zu haben. Saint-Germain ist eine Art Mahatma, entfernt verwandt mit dem Comte de Saint-Germain, einem gerissenen Okkultisten und ›Industrie-Manager‹ des 18. Jahrhunderts. Ballard, der vom Verkäufer von Aktien nicht vorhandener Goldminen, die er alten Damen aufschwatzte, zum Okkultisten avancierte, entnahm die Elemente seiner grotesken Mythologie Olivers Buch, der Theosophie, der Christian Science, dem Rosenkreuzertum und den Swami-Lehren, um den so entstandenen Mischmasch auf der geistigen Hochebene eines Comic-Heftchens darzustellen.

Ballard berichtete, wie sein Meister ihm das geheiligte Hauptquartier der regierenden Bruderschaft in den Teton Mountains zeigte, wo er deren riesigen Schatz und in einer Art Kino Bilder aus seinem früheren Leben besichtigen konnte. Er war entzückt, auf diese Weise zu erfahren, daß er eine Reinkarnation von George Washington und seine Frau von Jeanne d'Arc war. Selbstverständlich wurde er dort auch über Atlantis aufgeklärt, über Lemuria und andere verschwundene Kulturen, einschließlich einer in der Sahara (von einem König namens Casimir Poseidon regiert) und einer im Amazonasgebiet.

Für all jene, die den Atlantismus praktisch verwirklichen wollen, gibt es die »Bruderschaft von Lemuria« mit Sitz in Milwaukee, die Fernkurse für »Lemuria-Kosmo-Ideen« offeriert. Die Bruderschaft legt großen Wert darauf (und folgt hiermit Oliver und Churchward mit ihrem Konzept von Lemuria), daß Lemuria von einer Eliteschicht regiert wurde, einer Minorität, die sich für die »Bürgerschaft« durch das Studium des Okkultismus alle sieben Jahre erneut qualifizieren mußte. Der Zerfall der Kultur der Lemurier setzte ein, als diese Minorität nach China, Yucatán und Atlantis auswanderte und die Führung dem Proletariat überließ.

Nun, Lemuria wird wieder aus dem Pazifik emportauchen. Seine Kultur wird von echtem Lemurier-Schrot und -Korn sein. Die »Bürgerschaft« wird vom Start weg von Absolventen des

Fernlehrgangs der Brüderschaft gewählt werden, die ohnehin dabei sind, die Super-Städte, die auf dem neuen Kontinent entstehen werden, zu planen. Wenn sie also jetzt der Bruderschaft beitreten, sind Sie auf dem richtigen Wege.

Diese schrulligen Ideen zeigen die Motive des Atlantismus im Speziellen wie die des Okkultismus im Allgemeinen auf – den Drang, sich von anderen zu unterscheiden (und sei es auch auf nicht ganz ehrliche Weise), den Wunsch, sich das Wissen der Vorfahren anzueignen und an einer geheimen Macht, von der man sich vorstellt, daß sie die Erde beherrscht, teilzuhaben, die Sehnsucht nach einem Utopia, das Wirklichkeit wird, irgendwo und irgendwann – und mitunter auch einfach die Absicht, rasches Geld zu machen.

Derartige Doktrinen sind das Produkt eines Hanges zum Okkulten, bestärkt durch eine lebhafte Fantasie, eine große, wenngleich kritiklose Belesenheit, die Mißachtung jeglicher Logik, experimenteller Erfahrungen und des Außerachtlassens von Tatsachen. Heutzutage ist nicht einmal mehr viel Fantasie nötig, da der Umfang okkulter Literatur enorm zugenommen hat. Inzwischen ist nichts leichter, als eine esoterische Lehre aus Teilen der Werke der Vorgänger zusammenzubrauen.

Beim okkulten Atlantismus wird offenbar, welch zwiespältige Haltung die Okkultisten der Wissenschaft gegenüber einnehmen. Einerseits würden sie gern vom gewaltigen Prestige der Wissenschaften profitieren, andererseits betonen sie immer wieder: was die Wissenschaft und die der Wissenschaft verwandten Disziplinen verkündet hätten, seien eigentlich ihre Ideen. Sie sprechen davon, daß »die Maya-Kultur nach wissenschaftlichen Erkenntnissen älter sei als die der Ägypter«, und daß »wissenschaftliche Forschungen ergeben hätten, daß ein solcher Kontinent besteht« (wie Lemuria im Pazifik). Wissenschaftliche Reisen und Untersuchungen haben nichts dergleichen ergeben. Es sei denn, es werden Leute wie John W. Keely, ein im 19. Jahrhundert lebender Kauz, als »seriöse Wissenschaftler« ausgegeben, veraltete wissenschaftliche Erkenntnisse zitiert, auf Wissenschaftler Bezug genommen, die sich auf ein Gebiet wagten, auf dem sie keine Experten sind, wie etwa Piazzi Smith sich an die Ägyptologie wagte. Sei's drum. Anhänger eines Kultes differenzieren nicht.

Andererseits versuchen die Okkultisten, wenn ihre Doktrinen durch wissenschaftliche Methoden ad absurdum geführt werden, diese Schwierigkeiten dadurch aus dem Wege zu räumen, daß sie den üblichen Wissensstandard als nicht ausreichend bezeichnen. Materielle Erscheinungsformen seien ohne Beweiskraft, sagen sie; die Wahrheit könne nur durch mystische Innenschau erfahren werden. Diese Methoden sind »wissenschaftlicher als jegliche moderne Wissenschaft«, deren »gewaltige physiologische Entdekkungen« nicht mehr seien »als Spinnweben einer wissenschaftlichen Fantasie und Illusion«. Es sei »wenig Verlaß auf solch äußere Erscheinungsformen«. Okkultismus hingegen sei »Gnosis«, Erkenntnis, und diejenigen, die dies nicht anerkennten, seien zwar »wohlmeinende«, aber »uninformierte Individuen, deren Theorien auf oberflächlichen archäologischen Ausgrabungen und theologischen Spekulationen basierten, aber nicht auf DEM WISSEN VON INNEN HERAUS, HELLSEHERISCHE VISIONEN oder GÖTTLICHER OFFENBARUNG«.

Die Okkultisten leben tatsächlich in dieser kindlichen Traumwelt, wo ein Junge zum Piratenhäuptling wird und ein Mädchen zu Marie Antoinette. Die romantische Ausstattung ihrer Tärume, versehen mit bunten, wenngleich ungenauen Details, wird durch die kindliche Fähigkeit ermöglicht, sich Bilder vor das innere Auge zu zaubern, die für echt genommen werden. Aber jedes private Paradies dieser Art fordert von denen, die es betreten, irgendeinen Tribut: in diesem Falle den Verzicht auf logisches Denken. Ohne logisches Denken indessen war es noch niemandem möglich, zwischen falsch und richtig zu unterscheiden.

Aus diesem Grund müssen wir, wenn wir wirklich etwas über versunkene Kontinente erfahren wollen, die Okkultisten ihrer Traumwelt überlassen, die zwar reizvoll ist, aber ungeeignet für sachliche Information.

4

DIE SUCHE NACH DEM GEMEINSAMEN

Auf einer grünen Insel inmitten des Meeres,
dort, wo heute schattige Korallenriffe wachsen,
erhoben sich einst in Stolz und Prunk und Majestät
die Höfe von Atlantis.

In vielen der schimmernden Häuser aus Glas
wandelten die Atlantier;
und die Blässe ihrer Gesichter
war wie Elfenbein.

MASEFIELD*)

Der Atlantismus reicht von den Lehren der Okkultisten auf der einen über pseudo- und halbwissenschaftliche Spekulationen bis hin zu den Anstrengungen von Historikern und Wissenschaftlern auf der anderen Seite, welche bemüht sind, eine Basis für Platos Darstellung zu finden. Zwar ist das, was die Okkultisten mit ihren Atlantis-Zauberern und bisexuellen Lemuriern anbeten, weitaus farbiger als Platos Geschichte, doch kann dies ein vernünftiger Mensch wohl kaum ernstnehmen.

Ich wende mich deshalb mit einiger Erleichterung denjenigen Atlantisten zu, die für sich in Anspruch nehmen, mit wissenschaftlichen Methoden zu arbeiten.

Außerhalb der magischen Zirkel besitzt der Atlantismus eine recht kleine, aber nichtsdestoweniger standhafte Anhängerschaft. Zum Beispiel florierte einst eine Forschungsgesellschaft für Atlantis mit Hauptsitz in New Jersey. Eine gleichgesinnte dänische Gruppe gab 1930 Atlantis-Briefmarken und -Münzen heraus. Ungefähr zur gleichen Zeit wurde George W. Vaillant, ein führender Azteken-Kenner, gebeten, sich an einer Expedition zu beteiligen, bei der der Meeresgrund mit einer Taucherglocke nach Atlantis abgesucht werden sollte. Derzeit vertreibt ein Atlantis-For-

*) Aus *Story of a Roundhouse* (1912) von John Masefield.

schungszentrum in London Publikationen über den verschwundenen Kontinent.

Eine der aktivsten unter diesen Gruppen, die französische »Société d'études atlantéens«, wurde 1926 mit Roger Dévigne als Präsident und Paul le Cour als Sekretär gegründet. Diese Vereinigung spaltete sich bald in eine konservative Gruppe unter Dévigne, der wissenschaftliches Vorgehen befürwortete, und eine radikale Sektion unter le Cour, der seine »Amis d'Atlantis« um sich scharte und sich mit französischen Wissenschaftlern, die nichts von der Atlantis-Theorie hielten, wie dem Archäologen Reinach, anlegte. Einige Jahre lang brachte le Cour *Atlantis* heraus, eine Zeitschrift, die alle zwei Monate erschien und stark zum Okkulten tendierte. Seine Gruppe veranstaltete ›atlantische Picknicks‹, wobei man sich in einer seltsamen Sprache miteinander unterhielt und Atlantis-Embleme im Knopfloch trug. 1927 sprengte sie eine Diskussion ihrer Rivalen in der Sorbonne über das antike Korsika, indem sie Tränengasbomben warf.

Der Atlantismus ist lebendig genug, um die Buchpublikationen zu verkraften, die alle paar Jahre die Ideen von Donnelly und seinesgleichen wieder unter die Leute bringen oder weiterspinnen. Ein typisches Beispiel hierfür ist Braghines *Schatten von Atlantis.* Die auf dem Titelbild abgebildeten antiken Gegenstände werden als Atlantis-Relikte ausgegeben. Der Autor, der die okkulten theosophischen Eingebungen verwirft, scheut sich seinerseits nicht, eine ganze Reihe offenkundiger und lächerlicher Tatsachenverfälschungen anzubieten: z. B., daß alle Maya-Statuen Bärte trügen, daß die bretonische Sprache mit anderen europäischen Sprachen nicht verwandt ist, daß die ausgestorbenen Auerochsen oder wilden Ochsen dem amerikanischen Bison gleichzusetzen seien, daß Überreste von Elefanten in Amerika nicht nördlich von Florida gefunden wurden, daß die griechische Klassik keine Löwen kannte, daß die Otomis Altjapanisch sprächen, daß der Biograph des berühmten Zauberers Apollonios von Tyana Theophrastes war, daß die Pyramiden von Gizeh und die Bauwerke von Teohthiuacán viele tausend Jahre vor Christus errichtet wurden ... usw. Fehler solcher Art können leicht durch entsprechende Lektüre und den Besuch einschlägiger Museen vermieden werden. Colonel Braghine ist daher nur auf eigenes Risiko zu trauen.

Ein großer Teil seines Buches ist geheimen Inschriften und verschollenen angeblichen Atlantis-Städten in Brasilien gewidmet.

Nun irrlichtern die Schatzstädte der brasilianischen Eingeborenen schon seit den Tagen durch die spekulative Altertumskunde, da die *conquistadores* das riesige Land der Länge und Breite nach auf der vergeblichen Suche nach dem Eldorado durchzogen. Der britische Atlantist Wilkins schrieb ein Buch über diese vermeintlichen Relikte einer höheren Zivilisation. Vor mehr als einem halben Jahrhundert spendete die Familie Krupp etliche Millionen Mark, um damit eine Expedition zum Mato Grosso auszurüsten, die nach einer solchen Stadt suchen sollte.

1925 machte sich der pensionierte britische Armeeoffizier Percy H. Fawcett in ähnlicher Mission auf, zusammen mit seinem zwanzigjährigen Sohn und einem anderen jungen Mann namens Rimell. Von der Gruppe wurde nie wieder etwas gehört. Fawcett, ein erfahrener Forschungsreisender, charakterstark, mit einem leichten Hang zur Mystik, war der Meinung, daß der brasilianische Dschungel entweder die Ruinen von Atlantis berge oder einer ihrer Schwesterstädte. In den folgenden Jahren versuchten verschiedene Suchtrupps, eine Spur von Fawcett zu finden — erfolglos. Sein Verschwinden blieb mysteriös. Da gelang es im Jahre 1951 dem Indianer-Beauftragten der brasilianischen Regierung, Orlando Vilas Boas, den Calapalo-Indianern des oberen Xingú-Gebietes, das Geständnis zu entlocken, daß sie Fawcett und seine Gefährten getötet hätten, weil es ihnen nicht paßte, wie er mit ihnen umsprang.

Vor noch nicht allzu langer Zeit machte der französische Goldsucher Apollinaire Frot durch verlockende Schilderungen von archäologischen Funden in Brasilien von sich reden, wobei er in typisch pseudowissenschaftlichem Eifer erklärte, die Forschungsergebnisse wären derart sensationell, daß er Angst davor habe, sie zu publizieren. Er starb, ohne daß seine Funde an die Öffentlichkeit gelangten. Wie Seeungeheuer, PSI-Phänomene und Schliemanns eulenköpfige Vase scheint auch das brasilianische Atlantis sich immer gerade dann in Luft aufzulösen, wenn qualifizierte wissenschaftliche Untersuchungen erfolgen sollen.

Um auf die Bücher über Atlantis zurückzukommen: eine noch seltsamere Blume in diesem Garten literarischer Merkwürdigkeiten ist *Atlantis: die Urheimat der Arier* von Karl Georg Zschaetzsch (1922). Dieser stellte die Behauptung auf, daß die Arier, blond, tugendhaft, Vegetarier und Alkoholgegner, die eigentlichen Atlantis-Bewohner gewesen seien. Wie zuvor Carli und nach ihm Velikovsky, so war Zschaetzsch der Meinung, daß

Atlantis bei der Kollision mit einem Kometen unterging. Die einzigen Überlebenden seien dabei Wotan, seine Tochter und seine schwangere Schwester gewesen, die in der Höhlung unter den Wurzeln eines riesigen Baumes in der Nähe eines erkalteten Geysirs Zuflucht gesucht hatten. Wotans Schwester starb bei der Niederkunft, und ein Seewolf nährte ihr Kind. Diese edlen nordischen Menschen mischten sich mit Nichtariern des Festlandes, und ihre degenerierten Nachkommen ließen sich abscheulicherweise dazu herbei, Fleisch zu essen und Alkoholika zu brauen, eine Erfindung, die von einer nichtarischen Maid namens Heid gemacht wurde (in der norwegischen Mythologie, wie Wotan).

Mit Hilfe eines »rassischen Gedächtnisses« suchte der Autor zu ›beweisen‹, daß den Legenden vom Weihnachtsstern, der Weltesche Yggdrasil, dem Schmied Mimir, der Legende von Romulus und Remus und nahezu allen anderen Sagen – so auch der vom Apfel der Eva – diese Ereignisse zugrunde liegen. Griechenland war eine Kolonie von Atlantis und Zeus einer ihrer ersten Herrscher. All dies dient schließlich lediglich dazu, zu beweisen, daß Herr Zschaetzsch ein Abkomme von Zeus ist, wie man schon an seinem Namen erkennen kann!

Solche Fantastereien, die im Atlantismus üblich sind, haben bewirkt, daß Historiker und andere Wissenschaftler bereits bei der Erwähnung von Atlantis rot sehen.

Da es jedoch möglich ist, solch emotional befrachtete Themen wie Sex und Religion wissenschaftlich zu behandeln, sollten wir auch in der Lage sein, die Atlantis-Frage in derselben Weise anzugehen.

Man kann dies auf mancherlei Art und Weise tun. Man kann, wie die Okkultisten, Platos Erzählung für bare Münze nehmen und sie durch alle möglichen Spekulationen ausschmücken. Man kann versuchen, sie rational anzugehen, indem man die übernatürlichen Elemente herausläßt und sie im übrigen für wahr nimmt. Oder aber man kann Atlantis in einer einstmals existierenden antiken Kultur sehen – die nicht notwendigerweise die einer untergegangenen Insel sein muß, aber in etwa dem von Plato entworfenen Staatenbund entspricht. Ferner kann man die eventuelle frühere Existenz von Inseln im Atlantik und Landbrükken aus der Sicht der Geologen und Biologen erforschen. Schließlich kann man die Platoschen Dialoge schlicht als Fiktion akzeptieren.

Vernunftgemäße Argumentationen sind in der Behandlung des

Atlantis-Themas unerläßlich – es könnte heute noch Leute geben, die an Poseidon und seine zehn Söhne zu glauben imstande wären. Donnelly ist ein Beispiel für die Gruppe der Rationalisten. Dennoch, wenn man seine Darlegungen auf ihre Plausibilität hin abklopft, wird man kaum Erfolg haben. Wie T. H. Martin sagte: »Die Reisen vieler Forscher, die sich auf der Suche nach Atlantis mit einer mehr oder minder schweren Fracht an Belesenheit, aber mit keinem anderen Kompaß als ihrer Imagination und Kaprice einschifften, waren Reisen ins Blaue. Wo kamen sie schließlich an? In Afrika, Amerika, Australien, auf Spitzbergen, in Schweden, Sardinien, Palästina, Athen, Persien und auf Ceylon.«

Das Resultat: Atlantis wurde mit allen möglichen Plätzen dieser Erde gleichgesetzt und sein angeblicher Untergang mit allen erdenklichen Katastrophen. Zu dem Zeitpunkt, da Plato die Katastrophe angesetzt hat, kann sie nicht erfolgt sein, wird behauptet, sondern Tausende von Jahren zuvor oder auch in einer späteren Epoche. Der Ort des Geschehens lag nicht im Atlantik, sondern in der Arktis oder in Südafrika oder in Neuseeland. Die Insel versank nicht, sondern wurde lediglich durch einen Hurrikan verwüstet. Poseidon war kein Gott, sondern ein sterblicher König. Die Kultur, der er vorstand, war nicht von jenem klassischen Zuschnitt, wie Plato ihn beschrieb, sondern entweder eine hochwissenschaftliche, hochtechnisierte Zivilisation oder eine Steinzeitkultur von hohem Niveau wie die der frühen Mayas. Und so weiter . . .

Einige dieser Punkte sind durchaus erwägenswert. Deswegen kann man aber nicht die Einzelheiten von Platos Geschichte verändern und dann behaupten, es sei noch immer die seine. Das wäre dasselbe, als wolle man jemandem einreden, der legendäre König Artus sei in Wirklichkeit Kleopatra. Zugegeben, man muß nur Kleopatras Geschlecht, ihre Nationalität, ihre Lebensdaten, ihr Temperament, ihren Charakter und andere Details ändern – und die Ähnlichkeit ist vollkommen.

Überdies gibt es keinen zwingenden Grund, nur weil untergegangene Landmassen vorstellbar sind, diese mit Plato in Verbindung zu bringen, der nicht wissen konnte, was im Miozän geschah und auch noch nichts von Neuseeland gehört hatte. Weil wir schwerlich beurteilen können, wieweit das Wissen eines Gelehrten der Antike reichte, und Plato nun einmal nicht mehr befragt werden kann, sollten wir uns um ihn auch nicht allzuviel kümmern.

Plato könnte zufällig auf einen Tatsachenbericht gestoßen sein, ohne sich dessen bewußt zu werden. Dies geschah des öfteren in der Historie menschlicher Erkenntnisse, man denke nur an Demokrit, der durch eine Art Inspiration auf die Atomlehre und die Evolutionstheorie stieß. In der Tat vertraten die französischen Anthropologen Mortillet und Verneau folgende Atlantis-Theorie (mit der sie sich im Gegensatz zu der Auffassung der meisten Geologen befinden), daß bis ins Pleistozän hinein im Nordatlantik eine Landbrücke existiert habe (ohne diese Möglichkeit mit Plato in Verbindung zu bringen).

So nehmen wir uns denn auch vor allzu enthusiastischen Rationalisierern in acht, die Platos Darstellung und antike Mythen mit der bloßen Vernunft angehen. Bei ein- und derselben Geschichte wird es soundso viele verschiedene Interpretationen geben, die schwerlich alle stimmen können.

Nichtokkulte Atlantis-Theorien zerfallen in zwei Hauptgruppen: da gibt es die, die von einer großen Katastrophe, einer Überschwemmung oder Sintflut ausgehen, und die, die das nicht tun. Wenden wir uns zunächst der ersten Gruppe zu.

1803 veröffentlichte Bory de Saint-Vincent seinen *Essay über die Inseln der Seligen und das antike Atlantis,* worin er sich mit der konventionellen Atlantis-Theorie auseinandersetzte. Wie später Donnelly, so nahm auch er an, daß Atlantis mehr war als das, wovon Plato sprach – die Wiege menschlicher Kultur nämlich. Es habe zwei Bodensenkungen gegeben. Die erste davon geschah als Folge vulkanischer Tätigkeiten im Mittelmeer, wobei die Insel so verkleinert worden sei, daß die Überlebenden aggressive Imperialisten auf der Suche nach Lebensraum geworden seien. Nachdem sie von den Athenern besiegt worden waren, sei auch der Rest ihres Kontinents versunken. Nur die Kanarischen Inseln, Madeira und die Azoren seien übriggeblieben.

Auf einer plausibel wirkenden Landkarte lokalisiert Saint-Vincent Atlantis in seiner Blütezeit. Danach lag es gerade gegenüber der Ausbuchtung der afrikanischen Westküste, wo die Sahara und der westliche Sudan (nicht zu verwechseln mit der heutigen Republik) durch den Ozean begrenzt werden. Bei Kap Bojador und Kap Verde hätten sich die beiden Kontinente fast berührt. Das Meer dazwischen nannte er den *Triton-See,* der in der Argonautensage und in Diodoros Bericht von den afrikanischen Amazonen eine Rolle spielt. Die Nordostecke von Atlantis nannte Saint-Vincent die *Hesperiden* oder *Land der Atlantiden,* den Südosten *Land der*

Gorgonen und die Küstenregion *Land der Amazonen*. Die Kanarischen Inseln tragen das eigentliche Atlas-Gebirge, wo die Gärten der Hesperiden lagen, und der schneebedeckte vulkanische Gipfel des Teyde der Insel Teneriffa ist der echte Berg Atlas: eine einleuchtende Idee, da der 3710 Meter hohe, in Wolken gehüllte Pico de Teyde viel mehr den klassischen Beschreibungen entspricht als die marokkanischen Berge.

Saint-Vincent übernahm einige seiner Vorstellungen von dem französischen Botaniker J. P. de Tournefort, der etwa hundert Jahre zuvor die Theorie vertreten hatte, Atlantis sei hinweggeschwemmt worden, und zwar durch ein »Überschwappen« des Mittelmeeres. Bei einem Erdbeben sei dessen Wasserspiegel höher gestiegen als der des Atlantik, und die Gewalt des herausbrechenden Wassers habe die Meerenge von Gibraltar auseinandergesprengt. Tournefort wiederum bezog seine Ideen von Strabon von Lampsakos, der bereits zur Zeit des Hellenismus feststellte, daß zwischen dem Schwarzen Meer und dem Mittelmeer eine Verbindung entstand, weil das Schwarze Meer über die Ufer getreten sei. Ebenso sei dies mit dem Mittelmeer und dem Atlantik geschehen.

Andere Wissenschaftler wiederum, wie der Naturforscher Buffon, ein Zeitgenosse von Saint-Vincent, waren der Meinung, daß Atlantis von Wassermassen weggespült wurde, die in der entgegengesetzten Richtung fluteten, nämlich vom Atlantik ins Mittelmeer, das zuvor zum größten Teil Festland war. Auch die moderne Geologie neigt dieser Ansicht zu. Während des Vordringens der Eismasse im Pleistozän – diese Ansicht wird von einigen Geologen vertreten – war das Mittelmeerbecken eine ausgedehnte Tiefebene mit einigen großen Seen und durch eine Hügelkette, die Italien und Sizilien mit Afrika verband, in zwei Teile getrennt. Während der warmen zwischeneiszeitlichen Perioden jagten Affenmenschen Zwergelefanten und Nilpferde in Sizilien. Beim Schmelzen der letzten Eiskappen stieg der Wasserspiegel des Ozeans an, bis er, ungefähr vor 15 000 Jahren, den Isthmus von Gibraltar durchbrach und das Mittelmeerbecken mit Meerwasser füllte. Eine Katastrophe, die Tausende von Menschen und Millionen von Tieren zur Flucht zwang? Der Ursprung der Platoschen Darstellung, wobei das Mittelmeerbecken die Rolle von Atlantis spielte? Eine Annahme. Beweise wurden bisher nicht erbracht.

Es gibt im Gegenteil Einwände dagegen. Déperet zum Beispiel ist der Ansicht, daß die ibero-afrikanische Verbindung noch vor dem Pleistozän auseinanderbrach. Das Gebiet um Gibraltar besteht aus Kalkstein und Tonschiefer, nicht gerade eine widerstandsfähige Formation, aber auch wiederum nicht zu weich. Deshalb ist auch anzunehmen, daß die Landverbindung nicht sofort nachgab, sondern langsam erodierte, während sich das Salzwasser aus dem Ozean seinen Weg durch das Gestein fraß. Und wenn man die Meerenge mit einem Wasserhahn vergleicht, dann wird einem klar, daß das Auffüllen des Mittelmeeres sich über viele Jahre hingezogen haben muß. Aber auch wenn die Überflutung der Tiefebene so vor sich ging, waren die Menschen, die daraus vertrieben wurden, nicht Platos kultivierte Atlantier, sondern in Felle gekleidete jungsteinzeitliche Jäger. Es scheint unwahrscheinlich, daß des Schreibens Unkundige historische Ereignisse über 10 000 Jahre hinweg mündlich weitergegeben haben, oder auch nur über ein Zehntel dieser Zeit.

Andere Vorschläge liefen auf noch drastischere Abänderungen an den Erdkarten hinaus. 1926 setzte sich zum Beispiel Claudius Roux für die Theorie ein, daß in der nacheiszeitlichen Periode der größte Teil von Nordafrika unter Wasser war. Die Berge von Marokko und Algerien bildeten dabei eine Halbinsel, auf der Atlantis gedieh. Entweder hob sich das Land oder der Meeresspiegel fiel und die Wasserflächen und Lagunen trockneten aus, wobei die Sand- und Salzwüsten, wie wir sie heute kennen, zurückblieben.

Roux versuchte, seine Theorie durch die Glozel-Funde zu untermauern, eine Reihe von Kieselsteinen und Tontafeln, die vage Zeichen, welche man als Schriftspuren interpretieren kann, aufweisen. Man hatte die Steine und Tafeln 1926 zusammen mit paläolithischen Gegenständen in der Nähe eines Bauernhofes bei Vichy in Frankreich gefunden. Dann sickerte durch, daß H. C. Rogers, ein professioneller Antiquitätenfälscher, die Glozel-Objekte angefertigt und auf dem Bauernhof vergraben hatte. Bevor der Ulk aufkam, war der Sache sogar der seriöse Reinach auf den Leim gegangen. Die exzentrischsten Theorien über europäische Vorgeschichte waren aufgestellt, eine Schmähschrift herausgegeben worden, und es war zu einem reizenden kleinen Tumult bei einer Diskussion im College de France gekommen.

Der kanadische Ingenieur R. A. Fessenden bot eine noch spektakulärere Theorie an. Wie der französische Atlantist des 18. Jahrhunderts, Delisle de Sales, lokalisierte er Atlantis im Kaukasus. De Sales Meinung ging dahin, daß die Atlantier vom Kaukasus, der damals eine der wenigen Inseln im den die Welt bedekkenden Ozean bildete, zum echten Atlantis auswanderten, das sich in der Mitte des Mittelmeerbeckens befand und Italien sowie Nordafrika mit einschloß.

Fessenden traf so hinreißende Feststellungen, wie: der primitive Mensch sei »sehr sachlich veranlagt« und besäße keine Imagination (was ja durchaus nicht stimmt). Wenn in griechischen Mythen vom »Mittelmeer« die Rede sei, so war damit, seiner Meinung nach, das Schwarze Meer gemeint, und mit dem »Atlantischen Ozean« der Mythen sei in Wirklichkeit ein großes seichtes Meer bezeichnet worden, das Asiatische Mittelmeer oder der Sarmatische Ozean, der einst den größten Teil von Rußland bedeckte. Ihn nannte Fessenden den *Ozean von Atlantis*.

Fessenden argumentierte damit, daß er eine merkwürdige Lücke in den griechischen Mythen entdeckt habe: sie berichteten nichts von der westlichen Hälfte des Mittelmeeres. Seiner Ansicht nach wurden Ortsbezeichnungen von Regionen östlich des Schwarzen Meeres auf die Atlantische Region übertragen. Man stelle sich also zum Beispiel vor, daß der Name »Iberia« sowohl für die spanische Halbinsel als auch für ein kaukasisches Gebiet angewandt wurde! Die Menschheit entstand, seinen Vorstellungen nach, im Kaukasus, wo sie eine hohe Zivilisationsstufe erreichte, welche durch eine große Flutkatastrophe vernichtet wurde. Dabei wurden die Menschen in alle Himmelsrichtungen zerstreut. Danach hob sich das Land, die Sarmatische See trocknete aus, und zurück blieben das Schwarze und das Kaspische Meer sowie der Aral-See. Seine Argumentationen basierten auf dubiosen geologischen Erkenntnissen, wirren mythologischen Auslegungen, unmöglichen linguistischen Schlüssen und arisch-rassischem Unsinn. Wells erwähnt das Buch wohlwollend in seiner berühmten Publikation *Die Grundlinien der Weltgeschichte*.

Der Orientalist Joseph Karst beutete die Idee eines östlichen Atlantis in noch spektakulärerer Weise aus, indem er für zwei Atlantis plädierte: eines in Nordwestafrika, das andere im Arabischen Meer. Es habe, so führt er aus, einen frühen Kulturkreis in Zentralasien gegeben, von dem er, genau wie Fessenden, annahm, daß er in nahezu historischen Zeiten überschwemmt wurde. Das östliche Atlantis ist Homers Ogygia; es ist auch das Land Kangha im *Königsbuch* des persischen Epikers Firdusi, und der Peshotanu, der Kangha regiert, ist Platos Poseidon.

Karst begründet seine Theorien hauptsächlich mit linguistischen Argumenten: einer etwas fantastischen Methode, die die

Sprachen in unsinnige Sprachgruppen wie etwa »Uralo-Baskisch« unterteilte, das so wenig miteinander verwandte Sprachen wie Dakota, Chinesisch und Englisch umfaßte. Eine »ibero-äthiopische Rasse« erfand die Zivilisation in Ogygia-Atlantis, von wo aus in drei Wellenbewegungen Auswanderungen erfolgten, bevor alles in sich zusammenbrach: die erste Welle umfaßte die Chinesen, Sumerer und Otomis, die zweite Welle die Maya und die Kischés, die es nach Zentralamerika verschlug, die dritte die Azteken und die kaukasischen Völkerschaften.

Die jüngste Version der Ost-Atlantis-Theorie stammt von Wissenschaftlern der UdSSR, die damit Atlantis für sich reklamieren. Ihrer Meinung nach existierte es dort, wo heute das Kaspische Meer liegt.

Neben Karst haben auch andere Atlantis-Anhänger die Theorie vertreten, daß es zwei Atlantis gab. Davon sei zumindest eines, wahrscheinlich aber beide überflutet worden. Auch Duvillé skizzierte zwei Zentren von Atlantis-Kulturen: eine dort, wo üblicherweise die Atlantis-Insel angenommen wurde, die andere in Nordostafrika, wo heute Äthiopien liegt. René-Maurice Gattefossé hingegen nahm an, daß die menschliche Zivilisation auf einem arktischen Kontinent entstand, dem er den bereits gebräuchlichen Namen »Hyperborea« gab. Als dieses Land versank, so Gattefossé, verteilten sich seine Bewohner auf das nordatlantische Atlantis und andere Kontinente. Sie waren es auch, die megalithische Monumente wie die von Stonehenge errichteten. Die Cro-Magnon-Menschen des paläolithischen Europa (die, wie die Maya, immer wieder in Diskussionen um Atlantis einbezogen werden) waren reine Hyperboreer. Die Atlantier entwickelten den sogenannten zyklopischen Stil der Bronzezeit in ihren Bauwerken, indem sie riesige unregelmäßige Steinblöcke ohne Mörtel verwendeten.

Nach Gattefossé erinnert der »Titanenkampf« der griechischen Mythen an eine Periode, in der eine Verschiebung der Erdachse erfolgte, wodurch weltweite Veränderungen des Klimas und der Küstenlinien bewirkt wurden. Zeus, Poseidon, Atlas und Hesperos waren sämtlich Könige von Atlantis. Unter Poseidon lernten die Atlantier Haustiere zu halten. Ferner fochten sie Kämpfe mit den Gorgonen und Amazonen aus, die ein Matriarchat besaßen, wovon heute noch Spuren bei ihren Nachkommen, den Berbern, zu finden sind. Der Autor versucht den Nachweis der Abstammung der Menschheit mit Schädelvergleichen zu führen. Er behauptet, alle schmalköpfigen Menschen seien vom selben Urstamm und alle breitschädligen ebenfalls. Das ist absurd, da die Schädelform nur als eine unter vielen Charakteristika in der Abstammungslehre herangezogen werden kann. Wird sie allein benutzt, so kommt es zu kuriosen Resultaten, bei denen Schweden, Eskimos und Hottentotten in einen Topf geworfen werden müßten.

Die Idee eines Atlantis hoch im Norden wurde von Rudbeck im 17. und von Bailly im 18. Jahrhundert lanciert. Hermann Wirth versetzte seinen versunkenen Kontinent vor noch nicht allzu langer Zeit in die Arktis und nannte ihn »Thule«, nach der Insel, von der Pytheas auf seinen Reisen hörte. Wie Churchward, so nahm auch Wirth an, er habe den Schlüssel zu den zutiefst psychologischen geheiligten Symbolen der primitiven Menschheit gefunden und könne, indem er ihnen weltweit nachgehe, die Vorgeschichte der Menschheit rekonstruieren. So sollten zum Beispiel zwei Kreise, einer über den anderen gesetzt und durch die kürzeste Linie miteinander verbunden, das Jahr repräsentieren. Wirth war des Glaubens, daß die letzten Überlebenden der arktischen Zivilisation die inzwischen ausgestorbenen Sadlermiut-Eskimos waren, Nachkommen der Thule-Bewohner, die ihre Blütezeit zwischen 25 000 und 12 000 v. Chr. hatten und Zeitgenossen der Cro-Magnon-Menschen waren. Ihre Kultur, obgleich sie ein hohes Niveau besaß, kannte nicht die Metallverarbeitung. Sie hätten sich über Europa, Asien und Amerika verteilt und die Rassetypen gebildet, die wir heute kennen. Sogar bis Neuseeland seien sie gekommen.

Während sich die meisten Atlantisten nicht im klaren darüber sind, warum Kontinente versanken, hat einer von ihnen ausreichend Gründe für dieses Phänomen angegeben: Hanns Hörbiger, Urheber der Kosmischen Eiszeittheorie, der *Welteislehre,* auch WEL genannt. Hörbiger war ein österreichischer Erfinder, ein trickreicher Bursche, der sich damit brüstete, niemals etwas berechnet zu haben. Wenn die Leute seine Erkenntnisse in Zweifel zogen, pflegte er lautstark zu erklären: »Anstatt mir zu trauen, trauen Sie Gleichungen! Wie lange werden Sie noch brauchen, um einzusehen, daß die Mathematik wertlos und irreführend ist?«

Hörbiger erzählte seinen Jüngern, daß er, als er als Knabe durch ein Teleskop blickte, plötzlich die Erkenntnis hatte, Mond und Sterne bestünden aus Eis. Ferner enthüllte ihm ein Traum, daß die Anziehungskraft der Sonne nur dreimal so weit wie bis zum Planeten Neptun reiche. Als er junger Ingenieur war, brachte ihn der

Sie liebten die Mode »oben ohne«, die Frauen der Minoer. Goldring aus der minoischen Zeit.

Nicht nur das Atlas-Gebirge im nordwestlichen Afrika, sondern auch der Pico de Teide auf Teneriffa wurde als Wohnsitz des unglücklichen Titanensohnes Atlas angenommen.

Anblick feuchter Erde, bei der es, als man geschmolzenes Metall darübergoß, zu Explosionen kam, dazu, einen Kosmos zu entwerfen, der ähnlich fantasievoll war wie der der Mme. Blavatsky, nur noch beunruhigender.

Das Universum, so wollte ihm scheinen, ist eine Art kosmische Dampfmaschine. Der interstellare Raum ist angefüllt mit verdünntem Hydrogen und Wasserdampf. (Dies ist in gewisser Hinsicht nicht ganz falsch.) Wenn ein kleiner Himmelskörper, der durch die Dampfmischung trudelt, dabei seine Wärme verliert, wird er zu Eis. Wenn ein größerer Himmelskörper diesen anzieht, bleibt der kleinere in den größeren für Millionen von Jahren als ein Eisbrocken eingebettet, wobei das Eis zum Schmelzen kommt. Schließlich verdampft der kleinere Himmelskörper, die dabei erfolgende Explosion schleudert Teile davon in den Weltenraum. Diese kondensieren zu Planeten, während das Oxygen des großen Himmelskörpers, das ebenfalls abgegeben wird, sich mit dem Hydrogen des Universums verbindet und einen Ring von Eispartikeln außerhalb der Planetenbahnen bildet (»Boliden«). Die Milchstraße ist demnach nicht, wie die Astronomen dies annehmen, eine Ansammlung von Sternen weit draußen in der Galaxis, sondern es handelt sich um die Boliden unseres Sonnensystems.

Da das Hydrogen des Weltenraums ihre Geschwindigkeit bremst, nähern sie sich in Spiralen der Sonne. Die kleineren Partikel, die am meisten verlangsamt werden, werden rascher angezogen und überholen die größeren. Die Eisbrocken der Milchstraße, die demnach auf die Sonne zurasen, werden zumeist von den Gravitationsfeldern unserer äußeren Planeten eingefangen. Deshalb besitzen diese, wie unser Mond, Eiskappen von Hunderten von Kilometern Dicke.

Wenn ein Eisbrocken die Sonne erreicht, verursacht er eine Explosion, die den Weltenraum um die Sonne herum mit feinen Eispartikelchen füllt. Die inneren Planeten Venus und Merkur, die durch die Eispartikel-Wolken ihre Bahn ziehen, sind deshalb in Eismäntel gehüllt. Die Erde ist glücklicherweise von der Sonne so weit entfernt, daß sie nicht vereisen kann. Große Planeten fangen kleinere ein, die entweder zu ihren Monden werden oder in sie einschlagen. Beide Vorgänge, das Einfangen eines Satelliten oder der Einschlag in die Oberfläche des anziehenden Planeten, verursachen auf diesem große Veränderungen. Die Gravitationsspannungen, die beim Einpendeln eines Satelliten in eine stabile Umlaufbahn entstehen, bewirken Fluten und Erdbeben. Soweit ist dann alles in Ordnung, bis die Gravitationskräfte des Satelliten, der durch das Hydrogen des Weltenraumes verlangsamt wird, diesem den Ozean wie einen Gürtel oder Wulst um den Äquator legen. Durch diesen Vorgang werden die Äquatorgebiete überflutet, während die Polargebiete trocken zurückbleiben.

Wenn sich schließlich der Trabant seinem Mutterstern bis auf einige tausend Kilometer genähert hat, wird er durch dessen Gravitationskräfte zerrissen. Die Bruchstücke regnen auf die Erde nieder. Die Ozeane, die nicht mehr den Anziehungskräften des Satelliten unterliegen, fluten zu den Polen zurück. Tropische Landschaften tauchen auf, die Polarbereiche werden überschwemmt. Auf sämtliche Katastrophen-Mythen der Menschheit, seien es die biblische Sintflut, Atlantis, die Offenbarung des Johannes oder das nordische Ragnarök, paßt dieses Schema in gewisser Weise.

Die Erde hatte vor dem jetzigen zumindest sechs Monde, die eingefangen wurden und zerbarsten, und zwar im Algonkium, im Archaikum, im Kambrium, Devon, Perm, Mesozoikum und Känozoikum. Da die Menschheit im Känozoikum (Tertiär) auftrat, erlebte der Mensch den Absturz des Känozoikum-Mondes mit. Dieses Ereignis verursachte die Überschwemmung aller tropischen Gebiete, ausgenommen einiger weniger Hochländer wie Peru und Äthiopien. Dies geschah vor zirka 250 000 Jahren. Das Einfangen unseres gegenwärtigen Mondes, des Ex-Planeten Luna, bewirkte die Überflutung von Atlantis und Lemuria. Wenn Ezechiel von »Tyre« spricht oder der Verfasser der *Offenbarung* von »Babylon«, so ist damit – nach Hörbiger – Atlantis gemeint. Die Zerstörung und der Fall von Luna wird wahrscheinlich jegliches Leben auf Erden beenden.

Hörbiger verkaufte seine Lehren an den deutschen Schullehrer und Amateurastronomen Fauth, der 1913 Hörbigers Buch *Glazial-Kosmogonie* veröffentlichte. Der Erste Weltkrieg unterbrach die Verbreitung dieses Kultes. Nach dem Kriege jedoch erschien Hörbiger mit langem weißem Bart wieder auf der Bildfläche, und seine Werbemaschinerie überflutete Europa mit Büchern, Pamphleten und Drohbriefen. Bald gingen seine Anhänger in die Millionen, wovon die fanatischsten in wissenschaftliche Zusammenkünfte mit dem Schrei einbrachen: »Nieder mit der orthodoxen Astronomie! Wir wollen Hörbiger!«

Hörbiger selbst schrieb in einem Brief: »Entweder Sie glauben an mich oder Sie müssen als Feind betrachtet werden.« Ein anderer Österreicher, Hans Bellamy, wurde Hörbiger-Anhänger, als er sich daran erinnerte, daß er als Junge durch einen nächtlichen Traum von einem riesigen explodierenden Mond erschreckt worden war. Er machte die Kosmische Eislehre in Englisch populär.

Obgleich Hörbiger 1931 starb, blieb seine Bewegung noch auf Jahre hinaus aktiv. Mit dem Aufstieg Hitlers identifizierten sich die Hörbiger-Anhänger mit der rassischen Philosophie der neuen Herrscher, denn: ihre nordischen Vorfahren seien stark in Eis und Schnee geworden; der Glaube an das Welteis sei folglich das natürliche Erbe des nordischen Menschen. Doch die Nazis, die sich so viele krude Ideen zu eigen machten, bleiben dieser gegenüber taub.

Schade um Hörbigers Theorie, aber die Planeten sind nun einmal nicht aus Eis (obwohl einige wahrscheinlich von Eismänteln umgeben sind). Wenn sie dies wären, wären Erscheinungsbild und mathematische Verhaltensweisen anders. (Als ein Kritker einmal Hörbiger gegenüber ausführte, daß das spezifische Gewicht des Saturn niedriger sei als das von Eis, murmelte Hörbiger etwas von »Gravitationsschatten« — eine Bezeichnung, die er niemals näher erklärte.) Auch besteht die Milchstraße keineswegs aus »Boliden«, wie Teleskopbeobachtungen längst ergeben haben. Der Mond entfernt sich von uns, anstatt sich uns zu nähern. Die Landung von Astronauten auf dem Erdtrabanten und Instrumentenkapseln, die zur Venus geschickt wurden, haben ergeben, daß keiner der beiden Himmelskörper von einem Eismantel umgeben ist. Tatsächlich sind Hörbigers Behauptungen im Lichte moderner Wissenschaft nicht haltbar.

Eine noch verrücktere Theorie periodischer Katastrophen wurde vor nicht allzu langer Zeit von Immanuel Velikovsky aufgebracht, einem russisch-israelischen Physiker und Amateur-Kosmogonisten, dessen Buch 1950 von seinen Verlegern mit ziemlich großem Werbeaufwand auf den Markt gebracht wurde. Diese Theorie ähnelt in gewisser Weise jener des im 18. Jahrhundert lebenden spekulativen Mythologen Gian Rinaldo Carli, der annahm, daß Atlantis versank, als ein Komet 4000 v. Chr. mit der Erde zusammenstieß. Auch Zschaetzsch sprach Anfang des 20. Jahrhunderts von einer *Supra*-Kollision.

Nach Velikovsky kam es vor vielen Jahrhunderten zu einer interplanetarischen Kollision, die eine Jupiter-Eruption zur Folge hatte. Bei dieser wiederum entstand ein Komet, der eine exzentrische Flugbahn hatte und irgendwann zwischen 1600 und 1500

v. Chr. so nahe an der Erde vorbeiflog, daß er eine weltweite Katastrophe mit Erdbeben, Springfluten etc. verursachte. Dieses »Streifen« soll verantwortlich sein für das Auseinanderweichen des Roten Meeres, womit der alttestamentarische Exodus vonstatten gehen konnte, und für andere mythologisch verbriefte Erdveränderungen.

Zweiundfünfzig Jahre später kam der Komet der Erde abermals nahe. Diese Konstellation ermöglichte es Josua, der Sonne zu befehlen, stillzustehen. Die Begegnungen stoppten nicht nur jedesmal die Erdrotation und bewirkten, daß sich unser Planet in entgegengesetzter Richtung drehte, sondern veränderten auch die Lage der Pole und ihren Neigungswinkel. Ebenso wurde die Umlaufbahn der Erde eine andere, wodurch sich das Jahr von 360 auf 365 Tage verlängerte. Die gasförmigen Hydrokarbonate des Kometenschweifes regneten auf die Erde nieder, zum Teil als Erdöl (so daß unsere modernen Ölquellen sprudeln können), zum Teil als das süße *Manna*, das die Hebräer in der Wüste Sinai genossen.

Nachdem er den größten Teil seines Schweifes verloren hatte, machte sich der Komet auf zum Mars, der, aus seinem Kurs gebracht, der Erde zwischen dem 8. und 7. Jahrhundert v. Chr. bedrohlich nahekam. Danach begab er sich in seine derzeitige Umlaufbahn. Der Komet indessen machte sich seßhaft und wurde – der Planet Venus!

Um diese erstaunliche Behauptung abzustützen, bemühte Velikovsky ein stattliches Aufgebot an alten Überlieferungen: den babylonischen 360-Tage-Kalender, die Bezugnahme der Hindus auf die »Vier Planeten« und eine Masse von Zitaten aus den hebräischen Mythen, denen der Ägypter, der nordischen Völker, Azteken u. a. Wenn sie nicht ganz in seine Vorstellungen paßten, kamen sie in ein Prokrustes-Bett: Plato setzte den Atlantis-Untergang auf 9000 Jahre vor Solons Reise nach Ägypten fest (die ungefähr 590 v. Chr. stattfand). Velikovsky läßt von Platos Datum einfach eine Null weg. Nach ihm versank Atlantis somit 900 Jahre vor Solon.

Wenn diese Ereignisse in historischen Zeiten geschahen, warum gibt es dann darüber keine klaren Augenzeugenberichte? Weil, so erklärt dies Velikovsky, die menschliche Rasse unter einem »kollektiven Gedächtnisschwund« litt. Das Unterbewußtsein der Menschheit wurde durch die Geschehnisse so geschockt, daß eine vollständige Verdrängung stattfand!

Trotz seiner eindrucksvollen Versuche gelingt es Velikovsky nicht, die Kopernikus-Newton-Einstein-Vorstellung vom Kosmos außer Kraft zu setzen. Einige seiner mythologischen Bezugnahmen sind ungenau (so benutzt er zum Beispiel die Brasseur-»Übersetzung« des *Troano-Codex*), der Rest beweist lediglich einmal mehr, daß der Fundus der überlieferten Mythen umfangreich genug ist, um ihn für jede erdenkbare kosmologische Spekulation heranzuziehen. Die Babylonier hinterließen einwandfreie Venus-Beobachtungen, die sich 5000 Jahre zurückdatieren lassen. Danach hatte die Venus die gleichen Umlaufdaten wie heutzutage. Wenn von einem »Vier-Planeten-System« die Rede war, so bedeutet dies wahrscheinlich, daß frühere Astronomen den Merkur nicht wahrnahmen, der selbst bei maximaler Elongation nicht gerade ein gut sichtbarer Himmelskörper ist. Und das 360-Tage-Jahr war wohl nichts weiter als eine priesterliche Ungenauigkeit, die korrigiert wurde, als das Wissen sich erweiterte.

Zudem ist die Theorie vom physikalischen ebenso wie vom mechanischen Standpunkt aus unsinnig. Kometen sind keine Planeten, und sie können auch nicht zu solchen werden. Sie sind lose Ansammlungen von Meteoren. Eine solche Masse – selbst wenn sie die Größenordnung eines normalen Berges hätte – könnte bei einem Einschlag vielleicht einige Landschaften verwüsten oder einen kleinen Staat, aber sie könnte nicht merkbar die Umlaufbahn der Erde beeinflussen oder deren Rotation. Und der Gaskörper, den ein Komet hinter sich herzieht, ist so verdünnt, daß der Schweif eines ganz schön großen Kometen, zur Dichte von Eisen zusammengepreßt, in eine Aktentasche gehen würde! Was den »kollektiven Gedächtnisschwund« anlangt, so wäre es dasselbe, von einem kleinen grünen Mann zu reden, der einem folge und der jedesmal, wenn man sich umdreht, um ihn zu erwischen, verschwindet. Man kann eine solche Behauptung nicht widerlegen. Ernst nehmen muß man sie deshalb aber auch nicht.

Sie werden sich wohl inzwischen gefragt haben, ob ich den Atlantismus dadurch diskreditieren möchte, daß ich nur abseitige Atlantis-Theorien anführe. Ich versichere Ihnen, daß dies nicht der Fall ist. Die Hörbigers und Churchwards stellen die Hauptgilde des Altantismus. Der kleinere Rest umfaßt die wenigen vernünftigen und nüchtern denkenden Schriftsteller, die sich mit dieser Materie befassen. Unter diesen ist der schottische Mythologe Lewis Spence, der die Zeitschrift *Atlantis Quarterly* herausgab, die fünf Ausgaben erlebte, bevor sie an finanzieller Unterernährung einging. Ungefähr vor einem halben Jahrhundert publizierte Spence eine Reihe populärer Bücher über mexikanische und ägyptische Mythen sowie die anderer Länder. Darin legte er einen gesunden Skeptizismus gegenüber exzentrischen Auslegungen in bezug auf die menschliche Vorgeschichte – wie etwa die von Le Plongeon – an den Tag.

Spences Werk *Das Atlantis-Problem* (1924), wenngleich weniger kritisch als seine vorhergegangenen Bücher, ist unter den Pro-Atlantis-Werken bis zum heutigen Tage eines der besten. Der Autor unternahm es darin, zu beweisen, daß

»1. einst ein riesiger Kontinent den ganzen oder zumindest den größten Teil des Atlantik bedeckte und einen bemerkenswerten Teil der südlichen Region dazu. Frühen geologischen Ursprungs, war dieser Kontinent in den folgenden Jahrtausenden vielen erdgeschichtlichen Veränderungen unterworfen. Wahrscheinlich fanden auch mehrere Überflutungen statt und ging das Meer an einigen Stellen zurück.

2. im Miozän (spätes Tertiär) der Kontinentalcharakter erhalten blieb. Doch gegen Ende dieser Periode fand, aufgrund vulkanischer und anderer Ereignisse, ein Zerfall statt.

3. der Zerfall das Entstehen größerer und kleinerer Inselmassen zum Ergebnis hatte. Zwei von ihnen, beträchtlich größer als die anderen, lagen a) in relativ geringer Entfernung vor dem Eingang zum Mittelmeer, und b) in der Gegend der heutigen Westindischen Inseln. Diese waren Atlantis beziehungsweise Antillia. Die Kommunikation zwischen ihnen war durch eine Inselkette möglich.

4. diese zwei Insel-Kontinente und die sie verbindende Inselkette bis ins Pleistozän hinein existierten. In dieser Periode (vor zirka 25 000 Jahren zu Beginn der nach-glazialen Zeit) muß Atlantis einige weitere Erschütterungen erfahren haben. Weiteres Unheil brach über die Insel ungefähr 10 000 Jahre v. Chr. herein. Antillia scheint dabei bis in eine jüngere Periode hinein überlebt zu haben und existiert fragmentarisch in der Antillengruppe oder den Westindischen Inseln bis zum heutigen Tage fort.«

Spence eliminiert in seiner Theorie die meisten der historischen oder wissenschaftlichen Unglaubwürdigkeiten aus dem Platoschen Bericht. So führt er aus, daß Atlantis nicht notwendigerweise bei einem Erdbeben und einem Sturm von vierundzwanzig-

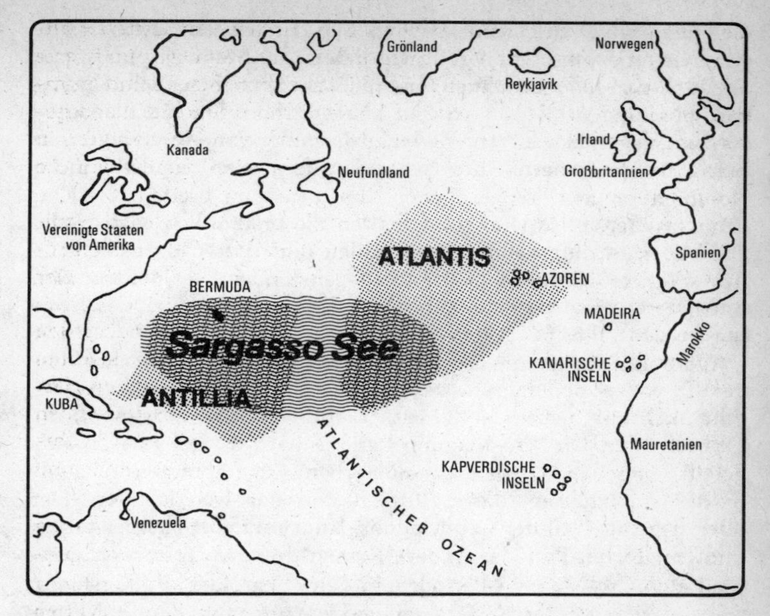

Karte des Atlantischen Ozeans mit Atlantis, Antillia und dem Sargasso-Meer (nach Lewis Spence).

stündiger Dauer verschwunden sein muß, sondern infolge mehrerer Erdbeben, die über viele Jahre hinweg stattfanden. Platos Athen-Atlantis-Krieg sei vermutlich eine Fiktion, die auf irgendeinem lokalen griechischen Krieg basiere. Ebenso seien die metallurgischen Schilderungen Platos nicht haltbar, da Metalle erst Tausende von Jahren nach dem Verschwinden von Atlantis in Gebrauch kamen. Dennoch, auch wenn die Atlantier steinzeitliche Wesen waren und nicht etwa die Kulturbringer, hätten sie doch eine bemerkenswerte Zivilisation besessen.

Beispiele dieser Kultur sieht Spence in der Cro-Magnon-Rasse, robusten Höhlenmenschen, deren Überreste hauptsächlich in Südwestfrankreich und Nordspanien gefunden wurden. Die Cro-Magnons, die nach dem Dorf, in dessen Nähe der französische Archäologe Lartet zuerst Hinweise auf sie fand, benannt wurden, sind in zweierlei Hinsicht bemerkenswert. Zum ersten gehörten sie einem physisch eindrucksvollen Typ der weißen Rasse an. Die Männer erreichten eine Größe von über 1,80 Meter, hatten große Schädel, massive Kinnladen, breite Backenknochen, Schnabelnasen, buschige Augenbrauen und hohe Stirnen. Ein bißchen müssen sie ausgesehen haben wie eine Mischung von Norwegern und Schwarzfußindianern. Ihre Schädel waren eine ungewöhnliche Kombination aus langgezogener Kopfform und breitem Gesicht. Zum zweiten zeichneten und malten sie erstaunlich realistische Tierbilder an die Wände ihrer Höhlen und ritzten ebensolche in ihre Werkzeuge sowie Gebrauchsgegenstände. Die Höhlenmalereien waren eine Art Jagdzauber, mit dem das Jagdglück beschworen werden sollte.

Während des letzten Zurückweichens der Eiszeitgletscher, ungefähr vor 25 000 Jahren, verdrängten die Cro-Magnons, wahrscheinlich auf nicht sehr feine Art, ihre roheren Vorgänger, die Neandertaler. Die Cro-Magnon-Periode wird in drei Phasen aufgeteilt, wobei man von archäologischen Ausgrabungen ausgeht: in das Aurignacien, das Solutréen und das Magdalénien. Der überwiegende Teil der Cro-Magnon-Kunst stammt aus der ersten und der letzten Periode. Andere Rassen drangen in Europa während der Cro-Magnon-Periode ein: ein negroider Völkerstamm siedelte sich an der Riviera an und ein mongoloider in Mitteleuropa. Nach der Magdalénien-Phase überrannten Völkerschaften der Azilien-Tardenoisien-Kulturstufe Europa: sie waren in der Kunst primitiv, stellten aber Bogen her und scharfe steinerne Angelhaken. Zudem bemalten sie, wahrscheinlich wieder in magischen Absichten, ungezählte Kieselsteine mit Punkten, Streifen und einfachen Mustern.

Aus der Tatsache, daß die Cro-Magnons rings um den Golf von Biskaya siedelten und weiter östlich keine Überreste von ihnen gefunden wurden, zog Spence den Schluß, daß sie von Westen gekommen sein mußten. Er dachte an drei Wellen einer Einwanderung von Atlantis her: der das Aurignacien, der das Magdalénien und des Azilien. Spence zitierte Autoritäten wie Henry Fairfield Osborn, um die Annahme zu untermauern, daß die Berber-Sprache der bemerkenswerten steinzeitlichen Guanches, die die Kanarischen Inseln bewohnten, als die Spanier diese im 15. Jahrhundert in Besitz nahmen, auf die Cro-Magnons zurückginge. (Einige Anthropologen sehen denn auch in den Bewohnern der Dordogne in Frankreich die Nachfahren der Cro-Magnon-Rasse, da sie groß gewachsen, von robustem Aussehen, braunhäutig sind, dichtes schwarzes Haar und die eigentümliche Cro-Magnon-Schädelform besitzen.)

Die Menschen des Azilien, so führte Spence aus, traten vor ungefähr 10 000 Jahren in Erscheinung, ungefähr zu der Zeit, die von Plato für den Untergang von Atlantis angesetzt wurde. Bemerkenswerterweise wurden sie mit dem Gesicht gen Westen begraben. Vermutlich, so Spence, begründeten sie die ägyptische und die kretische Kultur. Die Iberer seien ihre Nachkommen. Die Art von Stadtplanung, die sie auf Atlantis betrieben, fand sich — immer noch nach Spences Meinung — in den Anlagen von Karthago und Knossos wieder. Die Osiris-Religion der Ägypter stammte von ihnen und fand Eingang in das Brauchtum vieler westeuropäischer Völker. So enthielten zum Beispiel die Druden-Mythologie und die Artussage osirische Elemente. Keltische Legenden von unerreichbaren Inseln und untergegangenen Städten wiesen auf Atlantis hin.

Wie die meisten Atlantisten, so leitete auch Spence die Maya-Kultur von Atlantis her. Die üblichen zeitrechnerischen Schwierigkeiten (tatsächlich trat die Maya-Kultur nur wenig vor der christlichen Zeitrechnung in Erscheinung) umging er durch die Annahme, daß die Atlantis-Flüchtlinge, die sich nach Westen gewandt hatten, in Antillia für einige tausend Jahre Station machten, um dann, als diese Inseln versanken, sich in Yucatán niederzulassen. Die Bestätigung für diesen abermaligen Exodus glaubt er in verschiedenen indianischen Mythen zu finden, wie etwa in der Azteken-Legende von Quetzalcoatl, dem bärtigen Fremdling mit der rötlichen Gesichtsfarbe, der eine Schar schwarzgekleideter Zivilisationsbringer durch Mexiko führte und überall so etwas wie Aufklärung verbreitete, bis er von einigen Zauberern einen Heimweh-Trank kredenzt bekam, der ihn schleunigst auf einem Schlangenfloß die Rückfahrt über das Meer antreten ließ. Spence war der Meinung, die Maya-Kultur müsse irgendwo anders entstanden sein, denn »als die Maya-Kultur auf mittelamerikanischem Boden zum ersten Male auftrat, geschah dies nicht in primitiver oder ursprünglicher Weise, sondern mit einer Kultur in ihrer Hochblüte, mit einer ausgeprägten Kunst, Architektur, Religion und einer Hieroglyphen-Schrift«.

Er führte auch Geologen wie Gregory, Scharff, Hill, Neumayr, Sueß und Termier an, um seine Theorie von einem Atlantis-Kontinent oder einer transatlantischen Landbrücke abzustützen, die verhältnismäßig lange existiert haben sollen — auf alle Fälle bis ins späte Pleistozän. Erwähnenswert erschien ihm in diesem Zusammenhang auch das seltsame Verhalten der Lemminge in Norwegen, die in großen Massen aufs Meer hinausschwimmen, als ob sie ein Land suchen, das es nicht mehr gibt, und die dann, ziellos geworden, herumtreiben, um schließlich zu ertrinken.

In nachfolgenden Büchern wie *Atlantis in Amerika, Die Geschichte von Atlantis* und *Das Problem Lemuria* baute Spence seine Theorien im Detail aus. Sie sind jedoch in keiner Weise so hieb- und stichfest, wie sie auf den ersten Blick erscheinen mögen. Sein kritischer Sinn nahm übrigens mit den Jahren ab, und zum Schluß veröffentlichte er Bücher wie *Wird Europa Atlantis folgen?* (1942), in dem er darlegte, daß Gott Atlantis um seiner Sünden willen untergehen ließ und daß mit Europa das gleiche geschehen werde, wenn es nicht zu einer Umkehr bereit sei.

Um jedoch auf Spences frühere und scharfsinnigere Periode zurückzukommen: da war viel von einer »Welt-Erfahrung, was die Existenz von transatlantischen Kontinenten betrifft« die Rede, »die aus dem Erinnerungsvermögen der Völker gespeist wird...« — »Wir haben es hier mit einem umfassenden Welt-Gedächtnis zu tun, und Platos Darstellung ist dabei nur ein Teilchen der noch vorhandenen Fragmente...« Die einzige Schwierigkeit bei solchen Begriffen wie »Welt-Erfahrung« oder »Erinnerungsvermögen der Völker« ist, daß es keinen Grund dafür gibt, anzunehmen, daß dergleichen existiert. Gedächtnis ist schlicht ein chemo-physikalischer Vorgang im Gehirn eines Lebewesens, und bis jetzt gibt es keine gesicherten Erkenntnisse darüber, daß Gedächtnisinhalte auf Keimzellen übertragen und somit tradiert werden können. Soll etwas im Gedächtnis von Völkern erhalten bleiben, muß dies mündlich oder schriftlich weitergegeben werden. Und mündliche Überlieferungen haben die Eigenschaft, innerhalb weniger Generationen bis zur Unkenntlichkeit verstümmelt zu werden.

Spences Ideen und wissenschaftliche Methoden erinnern etwas an die der Okkultisten: »Inspirative Methoden werden in der Tat die Methoden der Archäologie der Zukunft sein. Die ›Schule mit dem Maßband‹, schwerfällig und gläubig dem Unglaubwürdigen ergeben, ist zum Aussterben verdammt... Analogie ist das Instrument der Inspiration. Wenn es richtig gehandhabt wird, erbringt es außerordentliche Resultate... Der Tag wird kommen, an dem lediglich die Tatsache zählen wird, ungeachtet dessen, ob die Erkenntnis nun auf dem Wege der Inspiration oder Innenschau erzielt wurde. Und die Welt wird diese Tatsache anerkennen ...« Wie auch immer, die Wissenschaft gewann ihre Erkenntnisse mit jenen ›Maßband-Methoden‹, während jene, die Probleme, wie etwa Atlantis, mit ›Inspiration‹ und ›Innenschau‹ angingen, sich in Hunderte von widersprüchlichen Hypothesen verstrickten.

Spence verläßt sich auch sehr auf Mythen und Überlieferungen: »... jede Überlieferung beruht auf Tatsachen ... Wenn man sich mit Überlieferungen sorgfältig beschäftigt, sind sie von gleichem Wert wie etwas, das schwarz auf weiß vorliegt ... Es gibt keine Mythe, die nicht einen realen Gehalt hätte ...« Er hält Legenden als Berichte vergangener Erdveränderungen sogar für zuverlässiger als geologische Untersuchungen, wobei er außer acht läßt, daß nichts leichter ist, als eine Erzählung zu verändern, während Gestein durch die Jahrtausende hindurch nur ganz bestimmte gesetzmäßige Veränderungen erfahren hat.

Wenn wir uns einmal mit Spences Tatsachenbehauptungen beschäftigen, so werden wir rasch erkennen, daß sie weniger einleuchtend sind, als sie zunächst den Anschein haben. Zum einen: Cro-Magnon-Kultur-Überreste wurden in jüngster Zeit auch im Osten gefunden – in Palästina. Was die Behauptung anbelangt, die Kulturen Ägyptens, Yucatáns und Perus seien mit einem Male vorhanden gewesen, ohne vorherige primitive Kulturstufen, so hat die moderne archäologische Forschung ergeben, daß diese Kulturen sehr wohl auf einfachere Entwicklungsstufen zurückgehen. Das Werden der ägyptischen Kultur läßt sich zum Beispiel von den Merimda der jüngeren Steinzeit, die Tierhäute trugen, in Lehmhütten wohnten und auf primitive Weise ihre Äcker bestellten, bis hin zur hochzivilisierten IV. Dynastie rekonstruieren. Man kann sie vor seinem geistigen Auge vorüberziehen lassen, wie sie ihre Lehmtöpfe gegen Steingeschirr umtauschten, wie sie ihren Gefäßen Henkel verpaßten, wie sie lernten, ihr Geschirr in Brennöfen zu härten und schließlich in den frühen Dynastien die Töpferscheibe erfanden sowie die Glasbläserei.

Diese falschen Vorstellungen vom plötzlichen Auftreten von Kulturen entstehen, weil die Überbleibsel aus späteren Kulturphasen zahlreicher sind als die der frühen Perioden, weil die Menschen späterer Kulturstufen meistens größere und widerstandsfähigere Häuser und Gegenstände hatten als ihre Vorfahren und diese nicht so lange der Zerstörung durch Feuer, Termiten oder Vandalen ausgesetzt waren. Wenn man zum Beispiel versuchen würde, die historische Entwicklung der Ritterrüstungen allein nach der Sammlung des Metropolitan Museum of Art in New York zu rekonstruieren, könnte man zu dem Schluß kommen, daß die Ritterrüstung plötzlich in einer hochentwickelten Phase im 14. Jahrhundert in Gebrauch kam. Wie wir aber aus der Bildenden Kunst und aus historischen Überlieferungen wissen, wurden Ritterrüstungen bereits etliche Jahrhunderte vor 1300 hergestellt. Die frühen Stücke fielen jedoch dem Rost zum Opfer oder wurden in den Schmieden als Schrott weiterverarbeitet.

Ein anderer Grund ist, daß Leute, die archäologische Expeditionen finanzieren, eine verständliche Schwäche dafür haben, effektvolle Resultate zu erhalten. Daraus resultiert nicht selten die Neigung, sich auf hochentwickelte Kulturen zu beschränken und die primitiveren zu vernachlässigen.

Die von Spence zitierten Pro-Atlantis-Geologen forschten entweder vor 1900, und damit sind ihre Aussagen heute hoffnungslos veraltet, oder sie gehören einer Minorität an. Das Verhalten der norwegischen Lemminge wird von Spence nicht richtig interpretiert. Sie leiden durch Überpopulation an Nahrungsmangel, versuchen daher nach allen Richtungen hin auszubrechen, durchschwimmen Flüsse, und wenn sie ans Meer kommen, halten sie dieses für einen weiteren Fluß ... Die schwedischen Lemminge versuchen, die Ostsee zu durchschwimmen. Die Cro-Magnons hatten nicht, wie dies Spence behauptet, eine zivilisierte Kultur mit domestizierten Pferden und Kühen; sie hatten eine sehr primitive Kultur, ähnlich der der australischen Ureinwohner, und jagten wilde Milchtiere und Pferde. Der Federschmuck der Indianer wurde nicht von den Cro-Magnons über die Maya an die Indianer überliefert, sondern von den Sioux-Indianern ersonnen ... usw. Was die Verbindung zwischen der Osiris-Religion und König Artus anbelangt, so ist die legendäre Königsgestalt von einem solchen Dunstkreis von Nichtwissen und Spekulationen umgeben, daß ihn mit dem Osiris-Kult oder Atlantis in Verbindung zu bringen heißt, Unaufgeklärtes mit Unaufgeklärtem zu verbinden — *ignotus per ignotum.*

Auch auf dem Gebiet der Mythologie, wo Spence Experte zu sein vorgibt, sind manche seiner Erkenntnisse zweifelhaft. Um die Theorie eines Lemuria im Zentralpazifik zu untermauern, legt er großen Nachdruck auf polynesische Sintflut-Legenden, obgleich sein Mythographen-Kollege Andersen feststellte, daß Sintflut-Legenden in Polynesien ausgesprochen selten sind. Spence führt das Beispiel einer Sage aus Hawaii an, in der von einer Arche die

Rede ist, in der Nuu, seine Frau und drei Söhne der Großen Flut entkamen. Dabei ist es Spence offensichtlich nicht aufgefallen, daß mit Nuu Noah gemeint ist und die Sage von christlichen Missionaren stammt.

Soviel von den führenden Atlantisten, den okkulten wie weltlichen, und ihren Doktrinen. Ich habe einige wenige Fehler in ihren Lehren aufgezeigt, doch es gibt eine Menge von Themen, die im Atlantismus immer und immmer wieder hochkommen – als da sind das Auftauchen und Verschwinden von Kontinenten, die Herkunft der Maya, das Wesen der Mythen, die Verwandtschaft von Sprachen – man kann sich einfach nicht so rasch davon lösen. Was sagt die Wissenschaft nun wirklich aus über diese und damit in Zusammenhang stehende Themen? Gemach. Nichts ist leichter, als damit zu operieren, ›wissenschaftliche Meinung‹ sei hierzu so oder so. Gerade die Atlantisten haben dies ja überstrapaziert, und nur zu oft stellte sich heraus, daß ›die wissenschaftliche Meinung‹ zu einem bestimmten Thema ganz anders war. Mitunter äußerte auch ein Wissenschaftler zu dem Komplex eine Meinung, die sich dann als nicht haltbar erwies.

Beginnen wir damit, daß wir Platos Darstellung nicht als die schlichte Wahrheit hinnehmen. Wer glaubt schon an die Romanze von Poseidon und Kleito? Schön und gut. Da gibt es Atlantisten, die in Poseidon nichts weiter als einen sterblichen König von Atlantis sehen. Aber Poseidon ist schließlich nicht bloß eine Figur in Platos Figurenarsenal, sondern auch einer der Hauptgötter des griechischen Pantheon. Wenn man seine Verbindung mit Kleito säkularisiert, so sollte man dies logischerweise auch mit den anderen Mythen tun, die sich um seine Gestalt ranken; so mit der, die seine Auseinandersetzung mit Odysseus zum Thema hat, oder die, in der er – mit Hilfe eines Dreizacks – eine Quelle aus einem Felsblock der Akropolis in Athen schlägt.

Zudem gibt es keinerlei Berichte von Platos prähistorischem attischen Reich. Wenn dieser mächtige Staat existiert hätte, dann wären Überreste wohl kaum in einem Land übersehen worden, das so sorgfältig von Archäologen durchkämmt wurde wie Griechenland. Zugegeben, Griechenland weist prähistorische Ruinen – wie Mykenä und Tiryns – auf, aber diese »Zyklopen«-Gebilde gehören der Periode an, die unmittelbar dem Fall von Kreta folgte, grob gerechnet zwischen 1400 und 1000 v. Chr.

Die Atlantisten führen als Argument auch an, daß viele Inschriften in Sprachen der Alten Welt in Amerika gefunden wurden, und weisen darauf hin, daß »phönizische Inschriften« in Brasilien Atlantis erwähnen. Der Anspruch, daß es »phönizische Inschriften« seien, erweist sich immer wieder aufs neue als nicht haltbar. Die Kritzeleien von Dighton Rock in Massachusetts wurden den Phöniziern, Druiden, Persern, Trojanern, Hebräern, Libyern, Römern, Walisern, Chinesen und Atlantiern zugeschrieben. Bis Prof. E. B. Delabarre im Scheinwerferlicht und vor den Kameras unter von Indianern und Campern Eingeritztem den Namen von Miguel Corte-Real freilegte, einem portugiesischen Entdecker, der im Jahre 1502 nach Neufundland segelte und niemals zurückkehrte. Der Grave Creek Mound Stone von West-Virginia wurde als etruskischen, phönizischen, altenglischen, keltiberischen und griechischen Ursprungs und als Runenmal identifiziert. 1930 schrieb Andrew Price, Präsident der West-Virginia-Historical-Society, in einem Artikel, daß die Inschrift laute: »Bill Stump, 14. Oktober 1828«, ein Jux, der von einem Vorfall in Dikkens' *Pickwickier* inspiriert wurde.

Was die südamerikanischen in Fels geritzten Bildwerke betrifft, in welchen Braghine, Frot und andere Forscher phönizische, hebräische und Schriftzeichen anderer Völker der Alten sehen wollten, so sind diese zumeist ungelenke Bilddarstellungen von Mensch und Tier, die die Indianer hergestellt haben, und zwar als magische Beschwörungen oder einfach aus Freude an der Darstellung. Wir wissen dies, da sie das heute noch tun.

Die Atlantisten halten viel von linguistischen Argumenten, mit denen bewiesen werden soll, daß zwischen den Maya oder anderen Völkern der Neuen und Rassen der Alten Welt enge Bande bestanden haben. Mit dieser Methode soll auch bewiesen werden, daß die verlorenen zehn Stämme Israels die Iren, die Azteken oder die Burmesen sind. Bei Sprachvergleichen finden sie in zwei Sprachen ein Wort mit ähnlichem Klang und ähnlicher Bedeutung. Auf diese Weise haben sie ›bewiesen‹, daß Aztekisch indoeuropäisch ist, daß das Chinesisch mit dem Ägyptischen, das Algonkin mit dem Lateinischen, Kisché mit der Berbersprache und karibische Sprachgruppen mit dem Hebräischen – kurzum, jede Sprache mit jeder verwandt ist.

In einem Punkt sind sie es ganz bestimmt, sie haben ihren Ursprung in denselben Grunzlauten des pliozänen Affenmenschen. Doch wenn wir davon sprechen, daß Sprachen miteinander »verwandt« seien, meinen wir, daß sie erst vor so kurzer Zeit in verschiedene Sprachgruppen zerfielen, daß sie noch ziemliche Ähnlichkeiten untereinander aufweisen, was bei den obengenannten Beispielen nicht der Fall ist.

Wie Sie sehen, ist die wissenschaftliche Untersuchung von linguistischen Übereinstimmungen sehr kompliziert, und das Herausfinden ähnlich lautender und in der Bedeutung gleicher Wörter reicht nicht aus. Nach den Gesetzen des Zufalls werden sich immer einige Wortähnlichkeiten in den einzelnen Sprachen, ob sie nun verwandt sind oder nicht, nachweisen lassen. *Zehn* heißt auf Französisch *dix,* bei den Hottentotten *disi.* Durchsuchen, erforschen lautet auf Englisch *examine* und in Tuareg *eggamen* usw. Der Grund für solche Pseudo-Übereinstimmungen ist, daß die meisten Sprachen nicht mehr als zwischen zwanzig und fünfzig Phoneme haben (ein Phonem ist die kleinste sprachliche Einheit, die wortunterscheidend ist) und zumindest einige tausend Wörter, so daß einige Übereinstimmungen ganz unvermeidlich sind.

Um wirkliche linguistische Verwandtschaften aufzuspüren, kann man nicht bloß einzelne Wörter herauspicken, sondern muß sie klassifizieren, sie in Zahlen, Farben, verwandtschaftliche Beziehungen wie »Vater«, »Mutter« usw., in Körperteile, natürliche Kategorien wie etwa »Wasser« einteilen. Lassen sie uns hierzu ein kleines Experiment machen, um die Behauptung der Atlantisten, die Maya-Sprache sei griechischen und hebräischen Ursprungs, einmal etwas mehr unter die Lupe zu nehmen. Nachfolgend also das Schriftbild der ersten zehn Zahlen aus verschieden Sprachen der Neuen und Alten Welt:

Deutsch	*Griechisch*	*Hebräisch*	*Chinesisch*	*Japanisch*	*Maya*	*Otomi*
eins	hen	’echadh	i (oder yi)	hitotsu	hun	da
zwei	dyo	shĕnayim	er	futatsu	ca	yojo
drei	tria	shĕlōshāh	san	mitsu	ox	tiu
vier	tettara	’arbā‘āh	sz	yotsu	can	coojo
fünf	pente	chămishshāh	u (oder wu)	itsutsu	ho	guitta
sechs	hex	shishshāh	lu (oder liu)	mutsu	uac	dato
sieben	hepta	shibĕ‘āh	tsi (oder chi)	nanatsu	uuc	yoto
acht	oktō	shĕmonēh	ba	yatsu	uaxac	giato
neun	ennea	tish‘āh	giu	kokonotsu	bolon	guito
zehn	deka	esārāh	shï	tō	lahun	detdta

Deutsch und Griechisch sind offensichtlich miteinander verwandt. Aber kein anderes Sprachenpaar der Tabelle zeigt irgendeine auffallende Ähnlichkeit. Dies stellt selbstverständlich keinen schlüssigen ›Beweis‹ dar, bietet aber doch ein Beispiel dafür, daß die fraglichen Sprachen einander nicht so gleich sind, wie dies die Atlantisten oft behaupten. Eine sorgfältige Analyse linguistischer Bezüge bedarf einer längeren Liste von Vergleichswörtern, ferner einer Lautuntersuchung und einer Flektions- sowie Syntax-Analyse.

Wenn man die Sprachen der Amerinden auf diese Weise untersucht, findet man heraus, daß Eskimo mit den ostsibirischen Sprachen geringfügig verwandt ist, was aber nur natürlich ist. Andererseits sind die Sprachen der Amerinden untereinander sehr verschieden, und es läßt sich keine klare Beziehung zu den Sprachen der Alten Welt nachweisen. Manche von ihnen weisen grammatikalische Merkmale auf, die an ural-altaische Sprachen, wie etwa das Türkische, erinnern (diese Sprachen hatten ihren Ursprung in Zentralasien), die meisten besitzen jedoch ebenso eigentümliche wie einzigartige Charakteristika. Zum Beispiel unterscheiden einige, wie das Nootka, nicht zwischen Substantiven und Verben. Alles, was sich daraus folgern ließe, wäre, daß die Amerinden von der Alten Welt seit Tausenden von Jahren getrennt leben und daß sie sich im Lauf der Zeit in kleine isolierte Gruppen von Jägern und Nahrungsammlern aufteilten.

Dies ficht jedoch die Atlantisten nicht an, die jegliche Wortähnlichkeiten nützen, um ihrer Sache zu dienen. Mit ihren Methoden könnte ich zum Beispiel beweisen, daß die Amerinden die Nachfahren von griechischen Kolonisten sind; ich könnte die Behauptung aufstellen, daß die Croatan-Indianer aus Crotona in Italien stammen, die Cherokees aus Kerkyra, die Chilkats aus Chalkis, die Mandans aus Matinea und die Alëuten von Eleusis. Warum nicht?

5

DAS GEHEIMNIS DER MAYA

... uralte Hieroglyphen,
von Weisen und Astrologen ersonnen,
die damals auf Erden lebten.
Gewonnen aus der Rückschau in die Jahrhunderte:
geblieben ist, was wir auf steinernen Überresten
oder marmornen Tafeln finden.
Der Weisheit Sinn ist längst entflohn.

KEATS

Als die Spanier Amerikas Küsten im frühen 16. Jahrhundert erreichten, fanden sie etliche recht hochentwickelte Kulturen vor. Die herausragendste unter ihnen war die der Maya von Yucatán. Nur die Maya besaßen unter der Urbevölkerung der Neuen Welt ein wirklich ausgeprägtes Schriftsystem. Die Aztekten in Mexiko verfügten über ein primitiveres System der Bilderschrift, und die Inka in Peru besaßen das *quipu,* Kordeln, die geknotet wurden, wobei die Knoten als Gedächtnisstütze dienten.

Nachdem Landas Abhandlung über die Maya verschollen war, gerieten auch die Maya bei den Europäern, zumindest für zwei Jahrhunderte, in Vergessenheit, zum Teil wegen der Unzugänglichkeit ihres Landes, das über keinen Hafen verfügte, zum Teil deshalb, weil die Eroberung des Aztekenreiches durch Fernando Cortez bekannt wurde. Viele aztekische Bilderschriftmanuskripte überlebten die Bücherverbrennungen der Missionare. Und Geschichtsschreiber wie der Hispano-Azteke Fernando de Alva Ixtlilxochitl verfaßten Berichte über aztekische Kultur und Geschichte. Die meisten davon wurden jedoch in spanischen Archiven begraben, ohne jemals publiziert zu werden. Es gibt auch einige wenig bekannte Beschreibungen in spanischer Sprache über die Maya-Ruinen bei Palenque. Insgesamt jedoch wurden die mittelamerikanischen Maya-Ruinen so gründlich vergessen, daß der schottische Geschichtsschreiber des 18. Jahrhunderts, Robertson, keinem Volk der Neuen Welt den Rang zusprechen mochte, der es ihm erlaubt hätte, »sich mit denjenigen Völkern zu messen, die man als kultiviert bezeichnen kann«. Er bestand darauf, daß die *conquistadores*, die von indianischen Städten und Palästen schrieben, Lügenmärchen erzählt hätten.

Geht man in die Geschichte so mancher Wissenschaftszweige zurück, wird man des öfteren finden, daß am Beginn die mühsame Amateurarbeit eines Franzosen stand, der seine Theorien veröffentlichte, die – obgleich ziemlich abenteuerlich – das Interesse seriöser Wissenschaftler fanden, womit die Grundlage für ernsthafte wissenschaftliche Forschung gelegt war. Du Chaillu leistete diese Vorarbeiten für die Geschichte der Wikinger. Ähnlich geschah die Wiederentdeckung der Maya durch den Einzelgänger Jean Frédéric, Comte de Waldeck (1766–1875), Soldat, Künstler, Forscher, Höfling, Revolutionär und Archäologe.

Waldeck begann seine abenteuerliche Laufbahn, als er im Alter von neunzehn Jahren mit der Expedition von Le Vaillant ins Innere von Afrika ging. Danach beteiligte er sich an der Französischen Revolution und wurde später Soldat und Marineoffizier unter Napoleon. Bei spanischen und lateinamerikanischen Aufständen spielte er eine aktive Rolle. Der Anblick von Maya-Ruinen in Guatemala im Jahre 1821 ließ seine Fantasie nicht mehr los. Auf dem Rückweg nach London illustrierte er das erste moderne Buch über die Maya.

Dieses Buch erregte die Aufmerksamkeit von Lord Kingsborough, dem Vertreter der jüdisch-indianischen Theorie, der Waldeck eine Anstellung als Bergwerksingenieur verschaffte und ihn mit dem Auftrag, amerikanische Altertümer zu zeichnen und nach Spuren der verlorenen zehn Stämme zu suchen, zurück nach Mittelamerika sandte. Man hätte meinen können, Waldeck (bereits in den Sechzigern) hätte so viel erlebt gehabt, daß es für drei Männer ausgereicht hätte. Aber er ließ es noch keineswegs langsamer angehen.

Während der nächsten zehn Jahre kletterte er über dschungelüberwachsene Ruinen und zeichnete sie, wie sie seinen Vorstellungen nach ausgesehen hatten. Seine wunderschönen Zeichnungen waren leider »eine seltsame Mischung aus Ungenauigkeit, nicht zu rechtfertigender Restaurierung, Überspanntheit und Übertreibung«. Nicht genug damit, daß er seine junge mexikanische Geliebte hüllenlos auf vielen seiner Bilder verewigte, er brachte darauf auch Dinge unter, die allein seiner Fantasie entsprangen, so die Statuen von vier Männern mit Haarschmuck im phönizischen Stil, die die Vorderfront des Magiertempels in Uxmal tragen.

Obwohl Waldeck der kritische Sinn nicht in die Wiege gelegt worden war, brachte ihm sein erstes Buch *Voyage pittoresque et archéologique dans la province de Yucatan* (1838) eine Medaille und eine Rente des französischen Staates ein. Mit vierundachtzig Jahren heiratete er ein siebzehnjähriges Mädchen, das ihm einen Sohn gebar, mit hundert veröffentlichte er sein zweites Buch. Er fiel mit 109 Jahren tot um, als er auf einem der Boulevards von Paris einem hübschen jungen Mädchen nachsah.

Die *Voyage pittoresque*, die wenig bleibenden Wert besaß, erweckte dennoch das Interesse von John Lloyd Stephens, einem erfolgreichen amerikanischen Anwalt und Globetrotter, der ausgedehnte Reisen nach Europa und dem Nahen Osten unternommen hatte. Dem begeisterten Stephens gelang es, in diplomatischer Mission nach Mittelamerika entsandt zu werden. Er brach mit seinem Freund Frederick Catherwood auf, um diese Mission zu Forschungen zu nutzen. Catherwood, ein englischer Maler, hatte bereits als Türke verkleidet Moslemländer bereist, um die Altertümer Ägyptens und des Heiligen Landes zu zeichnen. Zu jener Zeit, 1839, war er Eigentümer einer New Yorker Sammlung von Panorama-Ansichten, die er nach Skizzen von seinen Reisen gezeichnet hatte.

Dieses Paar unternahm zwei Forschungsreisen zu den Maya-Städten und gab gemeinsam zwei Bücher heraus, *Incidents of Travel in Central America* und *Incidents of Travel in Yucatán*, echte Pionierarbeiten der Maya-Kunde. In einer Zeit, da gelehrte Zirkel noch daran herumrätselten, ob die amerikanischen Kulturen ägyptischen, hebräischen, römischen, nordischen, chinesischen oder welchen Ursprungs auch immer waren, verursachte Stephens so etwas wie eine Sensation, indem er erklärte, daß die Maya-Städte von denselben braunhäutigen, schlitzäugigen Menschen erbaut worden seien, die noch immer ihre Felder auf der eintönigen Ebene von Yucatán bestellten.

Andere Reisende und Wissenschaftler traten in die Fußstapfen von Stephens und Catherwood: Sir Alfred Maudslay fertigte für das Victoria-and-Albert-Museum Abdrücke von den Maya-Monomenten; Brasseur de Bourbourg fand die Kurzfassung von Landas *Relación* und versuchte — erfolglos — mit deren Hilfe die Maya-Schrift zu entziffern; Augustus Le Plongeon grub Maya-Ruinen aus und entwickelte seine fantastischen Ideen über den Untergang von Mu; 1880 gelang Förstemann in Deutschland und Goodman in Kalifornien unabhängig voneinander die Entschlüsselung des Zahlensystems der Maya.

Seitdem wurde Enormes an Arbeit über die Maya-Kultur geleistet, so daß man heutzutage über sie ziemlich gut Bescheid weiß – nicht so gut wie über das alte Ägypten vielleicht, aber dennoch besser als, sagen wir, über die geheimnisvolle vorarische Kultur Indiens.

Dennoch, eine ganze Reihe von Rätselhaftigkeiten (oder Pseudo-Rätselhaftigkeiten) bleiben. Da gibt es eine Menge von Dingen, die wir gern über die Maya wissen würden, doch es gelingt uns nicht, dahinterzukommen. Andererseits sind Dinge bekannt, die die Pseudowissenschaftler und Okkultisten am liebsten nicht wahrhaben wollen. Wer waren die Maya? Von woher kamen sie? Wie war ihre geschichtliche Entwicklung? Was ist das Geheimnis ihrer Schrift?

Beinahe jeder Anhänger des Atlantis-Kultes hat auf diese Fragen eine Antwort zu geben versucht. Bisweilen waren dies in der Tat bemerkenswerte Antworten. Vor noch nicht allzu langer Zeit veröffentlichte zum Beispiel R. B. Stacey-Judd ein umfängliches Buch *Atlantis, Mutter der Kaiserreiche, aus*gestattet mit verschwenderischen Illustrationen und überhaupt von fantastisch teurer Aufmachung. Das Buch diente dazu, die Maya zu idealisieren, ihre Leistungen überzubewerten und sie von Verfehlungen reinzuwaschen. Mit parteigängerischer Wärme verneinte er die Möglichkeit, daß dieses edle Volk, zumindest im Alten Reich, Kriege geführt und Menschenopfer dargebracht habe. Dummerweise belegen neuerliche Ausgrabungen zweifelsfrei, daß die Maya des Alten Reiches mit Begeisterung beidem nachgingen.

Was wissen wir also wirklich von den Maya?

Wenn man etwas über Menschen erfahren möchte, muß man sie sich zunächst einmal ansehen. Die Maya sind kurzgewachsene, kräftig gebaute Menschen mit kleinen Händen und Füßen, sehr bereiter Kopfform, auffallenden Backenknochen und kräftigem, glattem, schwarzem Haar. Ihre Gesichts- und Körperbehaarung ist spärlich. Bei den Neugeborenen tritt nicht selten der bläuliche »Mongolenfleck« an der Wirbelsäule auf, ebenso ist die »Mongolenfalte«, die den Augen einen mandelförmigen Zuschnitt verleiht, ein häufiges Merkmal. Wie viele Indianer Mexikos, weisen sie die Tendenz zu fliehenden Kinnen und Stirnen auf. Sie trugen Jade-Pflöcke in den Ohren, waren am ganzen Körper mit grüner

Farbe tätowiert und malten sich rot und schwarz an. Die Spanier hielten sie für die häßlichsten Menschen, die sie je gesehen hatten. Zweifellos ging es den Maya umgekehrt genauso. Menschen, die mit ihnen zusammenkamen, haben sie als freundlich, gutmütig, ehrlich, fleißig, stoisch gegenüber Schmerz und Entbehrungen und von durchschnittlicher Intelligenz beschrieben.

Offensichtlich sind die Maya ein weiterer Stamm der Amerinden, der sich physisch der mongoloiden oder gelben Rasse zuordnen läßt, obgleich die Hautfarbe — wie die vieler Amerinden — dunkler ist und ihre Nasen größer sind als die der mongoloiden Völkerschaften der Alten Welt, zum Beispiel der Chinesen. Spence bezeichnete sie als die »amerikanischen Cro-Magnon-Menschen«. Doch körperlich unterscheiden sie sich von der großgewachsenen Cro-Magnon-Rasse mit ihrer vorspringenden Mundpartie so sehr, wie dies nur eben möglich ist. Es gibt auch keinen Grund, ihre auffällig gebogenen Nasen in Verbindung mit dem armenischen Typ Vorderasiens zu bringen, wie dies Hooton und Gladwin versucht haben. Derartige Adlernasen besitzen zahlreiche Urstämme Amerikas, z. B. die Schwarzfuß-Indianer. Wäre eine Verwandtschaft mit der armenischen Rasse vorhanden, so wären doch wohl auch weitere armenische Charakteristika, wie etwa die vollen gelockten Bärte, die man an babylonischen Statuen sehen kann, weitervererbt worden.

Der nächste Schritt ist der, die Ohren aufzumachen. Die Maya-Sprache oder die dieser Sprachgruppe zugehörenden Sprachen werden in einem großen Teil von Yucatán und den Nachbarregionen gesprochen, vermischt mit Spanisch und anderen indianischen Dialekten. Die Familie der Maya-Sprachen umfaßt eine Gruppe typischer Sprachen der amerikanischen Ureinwohner, weist jedoch mit vielen Eingeborenendialekten Mittelamerikas nur geringe Ähnlichkeiten auf und überhaupt keine (Le Plongeon ist hier gegensätzlicher Meinung) mit anderen Sprachen dieser Erde. Maya ist in der Modulation einfach, mit einer Bevorzugung (ähnlich dem Englischen) von einsilbigen und homophonen Wörtern. Obgleich sie sich seit den Zeiten von Kolumbus etwas geändert haben mag, ist diese vitale Sprache noch immer die Hauptsprache in Yucatán mit eigenen Büchern und Zeitungen.

Wenn wir von Maya-Kultur oder -Zivilisation sprechen, meinen wir in Wirklichkeit zwei Kulturen: das sogenannte Alte Kaiserreich in Guatemala und das Neue Kaiserreich in Yucatán. Die Bezeichnung »Kaiserreich« ist in diesem Zusammenhang irreführrend, da es in Mittelamerika, soweit wir wissen, nichts gab, was dem straff zentralisierten Regierungsstil entsprochen hätte, der in dem Begriff »Kaiserreich« liegt. Cortez' Gegner, der Azteken-»Kaiser« Montezuma II., war kein Despot mit erblichen Machtansprüchen europäischen Zuschnitts, sondern ein gewählter Stammesfürst mit begrenzten Befugnissen, dessen Untertanen einen nicht sehr gefestigten Einfluß über einige ihrer Nachbarstämme erlangt hatten.

Das Alte Kaiserreich (oder wie immer wir es nennen wollen) entstand irgendwann zwischen 400 und 100 v. Chr. und hatte eine Blütezeit von ungefähr tausend Jahren. Dies wissen wir von Datumsangaben auf den Maya-Monumenten. Zwischen 700 und 1000 n. Chr. stellten die Maya von Guatemala das Errichten von Monumenten ein. Die meisten der Maya-Forscher nehmen an, daß sie zu dieser Zeit ihre Städte verließen. Einige wenige sind allerdings der Meinung, daß sie darin wohnen blieben. Viele Gründe wurden für dieses eventuelle Verlassen ins Auge gefaßt: Erdbeben, Seuchen, klimatische Veränderungen, Kriege, sozialer Verfall. Die überzeugendste Erklärung bieten Morley und einige andere an: daß das Landwirtschaftssystem der Maya die Saat des Niedergangs in sich trug.

Die Maya haben landwirtschaftliche Nutzung stets so betrieben, daß sie einige Morgen Dschungel rodeten und niederbrannten, um Mais mittels eines Setzholzes oder eines spitzen Stockes anzupflanzen. Dieses System garantiert für einige Jahre einen leichten Lebensunterhalt. Dann fällt das Ernteergebnis ziemlich ab und zwingt die Bauern, einen neuen Flecken kahlzuschlagen und niederzubrennen. Die alte Rodung indessen wird nicht sofort danach wieder zu Dschungel, sondern von kräftigem Gras überwuchert, mit dem die Maya, da sie Pflüge, Zugtiere und Grabwerkzeuge nicht kannten, nichts anzufangen wußten. So wurde die Umgebung ihrer Städte im Laufe der Jahre zu weiten Grasflächen. Es kam die Zeit, daß jeder Bauer zu seiner Parzelle einen solch weiten Weg zurücklegen mußte, daß das Leben in der Stadt für ihn nicht mehr praktisch war. Nun besteht ja die Möglichkeit, daß der Dschungel wieder vordringt und der Zyklus von vorn beginnen kann. Doch in der Zwischenzeit waren die Maya des Alten Reiches – vielleicht von ihren Priestern aufgestachelt, die davon überzeugt waren, daß sie die Götter gekränkt hatten – nach Norden gezogen, wo sie in Yucatán ganz neue Städte errichteten. Dieses Neue Reich, wie es genannt wird, florierte, als die Spanier im Jahre 1511 dort anlangten.

Das Alte Reich war eine ausschließlich jungsteinzeitliche Zivilisation. Es wurden bisher keine Hinweise auf das Vorhandensein von Metallgegenständen gefunden. Erst gegen Ende der Epoche tauchen diese auf. Sein Beginn kann nicht eindeutig datiert werden, da Kulturen nicht an einem einzigen Tag fertig aus dem Kasten springen. Das älteste Maya-Datum, darin stimmen die meisten Experten überein, ist das auf einem Monument, das den Namen *Stele 9* bekam und in Uaxactún gefunden wurde. Nach dem allgemein angenommenen Korrelationssystem von Maya-Zeitrechnungen entspräche das Datum auf der Stele dem Jahr 328 n. Chr. Vermeintlich frühere Daten sind die der Leydener Tafel (320 n. Chr.), der Tuxtla-Statuette (162 n. Chr.) und des La-Venta-Steines (31. v. Chr.). Es ist allerdings strittig, ob diese Jahreszahlen vom gleichen Basisdatum ab datieren wie die späteren Daten.

Dennoch, das Alte Reich reicht nicht mehrere Jahrtausende vor unsere Zeitrechnung zurück, wie es manche Atlantisten behaupten, wenn auch die Maya zuvor ihre Daten über Jahrhunderte hinweg in Holz geschnitzt haben mögen, bevor sie sie mühsam in Stein zu hauen lernten. Ähnliche Spekulationen hat es um die Felshöhlen von Arizona gegeben. Untersuchungen der Baumringe des Holzes, das beim Ausbau dieser Konstruktionen verwendet wurde, haben erbracht, daß sie nicht etwa 10 000 oder gar 20 000 Jahre v. Chr. erbaut wurden, sondern kurz nach dem Beginn der christlichen Ära, als die Maya-Zivilisation bereits bestand und Ägypten Tausende von Jahre alt war.

Die Kulturstufe, die von den Maya erreicht wurde, kann am besten mit der ägyptischen der I. Dynastie verglichen werden, also der Dynastie vor der Errichtung der Pyramiden. Nichts leichter, als die Leistungen der Maya in überschwenglicher Weise zu beurteilen. Dennoch: sie waren recht beachtlich, wenn man bedenkt, daß ihr Land wenig Mineralien besaß und es an Lasttieren fehlte.

Das Alte Reich war genausowenig wie die ägyptische Zivilisation mit einem Male da. Es entwickelte sich aus einer primitiveren Kulturstufe, die bisweilen als die Archaische oder Mittlere Kultur bezeichnet wird: ein Agrikultursystem, das keine schriftlichen Zeugnisse kennt, keine Städte und zivilisatorischen Gegenstände, das sich aber dennoch von den Jäger- und Nahrungssammlergemeinschaften ringsum abhob.

Von den anderen uramerikanischen Zivilisationen, der Anden- und der Mexiko-Zivilisation, nehmen die meisten Archäologen an, daß erstere ungefähr gleichaltrig mit der der Maya ist (mögen auch einige Jahrhunderte Differenz bestehen). Die mexikanischen Zivilisationen der Tolteken und Azteken sind jünger. Sie begannen um die Mitte des 1. Jahrhunderts n. Chr., vielleicht als Ergebnis der kulturellen Einflüsse, die von den Maya ausgingen.

Unter den weniger entwickelten Kulturen ist die »Wohnhaus-Kultur« der Pueblo-Indianer im Südwesten der USA ungefähr so alt wie die des Alten Reiches der Maya. Die Grabhügel-Kulturen von Ohio und der oberen Mississippitäler sind jünger als die mexikanischen Kulturen. Die Hügel waren noch in Benutzung, als die Weißen eintrafen. Tatsächlich enthalten einige von ihnen europäische Handelswaren. Um genau zu sein: es gab keine Rasse von »Grabhügel-Erbauern«. Einige Stämme errichteten Hügel aus den verschiedensten Gründen und zu den verschiedensten Zeiten. Professor Haebler war es, der zuerst – fälschlicherweise – feststellte, daß die Hügel aus grauer Vorzeit stammen müßten, denn sie seien von seßhaften Bauernvölkern angelegt worden. Dabei beachtete Professor Haebler nicht, daß die Indianer dieser Landstriche eben diese seßhaften Bauern waren, und brachte damit eine neue atlantische Idee auf: die der Grabhügel-Erbauer von Atlantis.

Kunst und Architektur der Maya waren sehr originell und wiesen bemerkenswerte Leistungen, aber noch verblüffendere Grenzen auf. In der Alten Welt haben die künstlerischen Methoden und Konzeptionen der verschiedenen Zivilisationen einander beeinflußt, so daß trotz regionaler Unterschiede von einer gemeinsamen Kunst der Alten Welt gesprochen werden kann. Die Maya-Kunst, die sich isoliert herausbildete, war den Einflüssen der Alten Welt nicht ausgesetzt, was sie für uns schwer verständlich macht. Waldecks Fehler war es denn auch, daß er sich nicht von gewissen Vorurteilen der Alten Welt freimachen konnte.

Die Maya-Architektur nahm, wie die ägyptische, ihren Anfang damit, daß Steinkonstruktionen in Nachbildung der existierenden Holzhäuser errichtet wurden. Maya-Architekten entwickelten einen Stil massiver Bauten, die feierlichen Anlässen dienten, und Häuptlingshäuser (die *polloi* lebten weiterhin in ihren strohgedeckten Hütten), die Stein- und Betonwände besaßen und verputzt waren. Die Wände waren so dick, daß im Innern wenig Raum blieb. Da die Maya niemals die Gesetzmäßigkeiten der Gewölbekonstruktion entdeckten, verwandten sie »falsche Bögen« und Kragsteindecken, d. h. sie ließen die Steine der unteren Lage jeweils überstehen, bis beide Seiten sich in der Höhe trafen. Zum Schluß krönten sie ihre Dächer mit Ornamentwänden, die als »Dach-Kämme« bezeichnet werden.

Ihre Ansiedlungen enthielten astronomische Observatorien, Ballspielplätze, auf welchen sie ein Zwischending zwischen Basketball und Fußball spielten, Tanz-Terrassen, Dampfbäder, Weihestätten, Aussichtstürme, Stadien, Stadtwälle, Straßendämme und Pyramiden, die im Umfang (nicht in der Höhe) den ägyptischen vergleichbar sind. Dennoch haben die Pyramiden der Maya und Azteken nichts mit den ägyptischen zu tun. Letztere wurden einige tausend Jahre zuvor errichtet und waren Grabstätten, während die Pyramiden der Neuen Welt als Tempel-Terrassen gedacht waren.

Die Maya stellten ihre Landwirtschaft auf Mais ab, zusammen mit einigen zweitrangigen Nahrungsmitteln wie Bohnen und Ananas. Sie hielten als Haustiere Hunde, Truthähne, Rotwild und Bienen. Im ganzen gesehen glichen die Amerinden ihren geringen Erfolg im Zähmen wilder Tiere damit aus, daß sie eine hochentwikkelte Ackerbauwirtschaft betrieben. Tatsächlich gelangen ihnen mehr Pflanzenzüchtungen als den Völkern der Alten Welt, wobei sie erstaunliche züchterische Fähigkeiten entwickelten. Z. B. ist der Mais ein Züchtungsergebnis, bei dem die Meinungen der Wissenschaftler noch immer auseinandergehen, von welcher Grassorte er abstammt. Die Indianer Südamerikas domestizierten ebenfalls eine Reihe von Pflanzen, wie etwa *oca*, das nie in anderen Teilen der Welt angepflanzt wurde.

Solange die Maya bei ihrem Mais-Anbau noch nicht die schon erwähnten Schwierigkeiten hatten, besaßen sie Zeit genug, um sich ihren Bauprojekten zu widmen, religiösen Zeremonien und dem Kunsthandwerk. Sie fertigten sogar Jadeschnitzereien an — Jade ist einer der härtesten Steine —, und dies ohne Metallwerkzeuge, indem sie Riedrohre und Schnüre zum Bohren und Schneiden benutzten. Sand diente als Schleif- und Wasser als Schmiermittel. Gold, Silber und Kupfer traten zu Beginn des Neuen Reiches auf, zuerst in Form von Schmuckstücken. Später lernten die Maya, Kupfermesser anzufertigen. Wie bei den Azteken, so schnitten ihre Priester aber weiterhin ihre Opfer mit Messern aus Obsidian auf, einem vulkanischen Glas. Die Götter sind eben in diesen Dingen konservativ. Das Wissen um die Kupferherstellung mag aus Nordperu gekommen sein. Die Andenvölker waren zur Zeit der Eroberungen über die simple Art des Hämmerns von Kupfer hinaus und vermochten Bronzegüsse herzustellen.

Im ganzen gesehen hinkten die Zivilisationen der Neuen Welt, was Technik betrifft, hinter denen der Alten Welt her. Wie die anderer Urvölker Amerikas lag die Begabung der Stämme Mittelamerikas im Künstlerischen und Religiösen, nicht aber in technologischen oder administrativen Bereichen. Innerhalb der Stämme wurde darauf geachtet, daß Missetäter zur Räson gebracht wurden, wobei eine formale Gesetzgebung ebenso fehlte wie Strafvollzugsorgane. Nur einige amerikanische Völkerschaften, wie etwa die Irokesen oder die Inka in Peru, zeigten Talent zum Regieren.

Diejenigen, die behaupten, die Maya hätten ihre Kultur von anderswoher bezogen, zum Beispiel von Atlantis oder Ägypten, führen Übereinstimmungen zwischen der Maya-Zivilisation und Zivilisationen der Alten Welt an. Die Argumente dafür konzentrieren sich jedoch nur auf Ähnlichkeiten und ignorieren Unterschiedlichkeiten, die so tiefgreifend sind, daß die Übereinstimmungen unbedeutend und zufällig erscheinen. Nachdem wir die Dinge erwähnt haben, die die Maya besaßen, lassen Sie uns daher diejenigen ins Auge fassen, die sie *nicht* hatten:

1. *Den Pflug.* Das einzige landwirtschaftliche Gerät, das die Maya besaßen, war der Pflanzenstock. Ein Loch in die Erde stechen, ein Samenkorn hineinlegen und das Loch wieder verschließen — das ist das ganze Pflanzsystem der Maya.
2. *Metallwerkzeuge.* Abgesehen vom Kupfermesser, das erst spät in ihrer Kultur auftaucht, kannten die Maya keinerlei Metallwerkzeuge. Sie kämpften mit Speeren, die steinerne Speerspitzen hatten, mit Steinschwertern und später mit Pfeil und Bogen.
3. *Das Rad.* Das Rad ist in der sumerischen Kultur ab 3000 v. Chr. bekannt. In der Neuen Welt gibt es keinen Hinweis darauf, daß mechanische Leistungen mit Hilfe des Rades bewältigt wurden. Bis auf einen Experten sind sich alle darin einig, daß die Maya auch die Töpferscheibe nicht kannten (Mercer ist hier gegensätzlicher Meinung). Einige Amerinden kannten die Spinnwirtel oder das Schwungrad, von einigen frühen Forschern fälschlicherweise als Räder bezeichnet. Seltsamerweise fertigten die

Azteken, Olmeken und andere halbzivilisierte mexikanische Indianer kleine Spielzeugtiere aus Ton an, die auf Tonrädern oder Rollen liefen. Es bleibt ein Geheimnis, warum sie diese Spielzeuge nicht in benutzbare beräderte Fahrzeuge umsetzten. Das Fehlen von Zugtieren und Straßen mag diese Tatsache erklären.

4. *Nahrungsmittelpflanzen der Alten Welt.* Im großen und ganzen hatten die Neue und die Alte Welt keine gemeinsamen Nährpflanzen. Nun erscheint es als unwahrscheinlich, daß wenn die Atlantier Mexiko sowohl wie Ägypten kolonisiert haben, sie Weizen nur nach Ägypten und Mais nur nach Mexiko gebracht haben sollten. Die wenigen Ausnahmen ändern im Grundsatz nichts daran. Die Kokosnußpalme und der Kürbis zum Beispiel treten in beiden Hemisphären auf. Da sie aber beide Samenkapseln besitzen, die auf dem Wasser schwimmen, könnte möglicherweise auch eine Ausbreitung durch die Ozeane erfolgt sein. In anderen Fällen, in denen gleichartige Pflanzen in beiden Hemisphären domestiziert wurden, wie die Feige, der Baumwollstrauch und die Erdbeere, handelt es sich um verschiedene Arten.
5. *Die epidemischen Krankheiten der Alten Welt.* Die Reisen von Kolumbus und seinen Nachfolgern brachten die Blattern, Malaria, Gelbfieber und die Masern von der Alten in die Neue Welt. Die Neue Welt wies keine gemeinsamen epidemischen Krankheiten auf. Syphillis, von der üblicherweise angenommen wird, daß es sich bei ihr um eine amerikanische Krankheit handelte, die durch Schiffe der Kolumbus-Armada nach Europa gebracht wurde, ist ein strittiger Fall. Doch dieser zählt insofern nicht, als man dabei strenggenommen nicht von einer *epidemischen* Krankheit sprechen kann. Diese Krankheiten benötigen zu ihrer Ausbreitung die dichte Besiedelung der Städte und Dörfer von Agrikulturgesellschaften. Da Jagd- und Nahrungssammlervölker zu verstreut leben, als daß Epidemien sich entwickeln könnten, müßten die gemeinsamen Ahnen der Völker der Neuen und der Alten Welt im Jagd- und Nahrungssuche-Zustand gewesen sein, als sie sich trennten.
6. *Haustiere der Alten Welt.* Die Amerinden besaßen keine Haustiere, die auch in der Alten Welt gehalten wurden – den Hund ausgenommen, dessen Zähmung in der Alten Welt auf die neolithischen Jagdkulturen zurückgeht. Wenn die Vorfahren der amerikanischen Völkerschaften das Pferd, Schwein oder die Küken gekannt hätten, bevor sie die Alte Welt verließen, hätte

es wohl keinen Grund gegeben, diese nicht mitzunehmen. Viele amerikanische Stämme übernahmen die Haustiere begierig, nachdem sie von den Europäern in die Neue Welt gebracht worden waren.

7. *Die Kalender der Alten Welt.* Der Maya-Kalender unterscheidet sich stark von den Kalendern der Alten Welt. Während letztere darauf basieren, daß ein Jahr zwölf Monate hat und jeder Monat 28 Tage oder einige mehr, geht der Maya-Kalender von 18 Monaten und 20 Tagen pro Monat aus.
8. *Das Schriftsystem der Alten Welt.* Donnelly und anderen zum Trotz: es existiert nicht die leiseste Ähnlichkeit zwischen der ägyptischen Hieroglyphenschrift oder irgendeinem anderen Schriftsystem der Alten Welt und dem Maya-Alphabet. Wenn auch das Maya-System auf Prinzipien aufgebaut ist ähnlich dem der Hieroglyphen – Zeichen und Sprache sind doch grundsätzlich voneinander verschieden. So konnte auch unser Wissen um das ägyptische Schriftsystem bei der Entzifferung der Maya-Sprache keine Hilfe sein.

Den Maya fehlte der Blasebalg, sie kannten die Glasherstellung nicht, nicht das Brennen von Ziegeln, keine Saiteninstrumente, nicht den echten Bogen und die Harke. Offenbar langten die Vorfahren der Maya an ihren neuen Heimstätten unbelastet vom Wissen um Nahrungsmittelpflanzen, Haustieren (außer dem Hund), die Kunst des Schreibens oder das Führen von Kalendern an – das heißt als Wilde im Zustand von Jagd- oder Nahrungssammlern.

Einige Atlantis-Verfechter argumentieren damit, daß die Maya gewöhnliche primitive Ureinwohner Amerikas gewesen seien und erst durch eine Bootsladung mit Flüchtlingen, die von Atlantis kamen, zivilisiert wurden. Im Lichte der Wissenschaft erscheint eine solche Zivilisierung als unwahrscheinlich. Die meisten Primitiven sind mißtrauisch und konservativ, sie weigern sich, fremde Einflüsse aufzunehmen. Wenn sie Fremden erlauben, sich bei ihnen niederzulassen, so ist der Preis dafür zumeist der, daß die Fremdlinge ihre Sitten und Gebräuche aufgeben. Tatsächlich müssen die Neuankömmlinge froh sein, wenn man sie nicht verspeist, wie es den ersten Spaniern, die in Yucatán anlangten, erging. So wurden die Wikinger in Grönland wohl von den Eskimos absorbiert, statt daß sie ihren Einfluß durchsetzten. Der spanische Priester Jeronimo de Aguilar, der von Cortez gefunden wurde, nachdem er acht Jahre unter den Maya gelebt hatte, hatte nicht nur keinen Einfluß auf die Eingeborenen ausgeübt, sondern hatte die spanische Sprache so gut wie verlernt. Wenn auch primitive Völkerschaften bisweilen Spuren von kulturellen Einflüssen aufnehmen, so unterwerfen sie sich im allgemeinen kulturellen Veränderungen durch höhere Kulturen nur in einem Prozeß des lang andauernden Kontaktes oder unter außergewöhnlichem Druck.

Um auf die Charakteristika der Maya-Zivilisation zurückzukommen: die Maya-Religion ähnelt in vielem anderen frühen polytheistischen Agrikultur-Religionen, mit einer Menge von »Fachgöttern« und einem sorgfältig geführten Beobachtungskalender. Unter ihren Hauptgöttern waren der Himmelsgott Itzamna und der Regengott Kukulkan. Kukulkan entsprach mit Kisché-Gott Kukumatz dem Quetzalcoatl der Azteken. Wie Quetzalcoatl, so hatte Kukulkan kultur-heroische Funktionen. Die Sage, daß er von Westen kam, führte einige Historiker zu der Annahme, daß er in Wirklichkeit ein mexikanischer Häuptling war, der Yucatán im Neuen Reich eroberte. In späteren Perioden des Neuen Reiches brachten die Mexikaner ihren Einfluß zur Geltung. Doch ob ein menschlicher Kukulkan sie dabei führte, kann wahrscheinlich niemals geklärt werden.

Quetzalcoatl-Kukulkan wurde unverhältnismäßig große Beachtung geschenkt, da die spanischen Mönche annahmen, daß es sich bei ihm um den Apostel Thomas gehandelt habe, der auf dem amerikanischen Kontinent umhergereist sei, um das Evangelium zu predigen. Sie benötigten eine solche Theorie, um die Existenz der Amerinden mit den Berichten des Neuen Testaments in Übereinstimmung zu bringen, die da lauteten, daß die Apostel bis ans Ende der Welt ausgesandt worden seien. Deshalb suchten sie in der Neuen Welt sorgfältig nach Apostelspuren. Als sie herausfanden, daß einige Stämme das Kreuz als Symbol verwendeten (allerdings für die vier Wind- oder Himmelsrichtungen), waren sie sicher, daß sie einen Hinweis auf christliches Wirken gefunden hatten.

Um die Eroberungen und Unterwerfungen zu rechtfertigen, erfanden die Mönche in Mexiko einen blonden Gott, der sein Volk zivilisiert habe und dann über das Meer entschwand, nicht ohne versprochen zu haben, eines Tages zurückzukehren. In Wahrheit jedoch wird Quetzalcoatl in den aztekischen Handschriften immer als schwarzhaarig und mit dunklem Gesicht beschrieben, es sei denn, er erscheine in der Maske des Windgottes Ehecatl. Es wurde auch angenommen – die Begründung hierfür ist sehr schwach

—, daß er ein Wikinger gewesen sei, der von den Vinland-Ansiedlungen nach Süden kam. In der Tat sind bei den Indianern Nord- und Mittelamerikas Mythen weit verbreitet, die von Helden sprechen, die über das Meer kamen und die des öfteren als »weiß« bezeichnet werden, womit wahrscheinlich ihre weiße Kleidung oder ihre weiße Bemalung gemeint war. Bei den Maya von Yucatán sind die weißen Fremdlinge die *Chanes*, die in schäbigen Booten beim heutigen Veracruz landeten, die Menschen handwerkliche Künste lehrten und Chichén Itzá gründeten.

Wir können sicher sein, daß diese vermeintlichen Zivilisatoren keine Wikinger waren, denn als die Wikinger ankamen, war diese Mythe bereits im Umlauf. Thorfinn Karlsevnis Mannen fingen sich einige Indianerjungen, die, als sie die nordische Sprache beherrschten, ihnen erzählten, daß sie wüßten, daß jenseits des Meeres ein Land läge, »wo die Menschen in weißen Kleidern einherwandeln, laute Schreie ausstoßen und Stöcke tragen, an denen Banner befestigt sind«. Mag sein, daß dies eine weitere Sage ohne historischen Hintergrund ist, wie etwa die Sagengruppe der Alten Welt um einen Bogenschützen (Wilhelm Tell, Egil, Palnatoki usw.), der von einem Tyrannen gezwungen wird, einen Gegenstand vom Kopfe seines Sohnes zu schießen.

Die düstere Religion der Maya war eng mit der Landwirtschaft verknüpft. Sie forderte eine große Zahl von Menschenopfern, wenn vielleicht auch nicht in den gräßlichen Dimensionen der Azteken, die allein zur Einweihung eines einzigen Tempels 20 000 Menschen hinschlachteten. Die Maya schlitzten wie die Azteken ihre Opfer auf und rissen ihnen die Herzen aus dem Leibe. Sie warfen Jungfrauen in geheiligte Brunnenschächte, töteten andere Opfer mit Pfeilen, häuften die Schädel auf riesigen Schädelstätten in der Nähe von Tempeln auf und verspeisten auserwählte Opfer anläßlich ihrer zeremoniellen Feste.

Die Maya-Religion stand ferner in engem Zusammenhang mit der Astrologie, einer reizvoll entwickelten Pseudowissenschaft, in der die Umlaufzeiten des Planeten Venus eine große Rolle spielten, und dem Maya-Kalender, der wiederum viel mit dem Zahlen- und Schriftsystem der Maya zu tun hatte. Da sich nie ein ›Stein von Rosette‹ zur Entzifferung des Schriftsystems der Maya fand, waren die Maya-Forscher auf mühsame Interpretationsversuche angewiesen und mußten das Risiko der damit verbundenen Irrtümer auf sich nehmen. Im Verlauf des vergangenen Jahrhunderts haben sie gelernt, die Zahlen und kalendarischen Zeichen zu deuten, ferner die Namen der meisten Götter und einige häufig verwendete Hauptwörter. Offensichtlich benutzten die Maya in ihren Aufzeichnungen keine Tätigkeitswörter.

Die geschriebene Maya-Sprache war in der Hauptsache ideographisch – das heißt, ein Wort wurde durch ein bestimmtes Bild dargestellt, wie in der chinesischen Schrift. Hinzu kamen einige phonetische Elemente, die zumeist für ganze Silben standen, wobei dieselben Schriftzeichen sowohl im phonetischen wie im ideographischen Sinne Verwendung gefunden haben können. In welchem Maße die Maya phonetische Elemente in ihren Texten verwendeten, ist noch eine Streitfrage. Ein solches Schriftsystem wäre ikonographisch zu nennen oder als Rebus-Schrift zu bezeichnen.

Ein Maya-Schriftzeichen enthielt normalerweise zwei oder drei dieser Bildelemente, die auf komplizierte Weise ineinander verschlungen waren. Übrigens differierten die Zeichen ziemlich. Das hing von den einzelnen Schreibern ab, aber auch davon, ob die Zeichen auf Papier aufgetragen oder in Stein gemeißelt waren. Zudem konnte ein Schriftzeichen zwei ganz verschiedene Formen haben: eine »normale« und eine »Kopfform«, die miteinander nur einige »Hauptelemente« gemeinsam hatten. Wenn die normale Form z. B. als Hauptelement drei Punkte hatte, würde die Kopf-Form einen dieser bizarren Köpfe im Profil aufweisen, die in der Maya-Kunst immer wieder auftauchen, und die drei Punkte wären auf der Wange oder dem Ohr angebracht. Es wurde vorausgesetzt, daß der Leser in der Lage war, die wesentlichen Elemente eines jeden Schriftzeichens herauszufinden. Bisweilen gebrauchten die Maya-Schreiber zusätzlich »Figuren-Formen«, bei denen der Kopf der »Kopf-Form« mit einem Körper ausgestattet war, und »Tier-Formen«, bei denen das Hauptelement mit dem Bild einer Schnake oder anderen Tieren kombiniert war. Alles in allem genommen hätten die Maya sich ihr System nicht kryptischer erdenken können, wenn sie es eigens darauf angelegt hätten.

Die Maya verwendeten bei ihren Zahlen wie die alten Gallier ein Vigesimalsystem (mit der Basis 20 statt 10). Sie verfügten über zwei Systeme, diese Zahlen niederzuschreiben. Das eine war ideographisch wie unser arabisches System mit den üblichen Kopf-Formen und anderen Schwierigkeiten, aber ohne dessen Stellenwertigkeit. So gab es eine Serie von Symbolen für die Zahlen von 0 bis 19 und eine andere Reihe für das Vielfache von 20, 400, 8000 usw. Bei der anderen Zahlenschreibweise der Maya wurden – wie bei unseren römischen Zahlen – einfache Grundelemente benutzt, die immer wieder vorkamen. Ein Punkt bedeutete 1, ein Querstrich 5. Bei diesem System war hingegen, wie bei unserem arabischen Zahlensystem, die Stellenwertigkeit von Bedeutung. Höhere Zahlen wurden dadurch zum Ausdruck gebracht, daß man die Grundelemente senkrecht aufeinander türmte, so wie wir sie waagrecht anordnen. Die Zahl 53 würde beispielsweise in diesem System folgendes Bild ergeben:

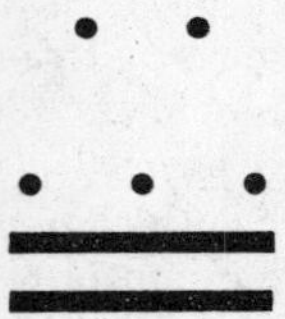

• •

• • •
▬▬▬
▬▬▬

Dreiundfünfzig ist $2 \times 20 + 13 \times 1$. An die erste Stelle, am Fuße der Pyramide (gleich der Dezimalstelle im arabischen Zahlensystem), setzten die Maya das Symbol für 13: zwei Querstriche und drei Punkte. Darüber kam an zweiter Stelle das Symbol für 2 – zwei Punkte. Die größte Leistung der Maya war, Symbole für die Null zu finden, und zwar einige Jahrhunderte *bevor* die Hindus sie entdeckten.

Viele von uns haben wahrscheinlich bereits etwas vom Maya-Kalender gehört, dessen System der Schaltjahr-Korrekturen genauer war als das des Julianischen Kalenders, der dem Gregorianischen Kalender vorausging. Die meisten schriftlichen Überlieferungen der Maya haben denn auch mit Daten zu tun. Diese zu bestimmen, war eine weitaus schwierigere Aufgabe für Menschen der Maya-Kulturstufe denn für uns, die wir alle möglichen modernen Hilfsmittel besitzen.

Während des Alten Reiches wandten die Maya ein kompliziertes System der Weitergabe von Daten an, die sie in ihre Monumente meißelten. Jedes Datum wurde nicht in einem kalendarischen System vermerkt, sondern in dreien. Sie fanden zunächst eine Periode von 260 Tagen heraus, für die der Maya-Name wahrscheinlich *tzolkin* lautete und die in kürzere Abschnitte aufgeteilt war. Dann hatten sie eine 365-Tage-Periode (*haab*), aufgeteilt in 18 Abschnitte von je 20 Tagen und fünf zusätzlichen Tagen, um so ungefähr an das Sonnenjahr heranzukommen.

Krönte zu Platos Zeiten wie ein Diadem eine triste Kleinstadt: die Akropolis von Athen.

Das unheimliche Gesicht der Ägäis: Erdbeben auf der Insel Thera (Juli 1956).

Sie existierten bereits zu Zeiten des Alten Maya-Reiches: die Höhlenwohnungen der Pueblo-Indianer (Mesta-Verde-Nationalpark, Colorado/USA).

Wollten die Maya ein bestimmtes Datum sowohl nach dem *haab-* als auch nach dem *tzolkin*-Kalender niederschreiben, so taten sie dies in einer Kombination, die sich nur einmal in 52 *haabs* wiederholte. Um dann sicherzugehen, daß darin kein Fehler enthalten war, schrieben sie das Datum noch in ihrem »Langzeit«-Kalender auf, einem System, das die Zahl der Tage verzeichnete, die seit 4 *ahau* 8 *cumhu* verstrichen waren, ein Datum, das nach unserem Kalender ungefähr um 3113 v. Chr. anzusetzen wäre. Atlantis-Verfechter ziehen daraus bisweilen den Schluß, daß der Maya-Kalender zu dieser Zeit in Gebrauch genommen worden sein muß, aber es ist viel wahrscheinlicher, daß 4 *ahau* 8 *cumhu* irgendein Ereignis in der Maya-Mythologie fixiert. Viele Kalendarien der Alten Welt beginnen mit mythologischen Daten, wie etwa der Kalender der orthodoxen Juden, der von 3761 v. Chr. an datiert ist, der Erschaffung der Welt, wie die orthodoxen Juden annehmen. Morley vermutet, daß der Maya-Kalender entweder von einem einzelnen oder einem Priester-Komitee erdacht wurde, und zwar irgendwann zwischen dem 4. und 3. Jahrhundert v. Chr.

Um die Dinge noch zu komplizieren, erfolgte die Aufzeichnung des »Langzeit«-Kalenders nicht in einem konsequenten, sondern in einem modifizierten Vigesimalsystem: 20 Tage waren ein *uinal*, 18 *uinals* ergaben ein *tun*, 20 *tuns* ergaben ein *katun*, und so fort, bis hin zu einer Berechnungsgrundlage von 2 880 000 Tagen. Es erübrigt sich, sich noch mit dem Mondkalender und anderen Kompliziertheiten zu beschäftigen.

Leider hörten die Maya mit dem Gebrauch des »Langzeit«-Kalenders einige Jahrhunderte vor Ankunft der Spanier auf. Wir können daher die Daten zueinander zwar exakt in Beziehung setzen, zumindest innerhalb der Zeitrechnung, in der der »Langzeit«-Kalender angewendet wurde, doch mit unserem kalendarischen System können wir die Zeitangaben nur überschlägig korrelieren. Indem sie die Astrologie der Maya, deren Geschichte, archäologische und andere Anhaltspunkte heranzogen, haben die Maya-Forscher einige Korrelationsmöglichkeiten zwischen den beiden Kalendern erarbeitet, nach denen Stele 9 von Uaxactún auf 203 v. Chr. ebenso wie auf 584 n. Chr. datiert wird. Drei dieser Korrelationssysteme, die von Goodman, Martinez Hernández und Thompson, weichen maximal nur fünf Tage voneinander ab und werden daher als ein System betrachtet. Das Goodman-Martinez-Thompson-System, nach dem Stele 9 auf 328 n. Chr. datiert wird, ist das am häufigsten akzeptierte.

Die auf uns gekommene Maya-Literatur besteht aus zahlreichen Tempelinschriften und solchen auf Monumenten sowie drei Originalbüchern der Maya. Hinzu kommen Aufzeichnungen in der Maya- und Kisché-Sprache, die das spanische Alphabet zur Grundlage haben. Die drei alten Kodizes sind sämtlich religiösen, kalendarischen oder astrologischen Inhalts. Der Dresdner Kodex stellt eine Prophezeiung dar, die 34 000 Jahre bis zum Weltuntergang umfaßt. Die Inschriften beinhalten ähnliches, obgleich einige von ihnen möglicherweise auch kurze Notizen zu historischen Ereignissen sind.

Die spanische Missionare in Yucatán fanden rasch eine Methode, ihr eigenes Alphabet auf die Eingeborenensprache zu übertragen, um ihre Gebete und Hymnen den neuen Gläubigen beibringen zu können. Den Indianern kam dieses System wesentlich leichter vor als ihr eigenes. Bald vergaßen sie dieses und schrieben in ihrer Sprache mit dem spanischen Alphabet. Sie zeichneten eine Reihe von Dorfchroniken auf, die sie vielleicht von altüberlieferten Texten abschrieben, bevor diese zerstört wurden, und die als die *Bücher von Chilan Balaam* (oder *Chilam Balam* oder *Balan,* je nach Dialekt) bekannt wurden, wovon ungefähr ein Dutzend auf uns gekommen ist. *Chilan Balaam* heißt wörtlich *Deuter Jaguar,* der Titel bestimmter Orakelpriester der heidnischen Priesterschaft, die zuständig war für historische Berichte, Prophezeiungen und ähnliches. Diese Bücher enthalten kurze Notizen von Landplagen, Stammesfehden, vom Tod von Häuptlingen usw., die in einer mehrdeutigen, geheimnisvollen Sprache abgefaßt sind. Das beste von ihnen, *Das Buch von Chilan Balaam des Dorfes Mani,* beginnt zum Beispiel so: »Dies ist die Anordnung der katuns, die die vier katuns während der Tutulxiu ihr Heim und das Land Nonoual im Westen von Zuiua verließen, und sie kamen auch vom Land und der Stadt Tula, nachdem sie sich darüber abgesprochen hatten.«

Außerdem schrieben die südwestlichen Nachbarn der Maya von Yucatán, die Kischés, ein Werk in romantisiertem Kisché, das *Popol Vuh,* das überwiegend mythologisch gehalten ist. Es erzählt von der Erschaffung der Welt durch den Windgott Hurakan und einer großen Fehde zwischen den Göttern Hun-Ahpu und Xbalanque auf der einen und dem Giganten Vukub-Kakix und seiner Familie auf der anderen Seite. Das vierte und letzte Buch des *Popol Vuh* ist dem mystischen Ahnherrn der Kischés gewidmet, mit Schlachtenverzeichnissen und Genealogien von Häuptlingen, die, wenn sie auch Bruchstücke von wahren Begebenheiten enthalten mögen, dennoch nicht mit den mageren historischen Informationen anderer Quellen übereinstimmen.

Die Maya besaßen offensichtlich eine historische Literatur, von der uns nichts erhalten geblieben ist, zumindest nicht in ihrer originalen Form. Andererseits scheint es durchaus möglich zu sein, daß ihre Geschichtsschreibung niemals über die Entwicklungsstufe jener Annalen hinausgelangte, wie sie von Mönchen in europäischen Klöstern während des frühen Mittelalters geführt wurden und die sich wie folgt lesen:

709. Harter Winter. Herzog Gottfried verstarb.
710. Hartes Jahr und schlechte Ernte.
712. Große Flut.

Besser als nichts, aber wohl kaum mit Herodot oder dem *Buch der Könige* zu vergleichen.

Wenn man jedoch die Darlegungen des *Buches von Chilan Balaam* und die Berichte der spanischen Gottesmänner zusammennimmt, bekommt man eine ganz gute Vorstellung der Maya-Geschichte des Neuen Reiches (historische Fakten über das Alte Reich gibt es, außer dem, was man von archäologischen Ergebnissen herleiten kann, nicht). Nachdem die Maya ihre neuen Städte in Yucatán ungefähr um 1000 n. Chr. herum erbaut hatten, beherrschte eine Vereinigung der drei stärksten Clans, der »Bund von Mayapan«, die Halbinsel. Diese Clans bestanden aus den Xiu oder Tutulxiu, den Cocom und den Chel. Um 1194 holte ein Cocom-Häuptling, Hunac Keel von Mayapan, Söldner aus Mexiko ins Land, um gegen Chac Xib Chac von Chichén Itzá, den Häuptling der Xius, Krieg zu führen und seinen Clan zum führenden des Landes zu machen. Daraufhin erhoben sich die Xiu unter Ah Xupan Xiu und zerstörten Mayapan. Dies hatte erbitterte Fehden zwischen den Clans zur Folge, bis die Spanier kamen. Der Invasion der Spanier waren Jahre der verschiedensten Heimsuchungen und Wetterkatastrophen vorausgegangen.

Die Spanier unterwarfen das Land mit Hilfe ihrer Schußwaffen und Pferde sowie aufgrund der Grausamkeiten, die sie an den Eingeborenen begingen, in kurzer Zeit. Dann erhoben sich die Maya, die sich, einmal gereizt, als ebenso schlaue wie grimmige Gegner erwiesen, und trieben die Spanier aus dem Land. Es sah so aus, als würde der alte Bund erneuert, aber der Haß, den die lang andauernde Fehde hervorgerufen hatte, erwies sich als stärker. Der Cocom-Häuptling lockte eine Gruppe von Xius, samt dem Sohn des Xiu-Häuptlings, unter Freundschaftsbeteuerungen nach Zotuta. Als die Männer im Gästehaus schliefen, ließ er Feuer an das Haus legen, und alle verbrannten. Dieser Akt löste einen schrecklichen Krieg zwischen den Xiu und Cocom aus. Als die Spanier 1537 zurückkehrten, liefen die Xiu zu ihnen über, ließen sich taufen und halfen ihnen, die anderen Stämme niederzuwerfen. 1541 vernichteten die Spanier zusammen mit den Tutulxiu die 70 000 Mann starke Cocom-Armee in einer letzten großen Schlacht.

Die Maya hatten keine Chance. Wären sie nicht von den Spaniern besiegt worden, hätten dies andere Völkerschaften getan. Aufgrund der Überlegenheit, die die Alte Welt mit ihren Waffen und ihrem technischen Wissen über die Neue Welt besaß, hätte jeder kleine, gut ausgerüstete und energisch geführte europäische Kriegshaufen jeden größeren amerikanischen Staat zerstören können, wie dies ja auch in Mexiko und Peru geschah. Die soziologische Struktur von Stammesgemeinschaften mit geringer Kommunikation untereinander, die zudem bisweilen miteinander verfeindet waren, machte es den Amerinden unmöglich, vereint und in großer Zahl gegen die Weiße Gefahr anzutreten. Da gab es immer einige, die zu den Weißen überliefen, um so mit ihren lokalen Feinden fertig zu werden, genauso wie viele griechische Stadtstaaten zu den einfallenden Persern übergingen, uneingedenk dessen, was ihr eigenes Schicksal sein würde, wenn die Fremden erst einmal die Macht erlangt hätten.

Zudem waren die mittelamerikanischen Völkerschaften zwar tapfer, besaßen aber keinerlei Kenntnis in Strategie, Taktik und Methoden der Unterwerfung und Ausbeutung. Sie trugen Kämpfe aus, um Gefangene zu machen, die sie ihren Göttern opfern konnten. Und nachdem jede Seite ihr Teil abbekommen hatte, begaben sie sich nach Hause zurück wie Gentlemen, bis die Zeit für eine neue Schlacht reif war.

Der Niedergang der Maya mag durch die düsteren Prophezeiungen ihrer Priester beschleunigt worden sein, z. B. diesen:

»Wenn die Sonne am hellsten scheinen wird,
dann wird das Auge des Häuptlings voll Tränen stehen.
Vier Zeitalter werden eingeritzt sein,
dann wird der Heilige Priester, der Heilige Gott erscheinen.
Mit Gram spreche ich von dem, was ich jetzt sehe.
Gebt auf die Straße acht, ihr, die ihr in Itzá wohnt.
Der Herr der Erde wird kommen.«

Absicht der Priester mag es gewesen sein, die Leute in einem Zustand der Furcht zu halten, um sie leichter unter Kontrolle zu haben. Das Ergebnis war jedoch, daß es, als die Spanier kamen, zwar Maya gab, die wie die Teufel kämpften, andere hingegen seufzten: »Das muß er sein!« und erwarteten in dumpfer Ergebenheit ihr Ende.

Die Maya wurden natürlich auch Gegenstand des Interesses von magischen und pseudowissenschaftlichen Kulten. Im Jahre 1930 gab Harold D. Emerson in Brooklyn eine Zeitschrift *The Mayan* heraus, die »spiritistischer Erleuchtung und wissenschaftlicher Religion« gewidmet war. Darin wurde eine Mischung aus Theosophie, Atlantismus, oberflächlichen Kenntnissen der Maya-Archäologie und allgemeinem Unsinn angeboten. Eine Gesellschaft, die sich »Die Maya« nannte, verschickte von San Antonio aus Briefkurse zur Erlernung des Okkultismus. Der Leiter dieser Gesellschaft gab an, die Einführung in transzendentale Mysterien durch einen Maya-Priester im Dschungel von Mittelamerika erfahren zu haben.

Die Geheimnisse der Maya entpuppen sich indessen bei näherer Prüfung als keineswegs mysteriös. Die Maya sind weder ein bißchen schwach im Kopf, noch sind sie Übermenschen, die von der Insel Atlantis stammen. Sie sind liebenswerte menschliche Wesen. Wenn einige ihrer alten Bräuche uns nicht gerade nachahmenswert erscheinen, so sollten wir daran denken, daß es uns mit manchen Gepflogenheiten unserer Vorfahren ebenso geht. Zweck dieses Kapitels war es, zu zeigen, daß wir, obgleich wir nicht allzuviel über die Maya wissen, doch aus dem, was uns bekannt ist, zusammenfassen können, daß es kein Geheimnis um sie gibt. Dieselben Faktoren, die beim Emporkommen unserer Zivilisation ausschlaggebend waren — Herausforderung und Annahme dieser Herausforderung, geniale Köpfe, die Selbstbeschleunigung des technischen Fortschritts —, bewirkten auch ihr Hinauswachsen über primitive Anfangsbedingungen.

Atlantis ist nicht mötig, um die Existenz der Maya zu erklären. Das, was über ihre Geschichte bekannt ist, paßt nicht in die Schemata untergegangener Kontinente der Donnellys und Spences. Sie traten nicht in unvorstellbarer Zeit auf, sondern um den Beginn des christlichen Zeitalters. Ihre Vorfahren können, bevor sie Mittelamerika erreichten, nicht bereits zivilisiert gewesen sein. Schließlich unterschieden sich die Maya rassisch, sprachlich und kulturell total von den Ägyptern und anderen mediterranen Völkern. Damit dürfte einer Theorie, nämlich der vom gemeinsamen Ursprung der Maya, Phönizier, Ägypter und anderer Mittelmeerkulturen, der Boden entzogen sein. Wenngleich die Existenz von Atlantis damit auch noch nicht endgültig widerlegt ist, so ist doch eine ihrer wesentlichsten Säulen gefallen.

6

WALISER UND ANDERE INDIANER

Über die paradiesischen Meere hin nach Mogador wir fuhren,
Vierzig singende Seeleute in einer alten schwarzen Barke.
Und im Zwielicht gingen wir an Land, wo Polyphemus nickt,
Und sein zerschlag'nes Mondauge rot und gelb durch die Nacht glüht!

NOYES*)

Vielfältig und merkwürdig waren die Theorien, die aufgestellt wurden, um die Herkunft der Amerinden zu erklären. Diese Theorien reichen von versunkenen Kontinenten über außergewöhnliche Reisen, erstaunliche Handelsunternehmungen bis hin zu den verblüffenden Leistungen der Bekehrung Primitiver zu einem zivilisierten Leben. Die jüdisch-indianische Theorie, die bereits erwähnt wurde, war da nicht die einzige. Joseph Smith, der Begründer des Mormonentums, veröffentlichte in seinem *Mormonenbuch* – ein langweiliges, albernes Pseudo-Bibel-Machwerk, von dem er angab, es von den Goldenen Tafeln abgeschrieben zu haben, die ihm der Engel Moroni zu Verfügung stellte – eine Variante dazu. Der Engel hatte zu diesem Zweck rücksichtsvollerweise zwei magische Brillen mitgliefert – Urim und Thummim –, durch die die Inschriften der Tafeln in Englisch sichtbar wurden.

Nach Smith segelten ein gewisser Jared und sein Bruder von der Alten Welt nach Amerika, und zwar in der Zeit, als es zur Sprachenverwirrung kam. Gott hatte freundlicherweise deren Schiffe mit künstlichem Licht ausgestattet. Ihre amerikanischen Nachkommen vermehrten sich auf mehrere Millionen, wurden aber – bis auf einen einsamen Überlebenden – alle in einem Krieg vernichtet, der mit einer großen Schlacht auf dem Hügel Cumorah im Staate New York endete.

Später wanderte ein gewisser Lehi auf Gottes Anordnung hin

*) Aus *Gesammelte Gedichte in einem Band* (1906, 1934) von Alfred Noyes.

von Jerusalem mit seiner Familie nach Amerika aus, und zwar zur Regierungszeit des Zedekia. Sie trafen zwar auf den letzten Jarediten, zogen aber keinen Nutzen aus dessen Erfahrungen, sondern begannen ebenfalls einen Krieg. In einem letzten Gefecht auf dem Hügel Cumorah wurden die Wertvollsten von ihnen hingemetzelt. Die Abkömmlinge der Überlebenden wurden die Vorfahren der amerikanischen Indianer. Zuvor hatte Christus die Nephiten, einen der rivalisierenden Clans, besucht, um sie zu bekehren, wobei er erklärt hatte, daß er auf dem Weg zu den verlorenen zehn Stämmen Israels sei, um ihnen zu predigen.

Die walisisch-indianische Theorie tauchte 1583 in einem propagandistischen Pamphlet von Sir Georg Peckham auf und abermals 1584 in Humphrey Lhoyds *Geschichte von Cambria, jetzt Wales genannt*. Sie wurde alsbald von anderen Autoren wie Hakluyt, Purchas und Raleigh aufgenommen. Die Engländer waren gerade dabei, imperialistische Gelüste hinsichtlich Amerikas zu verspüren, so daß ihnen jede Geschichte, die die frühere Entdeckung des Kontinents durch die Briten belegte, willkommen war.

Der Held der walisisch-indianischen Theorie, Prinz Madoc ab Owen Gwynnedd, scheint ein richtiger Waliser des 12. Jahrhunderts gewesen zu sein, ein erfahrener Segler und Fischer, wenn man den kurzen Erwähnungen in der bardischen und klösterlichen Literatur Glauben schenken will. Nach Lhoyd segelte Madoc, bekümmert über einen Krieg zwischen seinem Vater und seinen Brüdern, mit einigen hundert Getreuen über den Atlantik. Als er zurückkehrte, berichtete er, ein fruchtbares Land im Westen gefunden zu haben, wo er einige seiner Leute zurückließ. Er stellte weitere zehn Schiffsladungen mit Kolonisten zusammen und verschwand auf Nimmerwiedersehen. Verschiedene Versionen dieser Legende erzählen von Madocs Landung in Florida, Mexiko, Yucatán und sogar an der Westküste von Südamerika. Die Zahl seiner Schiffe erhöhte sich auf 18, die der Kolonisten auf 3000.

Eine Reiseerzählung, die 1704 unter dem Verfassernamen »Morgan Jones« herauskam, nahm sich abermals der walisischen Indianer an. Jones behauptete, ein walisischer Priester zu sein, der von den Tuscaroras 1660 gefangengenommen worden sei, als er sich auf der Port-Royal-Expedition in den wildesten Norden Amerikas befunden habe. Die Tuscaroras hätten ihn getötet, wenn er nicht in einem Indianer des Walisisch sprechenden Doeg-Stammes einen Fürsprecher gefunden hätte. Wäre ihm dies nicht geschehen, wäre nie bekanntgeworden, daß es Walisisch sprechende Indianer gab. Später wurde von einem Waliser namens Griffith berichtet, der 1764 von den Schanis aufgegriffen wurde, um einen Walisisch sprechenden Stamm zu besuchen. Die walisischen Indianer müssen wohl westwärts gezogen sein, als der Kontinent besser erforscht wurde, denn sie blieben unauffindbar. Jedesmal, wenn die Fabel in Vergessenheit zu geraten drohte, fand sich jemand, der sie aufs neue aufrührte. 1790 entsandten patriotische Waliser John Evans nach Nordamerika, der sich auf die Suche nach den walisischen Indianern machen sollte, um sie wieder zum Christentum zu bekehren.

Es gab eine Zeit, da wurden die Mandan, ein Stamm von Ackerbauern und Bison-Jägern, der am oberen Missouri lebte, mit den walisischen Indianern gleichgesetzt. Evans war dieser Meinung, ebenso der Maler George Carlin, der zu Beginn des 19. Jahrhunderts ein Buch publizierte, das den Titel *Amerikanische Indianer* trug. Darin wurde die Aufmerksamkeit auf die Fischerbooten ähnlichen Weidenboote der Mandan gelenkt und auf andere Eigentümlichkeiten ihrer Kultur. Die Mandan boten sich geradezu an für diese Theorie, da sie ein freundliches Volk waren, mit einer etwas höheren Kultur als die ihrer Nachbarn und einer etwas helleren Hautfarbe. Niemand weiß indessen, ob das letztere Faktum einfach einer Pigment-Variante (einige Eingeborenen-Stämme waren dunkler als die anderen) oder dem seit einem Jahrhundert bestehenden Kontakt mit Weißen zu danken war, in welcher Zeit ihre Frauen die Gastfreundschaft auf die Spitze getrieben haben könnten. Holand, der Mann des Kensington-Runen-Steines, nimmt an, daß sie Kultur und Hautfarbe von den Überlebenden einer Gruppe von Skandinaviern bezogen, die im 14. Jahrhundert zu den Großen Seen kamen und, nicht in der Lage zurückzukehren, zu Wilden wurden.

Wie dem auch sei, die armen Mandan wurden beinahe durch eine Blatternepidemie im Jahre 1837 ausgelöscht. Die, die am Leben blieben, wurden von anderen Stämmen absorbiert. Danach begann die Suche nach den walisischen Indianern aufs neue. Brigham Young suchte sie noch 1854 in den Wüsten im Westen. Im allgemeinen wird die Ankündigung, sie gefunden zu haben, damit begründet, daß ein bestimmter Stamm – die Kariben, Mandan oder wer auch immer – walisische Wörter benutzen. Nach letzten Berichten hat Robert Pritchard of Invermere die Kutenai, die in Kolumbien leben, als walisische Indianer identifiziert. Es wurde festgestellt, daß sie das walisische Wort für »Kuh« benutzen. Die walisischen Indianer, so scheint es, sind bis ans Ende der Welt vertrieben worden, zuletzt mögen sie über die Eisflächen Alaskas nordwärts gestapft sein.

Als ob es mit den jüdischen Indianern, den Mormonen-, walisischen und Wikinger-Indianern nicht genug sei, haben auch noch polynesische Indianer eine Rolle in der Bevölkerungstheorie der Neuen Welt gespielt. Zu Anfang des 19. Jahrhunddrts stellte Ellis die Behauptung auf, daß die polynesischen Inseln von Peru aus besiedelt wurden. 1830 hielt Dr. John D. Lang aus Sydney in Australien dagegen, daß die alten Peruaner keine Seefahrer gewesen seien und daß diese Behauptung deshalb nicht aufrechtzuerhalten sei. Die Kolonisation müsse über den Pazifik von Polynesien aus geschehen sein.

Im Atlantismus und auf der Suche nach der Herkunft der Amerinden stößt man allenthalben auf derlei Argumentationen. Die und die besaßen keine navigatorischen Kenntnisse, deshalb konnten sie nicht zu Wasser an einen bestimmten Ort gelangt sein. Oder: Sie konnten diese und jene Konstruktion nicht ausgeführt haben, da sie dazu zu primitiv waren, usw. Spence zum Beispiel, der einen untergegangenen Kontinent im Pazifik etabliert sehen wollte, suchte darzulegen, daß die Melanesier ihre Insel zu Fuß erreicht haben müssen, da sie des Seefahrens unkundig waren. Zum ersten gehen die Autoren solcher Werke oft von falschen Tatsachen aus (einige melanesische Stämme sind beinahe so hervorragende Segler wie die Polynesier), zum zweiten ändern Menschen bisweilen ihre Lebensgewohnheiten. So ließen sich die Bewohner der Osterinseln, die ursprünglich wie die Polynesier Seefahrer waren, auf einer baumlosen Insel nieder, die kein Material für den Schiffsbau bot. Das Ergebnis war, daß sie, als ihre Boote zu Bruch gingen, auf der Insel festsaßen.

Die polynesisch-indianische Theorie, die unter französischen Anthropologen aufkam, ist nicht so töricht wie einige der anderen Thesen zur Abstammung der Amerinden. Die Polynesier, eine ausgeprägte Rasse mit zu ungefähr gleichen Teilen kaukasischen, mongoloiden und negroiden Zügen – eine Art Mischwesen der menschlichen Rassen –, gleichen einigen Stämmen der Amerinden. Diese Tatsache hat über ein Jahrhundert lang leidenschaftlich jene bewegt, die der Meinung waren, die Polynesier hätten die Inka beeinflußt, ebenso jene, die die Ansicht vertraten, die Andenbewohner hätten auf die Polynesier Einfluß ausgeübt, und jene, die jeglichen Kontakt zwischen beiden Völkerschaften bestritten. Sechs wackere Skandinavier segelten 1947 unter Thor Heyerdahl mit einem Floß aus Balsaholz von Callao in Peru rund 7000 Kilometer nach dem Tuamotu-Archipel, um zu ›beweisen‹, daß edle Nordländer ungefähr um 500 n. Chr. von Peru aus Polynesien besiedelten. Heyerdahl gab keine Erklärung dafür, wie ihre Floße nach Peru zurückkehrten – gegen Wind und Strömung. Aufzuzeigen, daß etwas so geschehen sein könnte, heißt noch lange nicht, daß es auch tatsächlich so geschah.

Zieht man die rassischen und sprachlichen Unterschiede in Betracht, so scheint es nicht gerechtfertigt, anzunehmen, die Polynesier seien mit den Inka verwandt. Die mündlichen Überlieferungen der Polynesier berichten – und dies wurde bis zu einem gewissen Grade von der Archäologie erhärtet –, daß sie innerhalb der letzten tausend Jahre von Indonesien herüberkamen (bisweilen wird auch Java erwähnt), wobei die Osterinseln ungefähr um 1300 n. Chr. erreicht wurden. Sie können also schwerlich die Anden-Kultur begründet haben, die einige Jahrhunderte früher ihren Anfang nahm.

Dennoch ist der Raum für Spekulationen groß, ob es nicht gelegentliche Kontakte zwischen beiden Völkern gab, sei es mittels polynesischer Kanus, die bis Peru gepaddelt, sei es durch peruanische Balsaflöße, die zu den Inseln getragen wurden. Selbst einige konservative Archäologen scheinen der Meinung zuzuneigen, daß es Beziehungen gab, da die Überlieferungen der Amerinden von Besuchern, die über den westlichen Ozean kamen, erzählen.

Aber daraus folgt nicht, daß der polynesische Einfluß die Anden-Kultur erweckte oder eine tiefergehende Wirkung auf sie ausübte, oder daß gar die Maya davon beeinflußt wurden. Denn Maya und Inka hatten keine Kenntnis voneinander. Während handwerkliche Dinge durch Händler von Kontinent zu Kontinent transportiert wurden und einige Techniken sich verbreiteten, wurden komplizierte zivilisatorische Errungenschaften, wie etwa der Maya-Kalender, nicht weitergegeben.

Zu bedenken ist, daß die weite Entfernung von der Südamerika am nächsten gelegenen polynesischen Inselgruppe, den Tuamotus, zu dem Kontinent die Reise selbst für solch gewandte Seefahrer wie die Polynesier zu einem tollkühnen Risiko machte. Auch wurden keinerlei brauchbare Hinweise darauf gefunden, daß die Polynesier mit der Neuen Welt Kontakt gehabt haben könnten –

etwa das Vorhandensein des Doppelkanus, die Aufzucht von Küken und Schweinen, Bananen- oder Zuckerrohranbau.

Unterdessen haben aber jene, die, wie etwa Spence und Churchward, der Überzeugung sind, daß es versunkene Kontinente im Pazifik gibt, die Polynesier für ihre eigenen Zwecke vereinnahmt.

Wie Jacolliot behaupten sie, daß die Polynesier die Überreste eines Volkes darstellen, das einem früher polynesischen Kontinent angehörte, einem pazifischen Lemuria. Sie führen dabei die Standbilder der Osterinsel, einem einsamen und unfruchtbaren Fleckchen Erde im südöstlichen Pazifik, auf halbem Wege zwischen den Tuamotus und der chilenischen Küste, als Beispiel lemurianischen Kunsthandwerks an.

Nun wurde ebensoviel pseudowissenschaftlicher Lärm um die Osterinsel (oder *Rapanui,* wie sie die Eingeborenen nennen) wie um die Maya gemacht. Genau wie bei den Maya, bleibt auch bei den Osterinsel-Bewohnern vieles im dunkeln. Aber wiederum ist der Grund hierfür nicht in einem diesen Menschen innewohnenden Geheimnis, sondern darin zu suchen, daß Zeugnisse über deren Kultur nicht schriftlich niedergelegt wurden und damit verschwanden.

Die Rapanier oder Paskanier sind polynesische Bauern und Fischer. Ihre Legenden erzählen von der Ankunft zweier Kanus unter dem Häuptling Hot Matu'a vor ungefähr 800 Jahren. Sie hatten eine lebendige Kultur, führten Kriege und praktizierten Kannibalismus. Ihre Bilderschrift wurde auf Holztafeln festgehalten. Zu Ehren ihrer Religion wurden jene seltsamen Statuen errichtet, die ihre bekanntesten Kulturüberreste darstellten. Am ehesten sind sie mit den Bewohnern der Marquesa-Inseln, welche zirka 3700 Kilometer nordwestlich liegen, verwandt.

Die Statuen mit den Riesenköpfen sind zwischen zirka einem und über zehn Meter hoch. Sie wurden mit Steinwerkzeugen aus dem weichen Gestein des Vulkans Rano Raraku gehauen und mit Grasseilen an die Stellen geschleift, wo sie aufgerichtet wurden; einige an den Abhängen des Vulkans, andere rund um die Grabterrassen entlang der Küste. Zwischen 1700 und 1800 wurden sämtliche Grabdenkmäler an der Küste bei Stammesfehden umgestürzt. Die Paskanier hatten einige hundert Monumente aufgestellt, dann gaben sie diesen Brauch auf, wobei viele halbvollendete Statuen im Steinbruch von Rano Raraku zurückblieben. An diese strengen, stilisierten Bildwerke erinnern die Zeilen Shelleys über Ozymandias:

... halb versunken liegt ein zerschmettert Angesicht, dessen Stirnrunzeln, gekräuselte Lippen und gebieterisches Hohnlachen davon erzählen, wie wohl der Bildhauer diese Leidenschaften zu deuten wußte, die überlebten, Leblosem aufgeprägt ...

Da natürliche Hilfsquellen auf der Insel fehlten, die Bewohner um 1862 zum größten Teil von peruanischen Slavenhändlern gefangengenommen wurden und die Missionare ziemlich barbarisch gegen die Eingeborenenkultur vorgingen, brach diese zusammen, bevor sie sorgfältig studiert worden war. Seitdem sind die genaue Bedeutung der schriftlichen Überlieferungen und Skulpturen verlorengegangen. Die Behauptungen vieler Atlantisten, daß die Statuen nicht von den einfachen Rapunianern errichtet worden sein könnten, sondern nur durch Angehörige einer höherstehenden Zivilisation, sind schlicht unwahr.

Einige Lemuria-Verfechter nehmen sogar die Angaben von Juan Fernandez ernst, der 1576 in diesem Gebiet einen Kontinent gesichtet haben will. Sie sind davon überzeugt, daß von Lemuria zu dieser Zeit noch eine große Inselgruppe in der Rapanui-Region vorhanden war!

Über die polynesischen Indianer kommen wir zu der diffusionistischen Streitfrage, die im Atlantismus eine wichtige Rolle spielt, da nahezu alle Atlantisten diffusionistische Methoden für ihre Schlußfolgerungen benutzten. Die Tatsache, daß Atlantisten und Diffusionisten von denselben Sachverhalten ausgehen, diesselben logischen Voraussetzungen anwenden und dennoch zu vollkommen verschiedenen Ergebnissen kommen, zeigt an, daß an diesen Methoden etwas nicht in Ordnung ist.

Als die Anthropologie vor ungefähr einem Jahrhundert aufkam, stellte der deutsche Pionier dieses Wissenschaftszweiges, Adolf Bastian, fest, daß kulturelle Ähnlichkeiten zwischen verschiedenen Völkern auf eine »psychische Übereinstimmung« der menschlichen Rasse zurückzuführen seien. Der menschliche Geist, der mit ein- und demselben Problem konfrontiert würde, finde stets dieselbe Lösung. Der Darwinismus erweckte in den ersten Anthropologen die Vorstellung, daß die menschlichen Gesellschaften wie die Tiergattungen von kleinen Formen zu großen und komplexeren sich entwickelten. Einige Gruppen, so nahmen sie an, entwickelten sich unabhängig voneinander in gleicher Weise, andere zeigten unter ähnlichen Bedingungen, aber bei verschiedener Abstammung, ähnliche Erscheinungsformen, wie z. B. der Thunfisch, der Tümmler und der Mako-Haifisch, die trotz verschiedener Vorfahren und innerem Bau sich äußerlich sehr ähnlich sind.

Die Evolutionsanthropologen, die größtenteils Bastians »psychische Übereinstimmungs«-Theorie aufnahmen, gingen davon aus, daß sämtliche menschlichen Gesellschaften verschiedene Stufen desselben Prozesses durchliefen. Die noch vorhandenen primitiven Völker seien demnach exakte Abbilder unserer eigenen Vorfahren, die vor einigen tausend Jahren lebten. Überließe man sie sich selbst, würden sie mit der Zeit ihren eigenen Zivilisationstypus entwickeln. Nun denn, an diesen Vorstellungen ist etwas, obgleich sie nicht die ganze Wahrheit umreißen und obgleich einige Anthropologen des 19. Jahrhunderts sie in nicht zu vertretender extremer Weise anwandten. Zu Beginn unseres Jahrhunderts kam es dann zu einer radikalen Gegenreaktion einiger anthropologischer Forscher, zumeist Amateuren, auf die Evolutionsanthropologie. Der englische Psychologe William H. R. Rivers, einer der Anführer dieser Gruppe, begann sich, nachdem er bahnbrechend auf dem Gebiet der Psychologie gewesen war, für die Anthropologie zu interessieren und unternahm Expeditionen nach Melanesien. Dort stieß er auf eine Technik, Leichen zu mumifizieren, die der im alten Ägypten angewandten ähnlich war. Darauf bauten Rivers, der Anatom Sir Grafton Elliot Smith und W. J. Perry von der Universität Manchester ihre Diffusions- oder Verbreitungstheorie auf, die besagte, daß jegliche Zivilisation aus einem oder einigen Zentren der Alten Welt entstand.

Die Anhänger dieser Schule sollten, um exakt zu sein, extreme Diffusionisten genannt werden, da alle Anthropologen, sogar Anhänger der anthropologischen Evolution wie Tylor und Morgan (die die Amerinden auf die indischen Tamilen zurückführen), anerkannten, daß eine reichliche Diffusion stattgefunden hat.

Elliot Smith, der darin Eduard Braun aus Deutschland und Miß A. W. Buckland aus England folgte, führte jegliche Zivilisation auf Ägypten zurück. Auf schwachen Füßen stand seine Behauptung, daß die Entdeckung der Kupferherstellung die Ägypter dazu angeregt habe, die Schreibkunst zu entwickeln, den Ackerbau und andere Elemente zivilisierter Kultur. Smith und Perry nannten diese frühägyptische Kultur »heliolithisch«; ihrer Meinung nach kannte diese die Sonnenanbetung, die Mumifizierung von Leichen, Pyramiden, das Hakenkreuz, die Metallurgie und die Bewässerung. Vor dieser Umwälzung lebten die Ägypter wie die Affen.

Man nahm von den Heliolithern an, sie seien, auf der Suche nach Gold und Perlen, die sie aus religiösen Gründen schätzten, um die ganze Welt gereist und hätten auf diese Weise mehr oder weniger beiläufig sämtliche anderen Zivilisationen begründet, einschließlich die der Maya und der Inka. Die Diffusionisten waren der Meinung, man könne solche kulturellen Einflüsse aufzeigen, da die spezifisch ägyptischen in einem »Kulturkomplex« zusammengefaßt seien, der zusammen oder gar nicht weitergereicht wurde.

Smith setzte die heliolithische Expansion auf das 9. Jahrhundert v. Chr. an, Perry um 2500 v. Chr. Ihre Chronologie ist nur fantastisch zu nennen. Smith stellte fest, daß die kulturelle Verbreitung von Ägypten nach 1000 v. Chr. ausging und Indien in vorarischer Zeit erreichte. Das wäre also *vor* 1000 v. Chr. Wir sind sogar aufgerufen hinzunehmen, daß die mexikanischen Pyramiden, während der ersten Jahrhunderte des christlichen Zeitalters errichtet, die Nachahmung kambodschanischer Pyramiden seien, die in Wirklichkeit 500 Jahre *später* erbaut wurden!

Die Behandlung von Fakten erfolgt durch Smith und Perry im allgemeinen so verläßlich wie soeben aufgezeigt. Zum Beispiel gibt Perry, um nachzuweisen, daß alle nordamerikanischen Kulturen Nachahmungen der Maya-Kultur waren (die hinwiederum aus Ägypten kam), an, daß die Maya die Bewässerung kannten, was bei den nordamerikanischen Indianern nicht der Fall gewesen sei – dabei ist das Gegenteil wahr. Die Geschichte Mittelamerikas bezeichnet er als einen »ununterbrochenen Kulturzerfall«, wovon nicht die Rede sein kann, sondern nur von einem allmählichen Aufstieg und einem Niedergang verschiedener Völkerschaften: dem Aufstieg und Fall des Alten Reiches der Maya, dem Aufstieg und teilweisen Abstieg des Neuen Reiches, dem Auf- und Abstieg der Tolteken und dem Aufstieg der Azteken. Niemand kann sagen, was in Mittelamerika geschehen wäre, wenn die Europäer dort nicht hingekommen wären. Vielleicht wären die Azteken zum Niedergang verdammt gewesen, während die Maya eine neuerliche Renaissance erlebt hätten, oder beide wären dem Verfall geweiht gewesen, und ein anderer Stamm, wie etwa die Zapoteken, hätte die Fackel mittelamerikanischer Kultur weitergetragen.

Zudem ist nicht einzusehen, warum die Diffusionisten sich ausgerechnet Ägypten als Quelle heliolithischer Kultur aussuchten, wo die Ägypter von allen großen Nationen der Antike die hartnäckigsten und selbstzufriedensten Daheim-Bleiber waren. Einige wenige Küstenfahrten um das Rote Meer herum und die zeitweilige Eroberung Syriens unter der 18. und 19. Dynastie ausgenommen, verließen sie selten ihr geliebtes Land. Sie überließen Erkundungen und Kolonisation den Kretern und Phöniziern. Gleichermaßen lächerlich ist es, anzuführen, daß vor der Heraufkunft der Heliolither alle Menschen wie Affen lebten, obwohl es vor der Blütezeit der ägyptischen Kultur so hochentwickelte Kulturen wie die des Irak gab.

Mehr noch, die Völker Nordasiens und Nordamerikas konnten schwerlich solche sinnreichen Erfindungen wie Hosen, Filz, Schneekufen und -schuhe sowie Iglus von den Ägyptern übernommen haben, da die Ägypter weder Filz herstellten, noch Hosen trugen, und es gab bei ihnen keinen Schnee, auf dem man Schneeschuh laufen oder aus dem man Iglus fertigen konnte.

Da Elliot Smith inzwischen zu seinen sonnenanbetenden Ahnen gerufen wurde, wird der Kult von Mitchell und Raglan in England und in Amerika von Harold S. Gladwin, Autor von *Menschen aus Asien*, weitergeführt. Sie alle halten Erfindergeist für eine solch seltene Gabe, daß wesentliche Erfindungen nur einmal gemacht worden sein können; die meisten Wilden sind degenerierte Heliolither; ähnliche Kulturmerkmale sind in beiden Teilen der Welt *prima facie* Beweise für die Diffusionstheorie.

Die Sache mit der »Degeneration« ist ein tüchtiges Vorurteil der Anthropologen. Die Diffusionisten wenden diesen Ausdruck auf jeglichen Kulturrückgang an, sei es die Aufgabe von Reiskulturen oder die Einstellung des Errichtens von hohen Steinmonumenten. Der Wechsel kann aber genausogut die intelligente Anpassung an neue Verhältnisse sein, wie z. B. bei den Polynesiern, die, wenn sie Inseln besiedelten, die für die Reispflanzung ungeeignet waren, die Fischerei aufnahmen oder auf die Aufzucht von Taro oder Bananen umstiegen. Die Pyramiden, die ägyptische Könige als ihre Grabmäler errichten ließen, sind in einer Hinsicht zwar bautechnische Meisterleistungen, in anderer aber stellen sie einen riesigen Verschleiß an Energien dar. Und die Ägypter waren wesentlich besser dran, als sie diesen Brauch aufgaben.

Gladwin bietet im Hinblick auf die Kultur der Neuen Welt eine interessante Variante der Diffusionstheorie an. Zunächst beschreibt er die Besiedelung von Asien aus durch australoide, negroide und andere Völkerschaften. Daran knüpft sich die folgende Vorstellung: Als Alexander der Große starb, segelte die Flotte los, die er hatte aufstellen lassen, um den Indischen Ozean zu erforschen, und die sich aus Ägyptern, Phöniziern, Cyprioten, Griechen und Angehörigen anderer Völker zusammensetzte. Auf ihrer Reise kamen sie nach Indien und Indonesien, wobei sie weitere Männer rekrutierten und auch Frauen aufnahmen. So entstanden die Polynesier und, als sie Südamerika erreichten, die Araukaner. Ihre weißen Führer Viracocha und Quetzalcoatl durchzogen mit ihren Leuten das Land und begründeten die amerikanische Urzivilisation. Daher die Mythen der Neuen Welt um einen »blonden Gott«. Die Amerinden, so konstatiert Gladwin, seien Tagediebe, die ohne eine solche Führerschaft niemals etwas erreicht hätten.

Wie Sie bemerkt haben werden, ist der Mangel an menschlichem Erfindergeist ein Kardinaldogma der Diffusionisten. Die Wissenschaftler haben sich ausgiebig über die Erfindungen, die von Analphabeten gemacht wurden, gestritten. Die moderne Wissenschaft basiert, wie wir wissen, auf philosophischen Spekulationen hinsichtlich des Universums und technischen Erkenntnissen. Beides ist heute so eng miteinander verknüpft, daß das Genie im Dachstübchen zwar noch immer existiert; aber mehr und mehr Erfindungen werden von Wissenschaftlern und Ingenieuren in den Laboratorien der Universitäten und Industrie gemacht. Das war jedoch nicht immer so. Je weiter man in der Geschichte zurückgeht, um so klarer zeigt es sich, daß Wissenschaft und Erfindergeist einst zwei voneinander getrennte Gebiete waren. Die Wissenschaft war in der Antike eine Angelegenheit der Priester und Philosophen, während die Erfindungen vom gemeinen Mann gemacht wurden, der anonym blieb. Archimedes, ein hervorragender Wissenschaftler des klassischen Zeitalters, entschuldigte sich geradezu für seine Erfindungen, da sie unter der Würde eines Philosophen seien. Die Namen der Erfinder solch wichtiger Vorrichtungen (die sämtlich weniger als 1500 Jahre alt sind) wie des Schiffssteuers, des Windrades, des Kummets und des Schmelzofens kennen wir nicht.

Wenngleich die technischen Erfindungen in einem kontinuierlichen Prozeß erfolgt zu sein scheinen, seit der erste Mensch lernte, Feuer zu machen, erstreckten sich diese Entwicklungen in Wirklichkeit doch über Tausende von Jahren hinweg.

Wenn nun zwei Menschen, die weit voneinander getrennt leben, dieselbe sinnreiche Vorrichtung benutzen oder den gleichen Brauch kennen – sind sie unabhängig voneinander darauf gekommen oder bezogen sie ihr Wissen aus einer gemeinsamen Quelle? Raglan und Smith nehmen an, daß letzteres der Fall ist! Dabei gehen die Ultras unter den Diffusionisten davon aus, daß der Ausgangspunkt jeglicher Zivilisation Ägypten gewesen sei. Prof. G. N. Lewis hingegen sieht den Ursprung der Zivilisation in Brasilien, andere in Peru, dem Ohio-Tal, der Arktis, Atlantis oder Lemuria. (Die »orthodoxe« oder »anti-diffusionistische« These hingegen, die, wie ich meine, gestützt wird durch gewichtiges Tatsachenmaterial, geht dahin, daß die menschliche Zivilisation an vier Stellen der Welt – mehr oder weniger unabhängig voneinander – zuerst auftrat: im Irak, in China, Mexiko-Guatemala und Peru, und zwar in dieser Reihenfolge.)

Übrigens, ist denn Erfindergeist wirklich so rar? Die US-Regierung stellte über Jahre hinweg durchschnittlich 50 000 Patente pro Jahr aus, das ist ungefähr ein Patent auf 25 000 Einwohner pro Jahr. Natürlich kann man nicht davon ausgehen, daß man von jeder beliebigen Gruppe von 25 000 Menschen jährlich ein Patent erhält. Auch sind Faktoren wie unpatentierte Erfindungen, Patente von geringer Bedeutung und der Gegensatz zwischen der Ermutigung, die unsere Zivilisation Erfindern zuteil werden läßt, und konservativem Beharrungsvermögen usw. in Betracht zu ziehen. Dennoch, jede einigermaßen bemerkenswerte primitive Menschengruppe dürfte in der Lage sein, von Zeit zu Zeit einige Erfindungen zu machen.

Die Ultras unter den Diffusionisten haben in der Tat ein merkwürdig snobistisches Vorurteil dagegen, daß Erfindergeist eine weitverbreitete menschliche Eigenschaft darstellt, die unter Arbeitern, Studenten wie Wissenschaftlern gleichermaßen zu gedeihen vermag. Raglan zum Beispiel besteht darauf, daß Analphabeten keine Erfindungen machen können, da sie ja keine Gelehrten und Wissenschaftler seien. (Dabei sind, wie wir gesehen haben, Gelehrte und Wissenschaftler durchaus nicht vonnöten, um Erfindungen hervorzubringen.) Deshalb, so verkünden die Diffusionisten, müsse es irgendwo ein Ursprungszentrum gegeben haben – gleich wo. Laymen, der sich ein wenig mit Anthropologie und Atlantismus befaßte, neigt dazu, ihnen zuzustimmen.

Vielleicht haben diese Forscher selbst nie eine Erfindung gemacht und können sich deshalb schwerlich vorstellen, daß jemand anderer dies tut. Oder wie Lord Raglan dies ätzend formulierte: »Es wird uns oft gesagt, daß die Bonga-Bonga die Kunst der Eisenverhüttung entdeckten oder daß die Wagga-Wagga eine geniale Fischfangvorrichtung erfunden hätten. Aber niemand kann sagen, er sei dabeigewesen.«

Andererseits hat niemand einen Ägypter der heliolithischen Epoche dabei beobachtet, wie er jenen Völkern beibrachte, Eisen zu verflüssigen oder eine Fischfangvorrichtung anzufertigen.

Wenn es also *a priori* keinen Grund dafür gibt, anzunehmen, daß Kulturerzeugnisse an einem bestimmten Ort erfunden und weitergegeben wurden, kommen wir in die Klemme, da wir wahrscheinlich nie in der Lage sein werden, die Herkunft eines solchen Produktes eindeutig zu klären. Die Kombinationen, die wir darüber anstellen, müssen bloße Vermutungen bleiben. Anhand von Kulturprodukten, deren Herkunft sich klären läßt, stellt sich denn auch immer wieder heraus, daß beide Faktoren – Erfindergeist und Diffusion – eine Rolle in der Entwicklung der menschlichen Kultur gespielt haben.

Die Druckkunst wurde zum Beispiel sowohl in China wie auch in Deutschland erfunden. Die Armbrust wurde im klassischen Altertum von Zopyros von Tarent konstruiert, im mittelalterlichen Europa wurde sie noch einmal ersonnen oder wiederentdeckt, und unabhängig davon kam sie in Südostasien auf. Das Feuer-Piston, eine handliche kleine Vorrichtung, mit der Zunder zum Brennen gebracht wurde, indem man Luft in einen schmalen Zylinder preßte, wurde unabhängig von einander in Südostasien, Indonesien und in Frankreich (1802) erfunden.

Wo Urkundenbeweise fehlen, können wir nach Art der Verbreitung auf den Ursprungsort eines Erzeugnisses schließen. Wenn ein Erzeugnis in einem zusammenhängenden Gebiet gefunden wurde, ist die Wahrscheinlichkeit groß, daß es von einem bestimmten Zentrum aus seine Verteilung fand. Wenn es andererseits an weit auseinanderliegenden Orten auftritt und Hinweise darauf fehlen, daß zwischen ihnen ein Austausch stattfand, liegt es nahe, daß die Erfindung im jeweiligen Gebiet getrennt gemacht wurde.

Zum Beispiel wurde das Blasrohr (ohne Mundstück) in Südostasien und Indonesien und (mit Mundstück) in den tropischen Gebieten Amerikas aufgefunden. Um es von einer dieser Regionen in die andere zu bringen, hätte man es entweder über die Weiten des Pazifik transportieren oder es über die windgepeitschten Ebenen sowie durch die Wälder Nordasiens und Nordamerikas befördern müssen. Solche mühseligen Trecks hätten zeitlich etlicher Generationen bedurft. Bei vernünftiger Überlieferung ergibt sich also wohl, daß das Blasrohr unabhängig an mehreren Stellen erfunden wurde. So ersannen es auch die Malayen; in Borneo und Celebes wurde es mit einem Zielrohr und einem Bajonett versehen, Accessoires, die die europäischen Handwerker im 17. Jahrhundert den Schießeisen beigaben.

Es ist wahr, Primitive machen nicht häufig Erfindungen – vielleicht sollte ich eher sagen, ihre Erfindungen werden nicht allzu oft übernommen. In einer konservativen Stammesatmosphäre mag es weniger ein Problem sein, eine Erfindung zu machen, als diese von den Stammesbrüdern anerkannt zu bekommen, ohne als gefährlicher Neuerer beseitigt zu werden. So kann es sein, daß dieselbe Erfindung in einer Stammesgesellschaft mehrfach gemacht wurde, bevor man sie schließlich akzeptierte.

In der kurzen Zeit indessen, in der Primitive unter anthropologischer Beobachtung stehen, wurden von ihnen einige Erfindungen gemacht. So ersannen 1871 die Sioux-Indianer die Zündnadel für Gewehrpatronen und ein Verfahren zum Neuladen leerer Patronenhülsen. Die Religion des Geistertanzes, die 1889 von dem Paiute-Indianer Wovoka aufgebracht wurde, war ein beachtlicher Einfall. Um 1900 herum dachte sich ein gewitzter Bewohner der Marquesas im Pazifik einen abmontierbaren Ausleger aus, um die Leute davon abzuhalten, sein Kanu zu stehlen.

Kurzum, an unabhängig voneinander gemachten Erfindungen ist nichts Ungewöhnliches – auch nicht an Erfindungen von Primitiven. In der zivilisierten Gesellschaft geschieht dies ohnehin ständig: Jedes Jahr registriert das US-Patentamt Hunderte von Patenteinsprüchen, die Prüfungen nach sich ziehen, wer von zwei Patentanmeldern mit derselben Erfindung der erste war, der sie machte. Viele wissenschaftliche Hypothesen wurden unabhängig voneinander von verschiedenen Leuten aufgestellt. Der bekannteste Fall ist der der Evolutionstheorie, die zur gleichen Zeit von Darwin und Wallace entwickelt wurde.

Wenn wir die Verbreitung eines »Kulturmerkmales« bis zum Ausgangsort zurückverfolgen können, zeigt es sich, daß solche Merkmale von vielen Stellen der Erde ausgingen: das Tabakrauchen von Nordamerika, die Reiskultur von Südostasien, der Steigbügel von Zentralasien, die Flinte von Europa usw.... Es gibt also keinen Grund, den Ägyptern oder irgendeinem anderen Volk sämtliche Erfindungen der frühen Zivilisation zuzuschreiben.

Einige offensichtliche Ähnlichkeiten bei Kultur-Erzeugnissen weit voneinander getrennt lebender Völker sind weder auf Diffusion noch auf gewichtige Übereinstimmung des Erfindergeistes noch auf »psychische Übereinstimmung« zurückzuführen, sondern auf die Beschränkung, die sich aus dem Material ergibt. Wenn Sie sich zum Beispiel daran machen, ein Paddel herzustellen, werden Sie alsbald feststellen, daß Ihr Paddel innerhalb ziemlich enger Grenzen von einer bestimmten Länge und Form sein muß, sonst wird es nicht richtig funktionieren. Ebenso ist es mit den Beerdigungsriten, die sich bei den Atlantisten und Diffusionisten so großer Wertschätzung erfreuen. Man kann mit einer Leiche nur dies tun: sie beerdigen, wie dies bei uns üblich ist, sie nach indischem Brauch verbrennen, sie präparieren wie im Peru der Inka, sie aussetzen wie in Tibet oder sie verspeisen, wie dies die Vorfahren der Iren taten. Wenn Sie sich entschließen, sie zu konservieren, müssen Sie sie durch Ausweiden, Einbalsamieren, Ausstopfen, Trocknen oder andere Arten der Mumifizierung vor dem Zerfall schützen. Die meisten dieser nicht eben zahlreichen Alternativen wurden vor langer Zeit entwickelt, wobei die Beerdigungsriten verschiedener Völker einander zwangsläufig ähneln.

Die extremen Diffusionisten unterscheiden zudem nicht zwischen der Weitergabe von Gegenständen und der Weitergabe von Techniken. Materielle Dinge reisen offensichtlich weiter und rascher. Handfeuerwaffen waren innerhalb weniger Jahrhunderte nach ihrer Erfindung über die ganze Welt verbreitet. Doch nur an wenigen Orten lernten Nichteuropäer, sie selbst herzustellen. Ein Gefäß kann innerhalb weniger Sekunden von Hand zu Hand gehen. Die Kunst des Töpferns indessen erfordert Übung, die ein fahrender Händler wohl nicht vermitteln konnte, selbst wenn er es gewollt hätte.

Wenn zudem Leute, die irgendein handwerkliches Erzeugnis anzufertigen verstehen, überhaupt darüber nachdenken, dann wahrscheinlich nicht, um ihr Wissen an Außenseiter weiterzugeben, aus Angst davor, kommerzielle oder militärische Vorteile einzubüßen. So bewahrten die Chinesen das Geheimnis der Seide über Jahrhunderte hinweg, bis zwei Mönche zur Zeit Justinians Seidenraupeneier aus China schmuggelten. Sich für die Diffusionstheorie aufgrund gleicher Techniken einzusetzen, heißt, das

Pferd am Schwanz aufzuzäumen. Einige ägyptische Skarabäen oder griechische Münzen, bei Ausgrabungen frühamerikanischer Ansiedlungen zutage gefördert, würden Handelsbeziehungen zwischen der Alten und der Neuen Welt in früheren Zeiten weitaus schlagender belegen als Mr. Gladwins Vergleiche von gleichen Kulturerzeugnissen. Doch wurden solche fantastischen Entdeckungen nie gemacht, außer in Büchern von Schriftstellern wie Churchward.

Zudem haben die Diffusionisten unrecht, wenn sie annehmen, daß jede Gruppe von Kulturerzeugnissen, »Komplex« genannt, unabdingbar als ein Komplex zusammenbleibt und als solcher über die ganze Welt hin festgestellt werden kann. Es gibt zwei Arten von Kultur-Komplexen: der logische oder organische Komplex, bei dem eine Sache notwendigerweise die andere nach sich zieht (die Domestizierung des Pferdes bedingte den Sattel, das Zaumzeug und die Peitsche), und der unabsichtlich entstehende, zufallsbedingte Komplex. Gruppen der ersteren Gattung sind in sich geschlossen. Als die in den Ebenen lebenden Indianer sich das Pferd zu eigen machten, hatte das die Erfindung von Sattel, Zaumzeug und Peitsche zur Folge. Andererseits weisen die Gruppen der letzteren Gattung wenig Geschlossenheit auf. Das Tabakrauchen ging um die Welt, nachdem Amerika entdeckt worden war, ohne das gleichzeitig andere Eigenarten der Amerinden, wie das Skalpieren oder der Schamanismus, eine Verbreitung fanden (glücklicherweise, muß man sagen).

Es sei ganz klar festgehalten: Die ganze Diffusionisten-Kontroverse hat etwas Unwirkliches. Oder, wie Malinowski konstatierte: »Diffusion ist nichts weiter als abgewandelte Erfindung, wie jede Erfindung teilweise Plagiat ist.« Mit anderen Worten: Fast alle Erfindungen sind Verbesserungen von etwas, was bereits erfunden ist. Leute, die Kultur-Erzeugnisse nachbilden, verändern sie gewöhnlich bei diesem Prozeß. Wo man die Trennungslinie zwischen Nachbildung und Erfindung zieht, dies ist eine Angelegenheit des persönlichen Geschmacks.

Einige Erfindungen scheinen denn auch darauf zurückzuführen zu sein, was Kroeber »Ideen-Diffusion« oder »stimulierende Diffusion« nannte: ein Hörensagen von einer Erfindung, die von anderen benutzt wurde. Man hatte sie nie funktionieren gesehen, war aber von der Neuigkeit angetan und versuchte, eine eigene Version davon herzustellen. Dieser Prozeß läßt sich weder als reine Erfindung noch als reine Diffusion bezeichnen, sondern enthält beide Elemente. Das trifft wahrscheinlich auf die meisten Schriften zu, die in den letzten Jahrhunderten erfunden wurden. So ersann König Njoya von Bamun in Kamerun um 1900 ein Schriftsystem, bei dem er die Grundelemente zwar aus arabischen und europäischen Quellen bezog, doch er schuf kein phonetisches Alphabet wie das der Araber oder Europäer, sondern ein ideographisches wie das der Chinesen. Ähnlich ist die cherokesische Silbenschrift, die 1821 der Cherokee-Indianer Sequoya ausarbeitete. Einige Jahre später erfand Momolu Duwalu Bukele vom Stamme der westafrikanischen Vai entweder die Schrift, die heute noch von seinem Stamm benutzt wird, oder er übertrug sie aus einem ideographischen in ein Silbensystem.

Der schöpferische Funke, so will es scheinen, springt bisweilen auch unter den Primitiven über.

Die Ultras unter den Diffusionisten waren besonders darauf aus, die Kulturen der Neuen Welt auf die der Alten zurückzuführen, wobei sie argumentierten, daß die zivilisierten Ureinwohner Amerikas Verbindung zu den Ägyptern gehabt haben müßten, weil sie Pyramiden bauten und Mumien hinterließen; zu China, weil sie Jade verarbeiteten; mit Indien, weil sie Elefanten auf ihre Monumente meißelten. All diese Argumente fallen beim leisesten Anhauch in sich zusammen: Die peruanischen »Mumien« sind nichts weiter als gedörrte Leichen, was nicht auf die ägyptische Balsamierungstechnik, sondern auf das trockene peruanische Klima zurückzuführen ist; Jade, das von den Maya verwandt wurde, stammt aus Vorkommen der Neuen Welt, usw. . . .

Der Mythos vom Maya-Elefanten wurde durch John Rankings *Historische Untersuchungen zur Eroberung von Peru, Mexiko, Bogotá, Natchez und Talomeco im 13. Jahrhundert durch die Mongolen, die von Elefanten begleitet wurden* (1823) in die Welt gesetzt. Rankings Elefanten waren die versteinerten Überreste von Mammuts und Mastodons, die in großer Zahl in Amerika gefunden wurden. Einige Exemplare dieser Gattungen bevölkerten noch die Neue Welt, als die ersten Menschen dort erschienen, starben aber lange vor Beginn der Maya-Kultur aus.

Die Elefanten-Fiktion wurde ferner von Graf Waldeck genährt, zu dessen Untaten unter anderem auch die zählt, Skizzen von Maya-Reliefs angefertigt zu haben, auf denen Elefanten-Köpfe zu sehen waren. Als Beispiel eine seiner Zeichnungen (links), daneben zum

Vergleich eine der Wirklichkeit entsprechende Zeichnung derselben Relieffigur, die einige Jahre später von Catherwood angefertigt wurde:

Als Elliot Smith Waldecks Elefanten-Zeichnung fast ein Jahrhundert später zu Gesicht bekam, nahm er diese ernst, obgleich korrektere Reproduktionen, wie eben Catherwoods Zeichnungen, längst verfügbar waren.

Die Diffusionisten weisen auch auf den Monolithen, genannt Stele B, bei Copán hin, auf welchem zwei Lebewesen eingemeißelt sind, die wie Elefanten aussehen und die Treiber auf ihrem Rücken tragen (vgl. die Abb. auf S. 153). Als die Stele vor einigen Jahren durch einen Akt von Vandalismus zerstört wurde, beschuldigte der Diffusionist Mitchell in seinem Buch über die Maya die Anti-Diffusionisten unter den Archäologen dieser Tat. Sie hätten damit ein diffusionistisches Beweismittel aus der Welt schaffen wollen.

Betrachtet man jedoch die Abbildung des Monolithen näher, so fällt einem auf, daß die ›Elefanten‹ ihre Nüstern nicht am Ende ihrer ›Rüssel‹ haben, sondern am Kopf. Zudem besitzen sie riesige runde Augen, die von Federn umgeben sind. Gefiederte Elefanten sind, wie allgemein bekannt, außerordentlich rar; wahrscheinlich handelt es sich in diesem Fall um die gewöhnliche Darstellung von Papageien.

Was die Maya anbelangt, so können wir sicher sein, daß sie viele ihrer Kulturmerkmale selbst ersannen, etwa ihren Kalender, ihre Schrift, das Papier und ihre Baukunst. Andere wiederum erhielten sie durch Diffusion: die Metallverarbeitung z. B. vermutlich aus Südamerika.

Eine einhellige Meinung scheint hinsichtlich anderer Zivilisations- und Kulturhervorbringungen der Amerinden zu herrschen, so zum Beispiel über den Bogen, der wohl von Asien aus nach Be-

Die ›Maya-Elefanten‹ auf Stele B in Copán (Zeichnung von Sir Alfred P. Maudslay).

ginn des christlichen Zeitalters importiert wurde. Zuvor war er in Amerika unbekannt. Statt dessen benutzten die Amerinden eine Vorrichtung, Speerwerfer genannt, bei der ein Stock von ungefähr 60 Zentimeter Länge mit einem Handgriff auf der einen und einem Haken oder einer Spitze an der anderen Seite versehen war. Spitze bzw. Haken paßten in die Hülse am verdickten Ende eines Wurfspeeres. Der Benutzer hielt beides, den Speerwerfer und den Wurfspeer, in einer Hand, wobei der Haken am verdickten Ende des Speeres festgemacht war. Beim Wurf flog der Speer in die gewünschte Richtung, während der Benutzer nach dem Speerwerfer griff, so daß letzterer wie die Verlängerung seines Armes wirkte. Überlieferungen der Maya sprechen davon, daß aztekische Söldner unter Hunac Ceel den Bogenbau in ihrem Land bekanntmachten.

Es gibt Hinweise darauf, daß die Töpferei in der Neuen Welt an verschiedenen Stellen erfunden, aber auch weiterverbreitet wurde. Ganz geklärt ist die Frage allerdings nicht, doch wahrscheinlich war eben beides der Fall. Schließlich sei bemerkt, daß die Indianer, trotz ihres Rufes, Tagträumer zu sein, einige sinnvolle Erfindungen machten, wie etwa die der Tabakspfeife und der Hängematte. Beides war in der Alten Welt vormals unbekannt.

Da wir die Hirngespinste der Diffusionisten, der Anhänger der Zehn-Stämme-Theorie und der walisischen Indianer zerstreut haben, gilt es zu fragen: Wie verlief nun die Entwicklung der Eingeborenenkulturen Amerikas in Wirklichkeit?

Während des Pleistozäns wurde so viel Wasser in Gletschern eingefroren, daß der Meeresspiegel dermaßen fiel, daß Alaska und Sibirien miteinander verbunden waren. Dies war die Route, der die ersten Amerikaner von Asien her folgten.

Niemand weiß genau, wer diese ersten Einwanderer waren. Es gibt mehrere Möglichkeiten: die Lime-Menschen, die an Flußläufen und in Buchten lebten und Werkzeuge aus Knochen und Steinen in Nebraska hinterließen. Von ihnen wird angenommen, daß sie während der dritten interglazialen Periode vor zirka 40 000 Jahren herüberkamen; die Sandia, Höhlenbewohner, von denen blattartige Lanzenspitzen in Neu-Mexiko aus der Zeit des letzten Gletscherrückgangs vor vielleicht 25 000 Jahren gefunden wurden; die Cochise-Menschen aus Arizona, Vegetarier, die Samenkörner und Nüsse zwischen flachen Mahlsteinen zerrieben; Abilene-Menschen aus Texas, die primitive Handbeile wie die Neandertaler herstellten; und Tepexpan-Menschen, von denen ein Schädel in einer Schwemmlandebene Mexikos gefunden wurde, der auf 10 000 bis 15 000 Jahre zurückdatiert wird. Um 8000 v. Chr. jagte der Folsom-Mensch den heute ausgestorbenen Taylor-Bison in Nordamerika mittels seiner eigentümlichen Speere, die seitlich gekerbt waren wie Bajonette. Nach ihm fertigte der Yuma-Mensch zirka 20 Zentimeter lange Steinklingen oder konkave Blattspitzen, die mit einem merkwürdig geriffelten Muster versehen waren. Nach dem Yuma traten dann die historischen amerikanischen Völker auf.

Es ist nicht sicher, wie diese frühen Bewohner Amerikas aussahen. Der Tepexpan-Mensch stellt den Durchschnittstyp des Amerinden dar, mit fliehender Stirn, flacher Nase und breiten Backenknochen. Zwar gehören sämtliche Amerinden der mongoloiden oder gelben Rasse an, aber sie unterscheiden sich in Größe, Schädelform und Hautfarbe wie die Weißen voneinander. Einige ähneln nicht dem mongoloiden Typ mit dem extrem breiten Kopf und flachen Gesicht, sondern den weniger ausgeprägten Typen, wie sie hie und da in Sibirien, Tibet und Indonesien vorkommen, großgewachsenen Menschen, die die mongoloide Hautfarbe, das Haar und die Wangenknochen mit langen Schädeln und auffallenden Nasen vereinigen.

1492 lebten die Amerinden mit langen Schädelformen zum größten Teil am Rand der beiden Kontinente, während die Breitschädligen ausgedehnte zusammenhängende Gebiete in der Mitte in Besitz hatten. Diese Tatsache legt den Schluß nahe, daß die frühen Wellen der Einwanderung aus langschädligen Menschen bestanden, indessen die später Kommenden breitschädlig waren wie die meisten heutigen mongoloiden Völker. Außer dem Schädel des Tepexpan-Menschen wurde eine Anzahl anderer Schädel von wahrscheinlich beträchtlichem Alter gefunden, so wie jene von Punin in Ekuador, Abilene, Texas und dem Lake Pelican in Michigan. Sämtliche sind vom langschädlig-mongoloiden Typ.

Um 1000 v. Chr. – darauf deutet alles hin – war Amerika von Jägern und Pflanzensammlern dünn besiedelt. Keine Atlantier, keine Mu-Aussiedler, keine ägyptischen Sonnenkinder verbreiteten Aufklärung – es gab nur schlichte Steinzeitmenschen mongoloiden Typs. Während der nächsten tausend Jahre entwickelten einige Stämme eine höhere Kultur. Es gibt keine exakten Daten, doch es ist anzunehmen, daß eine erste Kulturwelle ihren Beginn um 500 v. Chr. hatte, und zwar im Gebiet des heutigen Veracruz, Mexiko und an der Golfküste, von wo aus auch Guatemala erreicht wurde. Ein anderes derartiges Zentrum entstand in Peru. Linton gibt zu bedenken, daß das ziemlich rasche Aufblühen der amerikanischen Zivilisation um Christi Geburt herum der Kultivation der Bohne folgte. Sie wies einen höheren und verläßlicheren Proteingehalt auf, als dieser durch Jagdbeute und Mais beschafft werden konnte, was wiederum eine dichtere Population bewirkt haben könnte.

Zu Beginn des christlichen Zeitalters besaßen die Amerinden bereits solche Attribute der Zivilisation wie die Schreibkunst und aus Stein erbaute Städte. Diese waren jedoch weniger Städte in unserem Sinne als Gemeinschaftszentren, die um die verstreuten Hütten für Handel und religiöse Zeremonien entstanden. Zu dieser Zeit hatten die Polynesier noch nicht einmal mit der Kolonisation der südpazifischen Inseln begonnen. Die Skandinavier, weit davon entfernt, weiße Götter zu sein und den Amerinden die Zivilisation zu bringen, waren eine Handvoll von Muschelsuchern, die sich an den Stränden der Ostsee herumdrückten. Der Bogen fand in Nordamerika eben erst seine Verbreitung. Bald würde sich bei den Andenvölkern die Metallverarbeitung entwickeln (die die Polynesier nicht kannten). Achthundert oder tausend Jahre später würde das Wissen um die Kupferverarbeitung bis zu den Maya und Azteken gedrungen sein, während die Andenvölker sich bereits der Bronzeherstellung widmeten.

Soviel über die Zivilisationen der Amerinden. Diese waren weder Übermenschen noch Tagträumer, sondern normale menschliche Wesen, die den Kampf ums Überleben aufnahmen. Sie kamen weder vollkommen unzivilisiert nach Amerika noch erfanden sie sämtliche ihrer Kulturerzeugnisse selbst. Sie bewiesen indessen Erfindungsreichtum – auch ohne die Unterstützung missionarischer Atlantier, ägyptischer Goldschürfer, jüdischer Flüchtlinge, mazedonischer Seefahrer, walisischer Prinzen oder anderer Abkommen der Alten Welt. Und, um ein unwissenschaftliches Argument zu benutzen: Haben wir nicht genug von den Amerinden profitiert, um ihnen ihren Anteil an Originalität zu belassen, den wir auch anderen Rassen zugestehen?

7

WANDERNDE KONTINENTE

Es wird die Zeit kommen, da im Weltenalter
die Ozeane ihren Griff lockern werden,
und das Land wird sich weit dehnen,
und Tethys' neue Kontinente werden auftauchen,
und Thule wird nicht mehr das Ende der Erde sein.

SENECA

Dadurch, daß man die Kulturen verschiedener Kontinente miteinander vergleicht, kann man also nicht beweisen, daß versunkene Kontinente existieren, da man dabei von denselben Voraussetzungen ausgehen müßte, wie dies die Diffusionisten mit ihren »Kultur-Komplexen« tun, von einem spärlichen Vorhandensein an Erfindergeist usw. Ich habe zu zeigen versucht, daß solche Voraussetzungen falsch sind und daß sie lediglich sehr widersprüchliche Ergebnisse zeitigen: Atlantis kontra Ägypten kontra Brasilien, wo ist der Ursprung aller Zivilisation zu suchen?

Man kann aber auch nicht von anderen Kulturen auf die Nichtexistenz sogenannter »versunkener Kontinente« schließen. Allerdings kann man wohl mit Sicherheit sagen, daß ein Kontinent mit einer hohen Zivilisation, derjenigen Ägyptens in den Tagen seiner Hochblüte vergleichbar, nicht vor 10 000 Jahren im Atlantik existiert haben kann. Eine solche Kultur hätte Spuren an den benachbarten Küsten von Nordamerika, Europa und Afrika hinterlassen. Immerhin können die Atlantier jedoch, wie Spence versichert, ein steinzeitliches Volk gewesen sein, das einige bescheidene kulturelle Leistungen aufwies. Dann wäre, nach Spence, Atlantis eben nicht allein durch das, was sich aus den angrenzenden Kulturen schließen oder nicht schließen läßt, vom Tisch zu wischen. Das bedeutet nun nicht, daß die Archäologie sich für die einstige Existenz solcher Kontinente ausspricht: Sie entscheidet sich nur nicht eindeutig nach der einen oder anderen Seite hin.

Tauchen Kontinente nun auf und verschwinden wieder in der Weise, in der dies Plato beschrieb? Und wenn nicht, gibt es eine andere Möglichkeit, daß Land überflutet werden kann, wobei der Eindruck einer weltweiten Sinflut entsteht? Um diese Frage zu beantworten, müssen wir uns mit der Geologie befassen, einer Wissenschaft, die robuste Naturen und absonderliche technische Ausdrücke hervorbringt. Diese werde ich versuchen, nur zu einem geringen Teil zu verwenden.

Die Vorstellung, daß das, was heute Land ist, einst unter Wasser war und umgekehrt, ist eine der ältesten der Menschheit und stimmt in gewisser Weise. Schöpfungsmythen beginnen oft mit Wasserwüsten, die so lange vorhanden sind, bis ein Gott das überflüssige Naß abzieht (Hebräer) oder das Land über das Wasser hebt (Polynesien) oder bis die Bisamratte Schlamm nach oben buddelt, um daraus den ersten Kontinent zu fabrizieren (Nordamerika). Wie ich bereits im ersten Kapitel darlegte, sannen viele klassische Schriftsteller lange und intensiv darüber nach. So vermerkten Herodot, Aristoteles, Polybios, Strabon und einige andere das Vorkommen von fossiliären Seetieren an Land. Es ist jedoch eine Sache, zu behaupten, daß das gegenwärtige Land einst unter Wasser stand und die Wasserfläche, wie wir sie heute haben, Land war, und eine andere, zu zeigen, wie die Landkarte am Morgen des 1. Januar 100 000 000 v. Chr. tatsächlich aussah.

Im 17. und 18. Jahrhundert entstand die Geologie aus vagen Spekulationen darüber, ob Felsen sich wie Tiere fortpflanzen. Zu Beginn des 19. Jahrhunderts dann stellte der französische Anatom Baron Georges Cuvier zum ersten Male geologische Formationen zusammen, und zwar in der Reihenfolge, die sich durch Vergleich der Fossile ergab, die man in den verschiedenen Schichten fand. Offensichtlich hatte sich das Leben im Verlauf der Erdgeschichte verändert. Cuvier, der dieser Tatsache gerecht werden wollte, nahm an, daß die Erde bei verschiedenen Gelegenheiten ins Taumeln geraten war, wodurch die Ozeane über die Ufer traten und die Lebewesen ganzer Kontinente ertränkten. Nachdem die Meere wieder in ihre Ausgangslage zurückgeflutet waren, wurden die betreffenden Gebiete durch Einwanderer aus Ländern, die die Katastrophe nicht getroffen hatte, erneut besiedelt.

Diese Theorie schien einleuchtend, solange nur einige wenige geologische Perioden bekannt waren. Sie entsprach jedoch nicht mehr den Tatsachen, als Fossilien gefunden wurden, die zeigten, daß die Evolution kontinuierlich stattgefunden hat, ohne Überschwemmungskatastrophen. Darwin brachte seine Entdekkung vor mehr als hundert Jahren auf einen rationalen Nenner, und seine Evolutionstheorie, wonach aufgrund des Ausleseprinzips nur die Stärksten überlebten, hat (mit kleinen Modifikationen) die bösartigen Attacken von seiten der Kirchen überstanden und über jegliche Widerstände triumphiert.

Um die Entstehungsgeschichte der Erdoberfläche zu entwirren, müssen wir jede Tatsache über Gesteine und Fossilien, die uns verfügbar ist, in Betracht ziehen. Der spezielle Wissenschaftszweig heißt Paläogeographie oder historische Geologie. Wenn Sie zum Beispiel wissen möchten, wie eine bestimmte Quadratmeile im frühen Trias aussah, können Sie dies leicht erfahren, wenn es Fossilien-Einlagerungen des frühen Trias an der Oberfläche dieser Quadratmeile gibt. Wie Sie wissen, wurden Kalksteine und Kreide auf dem Grund von seichten Seen abgelagert, Sandstein entstand durch Flüsse an Deltas und in Ebenen, und Kohle ist das Produkt von Sümpfen.

Aber wie, wenn diese Schicht von einer Formation eines anderen erdgeschichtlichen Alters bedeckt ist oder am Grunde eines Sees liegt? Übrigens nehmen die Schwierigkeiten zu, je weiter man zurückgeht, weil die Formationen rarer werden und weniger gut erhalten sind. Dennoch, die Situation ist keineswegs hoffnungslos. Wir können viel über die Geographie der Vergangenheit erfahren, indem wir untersuchen, wie die Erde aufgebaut ist, wie verschiedene Felsen geformt wurden und wie Lebendiges verteilt ist. Die Fossilien erzählen uns, welche Landbrücken und Wasserkanäle in früheren Zeiten existierten, was für ein Klima herrschte und wie die ozeanischen Strömungen verliefen.

Für das Entstehen und Verschwinden von Landbrücken bieten die Fossilien großer Landtiere die besten Indikatoren, da diese Lebewesen zwar an Land sehr beweglich waren, aber nicht einmal schmale Wasserstrecken überwinden konnten. Andererseits konnten fliegende Lebewesen, wie Vögel und Insekten, von einem Windstoß verweht werden, kleinere Landtiere gelangten auf Treibholz über Wasserflächen, und die Samen von Pflanzen sowie die Eier von Tieren wurden durch Vögel verschleppt.

Wenn wir also herausfinden, daß in einem vergangenen Erdalter die gleiche Spezies von großen Landtieren in zwei Landgebieten lebte, die heute getrennt sind, wissen wir, daß diese Gebiete einst zusammenhingen oder kurz zuvor noch zusammenhängend waren. Daher wissen wir zum Beispiel, daß Nord- und Südamerika während der ersten Hälfte des Säugetierzeitalters, des Känozoikums, getrennt waren. Am Ende des Miozän tauchte die Landenge von Panama aus dem Meer auf, auf der Tiere überwechseln konnten. Daher kommt das Gürteltier auch in Texas vor und der Jaguar in Brasilien.

Vor einigen Jahrzehnten stellte eine ganze Reihe von Wissenschaftlern, denen eine Menge unserer heutigen Erkenntnisse fehlten, reichlich unbekümmerte Vermutungen bezüglich früherer Landbrücken im Ozean an. Die Atlantisten nahmen denn auch prompt diese Vermutungen für »wissenschaftliche Beweise« ihrer untergegangenen Kontinente. Gregory in England füllte zum Beispiel den Pazifischen Ozean mit einem regelrechten Netzwerk von angenommenen Kontinenten und Landbrücken aus. Dabei wurden Argumente benutzt wie jenes, daß das Titanozeros, ein rhinozerosartiges Tier, das in Nordamerika und Asien während des frühen Känozoikums lebte, über eine mittelpazifische Brücke nach Amerika gekommen sein müsse, da die Sibirien-Alaska-Brücke ein zu kaltes Klima aufwies. Doch erstens wissen wir nicht, wie das Klima der Landenge der Beringstraße damals wirklich war (es kann auch mild gewesen sein), und zweitens ist uns unbekannt, wieviel Kälte die Titanozerosse wirklich ertragen konnten (sie können z. B. behaart gewesen sein wie das Mammut).

Ein anderer Landbrücken-Konstrukteur, der englische Naturwissenschaftler H. E. Forrest, versuchte seine Leser davon zu überzeugen, daß einst eine Landbrücke über den Nordatlantik bestanden haben müsse, die Island mit einschloß. Eine solche Brücke mag tatsächlich irgendwann einmal existiert haben. Forrest siedelte sie jedoch im Pleistozän an, ein Zeitalter vor der Jetztzeit und zu spät, um eine Basis für Platos Geschichte zu bilden.

Forrest baute seine Beweisführung im großen und ganzen auf der Verbreitung von Pflanzen, Kriechtieren und Frischwasserfischen auf. Das sind langsam sich entwickelnde Organismen. Einige mögen sich seit dem Mesozoikum nicht verändert haben und noch immer da vorkommen, wo sie vor sechzig oder noch mehr Millionen Jahren existierten. Doch ist damit nichts über das Gesicht des Landes im Pleistozän ausgesagt. Die Verbreitung großer Landtiere im Pleistozän weist auf eine Brücke von Sibirien nach Alaska über die Beringstraße hin, aber nicht auf eine Straße von Labrador nach Europa.

Vor nicht allzu langer Zeit hat Simpson vom American Museum of Natural History eine Zeittafel ausgearbeitet, die das Öffnen und Sichschließen der Beringbrücke darlegt. Sie entstand aufgrund prozentualer Vergleiche der Arten, Gattungen und Familien der Tiere, die man an verschiedenen Orten der Erde aus verschiedenen Epochen gefunden hat. Simpson schloß daraus, daß die Beringbrücke während des größten Teiles des Känozoikums für den Landverkehr offen war, mit einer Unterbrechung im mittleren Eozän, einer anderen im späten Oligozän und einer weiteren seit dem letzten Zurückweichen der Gletscher im Pleistozän. Es mag kürzere Unterbrechungen gegeben haben, doch diese sind schwierig herauszufinden.

Simpson und viele seiner Kollegen stimmen darin überein, daß sich die hauptsächlichen Landmassen während des Känozoikums nicht verändert haben, obgleich die Kontinente geringfügig vom Meer überflutet wurden und Landbrücken sich geöffnet oder geschlossen haben. So kann man sagen, daß während der letzten 50 Millionen Jahre zumindest die Verbindungen zwischen den Kontinenten jene waren, die man heute auf der Landkarte sehen kann: die Beringstraße, Panama, Suez und zu einer früheren Zeit eine Landverbindung von Australien zur malayischen Halbinsel über Neuguinea. Während dieser Zeit, so sagen die Wissenschaftler, gab es keine direkten Verbindungen zwischen Afrika, Südamerika und Australien, Tiere wurden nur über die nördlichen Kontinente ausgetauscht.

Dieser Austausch spricht nicht gerade für die versunkenen Kontinente der Atlantisten. Lewis Spence zum Beispiel erweckte die Vorstellung von zwei Pazifischen Kontinenten. Einer soll sich östlich und westlich von den Hawaii-Inseln zum Malaysischen Archipel hin erstreckt haben, Neuguinea, Celebes und Borneo inbegriffen; der andere nördlich von Neuseeland. Der erste Kontinent müßte damit auf der schärfsten Trennungslinie der Erde – der »Wallace-Linie« – gelegen haben, die durch Indonesien hindurchführt und die östliche von der australischen Region trennt. Wenn man sich von Borneo nach Neuguinea begibt, kommt man aus der indo-malayischen Welt der Affen, Katzen, Büffel und Elefanten in die davon grundsätzlich verschiedene der Känguruhs und Stachelschweine. In der letzteren Region sind die Säugetiere (mit einigen Ausnahmen) entweder eierlegende oder Beuteltiere. Sie gehören dem höheren »Plazenta-Typ« an, dem auch wir zugerechnet werden. Die einzigen Plazentalier, die Neuguinea erreichten, waren Hunde und Schweine, die durch Menschen dorthin gebracht wurden, kleinere Nagetiere, die mit Fährschiffen herüberkamen, und Fledermäuse, die herüberflogen. Diese Tatsachen beweisen, daß die Wasserbarriere zwischen Celebes, den Banda-Inseln und Timor schon lange Zeit da war, wo sie heute ist, wahrscheinlich seit dem Mesozoikum. Damit ist Spences Kontinent, der es ermöglicht haben würde, daß sich die Tiere zweier Zonen ungehindert mischen konnten, kein Diskussionsgegenstand mehr.

Was jedoch die Zeit vor dem Känozoikum anbelangt, so sind irgendwelche Schlußfolgerungen hinsichtlich der Existenz bzw. Nichtexistenz von Landbrücken nicht so leicht zu ziehen. Einige Anzeichen deuten darauf hin, daß es im Mesozoikum und bereits davor direkte Verbindungen zwischen den südlichen Kontinenten gab. Diese Verbindungen können über die Antarktis bestanden haben (eine Vorstellung, die von Henry Fairfield Osborn favorisiert wurde) oder über Landbrücken im Südatlantik und Indischen Ozean. Dies führt uns zur Gondwanaland-Theorie.

Bevor wir uns jedoch in die Materie vertiefen, sollten wir uns die Zeit nehmen, zu überlegen, was ein Kontinent ist. Das gegenwärtige Bild von der Erde, das die Geologen aufgrund von Gezeiten, Erdbeben, Meteormaterie und anderen Anhaltspunkten entworfen haben, mag nicht haargenau stimmen, aber es ist sicherlich exakter als die Vorstellungen, die in früheren Zeiten im Schwange waren.

Nach den Geologen besteht die Erde zunächst aus einer »Haut« oder Kruste von Gesteinsmassen. Geht man tiefer, so werden die Gesteinsmassen heißer und heißer, bis sie in einer Tiefe von 80 bis 160 Kilometern weißglühend sind. Dort unten sind sie jedoch nicht richtig flüssig. Der ungeheure Druck hält sie in einem glasartigen Zustand – in einer nicht-kristallinen oder amorphen Konsistenz, die raschen Belastungen wie festes Material widersteht, aber zugleich langen Beanspruchungen standhält wie flüssige Materie. Die Erdsubstanz ist im Inneren tatsächlich so eine Art Glas, Magma genannt, das starrer ist als Stahl und mit dem Nickel-Eisen-Kern einen Durchmesser zwischen zirka 5600 und 6500 Kilometern hat.

Den Eisen-Kern können wir hier vergessen und uns auf zwei ihn umgebende Schichten konzentrieren: die dünne kristalline Kruste an der Peripherie und das glasartige Substratum, wie es genannt wird, darunter. Was die Kruste betrifft, so besteht diese hauptsächlich aus zwei Gesteinsarten: dem festgefügten Basalt – zu großen Teilen aus Silikon – und Magnesium-Verbindungen bestehend –, dem leichteren Granit – vorwiegend aus Silikon und Aluminium-Verbindungen zusammengesetzt — und verschiedenen Zwischenarten. Die schweren magnesiumhaltigen Gesteine werden Sima (Silikon-Magnesium) genannt, die leichteren aluminiumhaltigen Sial (Silikon-Aluminium).

Nun sind diese verschiedenen Gesteinsarten nicht etwa zufällig über die Gegend verstreut. Die Landzonen sind zumeist Sial, während der Grund der Meere überwiegend Sima ist. Die Kontinente sind Sial-Scheiben, die auf einer Sima-Kruste wie Eisschollen auf einem Fluß schwimmen. Die Geologen nehmen für diese Scheiben eine Dicke von 16 bis beinahe 100 Kilometer an. Auf jeden Fall reichen sie tiefer in die Sima-Schicht hinunter, als sie daraus hervorragen, genauso wie Eisberge im Wasser. Granitgestein ist so charakteristisch für Kontinente, daß es bisweilen auch als »Kontinental-Gestein« bezeichnet wird. Wenn Geologen also Sial-Gestein unter Wasser oder auf einer Insel finden, mutmaßen sie, daß sich hier zuvor eine größere Landfläche befunden haben müsse. Andererseits schlußfolgern sie, daß Inseln, die ausschließlich aus vulkanischem Sima bestehen (wie die Samoa-Gruppe), durch vulkanische Eruptionen auf dem Meeresgrund entstanden. Sie glauben deshalb auch nicht daran, daß solche Inseln Überbleibsel von Kontinenten sein könnten, und nehmen die imaginären Kontinente des Zentralpazifiks von Spence und anderen Atlantisten nicht ernst, da die polynesischen Inseln sämtlich diesem vulkanischen Sima-Typ angehören.

Um herauszufinden, wo Kontinente möglicherweise existiert haben, muß man den Meeresgrund erforschen. Der Meeresboden weist folgende Formationen auf: sich abflachende Kontinentalsockel, die nichts weiter sind als die überfluteten Ausläufer der Kontinente, weite submarine Ebenen, kilometertief unter der Wasseroberfläche und von monotoner Flachheit, und Gebiete von unterschiedlicher Tiefe mit unruhigem, gebirgigem Relief, als ob eine Gebirgskette versunken wäre, von der nur noch die Spitzen herausragen.

Durch Geschwindigkeitsmessung von Erdbebenwellen gewinnen die Geologen eine ausgezeichnete Vorstellung davon, aus was die Erdkruste unter den Ozeanen besteht. Da die Wellenbewegungen sich mit Geschwindigkeiten fortsetzen, die eine Differenz bis zu 26 Prozent aufweisen, sind experimentelle Irrtümer nicht gut möglich. Auf diese Weise wurde herausgefunden, daß Ebenen in großer Tiefe aus reinem Sima bestehen, die Kontinentalsockel und die unebenen, unterschiedlich tiefen Stellen teilweise hingegen aus Sial. Die ausgedehntesten Gebiete tiefliegender Simas gibt es im Zentralpazifik, im südlichen Indischen Ozean und in arktischen Gewässern. Diese kann man daher als die »beständigen« Ozeane bezeichnen, bei denen keine Kontinente zu erwarten sind, weder aus der Vergangenheit noch für die Gegenwart und Zukunft.

Soviel zu Mu, Pan und dem theosophischen Lemuria, die die Atlantisten im Zentralpazifik angesiedelt haben – dem ungeeignetsten Platz der Erde für einen Kontinent. Die große Sima-Senke des Pazifik stellt denn in der Tat auch eine der stabilsten und am längsten bestehenden Erscheinungsformen der Erdoberfläche dar. In ihrer gegenwärtigen Ausprägung ist sie mindestens eine halbe Billion Jahre alt. Die Abbildung auf S. 59 zeigt eine Übersichtskarte über den Pazifik mit der »Andesite-Linie«. Östlich von dieser Linie wurde nie auch nur ein Kieselstein des Kontinentaltyps gefunden.

Die Menschen wundern sich berechtigterweise, warum sich der überwiegende Teil des Sial auf eine Hemisphäre mit dem Schwerpunkt Europa konzentriert, dieweil die andere Hemisphäre fast ganz mit Wasser bedeckt ist. Aber niemand hat darauf bis heute eine endgültige Antwort gefunden. Ausgangs des 19. Jahrhunderts mutmaßten Osmond Fisher und George Darwin, daß der Mond eine Zusammenballung des fehlenden Teils der Sial-Kruste der Erde sein könne, die, als die Erde noch heißer und flüssiger war und sich rascher drehte, durch die Zentrifugalkräfte hinausgeschleudert wurde. Berechnungen ergaben jedoch, daß die Mondmasse ungefähr 37mal zu groß ist, um diese Mutmaßungen zu rechtfertigen. Zudem besitzt der Mond das spezifische Gewicht 3,7, die Erdkruste aber 2,5.

Große submarine Bergketten, in denen wir einen versunkenen Kontinent vermuten könnten, liegen im Südwest-Pazifik (mit den Fidschi-Inseln und Neuseeland) und im nordwestlichen Indischen Ozean. Der Boden des Atlantischen Ozeans weist Sima auf, hier und dort mit kleinen Sial-Einsprengseln. Kontinentalgestein kommt auch auf Inseln vor, und zwar dort, wo der Meeresboden teilweise aus Sial besteht: unter anderem bei den Fidschi-Inseln, den Seychellen im Indischen Ozean, den Kanarischen Inseln und Madeira im Atlantik, wobei letztere Insel wahrscheinlich eine Halbinsel war, die einst von der marokkanischen Küste nordwestlich ins Meer hinausragte.

Es wird auch des öfteren angeführt, daß Kontinentalgestein in kleinen Mengen auf den vulkanischen Azoren vorkomme, genau dort, wo orthodoxe Atlantisten Atlantis vermuten. Während die meisten Fachleute in ihren Aussagen vorsichtig sind, was die geologische Geschichte der Azoren anbelangt, da es darüber nur wenige Daten gibt, konzedieren einige, daß es sich möglicherweise um die Überreste einer größeren Insel, vielleicht von der Größe Spaniens, handeln könne. Diejenigen jedoch, die dies annehmen, sind sicher, daß die Insel zu Ende des Miozän versank, zu einer Zeit also, da unsere Vorfahren noch nackt durch die Wälder streiften und ihren unsicheren Lebensunterhalt mit Beeren und Käferlarven bestritten.

In der Frage der versunkenen Kontinente gibt es unter den modernen Geologen drei ›Schulen‹: eine, die von statischen Kontinenten ausgeht, die der transozeanischen Kontinente und die der Kontinentalverschiebungstheorie. Die Vertreter der Theorie statischer Kontinente, wie Matthew, sind der Überzeugung, daß es keine versunkenen Kontinente gibt. Das Äußerste, was erfolgt sein könne, sei eine Folge leichterer Erdbewegungen gewesen, wobei sich Landbrücken öffneten oder schlossen. Die Transozeaniker indessen halten große Kontinente, die versanken, für möglich, während die dominierende Kontinentalverschiebungsschule daran festhält, daß die Kontinente in Größe und Form stabil bleiben, daß sie jedoch auf der Oberfläche der Erde driften.

Gondwanaland und die transozeanische Kontinent-Schule im allgemeinen nehmen mit dem Wiener Geologen Melchior Neumayr (dessen Sie sich vielleicht vom dritten Kapitel her erinnern: er ist für die erste paläogeographische Weltkarte verantwortlich) und mit den Spekulationen Blanfords, Sclaters und Haeckels um Lemuria ihren Anfang.

Neumayr fand einen Nachfolger in Eduard Sueß, ebenfalls einem Österreicher. Er widmete sich mehr als ein halbes Jahrhundert lang der Geologie. 1883 ff. faßte Sueß die Gedanken jener, die sich vor ihm mit der Entstehung der Erde beschäftigt hatten, in einem Riesenwerk von drei Bänden zusammen, das den Titel *Das Antlitz der Erde* trug. Sueß war der Meinung, daß es im Paläozoikum, dem Zeitalter der Fische, der wirbellosen Tiere und der Kohle, in der südlichen Hemisphäre einen großen Kontinent gab, sozusagen als Pendant zu jenen nördlichen Kontinenten. Diesen nannte er »Gondwanaland« nach dem Landstrich in Indien, den Blanford beschrieb. Zur gleichen Zeit existierten, nach

Sueß, in der nördlichen Hemisphäre zwei Kontinente. Den einen, Nordamerika mit einer Halbinsel, die über Grönland und Island bis Europa reichte, nannte er »Atlantis«. Für den anderen, der Ostasien umfaßte, erfand er nach einem sibirischen Fluß den Namen »Angaraland«. Das nicht sehr tiefe Meer, das Gondwanaland von Angaraland trennte, taufte er »Tethys« nach einer Titanin aus der griechischen Mythologie, dem Eheweib unseres alten Freundes, des Seegottes Okeanos. Sueß nahm an, daß Gondwanaland im Mesozoikum unterging, während die Atlantis-Brücke bis ins Känozoikum hinein existierte — nicht so lange, um noch Platos Atlantis zu sein, aber doch lange genug, um die Wanderung von Säugetieren während des Känozoikums zu ermöglichen.

Nebenstehende Abbildung führt Sueß' Vorstellung von der Erde zur Zeit des späten Paläozoikums vor — worin er mit dem deutschen Geologen Edgar Dacqué übereinstimmt. Dacqué, ein fanatischer Gondwanaland-Verfechter, vertrat außerdem eine etwas exzentrische Evolutionstheorie, die »Typenlehre«. Seine Theorie ging dahin, daß die menschliche Rasse als ein eigenständiger Zweig der Evolution geradewegs bis ins Paläozoikum zurückreiche oder den Hauptstamm des Baumes der Evolution bilde, wobei sämtliche anderen Tierlebewesen degenerierte Nebenzweige seien.

Während der Jura- und Kreidezeit, als die Dinosaurier die Welt beherrschten, brach Gondwanaland auseinander (nach Neumayr-Sueß), weil verschiedene Teile davon versanken. Australien und Neuseeland trennten sich als erste ab. Diese Tatsache bewirkte das Fehlen von Plazentaliern, da diese zur Zeit der Abtrennung noch nicht ›erfunden‹ waren. Südamerika kam als nächstes dran, mit einem seltsamen Sortiment an Säugetieren, die nur dort lebten, bis es mit Nordamerika wieder verbunden wurde: pflanzenfressenden plazentabildenden Säugetieren wie dem Ai und fleischfressenden Beuteltieren, wie man sie heutzutage auch noch in Australien findet.

Das letzte Landgebiet, das angeblich versank, war die Landbrücke, die Südafrika mit Indien verband, das Lemuria der Geologen, wobei Madagaskar und das Große Seychellen-Riff als Fossil früherer Existenz zurückblieben. Einige merkwürdige Tiere, die an abgelegenen Orten der südlichen Hemisphäre gefunden wurden, wie der Platypus (ornithorhynchus) und die Riesenschildkröten der Galápagos- und Aldabra-Inseln, werden in gewissem Sinne als Überlebende von Gondwanaland betrachtet. Die Meinungen hin-

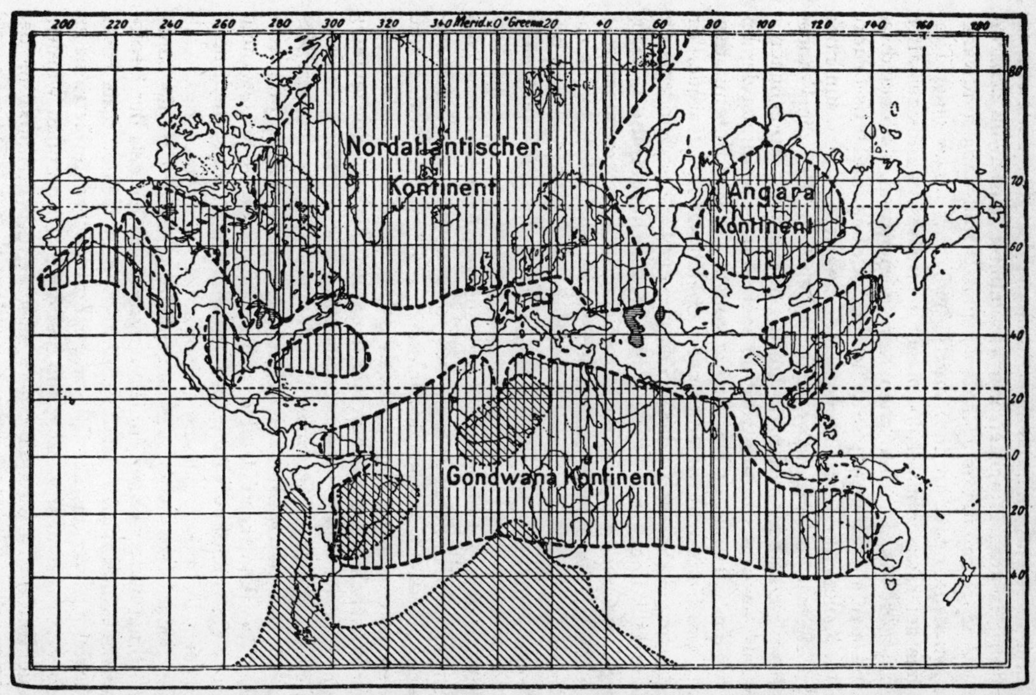

Sueß' Vorstellung von der Welt im späten Paläozoikum (nach Dacqués ›Paläogeographie‹).

sichtlich des Auseinanderbrechens von Gondwanaland differieren: einige gehen dahin, daß Teile des Kontinents im Substratum für immer verschwanden. Einige Anhänger der Theorie der Kontinentaldrift nähren hingegen die Vorstellung, Gondwanaland sei auf seinem Kurs ›aus den Nähten geplatzt‹ und habe dabei kleinere Brocken, wie Australien, hinterlassen.

Viele amerikanische Geologen nehmen eine Position zwischen der Theorie von den statischen Kontinenten und der der transozeanischen ein. Einerseits sind sie der Meinung, daß etwas daran sein könne an direkten Binnenwanderungen auf den südlichen Kontinenten während und vor dem Zeitalter der Reptilien. Andererseits aber lehnen sie ein riesiges Gondwanaland im Sinne von Sueß ab, da dessen Untergang so viel Wasser verdrängt haben mußte, daß die anderen Kontinente vollständig überflutet worden wären, was, wie wir wissen, nicht der Fall war. Die Frage allerdings, wieviel Wasser zu dieser Zeit auf der Erde vorhanden war, ist ebenfalls ungeklärt. Einige sind der Ansicht, daß die Wassermenge der Ozeane sich in der letzten Billion Jahre vergrößert hat, da jedesmal, wenn eine vulkanische Eruption stattfindet, etwas Wasser, das im Magma des Substratum eingeschlossen ist (und mit der überspannten Bezeichnung »juveniles Wasser« belegt wird), in Form von Dampf entweicht. Andererseits gibt die Erde wahrscheinlich Wassermoleküle der äußeren Atmosphäre an den Weltraum ab. Welcher Prozeß nun stärker wirkt, dies herauszufinden, ist jedem einzelnen überlassen.

Amerikanische Geologen neigen daher dazu, sich die Verbindung zwischen den südlichen Kontinenten als eine schmale Landenge, wie etwa den Isthmus von Panama, vorzustellen und weniger als weiträumige, Ozeane füllende Kontinentalausläufer. Man kann dies aus den Karten von Schuchert und Joleaud ersehen.

Der amerikanische Geologe Schuchert umreißt die paläogeographische Geschichte wie folgt: die Antarktis nicht inbegriffen, gibt es sieben Hauptlandmassen – Nordamerika, Nordeuropa, Ostasien, Südamerika, Afrika, Indien und Australien. (Die Geologen bezeichnen diese Gebiete für die vergangenen Zeiten mit anderen Namen: Nordamerika ist »Laurentia« oder »Eria« usw.). Im Paläozoikum war das Landgebiet der Erde ausgedehnter als heutzutage, da es weniger Wasser gab und die Sial-Kontinentalmassen größer waren. Die Verbindungen zwischen den Landmassen verliefen im allgemeinen in östlicher und westlicher Richtung, nicht in nördlicher und südlicher, wie sie es heutzutage tun. Man kann

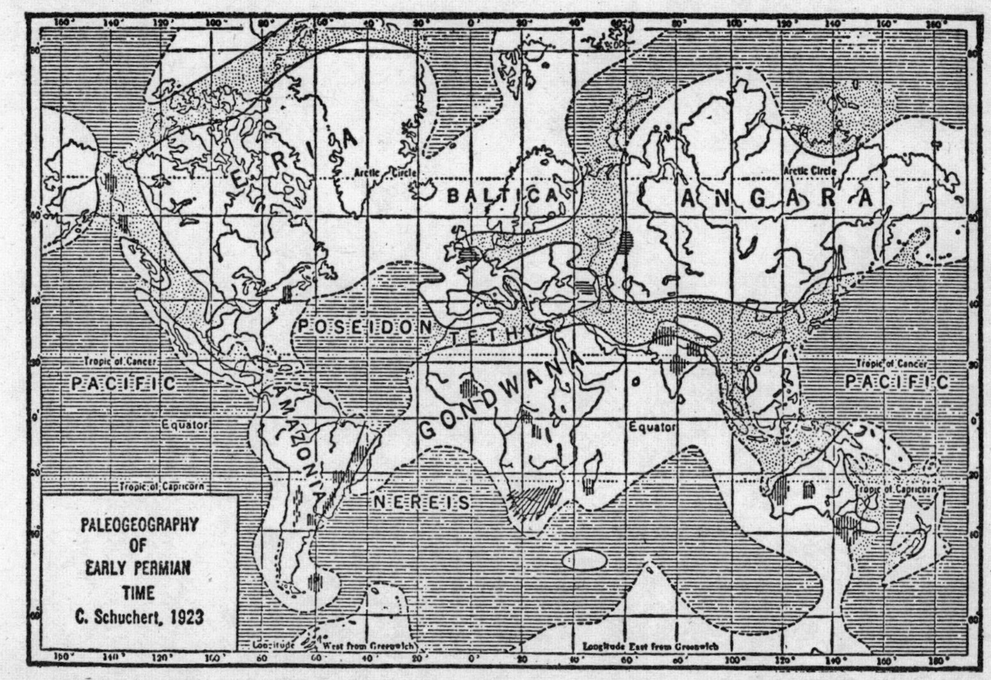

Weltkarte der Perm-Periode nach dem amerikanischen Geologen Schuchert. Die gepunkteten Gebiete stellten epeirische Seen dar. (Aus ›Outlines of Historical Geology‹ von C. Schuchert, 1931.)

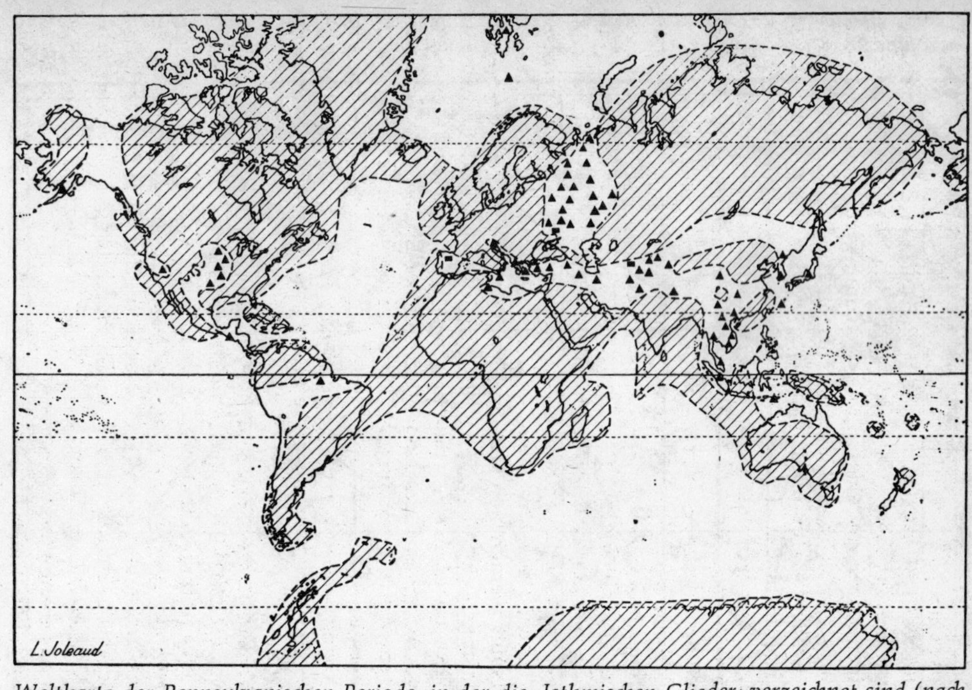

Weltkarte der Pennsylvanischen Periode, in der die ›Isthmischen Glieder‹ verzeichnet sind (nach Joleauds ›Paléobiogéographie‹).

sich die Weltkarte wie ein mikroskopisches Präparat vorstellen, das sieben Amöben enthält, die sich ausdehnen und schrumpfen und ihre Fühler zueinander ausstrecken. Einst fühlten ihre Tentakeln gen Osten und Westen, während sie heute nach Norden und Süden gehen.

Zur Zeit des Entstehens der Berge, als die Landgebiete hoch über dem Meer lagen, waren die nördlichen Landmassen in einem einzigen Kontinent, »Holarktika« genannt, vereint, der den Nordpol umschloß. Die südlichen Massen bestanden aus einem einzigen Gebiet – Gondwanaland. Der weltweite Zusammenschluß der Kontinente fand jeweils in langen Intervallen statt. In der übrigen Zeit lagen sie tiefer, und seichte Gewässer wuschen ihre Oberfläche aus, wobei Nordamerika zum Beispiel eine Zeitlang auf eine Inselgruppe reduziert wurde.

Die Erde wechselte darin ab, Berge aufzutürmen und sich auszuruhen. In der Zeit, in der die Berge entstehen (Orogenese nennen das die Geologen), liegen die Kontinente hoch über dem Wasser, das Klima ist kalt und trocken, die Landbrücken sind für Fußgänger geöffnet, während in den Ruheperioden die Kontinente tief liegen, flach und klein sind, die Landbrücken vom Wasser überspült werden und das ungehinderte Fluten der ozeanischen Strömungen ein mildes, feuchtes Klima bewirkt. Diese Auf- und Abbewegungen der Kontinente gehen nicht in einem kontinuierlichen Ablauf vor sich, sondern in unregelmäßigen Wellenbewegungen. Wenn die Kontinente sinken, kommen und gehen die Inlandmeere (»epeirische Seen«) mehrere Male, wobei sie jedesmal ein wenig weiter vorstoßen und weniger weit zurückgehen, bis nach zehn Millionen Jahren das Land seinen niedrigsten Punkt erreicht hat.

Während dieser Periode des Absinkens öffnen sich große Spalten im Erdmantel. Aus ihnen quillt Lava, die sich über Tausende von Quadratkilometern ergießt. Man kann sich die Szenerie vorstellen: ein großer Pfannkuchen zäher Lava, silbergrau in der Sonne schimmernd und bei Nacht in düsterem Rot glühend, wobei das heiße rotglühende Innere durch Risse in der abgekühlten Kruste scheint. Langsam, Stück für Stück, frißt sich die Lava über das ebene Land vorwärts, die Bäume am Wege werden braun und verglühen in einem Hochzüngeln der Flammen, die Viehherden fliehen. Die gewaltigsten Ströme dieser Art, inzwischen vollkommen erstarrt, wurden in Indien, Nordwesteuropa, im Westen der USA, im Süden von Südamerika und in Australien gefunden.

Lavaströme dieses Ausmaßes wälzen sich auch über den Meeresboden, jedoch lautlos. Zweitausend Meter unter der Meeresoberfläche steht das Wasser unter einem derartigen Druck, daß es nicht zum Kochen kommt, nicht einmal dann, wenn es mit weißglühender Lava zusammentrifft. Ein solcher Lavastrom ergoß sich zum Beispiel 1880 und 1890 ins Mittelmeer. Das Seewasser kühlt die submarinen Lavaströme alsbald ab.

Wenn das Land tief genug abgesunken ist, setzt eine Umkehrung der Abwärtsbewegung ein. Teile des Kontinents falten sich auf, als ob sie von den Rändern her zusammengedrückt würden, und die Erdteile steigen wieder empor – wiederum nicht kontinuierlich, sondern in Auf- und Abwärtsbewegungen, rascher vor sich gehend als das Absinken. Die Binnenseen fließen ab oder trocknen aus, Erosion macht aus den höher gelegenen Landgebieten zerklüftete Gebirge wie beispielsweise die Alpen. Es kommt zu Vulkaneruptionen. Das Klima wird trockener und kälter. Die Klimaunterschiede von Ort zu Ort und von Jahreszeit zu Jahreszeit sind ausgeprägter. Im extremen Falle kann eine Eiszeit die Folge sein. Dann ist das Emporsteigen beendet. Der Zyklus beginnt aufs neue.

Einige Geologen sind der Meinung, daß wir heute am Ende einer Orogenese-Periode leben und uns nun 25 oder 50 Millionen Jahre des Absinkens, Schrumpfens und Wärmerwerdens der Kontinente, auf denen wir leben, bevorstehen. Es ist ein ernüchternder Gedanke, daß die menschliche Rasse dereinst vielleicht mit zwei Dritteln oder nur der Hälfte der gegenwärtig vorhandenen Landmasse auskommen muß. Dabei dürfte es wenig tröstlich sein, daß der größte Teil des noch übriggebliebenen Landes dann ein mildes Klima, wie etwa das von Hawaii, haben wird.

Wenn auch so manche Orogenese-Krämpfe die Welt geschüttelt haben, sollten wir uns nur der wichtigsten Ereignisse dieser Art seit der Pennsylvanischen Periode (Zeitalter der Kohle und Amphibien) ungefähr vor 200 Millionen Jahren erinnern. Am Ende der nächsten Periode, des Perm, erfolgte eine große Orogenese, die »Appalachen-Revolution« genannt. Das Appalachen-Gebirge entstand zu dieser Zeit. Gondwanaland, sollte es je existiert haben, erreichte zu diesem Zeitpunkt seine größte Ausdehnung, während der größte Teil der südlichen Hemisphäre von Gletschern bedeckt war.

Darauf folgte das Mesozoikum mit kleineren Orogenesen und einer großen zum Schluß, der sogenannten »Laramiden-Revolution«. Diese Auffaltung schuf die Rocky Mountains und beendete das Zeitalter der Reptilien. Die Gondwanaland-Verfechter sind der Meinung, daß die Ost-West-Verbindungen zwischen den südlichen Kontinenten im Zeitalter der Reptilien für immer verschwanden und durch die gegenwärtigen Nord-Süd-Verbindungen ersetzt wurden. Damit würde eine Weltkarte aus der Zeit der Laramiden-Revolution ein recht modernes Aussehen haben.

Die Laramiden-Revolution war ungefähr vor 70 Millionen Jahren zu Ende und ging in das Zeitalter der Säugetiere, das Känozoikum, über. Dieses wiederum wurde durch eine große Orogenese abgeschlossen, die »Kaskaden-Revolution«, aus der das Himalaja-Gebirge und die pleistozäne Eiszeit hervorgingen. Das Pleistozän brachte vier Eiszeiten hervor (wir leben am Schluß der vierten). Der Mensch trat in diesem Zeitalter zum erstenmal auf, und Riesensäugetiere, wie Elefanten und Rhinozerosse, verschwanden fast überall, bis auf Indien und Afrika.

Die Geologen stimmen so ziemlich darin überein, wie die Zyklen der Gebirgsbildung und der Bodensenkung vor sich gehen. Was diese jedoch hervorruft, darüber herrscht keineswegs Einigkeit, auch nicht darüber, wie und warum Kontinente auseinanderbrechen und untergehen. Bei der natürlichen Schwimmfähigkeit des Kontinentalgesteins in der Sima-Kruste ist es schwer vorstellbar, daß eine solche riesige driftende Masse untergehen sollte.

Der irische Geologe Joly arbeitete eine Orogenese-Theorie aus, bei der die Zyklen von der Radioaktivität abhängig gemacht werden. Jegliches Gestein enthält radioaktive Elemente. Die Menge mag in einer bestimmten Einheit kaum ins Gewicht fallen. Wenn sie jedoch über Millionen von Jahre hinweg immer mehr zunimmt und nicht entweichen kann, vermag sie doch dazu beizutragen, das Gestein zu erwärmen. Joly nahm an, daß diese Wärme imstande war, die zähe heiße Glasmasse des Substratum zum Schmelzen zu bringen und daß diese, nun flüssig geworden, sich ausdehnte und so sich der Erddurchmesser – im Vergleich zu den heutigen Maßen – um zirka 64 Kilometer vergrößerte. Wenn das Basaltmagma des Substratum sich ausdehnt, weist es eine um sechs Prozent geringere Dichte auf als ursprünglich. Damit können die granitenen Kontinente in ihm nicht mehr so hoch driften wie zuvor. Es ist dann nur natürlich, daß die epeirischen Meere Teile von ihnen überfluten. Wenn die Expansion der Erde die Kruste dehnt, reißt diese auf, und Lava tritt an die Oberfläche.

Im Lauf der Zeit bewirken Strömungen innerhalb des Substratum, daß dieses abkühlt und sich wieder verfestigt, woraufhin der ganze Prozeß umgekehrt vor sich geht und eine Zeit der Orogenese anbricht. Sehr hübsch und plausibel ausgedacht. Ich meine nur, daß dieses Schema einige Mängel aufweist. Wenn man z. B. den Druck in Betracht zieht, der im Substratum herrscht, erscheint es nicht wahrscheinlich, daß es wirklich flüssig werden könnte, es sei denn durch Temperaturen, die so hoch wären, daß die ganze Kruste zum Schmelzen käme. Dies ist nur einer der Einwände zu einigen Vorstellungen von Jolys Theorie.

Willis, ein anderer Geologe, geht von der Annahme aus, daß die Kontinente durch »isthmische Glieder« miteinander verbunden waren: Gebirgszüge wurden vom Grund der Ozeane durch dieselben treibenden Kräfte emporgefaltet wie die Gebirge an Land. Da die Gesteine aus dichtem Sima bestanden, hätten diese Gebirgszüge nicht die natürliche Neigung gehabt, zu driften, und seien daher im Lauf von Millionen Jahren durch ihr Gewicht auf ihre frühere Ebene zurückgedrückt worden.

Barrell nimmt seinerseits an, daß diese Isthmen vom leichten Sial-Typ waren wie die übrigen Kontinente. Magma ist, wie bekannt, immer in geschmolzenem Zustand vorhanden und sucht sich seinen Weg an die Oberfläche, wo sich zwischen dem vorhandenen Gestein »Wälle« und »Einschübe« aus Basalt bilden. Barrell ist nun der Meinung, daß die Isthmen, als sie mit diesem schweren Material überladen waren, ihres ›Übergewichts‹ wegen sanken.

Gegen all diese Hypothesen kann man in mehr als einer Hinsicht gutfundierte Einwände erheben. Wir sollten indessen zugeben, daß niemand genau weiß, warum Kontinente oder Teile davon sinken, und sollten es dabei bewenden lassen. Zweifellos wird es eines Tages eine wohlbegründete Erklärung hierfür geben, die vielleicht Elemente älterer Theorien mit enthält.

Damit kommen wir zur Kontinentalverschiebungstheorie von Alfred Wegener, dem einstigen Professor für Geophysik und Meteorologie an der Universität von Graz, einer Theorie, die unabhängig von Wegener von Frank B. Taylor in den USA entwikkelt wurde (ein weiterer Fall von unabhängig voneinander gemachten Erfindungen!).

Wegener, der 1930 bei der Erforschung der grönländischen Eisdecke ums Leben kam, gab zu bedenken: Wenn die Kontinente in der Sima-Kruste wie Eisschollen auf Wasser schwimmen, warum sollten sie dann nicht auch darin driften wie Eisschollen? Er nahm deshalb die Existenz eines einzigen Superkontinents (»Pangäa«) im Paläozoikum an, der sämtliche heutigen Kontinente umschloß. Wenn Pangäa je existierte, muß es, wie das große Gondwanaland von Sueß und Dacqué, ein Land riesiger Wüsten gewesen sein, da die mächtigen Winde über Tausende von Kilometern über es hinwegbrausten, wobei sie jegliche Feuchtigkeit verloren und keine neue mehr aufzunehmen vermochten.

Wegeners Weltkarten zeigen, wie die Kontinente – mit ein bißchen Fantasie und Mühe – zusammengesetzt werden können wie ein Puzzlespiel. Pangäa brach, nach Wegener, im Mesozoikum, dem Dinosaurier-Zeitalter, auseinander. Die einzelnen Teile drifteten voneinander weg, bis sich im Pleistozän Europa von Nordamerika löste. Offensichtlich brauchen wir uns keine Gedanken wegen der Landbrücken zu machen, die die Kontinente verbanden, da sie ja einstmals ohnehin zusammenhingen. Und Atlantis wäre nach dieser Darstellung schlicht Nordamerika, das die Europäer vergaßen, nachdem es aus der Reichweite ihrer Schiffe gedriftet war.

Als Wegeners Theorie publik wurde, kamen von seiten der Wissenschaftler heftige Einwände. Einige Jahrzehnte lag sie mehr oder weniger ›auf Eis‹, bis zwischen 1950 und 1960 eine Menge neuer Erkenntnisse zur Kontinentaldrift aufkamen. Eine von ihnen betrifft den Erdmagnetismus: vulkanisches Gestein schließt eine Art fossiliären Magnetismus ein, sozusagen eine Konserve des Erdmagnetfeldes aus vergangenen Zeiten. Während die Lava abkühlte, richteten sich kleine Eisenoxydkristalle nach dem Erdmagnetfeld aus. Durch Untersuchung dieses Vulkangesteins können Wissenschaftler den Verlauf des Erdmagnetfeldes zu der Zeit, als die Lava erstarrte, feststellen. Durch Prüfung magnetischen Materials und mikroskopisch kleiner Fossilien vom Meeresgrund ist es uns möglich, eine ausgezeichnete Vorstellung davon zu erhalten, was sich in den Meeresbecken abspielte und was mit den Kontinenten während geologischer Zeiten geschah.

Einige riesige Riffe, wie das bekannte Delphin-Riff oder das Mittelatlantische Riff, erstrecken sich über den Meeresboden. Geschmolzenes Material drückt aus dem Erdinneren nach oben in diese Riffe, während das, was zuvor da war, nach beiden Seiten hin vom Riff weggeschoben wird. So dehnen sich die Meeresbekken aus, und die Kontinente werden davongetragen. Dort, wo zwei Betten aufeinandergeschoben werden, wird eines oder werden beide in das heiße Innere der Erde zurückgedrückt.

Wegener war der Auffassung, daß Grönland sich ungefähr 18 Meter pro Jahr nach Westen bewege. Die Kontinentalverschiebungsziffer liegt in Wirklichkeit bei 2½ Zentimeter pro Jahr. Die Drift muß deshalb schon viel länger erfolgen, als Wegener dies annahm. Die ursprüngliche Landmasse dürfte zu Beginn des Mesozoikums, im Zeitalter der Reptilien, vor 200 Millionen Jahren, aufgebrochen sein, und die Kontinente haben ihre gegenwärtige Position ungefähr mit dem Beginn des Känozoikums, dem Zeitalter der Säugetiere, vor 70 Millionen Jahren, erreicht. Daher kann die Kontinentaldrift nicht mit Platos Atlantis in Zusammenhang gebracht werden.

Vieles gilt es noch zu erforschen; so sind die Geologen sich zum Beispiel nicht darüber einig, ob es ursprünglich einen Superkontinent (Pangäa), oder zwei gab, die von den Geologen Laurasia und Gondwanaland genannt werden. Die allgemeine Tatsache einer Kontinentaldrift scheint jedoch anerkannt zu sein.

Neben der Wegenerschen Hypothese gab es eine Menge von geologischen Grenztheorien, die – aus diesem oder jenem Grund – die meisten Geologen nicht überzeugen konnten. Unter diesen ist vielleicht die interessanteste diejenige, die 1912 der französische Geologe Pierre Termier aufstellte. Es war Termier bekanntgeworden, daß ein Kabeldampfer, der 1898 ungefähr 900 Seemeilen nördlich der Azoren nach den gerissenen Enden eines Telegrafenkabels suchte, in seinen Schleppvorrichtungen Splitter von Tachylit aus einer Tiefe von zirka dreitausend Metern nach oben brachte. Tachylit ist ein natürliches, nicht kristallines vulkanisches Glas, das gewöhnlich entsteht, wenn Lava in der freien Luft abkühlt.

Durch Lektüre eines geologischen Berichtes über die Eruption des Mont Pelée in Westindien erfuhr Termier, daß Tachylit dort aus Lava entstanden war, die der Luft ausgesetzt gewesen war. Lava jedoch, die unter einem zuvor erkalteten Lavamantel entstand, hatte sich kristallisiert. Daraus zog er den Schluß, daß Tachylit nur unter leichtem Druck der Atmosphäre entstehen könne und daß deshalb das von dem Kabeldampfer aufgenommene Tachylit an der Luft entstanden sein müsse. Die Schlußfolgerung war natürlich der Untergang von Atlantis. Termier nahm an, daß der Kontinent innerhalb von 64 000 und 520 000 Quadratkilometern 3000 Meter tief unter der Meeresoberfläche verschwunden war.

Schuchert wies alsbald darauf hin, daß Termiers Mutmaßungen

›Die Erde lebt‹: Bei bestimmten Erdbewegungen reißt die Erdkruste, und magmatisches Ergußgestein schiebt sich zwischen die vorhandenen Gesteinsmassen (Basaltkegel bei Wyoming/USA, genannt ›Devil's Tower‹).

Wahrscheinlich der erste Seismograph der Welt (132 n. Chr. in China konstruiert).

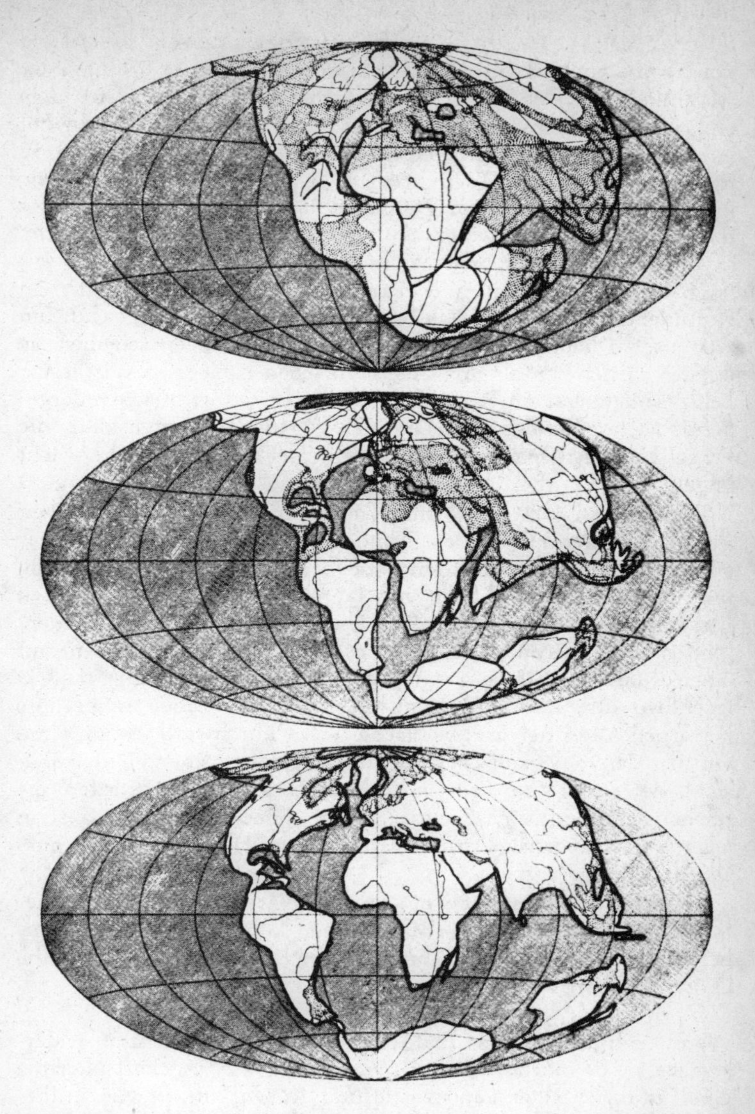

Die Kontinentaldrift – die Welt (von oben nach unten) in der Pennsylvanischen, Eozän- und Pleistozän-Periode (nach Wegener).

falsch seien. Weder Druck noch Luft spielen bei der Erstarrung von Lava eine Rolle. Es ist vielmehr der Grad der Abkühlung, der wesentlich ist. Lava, die unter einer Schicht bereits erhärteter Lava erstarrt, bildet Kristalle aus, da sie langsamer abkühlt. Sowohl Laborexperimente als auch Untersuchungen von Unterwasserlava haben ergeben, daß Tachylit sich genauso unter Wasser wie irgendwo sonst ausbildet. Dennoch haben die Atlantisten Termiers Argumente aufgenommen und bedienen sich ihrer seitdem, als ob diese Theorie niemals widerlegt worden wäre.

Soviel zu Gondwanaland, Pangäa und anderen geologischen Kontinenten. Es handelt sich bei ihnen mehr oder weniger nur um wissenschaftliche Annahmen. Europäische Geologen scheinen sie ernster zu nehmen als ihre amerikanischen Kollegen. Auf diesem Felde findet man unter Hochqualifizierten derart auseinandergehende Meinungen, daß der Laie sich genauso gut sagen kann, die Frage der untergegangenen Kontinente sei aus geologischer Sicht ungeklärt.

Die meisten Geologen stimmen jedoch sehr wohl in einigen Punkten überein: daß diese Länder, wenn sie existierten, zwar auseinanderbrachen, aber lange bevor Zivilisationen entstanden, und daß sie über Millionen von Jahren hinweg Stück um Stück versanken. Bei den riesenhaften Überflutungen, die stattfanden, gibt es keinen Grund, anzunehmen, daß ein ganzer Kontinent mit einem Male überschwemmt wurde. Die Materie darunter muß ja irgendwo hin, und dies braucht seine Zeit. Große gasgefüllte Kavernen unter der Erdoberfläche, wie Churchward sie annahm, würden den physikalischen Gesetzen widersprechen. Einige tausend Meter unter der Erde, noch lange, bevor das Substratum erreicht ist, kommt eine Zone weichen Materials, wo das Gestein leicht verformbar ist. Darunter würde jeder Hohlraum sofort ausgefüllt werden.

Vulkanische Eruptionen mögen einige wenige Quadratkilometer drastisch verändern. Veränderungen kontinentalen Ausmaßes benötigen Millionen von Jahren. Daher bietet die Geologie keine Untermauerung für Platos Darstellung.

Wenn auch die Geologie Platos Geschichte nicht bestätigt, widerlegt sie sie dennoch wirklich? Was wissen wir gesichert über die Überflutung riesiger Landstriche und Auswirkungen von Erdbeben? Und sind diese Tatsachen ein Schlüssel dazu, woher Plato seine Ideen nahm?

Reichlich wenig wissen wir über die Überschwemmung von Landgebieten — temporär und auf Dauer. Die vier Hauptgründe für Überschwemmungen sind: die Überflutung von Flußtälern, der Einbruch des Meeres in Landgebiete, die unter dem Meeresspiegel liegen, eine Springflut aufgrund von Erdbebenwellen und das langsame Absinken in der Folge von Bewegungen der Erdkruste. Lassen Sie uns diese der Reihe nach bedenken.

Die Überflutung von Flußtälern. Wahrscheinlich gehen auf sie die Sintflut-Mythen zurück, da Zivilisationen gewöhnlich in Flußtälern ihren Anfang nahmen. Dennoch, das Gebiet, das von solchen Fluten heimgesucht wird, ist begrenzt, und die Auswirkungen sind im allgemeinen vorübergehend, obwohl Erdrutsche bisweilen Flüsse abriegeln und damit kleine Seen bewirken. Dessenungeachtet richten solche Überflutungen genug Schaden an, um ihre unwissenden Opfer glauben zu machen, die ganze Welt stehe unter Wasser. Chinesische Erzählungen sprechen davon, daß sich zur Regierungszeit des Kaisers Yao (2287 v. Chr.) bei einer Hochwasserflut die Wasser des Gelben Flusses mit denen des Jangtsekiang vereinten, wodurch ein großer Binnensee entstand. Der hervorragende Ingenieur Yü verbrachte Jahre damit, diesen unter Kontrolle zu bringen. Eine Kombination aus Hochwasser und Sturm, das Wasser an einer Flußmündung aufpeitscht, kann außerordentlichen Schaden anrichten. Im Jahre 1876 wird eine Sturmflut verzeichnet, die in Bengalen rund 8000 Quadratkilometer tiefliegenden Landes überschwemmte, wobei 215 000 Menschen ums Leben kamen.

Noahs Sintflut mag einer wirklichen Flutkatastrophe entsprochen haben, die irgendwann zwischen 5400 und 4200 v. Chr. ungefähr 100 000 Quadratkilometer des Euphrattales überschwemmte. 1929 fand Woolley, der in dem Tal Ausgrabungen machte, eine 2,40 Meter tiefe Lehmlage, die keine Hinweise auf Spuren menschlichen Lebens enthielt. Darunter begannen Schichten mit Schuttablagerungen. Über der Lehmlage waren die Überreste lediglich sumerischen Ursprungs, in der unteren Lage sumerisch und präsumerisch. Sumerische Chroniken behandeln die Flut als ein historisches Ereignis und erwähnen Könige und Städte, die davor und danach existierten. Woolley schloß daraus, daß die Sumerer vor der Flut das Land erobert und ihre Städte an den höhergelegenen Stellen erbaut hatten, während die primitiveren Prä-Sumerer in den tiefergelegenen Gebieten verblieben. Die Flut spülte die Prä-Sumerer hinweg, ließ aber die sumerischen Städte unversehrt. Ihre Bewohner besiedelten danach das ganze Land. Es gibt Anhaltspunkte für mehrere solcher Fluten. Der Irak hatte zu jener Zeit (einer Theorie gemäß) ein feuchteres Klima.

Einbruch des Meeres in Landgebiete, die unter dem Meeresspiegel liegen. Wenn das Mittelmeerbecken vom Atlantik aus überflutet wurde, wie es einige Geologen annehmen, hätte dies eine Überflutung größten Ausmaßes sein müssen. Um jedoch von historisch belegbaren Fällen auszugehen, wäre als bestes Beispiel die Überschwemmung der Zuider-See (1282) zu nennen. Diese Bucht bestand aus Festland unter Seehöhe, bis ein großer Sturm die natürlichen Deiche zerstörte, woraufhin die Nordsee einbrach und das ganze Gebiet in einem einzigen Tag überflutete. Die regsamen Holländer sind seitdem fleißig dabei, das Wasser wieder hinauszupumpen. An etlichen anderen Orten der Welt — in der Sahara, um das Kaspische Meer, am Toten Meer und in Australien — geschahen in Landgebieten, die unter Meereshöhe lagen, ähnliche Katastrophen. 1906 überflutete der Colorado River einen Teil des Imperial Valley in Südkalifornien, das unter dem Meeresspiegel liegt. Der ausgetrocknete, rund 10 000 Quadratkilometer umfassende Eyre-See in Australien füllte sich vor einiger Zeit plötzlich mit Wasser.

Etliche antike Schriftsteller wie Florus und Timagenes berichten, daß die Kelten und Germanen durch solche Fluten von ihren Heimstätten an den Nordküsten Europas vertrieben wurden. Ihre Erzählungen ähneln späteren mittelalterlichen Mythen von Ys und Lyonesse. Bretonischen Legenden zufolge erhob sich in frühchristlicher Zeit die Stadt Ys an den Ufern der Bucht von Trespasses. Der reiche und fromme König Gradlon bewahrte sie vor hohen Flutwellen durch einen Wall und einen Graben, der das überkommende Wasser auffing. Gradlons zügellose Tochter Dahut betrank sich einst mit ihrem Liebhaber, verübte einige ausgelassene Streiche und öffnete zuletzt das Schleusentor mit dem Schlüssel, den sie ihrem Vater gestohlen hatte. In einer anderen Version öffnete sie versehentlich das Schleusentor, von dem sie meinte, es sei das Stadttor, um ihren Liebhaber einzulassen. St. Gwenole, der Begründer des ersten Klosters in Armorica, warnte seinen Herrscher, welcher auf ein schnelles Roß sprang und gerade noch vor der herannahenden Flutwelle davongaloppierte.

Eine ähnliche Geschichte gibt es über Lyonesse, eine Insel, die an der Spitze von Cornwall gelegen haben soll. Als sie sank, war der einzige Überlebende ein Mann namens Trevillon, der, gleich

Gradlon, wie von Furien gehetzt zum Festland ritt. Die Iren von Connemara kennen eine Überlieferung, wonach eines Tages eine versunkene Stadt vor ihrer Küste wieder auftauchen wird, was zur Folge hat, daß Galway, ein anderer Ort, überflutet wird. In einer stürmischen Nacht im Jahre 1946 wurden die Bewohner dieses Küstenstriches in Schrecken versetzt, als sie einen Lichterschwarm an der Stelle erblickten, wo die Stadt untergegangen sein soll. Ihre Ängste schienen sich zu bestätigen, als ein Mann mit Galway telefonieren wollte und ein neu angestellter Telefonist ihm die Auskunft gab: »Es meldet sich niemand, die scheinen alle gestorben zu sein.« Bei Tagesanbruch sahen die Einwohner von Connemara jedoch mit Erleichterung, daß die ›Stadt‹ eine spanische Kutterflotte war, die sich des Sturmes wegen in den Schutz der Aran-Inseln begeben hatte und nun die Anker lichtete.

Gidon, der Übersetzer von Bessmertnys Buch *Rätsel Atlantis*, bastelte unter Bezugnahme auf Küstensturmfluten, von denen Strabon und andere Schriftsteller der Antike berichten, eine eigene Atlantis-Theorie. Die meisten Geologen stimmen darin überein, daß, als das pleistozäne Eis am weitesten vorgedrungen war, England und Irland mit Europa verbunden waren und daß zu jener Zeit der größte Teil der Nordsee eine Tiefebene war, in welcher sich die Themse, der Rhein und andere Flüsse träge dahinwanden. Die Ebene sank vor 25 000 bis 10 000 Jahren unter den Meeresspiegel. Heutzutage kommt es durchaus vor, daß Fischer bisweilen steinzeitliche Werkzeuge und Mammutzähne aus der Nordsee heraufholen.

Gidon, der die Dinge etwas übertreibt, verlegt diese Überflutung in das Bronzezeitalter und untermauert die Theorie durch eine Studie über die Verteilung der Pflanzen in Nordwesteuropa. Er zieht den Schluß, daß Platos Erzählung auf einer Serie von Überschwemmungen, ähnlich der Zuider-See-Katastrophe, basiert, vermischt mit anderen Elementen, als da sind Gerüchte um atlantische Inseln. Für ihn war Platos atlanto-attischer Krieg nichts weiter als die Schilderung des Einbruchs der Kelten und Germanen, die durch die Flutkatastrophe vertrieben wurden. Originell, doch vom Stand unseres heutigen Wissens aus kaum haltbar.

Die Springflut. Während der letzten zwei Jahrhunderte kamen bei Erdbeben 60 000 Menschen in Lissabon (1755), 30 000 in Kalabrien (1783), über 100 000 in Messina (1908), über 100 000 in Kansu, China (1920) und über 142 000 in Japan (1923) ums

Leben. Die chinesische Historie berichtet von noch zerstörerischeren Beben wie das von 1556, bei dem 830 000 Menschen getötet worden sein sollen. Mag dies auch übertrieben sein, der Schaden war ohne Zweifel groß. Es sind jedoch einige Dinge über Erdbeben zu bedenken, bevor man aus Plato einen Seismologen macht.

Die großen Verluste bei Beben sind nicht darauf zurückzuführen, daß Menschen von der Erde verschlungen werden oder ein Gebiet für immer unter Wasser gesetzt wird, sondern 1. auf zusammenstürzende und brennende Häuser, 2. auf Erdrutsche und 3. darauf, daß Erdbeben sich in dichtbesiedelten Gebieten ereignen. Das Erdbeben von Messina verursachte einen Riesenschaden dadurch – obwohl es nicht ein Beben der höchsten Kategorie war –, daß die Häuser der Stadt aus dickwandigen, schlecht zementierten Wänden erbaut waren, ohne Stützbalken, die beim ersten Stoß in sich zusammenfielen.

Als ein Beispiel dafür, was Erdrutsche anrichten können, möge die Katastrophe von Kansu gelten, die sich in einem Gebiet tief in Löß eingeschnittener Täler ereignete. Löß ist bekanntlich eine leichte Erde, die der Wind aufhäuft. Tausende von Menschen lebten in Erdhöhlen, die sie in die Lößhügel gegraben hatten. Das Beben brachte die Erde ins Rutschen und verschüttete die Höhlen. Bei dem japanischen Erdbeben von 1923 kam es am Hijiridake-Gebirge, sechs Kilometer vom Meer entfernt, zu einem Erdrutsch, der mit hundert Stundenkilometern die Stadt Nebukawa am Ufer der Sagami-Bucht auslöschte, eine Eisenbahnstation samt wartendem Zug in die Bucht schob und da, wo die Station gewesen war, einen Mandarinenhain hinterließ – die Bäumchen standen fast alle noch aufrecht und wuchsen wieder an.

Es hat viele Erdbeben gegeben, die weniger Schaden verursachten, aber genauso heftig waren wie die, die ich erwähnt habe. Sie ereigneten sich nur in dünner besiedelten Gebieten oder unter der Meeresoberfläche. Das Gebiet, in dem großer Schaden selbst von einem sehr heftigen Beben angerichtet wird, bleibt verhältnismäßig klein. So war das Erdbeben, das 1872 im Owens Valley in Kalifornien registriert wurde, schwerer als das von San Francisco 34 Jahre später; dennoch wurden nicht einmal 100 Schadensfälle gemeldet.

Normalerweise verursacht ein Erdbeben unter der Meeresoberfläche eine Springflut, von den Seismologen auch mit dem japanischen Wort *tsunami* bezeichnet, von Laien fälschlicherweise oft »Gezeitenwelle« genannt. Im allgemeinen hat solch ein Beben eine ganze Reihe von derartigen Wellen zur Folge, wobei die größte zuerst kommt. Eine Springflut kann auf dem Meer meist nicht mit bloßem Auge ausgemacht werden, da die Wellenberge weich verlaufen. Doch je näher sie dem Ufer kommt, um so höher und steiler wird sie. Wenn sie auf eine sanft verlaufende Küste tritt oder in eine seichte Bucht gelangt, kann sie Einbrüche von verheerendem Ausmaß verursachten. Für gewöhnlich hat die Welle nicht die steile Höhe eines Brechers, sie ist mehr wie eine jähe Flut, die weit über die normale Höhe hinausgeht. Nachstehend einige der größten *tsunamis:*

Ort	*Zeit*	*Höhe in m*
Lima, Peru	1724	24
Kamtschatka	1737	64
Callao, Peru	1746	24
Lissabon	1755	18
Arica, Peru	1868	16
Iquique, Chile	1877	24
Krakatau	1883	15–30
Sanriku, Japan	1896	15–30

Beim Krakatau verursachte eine vulkanische Eruption, nicht ein Erdbeben, die tsunami. Damals brach der Krakatau mit einem Grollen aus, das fast fünftausend Kilometer im Umkreis gehört wurde. In der Springwelle ertranken 36 500 Menschen, die an der Küste der um Indonesien liegenden Inseln gelebt hatten. Die Westküste Südamerikas ist besonders anfällig für derlei Katastrophen. Bei der Callao-Springflut sanken neunzehn von dreiundzwanzig verankerten Schiffen, der Rest wurde an Land gespült.

Die Höhen der meisten *tsunamis* werden danach berechnet, auf welcher Höhenlinie Schaden angerichtet wird oder Trümmer gefunden werden, denn die meisten Menschen, die eine *tsunami* kommen sehen, wären kaum imstande, sie lange genug ins Auge zu fassen, um eine gute Schätzung vorzunehmen. Zudem erreichen sie ihre größte Höhe auf kurzen Uferstrecken, dort, wo die Bodenformation am geeignetsten ist. Sollten Sie sich jemals an einem Strand in einer Erdbebenzone aufhalten und ein Grollen von See her hören, während das Meer zurückweicht und Hunderte von Krabben und Fischen freigibt: rennen Sie, und zwar zum nächstgelegenen höchsten Punkt. Es bleiben Ihnen zwischen fünf und dreißig Minuten.

Erdbeben haben einige bemerkenswerte *tsunamis* im Mittelmeer verursacht. Klassische Schriftsteller beschrieben sie, und Plato könnte seine Vorstellungen vom Verschwinden ganzer Kontinente aus solchen Vorgängen bezogen haben. Ich werde im Verlaufe dieses Buches noch ausführen, was ihn inspiriert haben mag.

Plato berichtete davon, daß im atlanto-attischen Krieg die attische Armee durch ein Erdbeben von der Erde verschluckt wurde. Es war allgemein üblich, anzunehmen, daß bei schweren Beben sich Erdspalten öffnen, groß genug, um ganze Städte zu verschlingen. Nun hat sich aber erwiesen, daß solche Vorstellungen übertrieben sind. Erdbeben verursachen zwar Spalten in der Erde, doch nur von der Größe, daß man sich darin den Fuß brechen könnte, wenn man allzu achtlos wäre. Nirgendwo haben sie die Ausmaße angenommen, um ein Haus, eine Stadt oder eine ganze Armee verschwinden zu lassen.

Permanente Überflutung. Erdbeben oder vulkanische Eruptionen vermögen die Konturen eines Landes zu verändern und dieses unter den Meeresspiegel zu drücken. Die Krakatau-Eruption zerstörte eine Insel von rund 400 Metern Höhe. Darüber schloß sich das Meer mit einer Tiefe von fast 600 Metern. Doch die Insel hatte lediglich eine Ausdehnung von 36 Quadratkilometern. Da vulkanische Eruptionen nur einen verhältnismäßig kleinen Bereich in Mitleidenschaft ziehen, kann man sie nicht mit dem Untergang ganzer Kontinente in Beziehung bringen, wie Plato dies tat.

Es gibt zweierlei Arten von Erdbewegungen, die ein Erdbeben ausmachen. Zuerst erfolgen Vibrationen oder ein Beben von gewöhnlich weniger als zwei Zentimetern Schwingungsweite, doch bisweilen heftig genug, um Steine aus dem Erdreich zu lösen, Häuser über den Köpfen ihrer Besitzer zusammenstürzen zu lassen oder Erdrutsche in Bewegung zu setzen. Die zweite Art besteht in einer langsameren, aber stetigen Verschiebung von Teilen der Erdkruste, welcher Vorgang eine *tsunami* auslösen kann oder, wenn er in einer Stadt geschieht, den Bruch von Wasserrohren, wodurch die Bewohner nicht in der Lage sind, die Brände zu löschen, die beim Zusammenstürzen ihrer Häuser samt brennender Öfen entstanden.

Die Erdkruste, so belehren uns die Geologen, besteht aus eigenartig geformten Gesteinsblöcken, zirka acht Kilometer im Durchmesser und zu bisweilen maximal fünfzig Kilometer breiten Superblöcken vereint. Diese Blöcke bewegen sich ständig leicht gegeneinander. Wenn sie jedoch eng ineinander passen, können sie an den ›Nahtstellen‹, Verwerfungsspalten genannt, nicht frei gegeneinander gleiten. Es entsteht deshalb entlang jeder Verwerfungsspalte eine Spannung, bis die natürliche Härte des Gesteins dieser Spannung entgegenwirkt und der Block in seine ursprüngliche Form ›zurückschnappt‹. Während dieses ›Zurückschnappens‹ löst das Aneinanderreiben der beiden Gesteinsblöcke entlang der Verwerfungsspalte die Schwingungen aus, die ein Erdbeben ausmachen. Das ›Zurückschnappen‹ dauert einige Minuten und verschiebt auf beiden Seiten der Verwerfungsspalte die Erdoberfläche, wobei zerbrochene Gartenzäune und zerstörte Straßen zurückbleiben. Einige der markantesten uns bekannten Verschiebungen sind:

Ort	*Zeit*	*Länge der Verwerfung in km*	*Max. Horinzontal-Verschiebung in m*	*Max. Vertikal-Verschiebung in m*
Owens Valley	1872	64	5	7
Japan	1891	96	3	6
Alaska	1899	?	?	14
San Francisco	1906	105+	6	0,9
Neufundland	1929	?	?	10

Als Folge der Erdbeben, die 1868 und 1906 stattfanden, vergrößerte sich die Entfernung zwischen dem Mount Tamalpais und dem Black Mountain in Kalifornien um rund drei Meter. Offensichtlich geht den Erdvermessern die Arbeit nicht aus. Denn kaum haben sie das Terrain genau vermessen, erschauert die Erde und verändert sich.

Erdbeben kommen fast überall vor, sind aber glücklicherweise nur in einer bestimmten Erdbebenzone oder einem Erdbebengürtel an der Tagesordnung. Der erste dieser Gürtel ist die hufeisenförmige Zone um die Strände des Pazifischen Ozeans, wozu Neuseeland, Neuguinea, Japan, Alaska, Kalifornien und Chile gehören. Die zweite Zone geht in Ostindien von der ersten aus, erstreckt sich westlich am Himalaja vorbei nach dem Iran und weiter nach Südeuropa bis zum Atlantik, wo sie ausläuft.

Die Atlantisten könnten die Frage stellen: Wenn der Meeresboden vor der Küste von Neufundland fast zehn Meter einbrach und die Strände der Yakutat-Bucht in Alaska um nahezu vierzehn Meter emporgehoben wurden, und dies bei einem einzigen Erdbeben, warum sollten ein oder mehrere solcher Beben nicht in der Lage sein, einen ganzen Kontinent verschwinden zu lassen? Ein Absinken um fünfzehn Meter könnte die Überschwemmung einer niedriggelegenen flachen Landschaft wie etwa der der Sümpfe von Florida zur Folge haben.

Aber diese Theorie funktioniert, wie so viele andere, in der Praxis nicht. Die oben angegebenen Daten sind die der markantesten Erdbewegungen. Die Verschiebungen in den anderen Erdbebengebieten waren weitaus geringer. Ein Beispiel: Das Alaska-Beben von 1899 verursachte zwar maximal eine vierzehn Meter hohe Verschiebung, aber das Gebiet, in dem das Beben sich ereignete, hatte lediglich einen Durchmesser von 24 bis 32 Kilometern. Dabei ging die Verschiebung nur bei einem Gebiet von einer Breite zwischen 10 und 16 Kilometern über sechs Meter hinaus. Das Herausheben einer Erdfläche hat im übrigen das Einsinken an anderer Stelle zur Folge. Die Blöcke an jeder Seite der Verwerfungsspalte werden in die entgegengesetzte Richtung gedrückt. Wenn das Beben sich dann ereignet, geben die gekrümmten Bereiche nach einer Seite hin nach.

Berichte von Überschwemmungen aus historischen Zeiten zeigen auf, daß dies alles lokale Veränderungen waren. Bei einer der größten Überschwemmungskatastrophen versanken 1762 rund 160 Quadratkilometer des Chittagong-Distrikts in Bengalen im Meer. Das ist ein Gebiet, ungefähr von der Größe von Staten Island, New York.

Gewiß, Donnelly weist darauf hin, daß ein Erdbeben 1819 in Indien rund 5200 Quadratkilometer unter Wasser setzte, doch dieser Hinweis gibt kein vollständiges Bild von dem, was wirklich geschah. Das Beben, von dem die Rede ist, ereignete sich in der Rann von Kachh, einer flachen Wüste von rund 20 800 Quadratkilometern östlich des Indus-Deltas. Während des Südwestmonsuns ist die Ebene von einer dünnen Salzwasserschicht bedeckt. Wenn der Indus über die Ufer tritt, steht sie unter Süßwasser. Das übrige Jahr ist sie ausgetrocknet und mit blendend weißen Salzlecken überzogen; ein unheimliches, einsames Fleckchen Erde, auf dem kaum Leben existiert, ausgenommen Herden wilder Esel.

Das Beben von 1819, das die Rann etwas vergrößerte, ereignete sich entlang einer Ost-West-Verwerfungsspalte von 80 Kilometern. Das Gebiet im Norden hob sich um drei Meter, das im Süden sank etwa um die gleiche Höhe. Ein seichter See von einigen hundert Quadratkilometern entstand im Westteil der Rann, aus dessen Wassern dann das längst verlassene Fort Sindri herausragte. Während der folgenden hundert Jahre verschlammte dieser jedoch, und die Rann gewann viel von ihrem früheren Gesicht zurück.

Das einzige, was wir daher sagen können, ist, daß, wenn es irgendwo eine große Insel mit sehr flachem Relief gegeben haben sollte, die nur wenige Meter über Meereshöhe lag, es sein könnte, daß davon einige hundert Quadratkilometer bei einem Erdbeben von nie gekannten Ausmaßen versanken. Doch erstens beschreibt Plato Atlantis als gebirgig. Zum zweiten sind einige hundert Quadratkilometer ein winziger Teil einer Insel von kontinentalen Ausmaßen. Und drittens würde eine solche Insel nicht gänzlich verschwinden, nachdem sie überflutet wurde, sondern würde als Untiefe oder Sandbank weiter vorhanden sein, wie dies ja Plato von Atlantis auch annahm. Aus einer Relief-Karte des nordatlantischen Meeresbodens kann man ersehen, daß es dort, wo Plato Atlantis ansiedelte, keine solche Bank gibt.

Donnelly war der Meinung, das Delphin-Riff, das im Mittelatlantik eine S-Kurve beschreibt, sei ein Überrest von Atlantis. Das Azorengebiet ausgenommen, das eine Region steiler Unterwasserberge aufweist, liegt jedoch fast das ganze Delphin-Riff drei- bis viertausend Meter unter Wasser, und es gibt keine Methode, eine große Insel auf diese Tiefe hinunterzubringen, und zwar in dem Zeitraum von 10 000 Jahren, der zur Verfügung gestanden hätte. Das letzte Wort zum Delphin-Riff als dem mutmaßlichen Fundort von Atlantis wurde wahrscheinlich von Dr. Maurice Ewing von der Columbia-Universität gesprochen, der bekanntgab, daß nach dreizehnjähriger Erforschung des mittelatlantischen Riffs durch Echolot, Absuchen des Meeresgrundes mit Schleppnetzen und Hinabbringen einer Kamera und Suchlichtern auf eine Tiefe von mehreren tausend Metern, um den Meeresboden zu fotografieren, keine Spuren von versunkenen Städten gefunden wurden.

Außer den geschilderten Landüberflutungen gibt es noch zwei weitere Möglichkeiten, die dasselbe Ergebnis zeitigen, nur langsamer. Einmal ist da die ständige Verschiebung von Teilen der Erdkruste (auch ohne Erdbeben). Die Ostseeregion zum Beispiel hebt sich um ungefähr einen Zentimeter pro Jahr. Diese Landmasse war vom Gewicht der skandinavischen Eisdecke während des Pleistozäns in das Substratum gepreßt worden. Nun, da die Eisdecke geschmolzen ist, kommt diese Region wieder nach oben wie ein Stück Holz, das unter Wasser gedrückt und dann losgelassen wurde. Bei diesem Tempo könnte die Ostsee in weiteren 100 000 Jahren trockengelegt sein. Raschere Auf- und Abwärtsbewegungen finden in Japan statt – sieben bis zehn Zentimeter pro Jahr, jedoch nicht bei größeren Gebieten. Inseln werden an manchen Stellen herausgehoben, an anderen sinken sie ab.

Eiszeitalter verändern auch insofern die Kontinente, als sie genug Wasser in den Gletschern speichern, um den Meeresspiegel zu senken. Geologen haben herausgefunden, daß während der vierten Pleistozänen Eiszeit der Meeresspiegel um 60 bis 120 Meter tiefer lag, als dies heute der Fall ist, was bewirkte, daß die Britischen Inseln mit Europa und Alaska mit Sibirien verbunden waren. Gegenwärtig (das hängt mit dem Schrumpfen der arktischen Eisberge zusammen) wird das Klima wohl immer wärmer werden, und der Meeresspiegel steigt. Wenn die Wärme derart sein wird, daß die grönländischen und antarktischen Eisdecken vollständig wegschmelzen, dann wird der Meeresspiegel neun bis zwölf Meter höher sein als jetzt. Damit müßten sämtliche Seehäfen kilometerweit ins Inland verlegt werden. Glücklicherweise geht dieser Prozeß nur mit außerordentlicher Langsamkeit vor sich.

Dr. Trask vom Geologischen Überwachungsamt der USA meinte vor einiger Zeit, daß die pleistozänen Eisdecken so viel Wasser an sich zogen, daß es damals keine Ozeane gab – lediglich kleine Seen, eigentlich nur noch Wasserlachen am Grunde der Ozeanbecken. Bei einer derartigen Verlandung wären jedoch die plazentabildenden Säugetiere nach Australien gelangt, was offensichtlich nicht geschah.

Außer den Arten der Erdveränderungen, die wir dargelegt haben, gibt es die alltägliche Erosion durch Wind, Wellenbewegung und Regen, den modellierenden Effekt der Flüsse und Gletscher und die Bildung sowie das Zurückgehen von Stränden. Normalerweise sind dies alles langsame, keineswegs katastrophenähnliche Vorgänge, obgleich ein großer Sturm beträchtlichen Schaden anrichten kann. 1938 warf zum Beispiel ein Hurrikan bei Neu-England zwölf Meter hohe Wellen auf, und 1099 spülte ein Sturm die kleine Insel Loumea vor der Küste von Kent in England weg. Was blieb, war eine Sandbank, die heimtückischen Goodwin Sands.

Plato beobachtete die Erosion, die an der griechischen Halbinsel am Werk war. Er war immerhin einer der ersten Schriftsteller, der zur Kenntnis nahm, daß es solch einen Erosionsprozeß gibt. Dies müssen wir ihm zugute halten. In der Annahme allerdings, das zerklüftete Griechenland sei durch eine Serie von Überschwemmungen herausmodelliert worden und nicht durch die Tag-für-Tag-Aktion des Windes, ging er fehl.

Welche geologischen Schlüsse lassen sich nun in bezug auf untergegangene Kontinente ziehen? Z. B., daß die Weltkarte im Paläozoikum vor mehr als 200 Millionen Jahren sehr verschieden war von der heutigen. Die Kontinente waren möglicherweise zusammengeschlossen, entweder in ein einziges Pangäa oder in zwei Superkontinente: das nördlich gelegene Laurasia und das südliche Gondwanaland. Daß die Superkontinente auseinanderbrachen, ihre Teile in alle Himmelsrichtungen auseinanderdrifteten und zu unseren heutigen Kontinenten wurden. Daß im Mesozoikum vor 70 Millionen Jahren die Kontinente nahe an ihrer gegenwärtigen Position angelangt waren. Eine Erdkarte aus dieser Zeit wäre durchaus up to date. Daß Inseln während der geologischen Zeiten auftauchten und versanken und seichte Meere das Land überfluteten und wieder zurückwichen. Aber kein Kontinent verschwand jemals vollkommen. Je größer eine Landmasse, um so langsamer verändert sich diese. Wenn zum Beispiel einst eine große Insel existierte, wo heute die Azoren sind, müßte diese sich vor Millionen Jahren gesenkt haben. Wenn auch Erdbeben und Springfluten dem empfindlichen Werk von Menschenhand unermeßlichen Schaden zufügen können, so decken sie doch nicht ganze Kontinente mit der Meere Wellen zu.

Durch normale Bewegungen der Erdkruste, wie die in der Ostseeregion, oder durch eine Reihe von schrecklichen Erdbeben könnte es möglich sein, daß eine niedrig gelegene flache Insel mit einigermaßen Umfang in ungefähr 100 000 Jahren überflutet würde. Rechnet man diese Zeitspanne zurück, käme man in das Zeitalter des letzten Vordringens der Eiszeitgletscher. Alle geschichtlichen und archäologischen Daten lassen indes darauf schließen, daß die menschliche Zivilisation erst vor sieben- oder achttausend Jahren begann. Ferner gibt es gute Gründe dafür, anzunehmen, daß mündliche Überlieferungen nicht mehr als ein paar Jahrhunderte in ihrer originalen Form weitergegeben werden. Deshalb haben die Ereignisse vor 100 000 Jahren nichts mit Platos Atlantis zu tun.

Eine derartig große Insel hätte zudem mit Sicherheit Sandbänke hinterlassen, was nicht der Fall ist. Wenn Sie das hypothetische

Land um die Azoren, von dem einige Geologen annehmen, daß es vor 10 Millionen Jahren existiert haben könnte, »Atlantis« nennen möchten, gibt es keinen Grund, Einspruch dagegen zu erheben. Vorausgesetzt, es ist Ihnen klar, daß unsere Vorfahren zu jener Zeit wohl noch in den Bäumen saßen, sich den Rücken an den Stämmen scheuerten und weder den Ozean überqueren konnten, um diese Insel zu erreichen, noch dort eine Kultur zu begründen vermochten.

Untergegangene Kontinente sind damit zwar denkbar – sie mit Platos Atlantis in Verbindung zu bringen, scheitert indes am Faktor Zeit. Die Geologie und die Geschichtswissenschaft arbeiten mit verschiedenen Zeitskalen: Das Aufblühen und der Fall einer Kultur bedeuten, in geologischen Zeiträumen gemessen, nicht mehr als eine Sekunde. In einem solchen Zeitraum verändern Landmassen ihre Form nicht derart, daß dies ins Gewicht fallen würde. So lassen Sie uns denn – ein für allemal – die Theorien von Atlantis begraben, welche von den Platoschen Vorstellungen ausgehen, eine große Insel sei nach einem Erdbeben und Sturm an einem einzigen Tag und in einer Nacht im Meer versunken.

8

DAS SILBERSCHIMMERNDE KÖNIGREICH

Hier liegt im Schlummer der Erschöpfung
der schwergeprüfte, gottähnliche
Odysseus;
Athene aber begab sich in die Stadt der
Phäaken.
Diese lebten vordem im weiten Hypereia,
nahe den Zyklopen,
die stärker waren als sie und sie
beständig durch Plünderungen
schädigten.
Bis der gottähnliche Nausithoos sie
hinwegführte nach Scheria,
fern von der Betriebsamkeit der
Menschen

Homer, *Odyssee*

Zu behaupten, Platos Atlantis sei eine versunkene Insel oder Amerika oder sonst etwas, ist nichts weiter als wirres Zeug. Platos Atlantis war, um es frei heraus zu sagen, nichts weiter als eine Idee, die seinem Geist entsprang und von ihm auf Papyrus gebannt wurde. Die Geschichte wurde seit seinen Lebzeiten viele Male kopiert, variiert und übersetzt, und die Platos Dialoge lasen, wurden davon zu eigenen Gedankengängen angeregt.

Freilich muß es einen realen Bezug gegeben haben, der Plato die Grundlage für seine Erzählung lieferte, seine Atlantis-Konzeption inspirierte. Aber das Atlantis, das Plato in *Trimaios* und *Kritias* beschreibt, muß keienswegs damit identisch sein.

Wenn ich hier etwas eigentlich Selbstverständliches aufgreife, so deshalb, weil die Atlantisten diese Unterscheidung nicht treffen und damit nur Verwirrung stiften. Das Material, das Plato die Atlantis-Story eingab, mag einfacherer oder komplexer Natur gewesen sein (Überlieferungen, Mythen, Tatsachen), das Endprodukt aber braucht keine Ähnlichkeit mehr damit zu haben.

Die Philosophen benutzen den Ausdruck isomorph, um damit darzutun, daß eine Landkarte, ein Bild, eine Beschreibung oder andere Darstellungen Punkt für Punkt mit ihrem Bezugsobjekt übereinstimmen. Nun denn, Platos Geschichte von Atlantis ist offensichtlich nicht rein isomorph. Wir haben sie bereits von den Fiktionen der griechischen Götter und dem prähistorischen attischen Königreich entrümpelt. Nun sieht es so aus, als erweise sich auch der versunkene Kontinent als untauglich.

Die Möglichkeit besteht, daß Platos Atlantis auf Überlieferungen oder Gerüchten um eine ferne Zivilisation basierte, welche einst eine Blütezeit erlebte, später jedoch verschwand, und nicht notwendigerweise auf einer versunkenen Insel im Atlantik. 1675 verfaßte ein schwedischer Gelehrter, Olof Rudbeck, eine mehrbändige unbeholfene Abhandlung, um zu beweisen, daß Atlantis mit Schweden identisch sei. Er begann mit der Behauptung, mit Platos Atlantis und Homers Insel Ogygia sei dieselbe Insel gemeint gewesen. Aus den mageren und vagen Segelangaben der *Odyssee* und einigen unwissenschaftlichen Bemerkungen Plutarchs über die Erdgestalt schloß Rudbeck, daß Atlantis zwischen Mecklenburg und Vinililand in Schweden gelegen haben müsse. Indem er die Wikinger-Dichtung für seine Zwecke zurechtbog, glaubte er schließlich, Atlantis ganz in Schweden ansiedeln zu können (wobei die Hauptstadt in der Gegend des heutigen Uppsala gelegen habe). Damit lag für ihn der Ursprung jeglicher Zivilisation in diesem skandinavischen Land.

Seit Rudbeck wurde Atlantis wahlweise nach Afrika, Spanien, Ceylon, praktisch an jeden Ort der Welt verlegt. Rudbecks Arbeit inspirierte den französischen Astronomen Bailly, ein adeliges Opfer der Französischen Revolution, sich einen noch ausgefalleneren Platz für Atlantis auszudenken. In seiner *Geschichte der antiken Astronomie* entwickelte er ein »grandioses Völkerwanderungssystem, das auf bestimmten wiederkehrenden Irrtümern astronomischer Tabellen beruhte, die von Missionaren aus Indien herübergebracht worden waren«, Irrtümern, die, so behauptete er, »nicht von Observatorien in Indien begangen worden sein konnten, sondern in Zentralasien, auf einem Breitengrad von 49°«. Atlantis, so schlußfolgerte Bailly, war in Wirklichkeit Spitzbergen im Nördlichen Eismeer. In grauer Vorzeit, als die Erde noch nicht auf die gegenwärtige Temperatur abgekühlt war (eine Idee von Buffon), war es in Spitzbergen angenehm warm, doch die folgende Abkühlung ließ die Atlantier in die Tatarei auswandern. Später lebten diese Giganten im Kaukasus um den Caf herum (einem Berg der iranischen Mythologie) und bildeten die Grundlage sämtlicher alter Zivilisationen Asiens.

Euhemerist, der er war (einer, der meint, er könne Mythologie in Geschichte verwandeln, indem er die übernatürlichen Elemente wegläßt), folgerte Bailly, daß Atlas ein Astrologen-König Spitzbergens war, der darauf kam, daß die Erde eine Kugel ist. Ogygia und Hyperborea waren gleicherweise Inseln des Spitzbergen-Archipels. Er führte eine ausführliche Korrespondenz mit dem höflichen, aber skeptischen alten Voltaire, und wurde von den Keltomanen attackiert, die versuchten, jegliche Zivilisation auf die Druiden zurückzuführen.

Die Keltomanie hatte mit einem Iren namens John Toland, der im 17. Jahrhundert lebte, begonnen. Unter Berufung auf Plinius den Älteren und andere antike Schriftsteller baute er den Druiden-Kult mit seinen weißen Gewändern und goldenen Ornamenten zu einer okkulten Bruderschaft aus, die das geheime Wissen der Antike bewahrt habe. Die Keltomanen begründeten okkulte Gemeinschaften wie etwa den Klassischen Orden der Druiden, um diese Narretei weiterzuverbreiten, und waren verantwortlich für bemerkenswerte literarische Fälschungen wie die *Ossiandichtungen* von James Macpherson (1760) und die *Barzaz-Breiz* oder *Gesänge der bretonischen Barden* von Villamarqué (1839).

Das 18. und das 19. Jahrhundert waren Glanzzeiten der spekulativen Mythologen. Jeder Gelehrte hielt sich zu der Zeit für befähigt, aufgrund irgendwelcher unklarer mythologischer Anspielungen in den Werken irgendeines uninteressanten römischen Dichterlings oder obskuren byzantinischen Kommentators eine ganz neue, den Kosmos erschütternde Theorie vom Ursprung der Menschheit und der Zivilisation zu konstruieren. So etwa die Mutmaßungen von Buffon und Saint-Vincent darüber, daß Atlantis durch Erdbebenwellen hinweggespült worden sei, oder von Carli, daß es durch einen Komet zerstört wurde.

Francis Wilford trug ebenfalls zu der Fülle der Spekulationen bei. 1805 entwickelte er eine atlantodruidische Hypothese, wonach die Britischen Inseln ein Relikt des früheren Kontinents von Atlantis wären. Hier hätten die Ereignisse des Alten Testaments in Wirklichkeit stattgefunden (und nicht in Palästina, wie allgemein angenommen). Wilford war britischer Offizier in Indien. Seine indischen Bekannten, die seine Begeisterung mitbekamen, fälschten eine große Menge von Sanskritschriften und verkauften diese an ihn, womit sie ihm halfen, seine Behauptungen zu belegen. Wilford schrieb seine ›Erkenntnisse‹ in einer Artikelserie für eine englische Zeitschrift nieder. Dann kam er darauf, daß er zum Narren gehalten worden war, und veranlaßte, daß die

Artikel ziemlich gekürzt wurden, was sie praktisch unverständlich machte.

Wilfords Theorie wurde von einem anderen Neodruidisten übernommen: dem frommen, fantasievollen und ziemlich einfältigen, wenngleich begabten Dichter William Blake. Blake kleidete die Wilford-Hypothese in diffuse Anspielungen, die sich durch seine ganze bombastische und ermüdende apokalyptische freie Prosa ziehen. Nach Blake führte König Albion die Überlebenden des Untergangs von Atlantis nach Britannien, wo er den Druiden-Kult begründete.

Die echten Druiden des alten Britannien und Gallien waren weder schlechter noch besser als die meisten Priesterschaften der Barbarenvölker. Wie Azteken- und Maya-Priester huldigten sie dem Menschenopfer, auch wenn ein moderner Keltophile wie Talbot Mundy rührende Versuche unternahm, sie davon loszusprechen. Der Kult des Neodruidismus florierte, bis er im ausgehenden 19. Jahrhundert durch den Okkultismus, der auf östlichen Überlieferungen wie denen Ägyptens, Indiens und Tibets basierte, verdrängt wurde.

Inzwischen hatte eine andere Atlantisten-Schule, von Seranus im 16. Jahrhundert begründet, verkündet, daß mit Atlantis Palästina gemeint gewesen sei: die Umkehrung der Wilfordschen und Blakeschen Theorie. Wie Kosmas nahmen sie von Platos Darstellung an, daß sie nichts weiter sei als eine verzerrte Wiedergabe biblischer Geschichte. Baër, ein Schwede, der in Frankreich lebte, veröffentlichte 1762 ein Buch, womit er beweisen wollte, daß Atlantis Judäa war, die zehn Königreiche von Atlantis die Zwölf Stämme Israels, der Atlantische Ozean das Rote Meer und Atlas der mythische Patriarch Israels.

Während des letzten Jahrhunderts stieg Afrika zum Favoriten der Atlantis-Sucher auf. Godron rief 1868 die Atlantis-in-Afrika-Schule ins Leben, indem er Atlantis in die Sahara verlegte. Ihm folgte Félix Berlioux, der 1874 versicherte, er habe die Hauptstadt von Atlantis an der Westküste von Marokko zwischen Casablanca und Agadir lokalisiert, wo die Ausläufer des Atlasgebirges bis ans Meer reichen. Hier, so Berlioux, und nicht etwa auf irgendeiner Insel, lag Platos Atlantis, ebenso Kernë, die Hauptstadt der Atlantiden aus Diodoros' des Sizilianers Bericht. Einst herrschten die Atlantier über ein großes Reich in Nordafrika. Im 13. Jahrhundert v. Chr. wurden sie durch eine kombinierte ägyptisch-phönizische

Armee geschlagen. Der Berber Gaetulians nahm ihre Hauptstadt ein. Die Atlantier, die überlebten, wurden unterworfen. Blondes Haar und blaue Augen, wie man sie gelegentlich noch bei Stämmen in den nordafrikanischen Bergen antrifft, sind ihre Hinterlassenschaft.

Kernë taucht überall in der klassischen Literatur auf. Etwas vor 500 v. Chr. unternahm der karthagische Admiral Hanno seine berühmt gewordene Reise entlang der westafrikanischen Küste. Zufälligerweise blieb uns eine griechische Übersetzung seines Berichtes erhalten. Hannos Mannen wurden durch den Anblick in Flammen stehender Landstriche in Schrecken versetzt. Sie wußten nicht, daß die Eingeborenen das Gras abbrannten, um neue Weideflächen zu erhalten, wie sie dies heute noch tun. Die Besatzungen töteten drei Weibchen einer haarigen Rasse, die die Eingeborenen *gorillai* nannten (es waren aber wahrscheinlich Schimpansen). Ihre Felle nahmen sie mit nach Karthago, wo sie in einem Tempel aufgehängt wurden.

Hanno beendete seine Schiffsreise auf einer kleinen Insel, der er den Namen *Kernë* gab. Diese könnte irgendwo zwischen dem modernen Herné an der Mündung des Río de Oro und dem Senegal-Fluß gelegen haben. Hier wurde, viele Jahrhunderte hindurch, der Handel nach einer Methode abgewickelt, die den Eingeborenen entgegenkam, welche die Versklavung fürchteten: Zunächst legte der Händler seine Ware aus und zog sich zurück. Dann näherten sich die Eingeborenen der Stelle und hinterlegten, was sie für die verschiedenen Dinge zu zahlen willens waren, woraufhin sie sich ihrerseits zurückzogen. Der Händler, der sie aus der Entfernung beobachtet hatte, kehrte zurück und akzeptierte entweder den angebotenen Preis oder lehnte ihn ab usw., bis ein Abschluß erreicht wurde, ohne daß die beiden Parteien einander auf Rufweite nahegekommen wären.

Berlioux' maurisch-atlantische Theorie bekam viele Ableger: Pierre Benoîts farbiges, aber reichlich deprimierendes Buch *Atlantis* etwa, eines der bekanntesten in der langen Reihe der Romane, die untergegangene Kontinente zum Vorwurf haben. *Atlantis* erzählt die Abenteuer von zwei französischen Armeeoffizieren, die Atlantis im Ahaggar-Gebirge von Südalgerien entdecken, dem Land der Tuareg, einem hochgewachsenen wilden Berberstamm, bei dem die Männer einen Schleier tragen, die Frauen hingegen nicht. In dem Roman wird das Ahaggar-Reich von einer gebieterischen jungen Dame namens Antinéa regiert (im Anklang an den

Namen der legendären Tuareg-Matriarchin Tin Hinan). Antinéa ist der letzte Abkömmling von Poseidon und Kleito. Sie hält sich einen Schoßleoparden als Leibwache, der den Namen Hiram trägt. Wenn Europäer sich in ihr Gebiet verirren, macht sie sie zu ihren Liebhabern. Ihre Schönheit ist derart verhängnisvoll, daß die Fremden, wenn Antinéa sie von sich stößt, Selbstmord begehen oder sonstwie ein böses Ende nehmen. Antinéa veranlaßt sodann, daß ihre Leichname mit Messing umhüllt und in Nischen eines mit rotem Marmor ausgekleideten Raumes, der nur diesem Zwecke dient, aufgebahrt werden. Benoît nahm wie der französische Atlantist Claudius Roux an, daß das ›Untertauchen‹ von Atlantis in Wirklichkeit ein Auftauchen war, wobei das Sahara-Meer austrocknete – obgleich man in der Geologie davon ausgeht, daß die Sahara seit dem frühen Känozoikum ununterbrochen Land war.

Atlantis hatte einen beachtlichen Erfolg, wie fast alle Romane über untergegangene Kontinente. Es wurde zweimal verfilmt, 1921 als französischer Stummfilm und 1949 von United Artists.

Benoîts Roman veranlaßte, so heißt es, den kapriziösen Count Byron Khun de Prorok, sich auf die Suche nach Atlantis in die Sahara zu begeben. De Prorok begann als ein befähigter Archäologe, der solide Arbeit an den Ausgrabungsstätten von Karthago leistete. Späterhin scheint er sich einer Forschungsweise gewidmet zu haben, die, wenngleich sie wenig substantielle wissenschaftliche Ergebnisse erbrachte, ihm ein abenteuerliches Leben bescherte und die lebensechte Vorlage für seine Bücher. Er suchte in der Sahara und in Yucatán nach Hinweisen auf atlantische Überreste und erforschte 1925 das Ahaggar-Massiv, wo er die Grabstätte einer Tarqi-Persönlichkeit öffnete, um erregt zu verkünden, er habe die Gebeine von Tin Hinan gefunden – eine Ansicht, die von den Altertumsexperten jedoch nicht geteilt wird.

In der Zwischenzeit hatte Knötel 1893 das Königreich von Atlantis in Nordwestafrika angenommen, mit der Einschränkung allerdings, daß die Atlantier eigentlich eine Priesterkaste des Gottes Thot-Uranos-Herms gewesen seien, die aus Chaldaea in diese Breiten kamen.

Zwischen 1908 und 1926 entwickelten Captain Elgee in England und Leo Frobenius in Deutschland eine andere Theorie, nämlich die, daß Atlantis in Nigeria, an der westafrikanischen Küste, einige hundert Kilometer nördlich des Äquators, gelegen habe.

Frobenius entdeckte in Yorubaland (einem Teil von Nigeria) einige Objekte, die ihn davon überzeugten, daß er Atlantis gefunden hätte — komplett mit Elefanten, üppiger Vegetation, in Blau gekleideten Eingeborenen und Kupfergegenständen. Er setzte den nigerianischen Gott Olokon mit Poseidon gleich und wies darauf hin, daß das Land zumindest seit dem 13. Jahrhundert die Heimat mächtiger seefahrender Völker gewesen sei. Der Deutsche war davon überzeugt, daß die Yoruba-Kultur eine Menge nichtafrikanischer Elemente enthalte, so den kurzen Bogen, die Tätowierung, Zahlenmagie und den geheiligten Schirm des Königs.

Die menschliche Zivilisation, so war seine Meinung, sei auf einem versunkenen Kontinent im Pazifischen Ozean entstanden, von wo aus sie sich über Asien westwärts ausgebreitet und das Aufblühen solcher Kulturen wie der ägyptischen oder der atlanto-nigerianischen bewirkt habe. Tartessos in Spanien sei ein Außenposten des afrikanischen Atlantis gewesen, und mit Uphaz, das in der Bibel zusammen mit Tartessos (»Tarschisch«) als Umschlagplatz für Gold und Handelsware genannt wird, sei nichts anderes als Yorubaland gemeint. Dessen Hauptstadt habe an der Stelle des heutigen Ilife gelegen.

Die Hauptschwäche von Frobenius' Theorie (abgesehen von dem imaginären Pazifik-Kontinent) liegt darin, daß er davon überzeugt war, sämtliche frühen Völkerwanderungen durch Vergleiche und Kunstsymbole der Völker und des Grades ihrer Ähnlichkeit feststellen zu können. Jeder Jurist, der sich mit der Materie der Warenzeichen beschäftigt, wird bestätigen können, daß dies eine ziemlich subjektive Betrachtungsweise ist.

Frobenius nacheifernd, unternahm es der Geologe Paul Borchardt aus München 1926, Atlantis in Tunesien aufzuspüren, und zwar in der Region der Schotts oder Salzsümpfe, die sich westwärts vom Golf von Gabès erstrecken. In der Antike hieß dieser Ort Klein-Syrtis. Der größte dieser Seen, der düstere Schott-el-Dscherid, war möglicherweise der antike Triton-See, wo Diodoros seine Amazonen ansiedelte und der in der Argonauten-Sage eine Rolle spielt. Diese Wasseransammlung, so die Meinung Borchardts, war das ursprüngliche Atlantische Meer.

Ferner identifizierte Borchardt den Berg Atlas der Antike nicht mit der heutigen marokkanischen Gebirgskette dieses Namens, sondern mit dem Ahaggar-Gebirge. Er suchte die Namen der zehn Söhne Poseidons, wie sie von Plato angegeben werden, mit denen heutiger Berberstämme in Übereinstimmung zu bringen, und nahm an, daß die »Säulen des Herkules« in Wahrheit Tempelsäulen waren und nicht die Bezeichnung für die Felsen beiderseitig der Straße von Gibraltar. Er sah den Reichtum an Mineralien der Schott-Landschaft als Bestätigung seiner Theorie an. Atlantis, so erweckte er die Vorstellung, sei mit seinem Erz und Messing ein und dasselbe wie der eherne Palast des Königs Alkinoos der Odyssee und die Erzstadt aus *Tausendundeiner Nacht*. Bei Gabès entdeckte Borchardt die Überreste einer Festung, die er als die Stadt Atlantis annahm. Leider erwies sie sich von römischer Herkunft. Nicht entmutigt durch diese Fehlschläge, unternahm es Albert Herrmann, Atlantis in Südtunesien auf die Spur zu kommen. Er war der Meinung, es in dem Dorf Rhelissia gefunden zu haben, wo er Spuren von Bewässerungsanlagen entdeckte, die auf das einstmalige Vorhandensein einer höheren Zivilisation als der der heutigen Rhelissia-Bewohner hindeutete. Er führte an, daß Plato in drei Punkten irrte. Erstens übernahm er Herodots Bedeutung für »Atlantis«, anstatt der vermeintlich älteren, die sich auf den Triton-See bezog. Zweitens fiel Atlantis nicht um 9600, sondern um 1400 oder 1300 v. Chr. Drittens und letztens kamen Solon und sein Priester, die über einen Übersetzer miteinander verkehten, beim Umrechnen der ägyptischen und griechischen Maße durcheinander, so daß alles dreißigmal zu groß geriet. Aufgrund der Korrektur schrumpft Platos Atlantis auf bescheidene Maße zusammen und würde, die bewässerte Ebene samt allem, bequem in eine Ecke von Tunesien passen.

Herrmann ging so weit, jegliche Zivilisation auf Friesland zurückzuführen, von dem Atlantis in den Tagen friesischer Glorie lediglich eine Kolonie gewesen sei.

Ein weiteres Mitglied der Afro-Atlantis-Schule, Butavand, veranlaßte das Fehlen greifbarer Atlantis-Überreste in Nordafrika, Atlantis am Grund des Golfes von Gabès vor der Küste von Tunis zu vermuten. Er erklärte, der Golf sei einst auf die heutige Tiefe von 100 Faden Festland gewesen, bis ein Erdbeben das Land unter die Wasserlinie des Mittelmeeres sinken machte. Zur selben Zeit hob sich der Grund des hypothetischen Sahara-Meeres, wodurch das Wasser abfloß und das Meer austrocknete. Möglicherweise erfolgte zu diesem Zeitpunkt auch der Einbruch der Straße von Gibraltar.

Eine der jüngsten und plausibelsten Interpretationen der Atlantis-in-Afrika-These ist die von Silbermann. Nachdem er die wichtigsten der Atlantis-Theorien eingehend geprüft hatte, wies er darauf hin, daß – nach Kenntnis der Geschichte der ägyptischen Zivilisation und unter Einbeziehung der Schwierigkeiten, Historie über mehrere Jahrhunderte hinweg mündlich weiterzugeben – Platos Datum vom Aufstieg und Fall Atlantis', welchen er auf 9000 Jahre vor Solon ansetzte, schlicht vergessen werden könne. Wenn je eine solche Zivilisation existiert habe, so wäre sie lange vor Ägyptens Eintritt in die Weltgeschichte vollkommen der Vergessenheit anheimgefallen.

Silbermanns Annahme ging dahin, daß die Geschichte von Atlantis ursprünglich ein phönizischer Bericht eines Krieges mit den Libyern der Schott-Region von Tunesien gewesen sei, der ungefähr 2540 v. Chr. stattfand. Um 1100 oder 1000, so war seine Meinung, hätten Ägypter aus Saïs die Geschichte romantisch ausgeschmückt, wobei sie die Ereignisse in »die Zeit des Horus« verlegten, welches Datum Plato viel später auf 9600 v. Chr. festsetzte. Diese romantische Geschichte könnte einige Zeit in Vergessenheit geraten sein. 600 v. Chr. sei sie jedoch, als Niku II. die ägyptische Flotte wieder aufbaute und ein Bedarf an Büchern über Libyen entstand, abermals zu Ehren gekommen. Sie wurde auch für die Hellenen von Saïs ins Griechische übersetzt. Eine der griechischen Versionen bildete die Grundlage für Solons Bericht. Eine andere fand ihren Niederschlag in der Atlantioi-Erzählung des Diodoros von Sizilien.

Diese Theorien, so originell manche von ihnen auch sein mögen, können kaum alle der Wahrheit entsprechen. Abgesehen von augenscheinlichen Unvereinbarkeiten offenbaren viele – von Rudbeck an – den patriotischen Wunsch einiger Atlantis-Sucher, ihr eigenes Land zum Ursprung jeglicher Zivilisation zu machen. Mag solch ein Motiv eine gewisse gefühlsmäßige Sympathie erwecken, mit Wissenschaftlichkeit hat dies nichts zu tun.

Dennoch, die allgemeine Vorstellung vom Niedergang einer Zivilisation, wovon Plato gerüchteweise gehört haben mochte und was sein literarisches Schaffen beeinflußt haben könnte, ist nicht so unwahrscheinlich. Vielleicht sind die Bewerber um die Ehre, als Prototypen von Atlantis gedient zu haben, das minoische Kreta, Karthago und Tartessos. Lassen Sie uns sie der Reihe nach näher ansehen.

In klassischen Zeiten galt Kreta als zurückgebliebenes Land, wo dorische Landbesitzer ihre eingeborenen Pächter traktierten, als Schlupfwinkel für Piraten und Reservoir zur Rekrutierung von

Söldnern, die sich aufs Bogenschießen verstanden. Ein Gespinst von Legenden umwob die Insel: Kreta, so hieß es, sei einst eine große Seemacht unter König Minos gewesen, dem Sohn des Zeus und der Europa. Hephaistos, der göttliche Schmied, gab Minos einen ehernen Roboter namens Talos bei, der Fremdlinge von Kreta entfernt hielt, indem er Gesteinsbrocken nach ihnen warf.

Minos bat einst Poseidon, ihm einen Stier aus dem Meer zu schicken, wobei er versprach, diesen dem Gott zum Opfer darzubringen. Poseidon stellte den Stier, dieser aber gefiel Minos so gut, daß er an seiner Stelle einen anderen opferte. Aus Rache zwang Poseidon Minos' Frau Pasiphaë (Schwester der Verführerin Kirke), sich in den Stier zu verlieben. Die Königin überredete den tüchtigen Dädalus, einen attischen Flüchtling, eine Verabredung mit dem Tier zu treffen. Dädalus tat so, wie ihm geheißen. Er verwandelte sie in eine Kuh. Poseidon veranlaßte zugleich, daß der Stier so wild wurde, daß Minos sich an Herakles wenden mußte, damit er ihn von diesem Untier befreie.

In der Zwischenzeit schenkte Pasiphaë einem Wesen, halb Stier, halb Mensch, Asterios, auch als Minotaurus bekannt, das Leben, den Minos in das Labyrinth verbannte, das der ihm verpflichtete Dädalus gebaut hatte. Später führte Minos mit Athen Krieg, da einer seiner Söhne dort getötet worden war. In den Friedensverhandlungen verlangte er pro Jahr sieben Jünglinge und sieben Jungfrauen, um sie dem Minotaurus zu opfern. Theseus machte dieser Erpressung ein Ende, indem er den Minotaurus mit Hilfe von Minos' Tochter Ariadne tötete (er entfloh mit ihr, verlor sie aber an den Gott Dionysos). Auch Dädalus war mit von der Partie, der danach zusammen mit seinem Sohn Ikarus seinen berühmten Flug von Kreta aus unternahm.

Viele Jahrhunderte hindurch haben sie die Gelehrten die Köpfe darüber zerbrochen, welche historischen Realitäten den Minos-Mythen zugrunde liegen mögen. Die meisten ihrer Mutmaßungen schossen weit am Ziel vorbei, bis Evans Ausgrabungen, die etwa 1895 begannen, ans Tageslicht brachten, was die Grundlagen dieses Mythus waren: die öffentlichen Schauspiele des minoischen Kretas, bei denen junge Männer und Frauen gefährliche Übungen vor und auf lebenden Stieren vollführten.

Kreta florierte als See- und Handelsmacht ungefähr 2000 Jahre lang, bis es im Zuge von Völkerwanderungen am Ende des zweiten Jahrtausends v. Chr. seinen Niedergang erlebte. Geschichtliches ist kaum erhalten geblieben. Die einzigen schriftlichen minoischen Überlieferungen sind Dinge wie Rechnungsbelege. Die Legenden sind zu mager und mythisch verbrämt, um Licht in die Sache zu bringen. Kreta war jedoch lange Zeit mit Ägypten alliiert. Die herrschende Klasse der Hauptstadt Knossos führte ein kultiviertes, luxuriöses Leben. Die Männer, kleinwüchsige, schwarzhaarige Mediterraneer, trugen Korsetts und Lendentücher, die Frauen, die ihre Brüste unbedeckt ließen, Kleider mit weiten Röcken.

Das kretische Königreich war eine Föderation von Inselstädten unter der Herrschaft von Knossos. Kolonien auf dem griechischen Festland wurden so bedeutend, daß sie nach der Zerstörung von Knossos durch ein Erdbeben ungefähr um 1400 herum die Führerschaft über die Föderation übernahmen. Als die Macht des Reiches schließlich abnahm, wurde die örtliche Verwaltung von den barbarischen Griechen übernommen, so wie die Germanen 1500 Jahre später das Weströmische Reich Stück für Stück vereinnahmen sollten.

Zu Beginn unseres Jahrhunderts wies der Engländer K. T. Frost auf eindrucksvolle Übereinstimmungen zwischen Platos Atlantis und dem Kreta der Archäologen hin. Beides waren Inselreiche, Seemächte, die einen plötzlichen Niedergang durch das Eingreifen der Griechen erlebten. Die abgeschlossen lebenden Ägypter, so nahm er an, hörten gerüchteweise von der Eroberung Kretas durch mykenische Eindringlinge vom griechischen Festland. (Barbaren derselben Sorte sollten 1190 v. Chr. von Ramses III. zurückgeschlagen werden.) Da die Ägypter nichts mehr von den Mykenern hörten, die von den Achäern unterjocht wurden, nahmen sie an, daß Kreta vom Erdboden verschwunden sei, und erfanden die Untergang-Legende.

Wir sollten jedoch die Frostsche Theorie nicht zu ernst nehmen, obgleich Balch und Magoffin ihm darin folgen. Einmal wissen wir nicht, ob die Mykener wirklich Kreta eroberten. Zum anderen ist es unwahrscheinlich, daß für die Ägypter Kreta innerhalb von 600 Jahren aus dem Mittelmeer verschwand, daß sie es – hundertfach vergrößert – in den Atlantik verlegten und seine Existenz 8000 Jahre zurückdatierten. Die kretischen öffentlichen Einrichtungen und Stier-Zeremonien erscheinen nach wie vor eindrucksvoll. Es wäre daher durchaus zu verstehen, wenn Plato unterbewußt fragmentarisches Wissen darüber in die Atlantis-Geschichte eingewoben hätte. Spence erklärt minoisch-atlantische Ähnlichkeiten damit, daß Kreta eine Kolonie von Atlantis gewesen sei. Wir haben jedoch Spences Hypothesen bereits aufgrund geologischer Schlüsse verworfen.

Karthago indessen (von dem großartigen Homeristen Victor Bérard in Vorschlag gebracht) ist schwieriger zu eliminieren. Es liegt von Griechenland aus gesehen in der richtigen Richtung (was man von Kreta nicht sagen kann) und war außerdem nicht nur eine imperialistische Seemacht, sondern auch eine Stadt, deren Aufriß an den der Stadt des Atlas denken läßt.

»Der niedere, mit einem Wall umgebene Hügel der Byrsa oder Zitadelle, auf welchem der herrliche Tempel des Äskulap in Karthago stand, wurde auf der Festlandseite von drei mächtigen Wällen verstärkt, die sich über die ganze Halbinsel erstreckten und die in Abständen mit Türmen befestigt waren. Unterhalb des Marktplatzes und des Senatsgebäudes war um eine kreisförmige Insel ein Wasserkanal von rund 300 Metern Durchmesser angelegt worden. Auf der Insel erhob sich das Hauptquartier des Admirals. Die Anlegestellen, die diesen Kanal umgaben, waren durch einen kreisförmigen Kolonnadengang überdacht, der von ionischen Säulen getragen wurde. An diesen Docks konnten die größten Kriegsschiffe anlegen. Von diesem Hafenbecken ging ein enger Kanal ab, der südlich davon in einen Handelshafen von zirka 400 Metern Länge mündete. Eine gewaltige Mauer schützte den Eingang zur Seeseite hin und war dazu angetan, Angriffe feindlicher Flotten abzuwehren. Sümpfe umgaben die Landseite. Der Wasserbedarf wurde aus großen Zisternen gedeckt, die auf den benachbarten Hügeln errichtet worden waren und die, so scheint es, gleichzeitig als Bäder benutzt wurden.«

Karthago wurde um 850 v. Chr. von der Tyros-Prinzessin Elissa (»Dido«), einer Tochter König Muttons I., gegründet, die der Tyrannei ihres Bruders Pygmalion entfloh. Es war nicht die erste phönizische Ansiedlung in Nordafrika, und sie wuchs rasch. Nachdem Tyros 573 v. Chr. unter der Belagerung Nebukadnezars gefallen war, stieg Karthago zur beherrschenden Macht des westlichen Mittelmeeres auf. Um den westlichen Handel unter Kontrolle zu bekommen, speziell mit den Zinngruben von Südwestbritannien, stoppten karthagische Kriegsschiffe nicht-karthagische Handelsschiffe und warfen deren Mannschaften über Bord. Dieses erzene Monopol, das bis zu den Punischen Kriegen erhalten blieb, ist für die Verschwommenheit griechischen Wissens vom westlichen Mittelmeer zu Platos Zeiten verantwortlich.

Griechen wie Karthager kolonisierten Sizilien und setzten ihr

Äußerstes daran, einander zu vertreiben. Der karthagische Chefmagistrat Malchus eroberte 550 v. Chr. nahezu die ganze Insel. Die Kriege dauerten, unterbrochen von Zeiten der Ruhe und lokalen Aufständen, über drei Jahrhunderte hinweg an. Hamilkar gewann die Insel um 480 v. Chr. fast ganz zurück, aber die Streitkräfte von Syrakus und Agrigent schlugen ihn in einer großen Schlacht bei Himera, die fast so entscheidend in der Geschichte der Griechen war wie der griechische Sieg über die Perser bei Salamis im selben Jahr. Plato könnte aus erster Hand von der karthagischen Bedrohung bei seinen Besuchen in Syrakus erfahren haben. Die luxuriöse und habsüchtige Lebensweise der punischen Kaufmannsaristokratie (oder, um fair zu sein, die luxuriöse und habsüchtige Lebensweise, die ihnen von ihren griechischen und römischen Feinden nachgesagt wurde) könnte sich in der Beschreibung derselben Untugenden in Atlantis niedergeschlagen haben. Andererseits war Karthago eine Republik (nicht ein Königreich, wie Atlantis), und zu Platos Zeiten war kein Gedanke an sein Verschwinden, im Gegenteil, es war noch dabei, an Macht zu gewinnen.

Damit bleibt nur Tartessos übrig — das biblische Tarschisch, Jonahs Ziel, ein Stadtstaat im Südwesten Spaniens, nahe dem heutigen Cadiz. Tartessos wird zum erstenmal bei Jesaja erwähnt, wo der Prophet über den Fall von Tyros wehklagt: »Wehe Euch, ihr Schiffe von Tarschisch, denn es wurde verheert ...« Arrian geht wahrscheinlich fehl in der Annahme, daß Tartessos eine phönizische Kolonie war. Andererseits bestanden, dies ist bekannt, enge Bindungen. Es wurde auch schon an kretischen Ursprung gedacht. Der Name des Ortes hat entfernt einen Anklang an *Tyrrhenoi* — so wurden die Etrusker von den Griechen genannt; *Turscha* hießen sie bei den Ägyptern (im klassischen Altertum nahm man an, sie stammten aus Lydien). Sie nannten sich selbst *Rasenna*, was beim besten Willen keine Ähnlichkeit mit Tartessos hat.

Nahezu das einzige archäologische Relikt aus Tartessos ist ein Ring, der folgende Schriftzeichen trägt:

Außen:

Innen:

Er wurde 1923 von Schulten an der Ausgrabungsstätte von Tartessos gefunden. Die Buchstaben scheinen dem griechischen und etruskischen Alphabet entnommen zu sein. Die Inschrift auf der Innenseite des Rings besteht aus einem einzigen Vier-Buchstaben-Wort, das dreimal wiederholt wird: *psonr* oder *khonr*, was immer dies bedeuten mag. Die Wiederholung legt einen magischen Spruch nahe (etwa »ehne, mehne, minni, mo«). Im vorromanischen Iberia wurden zumindest zwei Alphabete benutzt, die noch immer nicht sicher entziffert werden konnten.

Wer auch immer es gegründet haben mag, Tartessos florierte als eine Handels- und Bergwerkstadt. Für die Phönizier, die 1000 v. Chr. dorthin kamen, war Silber etwas so Gewöhnliches, daß sie, anstatt soviel sie nur konnten für Olivenöl und andere Waren einzutauschen und mit sich zu nehmen, ihre Anker daraus fertigten. Um 950 v. Chr., als König Salomon und König Hiram von Tyros eine profitable Partnerschaft unterhielten, pflegte ihre vereinigte Flotte alle drei Jahre eine Reise nach Tartessos zu unternehmen und mit »Gold, Silber, Elfenbein, Affen und Pfauen zurückzukehren«. Hesekiel, der ebenfalls den Fall von Tyros beweinte, schrieb: »Tarschisch war dein Handelspartner durch die Vielheit seiner Reichtümer; mit Silber, Eisen, Zinn und Blei handelten sie auf deinen Märkten.« Das Metall kam aus den südspanischen Minen, wo eine Minenstadt am Rio Tinto noch immer Tharsis heißt. Die Affen könnten von Afrika herübergebracht worden sein oder von Gibraltar, wo es sie heute noch gibt. Das Elfenbein stammte möglicherweise von marokkanischen Elefanten, einer kleineren Abart des afrikanischen Elefanten, die von den Karthagern im Krieg benutzt und unter den Römern ausgerottet wurde. Mit Pfauen, *thukkiyim*, könnten die selten gewordenen Kongo-Pfauen gemeint gewesen sein, oder es handelte sich um eine Verwechslung mit *sukkiyim* – Sklaven. Herodot erwähnt »tartessianische Wiesel«, was auf Pelzhandel hindeuten könnte. Später exportierte Tartessos Messinggegenstände nach Griechenland.

Die Griechen machten um 631 v. Chr. die Bekanntschaft von Tartessos, als ein Schiff aus Samos unter Kolaios, das für Ägypten bestimmt war, durch einen Oststurm weit von seinem Kurs abgetrieben und nach Tartessos verschlagen wurde – ein ganz hübscher Umweg. Die Leute aus Samos verdienten an dieser Reise sechs Talente – eine enorme Summe zu dieser Zeit (zirka $ 75 000). Danach kamen die Mannen von Phokaia in Ionien, die das Adriatische und Tyrrhenische Meer dem griechischen Handel erschlossen und Marseille gründeten. Für ihre tartessianische Reise benutzten die Phokaianer nicht den Typ des unförmigen Handelsschiffes dieser Zeit, sondern den raschen, enggebauten Typ mit fünfzig Ruderern, der, führte er wenig Last mit sich, eine größere Chance hatte, zu entkommen, wenn eine karthagische Galeere wie ein Rieseninsekt am Horizont heraufkroch.

Die ersten Händler, die aus Phokaia kamen, fanden Tartessos von König Arganthonios (»Silberlocke«) regiert. (Wir dürfen jedoch Herodot keinen Glauben schenken, daß Arganthonios 120 Jahre gelebt und achtzig davon regiert habe.) Dem König gefielen seine Gäste so gut (vielleicht gingen die Geschäfte schlecht, Tyros war gefallen und Karthago noch nicht zu seiner späteren Größe gelangt), daß er vorschlug, wenn die Perser sie zu Hause zu sehr drangsalierten, sollten sie geschlossen in sein Königreich übersiedeln. Als sie dies ablehnten, gab er ihnen so viel Geld, daß sie sich einen großen Wall um ihre Stadt leisten konnten.

546 v. Chr. indessen entsandte Kyros der Große von Persien seinen General Harpagus nach Phokaia, der den Bewohnern bestimmte Auflagen zu machen hatte. Diese waren, trotz des schönen Walles, verzweifelt und überredeten Harpagus, sich für eine Weile zurückzuziehen, während sie über die Bedingungen nachdenken wollten. Dann drängten sie sich auf ihre Schiffe und verließen ihre asiatische Heimat. Nachdem sie erfahren mußten, daß Arganthonios' langes Leben ein Ende gefunden hatte, begaben sie sich nach Korsika statt nach Tartessos. Hier kam es zu Verwicklungen mit den Karthagern und Etruskern, deren vereinte Flotte sie in der Schlacht von 536 knapp schlugen. Die Überlebenden brachten ihre Familien in den zwanzig Schiffen unter, die ihnen verblieben waren, und ließen sich an der Küste von Lukanien in Italien nieder.

In seinen Glanztagen war Tartessos die führende Stadt Südwestspaniens. Zu jener Zeit hieß es Tartessis, dessen Bürger, die Turdentani oder Turduli, als die zivilisiertesten Bewohner Spaniens galten. Sie besaßen ein Kastensystem und ein eigenes Alphabet. In dieser Schrift wurden ihre Gedichte, Gesetze und Geschichte aufgezeichnet, die davon erzählt, wie die Äthiopier Nordafrika überrannten und daß manche von ihnen sich im Atlas-Gebirge ansiedelten. Die Turduli gehörten wahrscheinlich zu den Völkerschaften, die in Iberia lebten, bevor es die Kelten und Gallier zu Beginn geschichtlich überlieferter Zeit überrannten. Die nicht klassifizierbare baskische Sprache ist ein Vermächtnis der prä-indo-europäischen Iberer. Wenn wir die prä-romano-iberischen Inschriften wie die auf Schultens Ring entziffern könnten, würde sich vielleicht ergeben, daß sie dem Baskischen verwandt sind.

Tartessos erhob sich an der Mündung des gleichnamigen Flusses (später Baetis genannt), dem heutigen Guadalquivir, in einer flachen, sandigen Region, die von einem Meeresabschnitt begrenzt wurde, der wegen seiner heftigen Gezeiten und seiner harten Brandung gefürchtet war. Heutzutage ist die Gegend dünn besiedelt, und zwar von einem Volksstamm, dessen Angehörige größer gewachsen sind als die meisten Spanier und breitere Gesichter haben. In Vorzeiten mündete der Fluß in eine große Bucht, die einst bis tief ins Binnenland nach Hispalis (Sevilla) reichte. Tartessos war auf einer großen Insel erbaut, die vor der Bucht lag, wodurch der Tartessos zwei Mündungen hatte. In historischen Zeiten verschlammte die Bucht teilweise. Es entstanden Inseln, die uns an die Sandbänke des versunkenen Atlantis erinnern.

Nachdem die Griechen Kunde von Tartessos hatten, bauten sie es in ihre Legenden ein. Sie hatten von den Phöniziern den ganzen Zyklus der Herakles-Erzählungen übernommen, in Tyros Melkarth geheißen, einer jener morgenländischen löwentötenden mythischen Heroen, wie sie auch im sumerischen Gilgamesch- und dem hebräischen Samson-Epos vorgeführt wurden. Herakles-Melkarth gehörte zum Fernen Westen. Außer seiner Reise dorthin, bei der es galt, die Äpfel der Hesperiden zu ergattern, und jener, bei der er den Wachhund der Unterwelt, Zerberus, fangen sollte, zog er auch aus, um Geryoneus' Rinder zu klauen. Geryoneus war ein Riese mit drei Leibern, der auf der Insel Erytheia lebte. Herakles hielt in Tartessos Einkehr, wo er zwei Säulen errichtete. Von diesen heißt es bisweilen, es seien damit die Hügel von Gibraltar gemeint oder die von Cëuta oder zwei wirkliche Säulen, nämlich die im Tempel des Herakles von Gades. Übermütig geworden, drohte er der Sonne mit Pfeil und Bogen. Der Sonnengott, der seinen Mut bewunderte, lieh ihm seine goldene Schale, in welcher er seine tägliche Reise um die Welt machte. Herakles fuhr darin nach Erytheia, tötete Geryoneus, dessen Hirten und Hund, trieb das Vieh in die Schale und segelte nach Tartessos zurück, wo er das Gefäß an seinen Eigentümer zurückgab. Die Bewohner von Tartessos verehrten Herakles wegen dieser Tat.

Tartessos, dessen Existenz – nach Schulten – bis ins Neolithikum zurückreicht, bekam in historischen Zeiten einen Rivalen.

Um 1100 v. Chr. herum gründeten die Phönizier eine Kolonie auf einer anderen Insel (die heute eine Halbinsel ist), über dreißig Kilometer südwestlich von Tartessos, an der Mündung des Guadalete. Sie nannten ihre Ansiedlung *Ha-gadir,* »die Hecke« oder »die Palisade«. Dies war das antike Gades und ist heute das moderne Cadiz. Aus derselben Wurzel stammen Namen wie die des modernen Agadir in Marokko und des Gadeiros, eines von Poseidons Söhnen in Platos Geschichte.

Tartessos und Gades waren enge Verbündete, bis das karthagische Reich seinen Aufschwung nahm. Zwischen 533 und 500 v. Chr. wurden die Karthager im Gebiet der Säulen aktiv. Sie sandten Hanno die afrikanische Küste hinab, brachten Gades so weit, daß es sich unterwarf, und preßten Rom im Jahre 509 ein Abkommen ab, das ihr westliches Monopol festigte. Zur selben Zeit beauftragten sie einen anderen Admiral, Himilkon, »die Außenküste von Europa zu erforschen«. Wie sein Kollege Hanno, veröffentlichte Himilkon nach seiner Rückkehr einen Bericht. Wir wissen dies aus einem poetischen Abriß des spätrömischen Dichters Rufus Festus Avienus. Himilkon legte es offensichtlich darauf an, seinen Lesern eine Gänsehaut über den Rücken zu jagen. Wie aus seinem Bericht hervorgeht, waren sie zu den Zinn-Inseln, zu denen von Tartessos aus Handelsbeziehungen bestanden, gefahren. Die ganze Reise dauerte vier Monate – nicht wegen der Entfernung, sondern weil:

»es keine Brise gibt, die das Schiff vorwärtstreiben könnte;
wie tot liegt die träge, noch nebelverhüllte See.
Seetang wächst in den Fahrrinnen,
der die Fahrt verlangsamt, wie Gestrüpp. Er sagt, das zeige,
daß das Meer hier keine Tiefe habe, das Wasser kaum den Grund bedecke.
Hier bewegen sich die Meerestiere gemächlich umher.
Und zwischen den faul dahintreibenden Schiffen
schwimmen lustlos die großen Monstren.«

Um klarzustellen, was für tüchtige Forscher sich da betätigt hatten, fügte Himilkon hinzu, daß, wenn man weiterführe, Regionen undurchdringlichen Nebels kämen. Dieser Bericht war auf einer Linie mit dem Mythos von den dampfenden Wassern, von denen Pytheas im Norden hörte, und mit dem, was der vom Schicksal geschlagene Sataspes nach seiner Rückkehr nach Persien (nachdem er den Fehler begangen hatte, Afrika zu umfahren) erzählte. In jenen Tagen entschuldigte sich ein Forscher, für den ein zu langes Ausbleiben unangenehme Folgen haben konnte, nicht selten damit, daß sein Schiff in schwer befahrbaren Wassern steckengeblieben sei.

Einige Geographen sind der Auffassung, daß mit Himilkons tangbedeckten seichten Gewässern das Sargasso-Meer, ein elliptischer Teil des Westatlantiks zwischen Florida und der Westküste von Afrika, mit einer Ausdehnung zwischen 1500 und 3000 Kilometern, gemeint gewesen sei, wo häufig umhertreibendes Sargassum gefunden wird. Diese Tangart, die an der Atlantikküste von Amerika von Cape Cod bis zum Orinoco wächst, löst sich aus ihrer Verwachsung am Meerufer und treibt – getragen von den kleinen Gasbläschen, die die Pflanzen umgeben – auf das Meer hinaus. Die abgebrochenen Tangteile haben in diesem Zustand eine lange Lebensdauer. Sie wachsen an einem Ende weiter, während sie am anderen verfaulen, wobei sie einer reichen Fauna Nahrung bieten, eigenartigen Krabben und Fischen, die sich an das Leben im Tang angepaßt haben. Die Tangteile sammeln sich in dem großen Wirbel, den der Golfstrom und die nordäquatoriale Strömung bilden, und treiben über Jahre hinweg im Kreis, bis sie zum Schluß absinken. Ein ähnliches Tanggebiet gibt es im Indischen Ozean.

Es existieren zahlreiche merkwürdige Vorstellungen über das Sargasso-Meer. 1896 schrieb der Romancier T. A. Janvier einen packenden Roman *In der Sargassa-See,* in welchem er diesen Meeresteil als ein undurchdringliches Gewirr von Tang schildert, wo die Überreste von Schiffen, von spanischen Galeonen angefangen, festgehalten werden. Diese pittoreske Darstellung stimmt nur eben überhaupt nicht mit der Wirklichkeit überein. Im Sargasso-Meer ist der Tang so spärlich verteilt, daß die Schiffe durch ihn hindurchfahren, ohne daß die Passagiere davon etwas merken. Die Bermudas liegen im Bereich der größten Dichte.

Babcock vermutete, daß eine phönizische Schiffsmannschaft einst in das Sargasso-Meer vorgestoßen war und angenommen habe, daß der treibende Tang am Meeresboden wachse. Woraus man wiederum schloß, daß man sich über einer Sandbank oder Untiefe befinde. Daher vielleicht Himilkons Bericht und Platos seichte Gewässer von Atlantis. Nicht unmöglich, aber doch sehr ungewöhnlich, wenn man die geringe Seetauglichkeit der antiken Schiffe bedenkt. Eine mediterrane Trireme aus der Zeit Himilkons war schließlich nur halb so groß wie einer der großen Kata-

Opferpyramide in der Maya-Tempelstadt Chichén Itza (Yukatán).

Fragmentarische Darstellung einer Vegetationsgottheit (Mexiko ca. 300–600 n. Chr.) mit den drei Gesichtern Jugend, Alter, Tod.

Das Rad verwandten die Kulturvölker der Neuen Welt seltsamerweise nur bei Spielzeug. Tonfigur eines Hundes (Mexiko).

marane (fälschlicherweise oft als »Kanus« bezeichnet), in welchen die Polynesier den Pazifik durchfuhren. Selbst wenn den Phöniziern die Azoren bekannt gewesen wären – was nicht sicher ist –, hätte ein phönizisches Schiff, das von dieser Inselgruppe aus gestartet wäre, sich ungefähr über tausend Seemeilen hinweg in den Fängen der vorherrschenden Westwinde befunden, bevor es das mit Tang durchsetzte Gebiet erreicht hätte – ein schier unmögliches Kunststück für einen Rahsegler der Antike, der nur mit zwei Segeln versehen war, kein Hauptruder hatte und keinen Kompaß besaß, welcher den Weg hätte weisen können, falls der Himmel bedeckt war.

Es scheint eher, als ob die Berichte über die seichten Gewässer karthagisches Seemannsgarn waren, dazu bestimmt, die Konkurrenz das Fürchten zu lehren. Wie dem auch sei, Erzählungen solcherart zirkulierten in ganz Griechenland, wurden von Plato und Aristoteles ohne Gewissensbisse übernommen und von anderen Schreibern erwähnt.

Und Tartessos? Niemand weiß, was mit ihm geschah. Nach Himilkons Reise wurde von ihm nichts mehr gehört. Die Annahmen gehen dahin, daß Himilkon diesen Rivalen Karthagos beseitigte. Spätere Geographen verwechselten bisweilen Tartessos mit Gades oder mit den kleinen Städten Calpe und Carteia bei Gibraltar. Tartessos könnte noch am ehesten mit Atlantis identisch sein (mehr jedenfalls als Karthago oder Kreta): es lag, wie Atlantis, im Fernen Westen, jenseits der Säulen; es war enorm reich, vor allem an Mineralien, und unterhielt weitverzweigte Handelskontakte mit den Mittelmeervölkern; vor seinen Küsten lagen Sandbänke; hinter der Stadt breitete sich eine weite Ebene aus, die von Bergen begrenzt wurde; und es verschwand auf mysteriöse Weise. Wenn auch die Tartessianer nicht dafür bekannt waren, Stier-Feierlichkeiten abzuhalten, so war und ist das Gebiet ein Viehzuchtgebiet.

1920 grub Professor Adolf Schulten aus Erlangen, assistiert von dem Archäologen Bonsor und dem Geologen Jessen, an dem Platz, wo Tartessos vermutet wird. Außer dem Ring fand Schulten Mauerblöcke, die, so war er der Meinung, die Existenz zweier früherer Städte erwiesen, wobei die eine um 3000 v. Chr., die andere um 1500 v. Chr. gegründet worden sein muß. Der hohe Grundwasserspiegel ließ ein Weitergraben nicht zu. Die Forscher mußten einsehen, daß die anderen Überreste von Tartessos schon vor langer Zeit tief im Schlamm des Guadalquivir-Mündungsbeckens versunken waren.

Schulten machte auch die Ruinen des Tempels des Melkarth von Gades auf der kleinen Insel Santi Petri ausfindig. Es wurden darin zwei Quellen gefunden, die schon von Polybios erwähnt werden und die die Quellen des Poseidon-Tempels von Atlantis ins Gedächtnis rufen. Schultens Theorie, die von Dr. Richard Hennig veröffentlicht wurde, war, daß alles notwendige Material für Platos Geschichte in Spanien zu finden sei.

Ungefähr zur gleichen Zeit fand Ellen M. Whishaw (die Witwe des Archäologen Bernhard Wishaw, dem sie als Oberhaupt der anglo-spanisch-amerikanischen Schule der Archäologie nachfolgte) Überreste in derselben Region, die nach ihrer Meinung auf eine große hispano-afrikanische Kultur schließen lassen, die »libysch-tartessianische«. Sie erfuhr zum Beispiel, daß in der Mitte des 19. Jahrhunderts »in einer neolithischen Grabhöhle, die in der Provinz Granada als ›die Höhle von Bats‹ bekannt war, zwölf Skelette entdeckt wurden, in einem Kreis um das Skelett einer Frau sitzend, die mit einer Ledertunika bekleidet war. Am Eingang zu der Höhle waren drei weitere Skelette gefunden worden, eines davon trug eine Krone und war in eine Tunika von feingewebtem Spartogras gehüllt. Neben den Skeletten lagen leere Taschen, die verkohlte Nahrungsmittel enthielten. Andere Taschen waren angefüllt mit Mohnkapseln, Blumen und Amuletten. Mohnkapseln lagen auch über den ganzen Boden der Höhle verstreut. Unter einer Anzahl anderer Fundobjekte waren einige kleine Tonscheiben, die von Archäologen als Halskettenornamente identifiziert wurden. Sie hatten etwas mit dem Sonnenkult zu tun. Dieselben waren auch im Hafen von Niebla und einer Baugrube von Sevilla gefunden worden«.

Es wurde angenommen, daß es sich bei den aufgefundenen Skeletten um eine königliche Familie und deren Dienerschaft gehandelt habe, die aus irgendeinem Grunde Massenselbstmord durch den Verzehr von Opium beging. Mrs. Whishaw konnte noch andere Beispiele für die Wahrscheinlichkeit ihrer libysch-tartessianischen Kultur anführen, wie den Fund eines neolithischen Gefäßes, das bei Sevilla entdeckt wurde und mit dem Bild einer Frau verziert war, die genauso gekleidet war wie die in der Höhle von Bats und mit zwei libyschen Kriegern kämpfte. Ferner konnte sie auf spanische Bräuche der heutigen Zeit verweisen, die auf eine alte matriarchalische Gesellschaftsstruktur wie die der Berber hindeuten. Sie argumentierte, Tartessos sei nicht, wie Schulten annahm, Atlantis gewesen, sondern eine Kolonie von Atlantis — von Platos Atlantis, einer versunkenen Insel. Doch wie wir gesehen haben, bestätigt die Geologie (eine Wissenschaft, von der Mrs. Whishaw zugab, nichts zu verstehen) die These von einer versunkenen Insel nicht.

Ein Vergleich fehlt noch, um das Bündel der Spekulationen säuberlich zusammenschnüren zu können — so säuberlich, wie dies bei der wuchernden Materie nur immer geht. Da ist der Vergleich zwischen Platos Atlantis und Tartessos auf der einen und auf der anderen Seite der mit Scheria, dem Land der Phäaken in Homers *Odyssee.*

Bevor er nach Scheria kam, hatte sich Odysseus von der Insel Ogygia abgesetzt, »dem Mittelpunkt« (literarisch ›dem Nabel‹) des Meeres, wo er acht Jahre voller Heimweh, die dennoch nicht ohne Ausgleich blieben, von der Nymphe Kalypso, einer Tochter des Atlas, gefangengehalten wurde. Als die Götter Kalypso schließlich zwangen, ihn gehen zu lassen, baute er sich ein Floß und setzte die Segel, um nach dem »fruchtbaren Scheria, dem Land der Phaäken, die den Göttern verwandt sind«, zu kommen. Es lag ungefähr zwanzig Segeltage entfernt.

Hier fallen einige merkwürdige Übereinstimmungen auf. Das griechische Wort für das Floß, auf welchem Odysseus sich einschiffte, war *schedia,* wahrscheinlich phönizischen Ursprungs. Es war damit entweder ein Floß oder eine Art Ponton-Brücke gemeint. Zudem gab es zumindest zwei phönizische Kolonien oder Handelszentren namens *Schedia.* Eines lag an der Nordküste der Insel Rhodos, das andere an der ägyptischen Küste nahe dem heutigen Alexandria. Und das phönizische Wort für den Markt lautet *schera* . . . Die Atlantis-Materie enthält viele solcher Übereinstimmungen, die sehr nützlich sein könnten, würden sie in eine Richtung anstatt in mehrere weisen.

Indem er Kalypsos Anweisungen folgte, »mit dem Bären zu seiner Linken« zu segeln, brachte Odysseus den größten Teil seiner Reise ohne ein Vorkommnis hinter sich. Am achtzehnten Tag jedoch, er hatte sein Ziel bereits vor Augen, wurde er von Poseidon erspäht, der von einem Fest bei den Äthiopiern zurückkehrte. Der Erderschütterer, der es auf Odysseus abgesehen hatte, weil dieser seinen Sohn Polyphem geblendet hatte, zertrümmerte das Floß. Odysseus wäre ertrunken, wenn nicht die Nymphe Leukothea Mitleid mit ihm gehabt und ihm ihren Schleier als einen zauberwirkenden Lebensretter geliehen hätte.

Mühsam eine gefährliche Brandung durchschwimmend, gelangte der Schiffbrüchige an »die Mündung eines klar dahinfließenden Flusses«. Ein Stoßgebet zu dem Flußgott bewirkte, daß dieser »den Strom zum Stillstand brachte, die Wellen zurückhielt und sie sanft werden ließ, auf daß sie ihn sicher in die Flußmündung trugen«. Nachdem der erschöpfte Odysseus aus dem Wasser gekrabbelt und wieder zu Atem gekommen war, warf er Leukotheas Schleier in das Wasser, und »eine große Welle trug ihn den Strom hinunter« der Nymphe wieder zu.

Homer-Übersetzer haben in diesen Passagen Aufschlüsse über die Lokalisierung von Scheria gesucht. Einerseits liegt das Land »im Meer«, was auf eine Insel hinweist, andererseits spricht der Fluß für eine große Landmasse. Der Umschwung der Wellenbewegung vor der Flußmündung könnte die Beschreibung ozeanischer Gezeiten sein, womit man Scheria außerhalb des Mittelmeeres zu suchen hätte, denn die Gezeiten des Mittelmeeres werden in Zentimetern gemessen.

Homer plaudert dann ein bißchen über die Phäaken: wie ihr König Nausithoos (ein Sohn Poseidons) sie von dem »weiten Hypereia bei den übermächtigen Zyklopen« hinweggeführt habe zu ihrem gegenwärtigen Wohnsitz, »weit entfernt von Weizen essenden Menschen«. Das ergibt wenig Sinn. Historisch überliefert ist nur ein Brunnen der Stadt Pherai im Südwesten Thessaliens, der den Namen Hypereia trug. Die übliche euphemeristische Deutung der *Odyssee* setzt Polyphem mit dem Ätna gleich und das Land der Zyklopen mit Sizilien.

Wie dem auch sei, Nausithoos war gestorben und
mit gottgegebener Weisheit regierte Alkinoos an seiner Statt.

Am Tage nach Odysseus Errettung aus dem Meer inspirierte Athene Alkinoos' Tochter, die weißarmige Nausikaa, ihre Gespielinnen zusammenzurufen und die königlichen Wagen, mit Wäsche beladen, an den Fluß hinunterzufahren, um die herrschaftliche Wäsche zu waschen. Nachdem dies geschehen war, vergnügten sie sich mit einem Ballspiel, bis ihr Gekicher Odysseus weckte. Der Wanderer, seine Blöße in unhellenistischer Sittsamkeit mit einem Zweige deckend, erflehte Hilfe von Nausikaa, die als einzige von den Mädchen nicht vor ihm davongelaufen war.

Die reizende kleine Prinzessin rief ihre Gespielinnen zurück, lieh Odysseus Kleider und hieß ihn, ihnen in die Stadt zu folgen. Sie klärte ihn darüber auf, daß er unter den gottähnlichen Phäaken weile, die »am weitesten abgelegen auf der laut brandenden See wohnen. Und keiner der Sterblichen vermischt sich mit uns«. Ihre Stadt besaß einen stattlichen Wall, einen weiträumigen Hafen, einen prachtvollen Tempel des Poseidon und einen megalithischen Versammlungsplatz. »Da«, so sagte sie, »die Phäaken sich nicht um Köcher und Bogen kümmern, sondern um Masten, Ruder und ordentliche Schiffe, mit denen es ihnen eine Freude ist, die schäumende See zu durchfahren.«

Odysseus, gebührend beeindruckt durch den bronzenen Türknauf am Palast des Alkinoos, die goldenen Tore, silbernen Torpfosten, erzenen Wände und goldenen Statuen der Jugend, Fackelträger darstellend, bat den König um Beistand und wurde mit großer Gastfreundschaft aufgenommen. Er erfuhr, daß die Schiffe der Phäaken »schnell wie der Flug eines Vogels oder gar ein Gedanke«, daß die Phäaken, wie die Zyklopen, den Göttern verwandt waren, und daß das fernste Land, das sie je besucht hatten, die Insel Euböa vor der Ostküste Griechenlands sei, wohin sie einst Rhadamanthos gebracht hatten, der seinen Vetter Tityos besuchen wollte. Im Griechischen war der mythische Rhadamanthos ein Bruder des Königs Minos von Kreta. Seiner Unbestechlichkeit wegen hatten ihn die Götter nach seinem Tode zu einem der Richter des Todes gemacht. Er lebte in den Elysäischen Gefilden, die, wie Homers Ogygia und das Land der Kimmerier, irgendwo im fernen Westen lagen. Die Phäaken führten ein luxuriöses Leben. Sie liebten »Festlichkeiten, die Leier, den Tanz, das Wechseln der Kleider, warme Bäder und die Liebe«.

Alkinoos, der ein lustiges altes Saufloch gewesen zu sein scheint, sagte zu, Odysseus nach Hause zu schicken. Am nächsten Tag gab er eine tolle Party für den Fremdling mit athletischen Wettbewerben und Tanz, wobei der Barde Demodokos zur Leier Lustgesänge über die Götter darbot. Nach dem Fest wurde Odysseus dazu überredet, seinen Namen zu nennen und seine Abenteuer seit seiner Abreise von Troja zu berichten. Seine Erzählung ist der bekannteste Teil der *Odyssee:* wie seine Flotte zuerst nach Thrakien verschlagen wurde und seine Männer dort die Kikonen überfielen, aber abgeschlagen wurden; wie sie ins Land der Lotophagen (der ›Lotus-Esser‹) gerieten, dann ins Reich der Kyklopen, zum schwimmenden Eiland Aiolia mit seiner Mauer aus Erz, ins Land der kannibalischen Lästrygonen, nach Aiaia, der Insel der

Kirke, ins Land der Kimmerier und ans Ufer des Weltstromes Okeanos, wo Odysseus mit seinen toten Freunden sprechen konnte. Sie hatten die Insel der Sirenen und die gefährlichen Klippen der Straße von Skylla und Charybdis passiert, gelangten zur Insel Thrinakia, wo Odysseus' Mannen die Rinder des Sonnenbeherrschers erschlugen und so den Ruin der Expedition vervollständigten. Nur ein einziges Schiff blieb ihnen. Odysseus beendete seinen Bericht mit der Schilderung, wie er, an ein Wrackteil seines Schiffes geklammert, auf die Insel der Kalypso zutrieb.

Das Reich des Odysseus – die Westküste Griechenlands mit den von Homer erwähnten Inseln.

Am nächsten Tag ließ Alkinoos Odysseus, reich beschenkt, auf einem der Zauberschiffe der Phäaken von dannen ziehen. Nachdem sie eine Nacht über das Meer dahingeflogen waren (»schneller als ein Falke zu fliegen vermag«), setzten sie Odysseus in Ithaka, seiner Heimatinsel, an Land. Er nahm gehörig Rache an Penelopes Freiern. Poseidon jedoch, schon lange böse darüber, daß die Phäaken straflos seine Gewässer kreuzten, und wütend darüber, daß Odysseus wohlbehalten nach Hause zurückgekehrt war, verwandelte das Phäaken-Schiff zu Stein, als es gerade in den Heimathafen einfahren wollte. Ferner gab er seine Absicht bekannt, »ihre Stadt durch einen hohen Berg zu verdüstern«. Um dieses Unheil abzuwenden, schworen die Phäaken dem freundlichen Brauch ab, jeden Fremdling, der in ihre Stadt gelangte, nach Hause zurückzubringen.

Nun denn, was war mit Scheria gemeint? Es wurde mit fast soviel menschlichen Ansiedlungen gleichgesetzt wie Atlantis. Apollodoros, Strabon und andere Schriftsteller der Antike nahmen an, daß es Korfu gewesen sei (auch Kerkyra oder Corcyra genannt). Einige moderne Homeristen teilen diese traditionelle Auffassung. Der Schotte Shewan zum Beispiel vermutete, daß es Korfu mit einer phönizischen oder kretischen Bevölkerung war. Dennoch, Korfu hat keine Gezeiten und Flüsse und ist nicht gerade »am weitesten abgelegen auf der laut brandenden See« nahe den Elysäischen Gefilden. Es liegt in Sichtweite von Leukas, einer der Inselgruppen, die zu Odysseus' Herrschaftsgebiet gehörten. Um Odysseus von Korfu nach Hause zurückzubringen, hätte es wohl kaum eines Zauberschiffes bedurft — wenn es nicht so gewesen ist, wie Shewan vermutet, daß die Phäaken mit ihren Seekunststücken nur prahlten.

Aber Korfu wird noch von anderen in Anspruch genommen. Leaf nahm an, daß es Taphos war, das Reich des Königs Mentes, der im ersten Buch der *Odyssee* erwähnt wird, im Gegensatz zu der üblichen Auffassung, daß Taphos das historische Taphios gewesen sei, eine kleine Insel östlich von Leukas.

Wieder andere, wie Leutz-Spitta und Henning, gingen davon aus, daß Korfu nichts anderes gewesen sei als Odysseus' Ithaka. An der Westküste von Griechenland, vor dem Golf von Korinth, liegt eine Inselgruppe, die vier große Inseln und viele kleine Inseln umfaßt. Heute tragen die vier großen Inseln die folgenden Namen (von Süden nach Norden): Zakynthos (oder Zante), Kephallenai (oder Cephalonia), Ithaki und Leukas oder Leukadia. (Erinnern Sie sich der Göttin Leukothea?) Nun setzte sich das Reich von Homers Odysseus aus »Zakynthos, Doulichion, Samë und Ithaka«

zusammen. Es bedarf wohl keiner besonderen Anstrengungen, die vier Namen auf die vier fraglichen Inseln zu beziehen.

Wie sich ergibt, ist Zakynthos jedoch die einzige Insel, die mit Sicherheit übereinstimmt. Kephallenia könnte entweder Doulichion (dessen Beschreibung auf es paßt) oder Samë sein (das eine Stadt dieses Namens hat). Andererseits könnte Leukas entweder mit Samë oder Doulichion gleichgesetzt werden. Auf Ithaki hingegen paßt die Beschreibung, die Odysseus Alkinoos von seiner Heimatinsel gab, nicht so recht: »Ithaka liegt flach im Meer, aber am weitesten in der See gegen die Finsternis, während die anderen gen Morgen, der Sonne zu, liegen.« *Zophos,* »Finsternis« oder »Dunkelheit«, ist hier ein poetischer Ausdruck, mit dem möglicherweise »Westen«, wahrscheinlich aber »Norden« oder »Nordwesten« gemeint ist. Und das heutige Ithaki liegt genau in der Mitte der Inselgruppe. Ferner wird es als *chthamale,* »niedrig«, flach bezeichnet, wohingegen Ithaki aus felsigen Bergen besteht, die rund 800 Meter hoch aufragen.

Im vorigen Jahrhundert waren Draheim und Dörpfeld der Ansicht, daß Leukas Homers Ithaka sei. Andere teilten diese Meinung nicht, da Leukas keine eigentliche Insel, sondern eine Halbinsel ist, vom Festland nur durch eine seichte Furt getrennt. Als ob dieser Namenswirrwarr nicht schon undurchdringlich genug wäre, erwähnt Homer die Kephallinier als Untertanen des Odysseus, ohne anzugeben, wo sie lebten. Vielleicht sollten wir besser nicht zu tief in diese alte Debatte einsteigen, die nun schon seit 2400 Jahren die Gemüter bewegt, ohne eine Lösung erbracht zu haben. Kann sein, daß Homer, der die Inseln dem Hörensagen nach beschrieb, mit seiner Geographie ein wenig durcheinandergeriet, und Ithaka, Leukas sowie Korfu miteinander verwechselte.

Walter Leaf gab die Jagd nach Scheria mit den Worten auf: »Nein. Wenn wir unseren Maßstab aus irdischen Landkarten nehmen, dann ist Korfu nicht Scheria. Doch Scheria hat seinen Platz in den Karten der Poesie und der Fantasie. Dort, so glaube ich, kann eine Identität erfolgen. Ist es nicht Homers Name für Platos Atlantis? Wenn wir eine Verbindung mit der realen Welt herstellen möchten, lassen Sie uns die originelle und attraktive Idee aufnehmen, wonach sich in Atlantis die Erinnerung an den verlorenen Glanz des minoischen Reiches verkörpert. Gemahnen uns die Phäaken, die, nach Nausikaas Worten, ›sich nicht um Köcher und Bogen kümmern, sondern um Masten, Ruder und ordentliche Schiffe‹, nicht an die Männer von Knossos, die, ihrer seebeherrschenden Rolle sicher, niemals daran dachten, ihren Palast vom Strand her zu befestigen?« Doch Kreta gibt ein kümmerliches Scheria ab, da Scheria vorzüglich befestigt und Kreta berühmt für die Schießkunst seiner Bogenschützen war. Zudem taucht in der *Odyssee* Kretas Name auf – tatsächlich nennt es Odysseus Alkinoos gegenüber. (Genauso wurde das Land der Kyklopen lange Zeit mit Sizilien gleichgesetzt. In der *Odyssee* scheint jedoch Sizilien unter seinem alten Namen *Sikania* auf.)

Ebensowenig können Scheria und Karthago identisch sein, da Karthago gegründet wurde, als die homerische Dichtung gerade Gestalt annahm. Einige Homeristen glaubten, Scheria in Palästina, Tunesien, Sizilien, Gades, den Kanarischen Inseln oder der Insel Sokotra im Arabischen Meer gefunden zu haben. Und einige sind der Meinung, daß es sich um ein utopisches Land, eine fantastische Ausgeburt handle. Sollte Scheria einst wirklich existiert haben, was wir wahrscheinlich niemals genau wissen werden, so würde Tartessos ihm noch am ähnlichsten sein: Tartessos, die silberschimmernde Stadt. Wir wissen dies zwar nicht aus Originalberichten, vermögen es aber durch einen Nebel von Gerüchten zu erahnen, die die Griechen von den phönizischen Seefahrern übernommen hatten. Tartessos lag in der richtigen Richtung. Westlich von Griechenland aus gesehen war es »am weitesten abgelegen auf der laut brandenden See«. Es besaß den verschwenderischen Reichtum an Metallen, der Scheria zugeschrieben wird – Polybios spricht sogar von einem iberischen König, der »mit dem Luxus der Phäaken« rivalisierte. Es lag an der Mündung eines großes Flusses, und seine Küste wies eine mächtige Brandung und einen starken Gezeitenwechsel auf. Schließlich läßt Scherias Bedrohung, von einem hohen Berg umschlossen zu werden, an das Schicksal von Tartessos denken, das inmitten großer Schlammbänke, die der Baetis anschwemmte, zu ersticken drohte. Entfernt übrigens auch an den Untergang von Atlantis ...

Nicht, daß Scheria mit Bestimmtheit Tartessos wäre, höchstens in dem Sinne, in dem ich dies zu Beginn dieses Kapitels erläuterte. Wie Atlantis, so ist auch Scheria eine literarische Schöpfung, der Hintergrund für eine dichterische Fiktion. So mußte sein Erfinder, kein bloßer Geschichtsschreiber, sich nicht strikt an die Fakten halten. Sein literarisches Land mag auf einer Kombination verschiedener realer Orte beruhen, die durch seine poetische Imagination vervollkommnet wurde.

Seit vorliegendes Buch zum erstenmal veröffentlicht wurde, wurden die Quellen der Atlantis-Sage durch Entdeckungen in der Ägäis weiter erhellt. Rund 100 Kilometer nördlich von Kreta liegt die kleine halbmondförmige Insel Thera (auch mit ihrem italienischen Namen Santorin bekannt). Einige kleinere Inseln befinden sich an der Innenseite der Sichel. Die Gruppe ist vulkanischen Ursprungs. Mindestens sechs Eruptionen fanden auf den kleineren Inseln innerhalb der letzten zweitausend Jahre statt. Seit einigen Jahrzehnten mehren sich die Beweise, daß Thera der Überrest eines großen Vulkans ist und daß dieser Vulkan einst ausbrach, was eine Flutkatastrophe zur Folge hatte, vergleichbar der Krakatau-Eruption im Jahre 1883. Diese Eruption hinterließ auf einem ovalen Gebiet von rund 250 mal 500 Kilometern eine Schicht vulkanischer Asche, die »Santorinische Tephra«, was heißt, daß ein großer Teil Kretas und des Ägäischen Meeres davon bedeckt war.

Im Jahre 1939 gab ein griechischer Archäologe, Spyridon Marinatos, der Vermutung Ausdruck, daß die Eruption den Fall des minoischen Kretas verursacht haben könnte, indem die Bevölkerung der Küstenstädte in einer Springflut ertrank und die Landgüter im Innern unter der Asche begraben wurden. Mit der Entwicklung der Radium-Kohlenstoffbestimmung verlautete, daß die Eruption im 15. Jahrhundert v. Chr. stattgefunden habe. (Es gibt ebenso Anhaltspunkte, daß eine größere Eruption sich vor zirka 25 000 Jahren ereignete, aber diese interessiert uns hier nicht.)

1960 brachte der griechische Seismologe Angelos Galanopoulos die Eruption von Thera mit Platos Atlantis in Zusammenhang. Die zeitliche Diskrepanz und die unterschiedlichen Ausmaße von Atlantis und Thera könnten erklärt werden, so führte er aus, daß bei der Weitergabe des Berichtes jemand den Zahlen eine Null anfügte. Dieser Fehler könnte Platos Atlantis zehnmal so groß und zehnmal älter gemacht haben als das minoische Thera. Im Jahre 1967 fanden denn auch griechische und amerikanische Archäologen unter einer Tephraschicht in der Nähe des heutigen Dorfes Akrotiri auf Thera die guterhaltenen Überreste einer minoischen Stadt, die auf 1500 bis 1400 v. Chr. datiert wird.

Die Atlantis-auf-Thera-Theorie scheint den Fakten besser zu entsprechen als jede andere. Wobei an Platos Darstellung, Solon habe die Atlantis-Geschichte in Ägypten erfahren, durchaus etwas dran sein könnte.

Indessen zu sagen, Thera *ist* Atlantis, würde eine semantische Verwirrung bewirken. Platos Atlantis ist weiterhin eine fiktive

Konzeption, ausgeschmückt mit Göttern, mythischen Heroen und wundersamen Ereignissen. Die Thera-Eruption mag, was wirkliche Ereignisse anbelangt, eine der Hauptquellen gewesen sein, aus denen Plato seine Fiktion speiste, zusammen mit Tartessos, dem Erdbeben von Atlantë und den anderen Vorkommnissen, die wir anführten. Wie jedoch Plato zu seinen Informationen kam und was die relative Wichtigkeit seiner verschiedenen Quellen anlangt, dies werden wir wahrscheinlich niemals erfahren.

So, wie die Tatsachen liegen: Könnte es irgendwo eine große Kultur gegeben haben, die zugrunde ging und deren Überreste niemals gefunden wurden? Mag sein. Die Archäologen haben indes Europa sehr sorgfältig durchkämmt, ebenso die beiden Amerika und Nordafrika, so daß die Umrißlinien der prähistorischen Geschichte dieser Kontinente nun ziemlich klar sind.

Afrika südlich der Sahara, Australien und die Inseln im Pazifik scheinen in vorgeschichtlicher Zeit keine zivilisierten Kulturen besessen zu haben. Pseudowissenschaftler haben zwar lange über die mysteriösen Befestigungsanlagen von Zimbabwe in Rhodesien spekuliert, doch archäologische Untersuchungen beweisen, daß sie durch eingeborene Bantu-Stämme ungefähr im 6. Jahrhundert n. Chr. errichtet wurden. Die Kanal-Stadt von Nan Matol auf der Insel Ponapé auf den Karolinen, von der nur noch Ruinen erhalten sind, wurde oft als Beweis der einstigen Existenz eines pazifischen Lemuria zitiert. Doch Paul Hambruch, der die Ruinen zwischen 1908 und 1910 untersuchte, veröffentlichte einen umfangreichen Bericht, nach dem die Stadt zwischen dem 16. und 18. Jahrhundert n. Chr. als religiöses Zentrum zur Anbetung eines Schildkrötengottes erbaut und erst vor weniger als zwei Jahrhunderten verlassen wurde.

Große Teile Asiens wurden jedoch noch nicht erforscht. Innerhalb der ersten Hälfte dieses Jahrhunderts wurde die vorhistorische Indus-Tal-Zivilisation ans Licht gebracht. Ruinen von Städten aus dem Bronzezeitalter wurden in der Wüste von Seistan entdeckt, und weitere Entdeckungen sind nicht auszuschließen.

9

DER URHEBER VON ATLANTIS

Ihr Seeleute sämtlich, erkläret,
wo diese versunkenen Inseln liegen –
die glücklichen, die lichten,
unter welch strahlendem Himmel,
eingehüllt in welch strahlende Helle?

NOYES

Bislang haben wir unsere Aufmerksamkeit der Geschichte von Atlantis gewidmet und den Versuch unternommen, Zeit und Ort wirklicher Ereignisse mit denen der farbigen Erzählung in Zusammenhang zu bringen. Trotz aller Anstrengungen konnten wir außer der Feststellung, daß Plato seine Vorstellungen aus Berichten über Tartessos, Karthago oder des minoischen Kreta bezogen haben mag, keine Erfolge verbuchen.

Wir haben einiges Negative erfahren. Das heißt, wir konnten eine Menge Möglichkeiten als unwahrscheinlich oder unmöglich eliminieren. Wir wissen nun, daß Plato nicht ein wirklich stattgefundenes Ereignis beschrieben haben kann. Nach geologischen Gesichtspunkten kann Atlantis als ein Kontinent niemals existiert haben, denn kein Kontinent vermag in der Weise zu verschwinden, wie Plato es schilderte. Was die Argumente der Atlantisten betrifft, der Ursprung von Zivilisationen sei mittels kultureller Ähnlichkeiten zwischen verschiedenen Völkern festzustellen, so sind diese in unserem Zusammmenhang völlig nutzlos. Diese Argumente, die auf falschen Auslegungen archäologischer, anthropologischer, mythologischer, linguistischer und anderer wissenschaftlicher Vorstellungen beruhen, sind schlimmstenfalls lächerlich.

Es ist jedoch an der Zeit, daß wir auch die positiven Schlußfolgerungen zu der Frage untergegangener Kontinente in Betracht ziehen. Vielleicht können wir das Atlantis-Problem besser in den Griff bekommen, wenn wir uns dem Original von *Timaios* und *Kritias* und dem Manne, der beide Dialoge verfaßte, zuwenden. Plato war keineswegs eine Stimme aus dem Jenseits, sondern ein menschliches Wesen, ausgestattet mit einem tätigen Geist, der über das Wissen seiner Zeit verfügte, was Irrtümer mit einschloß.

Wenn Sie mögen, können Sie ihn sich vor Augen führen, wie er in seinem Haus in Athen sitzt – zu jener Zeit eine winklige Kleinstadt mit stinkenden, schmutzigen Straßen, deren Akropolis von Perikles ein Jahrhundert zuvor wie eine Tiara auf einen Haufen Unrat gesetzt wurde.

Der ›göttliche Plato‹, der da auf seinen Papyrus krakelt und darüber nachgrübelt, was in seinem Leben alles hätte sein können, ist eine untersetzte, vollbärtige Erscheinung, gut erhalten für seine mehr als siebzig Lenze. Es ist viele Jahre her, seit er in der Politik dilettierte, eine Menge fragwürdiger Liebesgedichte verfaßte und bei den Isthmischen Spielen rang. Zeitgenossen sprachen von seiner robusten Figur und sanften Stimme. Bisweilen mokierten sie sich in milder Weise über seinen verbissenen Ernst und seine rastlose Art, während des Sprechens auf und ab zu gehen.

Wenngleich Aristoteles ihm eine göttergleiche Noblesse des Charakters zuschrieb, weiß man im Grunde genommen wenig über seine Person. Das, was er schrieb, deutet darauf hin (für mich wenigstens), daß es sich bei ihm um eine redselige, voreingenommene, schulmeisterliche Persönlichkeit handelte – einfallsreich und asketisch, voller Charme, mystischer Intuition und einem ungestümen Enthusiasmus für weltreformerische Visionen. Doch ob er wirklich so war, dessen können wir nicht sicher sein. Wie bei vielen Griechen der Klassik waren seine Zuneigungen hauptsächlich homosexueller Natur, obgleich er neben seinen männlichen Geliebten auch eine weibliche besessen und einen Sohn hinterlassen haben soll.

Was hat er denn nun wirklich geschrieben?

Handelt es sich um Niederschriften einer stattgehabten Diskussion oder um eine Fiktion oder eine dramatische Dichtung oder um was sonst?

Zunächst einmal: *Timaios* und *Kritias* sind bestimmt keine stenografischen Aufzeichnungen wirklich erfolgter Gespräche zwischen Sokrates und seinen Freunden. Sie datieren in eine Zeit zurück, da Plato ein Kind von ungefähr sechs Jahren war. Damals dürfte er kaum imstande gewesen sein, solche Gespräche aufzuschreiben, noch, sie in seinem Gedächtnis zu bewahren, bis er alt genug war, sie schriftlich zu fixieren. Wahrscheinlich geben sie nicht einmal Diskussionen wieder, denen er später im sokratischen Kreise beiwohnte. Denn als junger Mann interessierte sich Plato mehr für seine Gedichte und seine politische Karriere als für die Philosophie seines in mittleren Jahren stehenden Freundes Sokrates.

So besteht also kein Grund, irgendeinen von Platos Dialogen als einen stenografischen Bericht zu betrachten. Die meisten sind, wie gesagt, so datiert, daß er sie zu jener Zeit nicht mit Verstand hätte aufnehmen können. Zudem stellt Plato bisweilen Leute nebeneinander, die sich im wirklichen Leben — aus chronologischen Gründen — nicht gekannt haben können.

Der unbefangene Leser der Gegenwart könnte sich von den philosophischen Dialogen in die Irre geführt fühlen. Indes, es war von klassischen bis in jüngere Zeiten durchaus üblich, daß die Autoren verschiedene Seiten kontroverser Meinungen in einer lebendigen Form zu Wort kommen ließen, ohne selbst dabei Stellung zu beziehen. Bei Tausenden von Dialogen, die niedergeschrieben wurden, wurde bei keinem Anspruch darauf erhoben, eine tatsächlich erfolgte Diskussion exakt wiederzugeben.

Es war ferner zu Platos Zeiten eine anerkannte Praxis, historischen Persönlichkeiten erdachte Reden in den Mund zu legen — sogar der gewissenhafte Thukydides bediente sich dieser Methode —, und bis auf den heutigen Tag wird bisweilen noch so verfahren. Solche Reden zu verfassen, gehörte zu den Standardübungen der klassischen Rhetorikschulen. Im Lauf der Zeit wurden diese Reden, die berühmten Männern untergeschoben wurden, diesen selbst zugeschrieben.

Was immer auch Platos Tugenden gewesen sein mögen, absolute Genauigkeit gehörte nicht zu ihnen. Er billigte fromme Lügen und widmete Passagen des *Staates* der Verteidigung der Doktrin von der »noblen Lüge«, die Herrschende ihren Untertanen erzählen sollten, damit diese mit ihrem Los zufrieden seien. Er reicherte seine Dialoge mit Pseudo-Mythen an, wie etwa mit der Geschichte von Er, dem Pamphylier, die gegen Ende des *Staates* erzählt wird, oder die von Lysias in *Phaidros*, die er, wie wir wissen, selbst verfertigte. Als er einen seiner ersten Dialoge, *Lysis*, vor dem Publikum vorlas, soll Sokrates geklagt haben: »Beim Herakles, welch einen Haufen Lügen erzählt dieser junge Mann über mich!« Der Sophist Gorgias war ähnlich erstaunt über die Worte, die Plato ihm in den Mund legte. Wir wissen bereits, daß es nur wenige Zusammenhänge zwischen den Reden von Platos Sokrates und dem wirklichen Sokrates gibt. Mag ersterer auch einige Ideen des letzteren zum Ausdruck bringen, Platos Sokrates ist im wesentlichen die Puppe eines Bauchredners. Wir können nicht sagen, wo die

Meinungen des echten Sokrates aufhören und die von Plato beginnen.

Platos durchdachter Aufbau – die Geschichte von Solon und dem ägyptischen Priester, Sokrates' Versicherung, daß die Atlantis-Geschichte keine »erfundene Fabel, sondern unverfälschte Geschichte« sei, und das Gespräch über Kritias' altes Manuskript – sind schlicht literarische Tricks. Das ›alte Manuskript‹ ist ein Kunstgriff, der sich gut macht und den Geschichten-Erzähler des alten Ägyptens ebenso wie Poe und Lovecraft angewandt haben. Aber Plato ist nicht konsequent in seiner Anwendung: in *Timaios* sagt Kritias, er habe die ganze Nacht wachgelegen und versucht, sich der Geschichte zu erinnern, während er in *Kritias* versichert, daß er die Aufzeichnungen besitze, die Solon von seiner ägyptischen Reise mit nach Hause brachte. Wenn ihm das Material in geschriebener Form vorlag, hätte er nicht auf den Schlaf verzichten müssen, um sich die Geschichte ins Gedächtnis zurückzurufen.

Babcock sagte: »Die Atlantis-Geschichte muß entweder als hauptsächlich historisch angenommen werden, mit vermutlich einigen Entstellungen und Übertreibungen, oder als Fiktion, in gewissem Maße auf aus dem Leben gegriffenen oder überkommenen Fakten basierend (wie alle Geschichten dieser Art).« Alles spricht dafür, daß die letzte die richtige Erklärung ist. Plato deutet dies sogar an, und zwar mit Kritias' Bemerkung, die prähistorischen Athener seien mit den Untertanen des *Staates* identisch.

Zudem war Plato nicht (wie die Atlantisten annehmen) die Person, die daran interessiert war, eine mündliche Überlieferung peinlich genau wiederzugeben – ein unliterarischer Supernaturalist also –, sondern ein sophistischer, urbaner Literat, dazu qualifiziert wie nur einer seiner Zeit, fantastische Fiktionen niederzuschreiben. Einheit und Lebendigkeit der Geschichte, was bisweilen als Beweis ihrer Echtheit gewertet wird, entspringen dem Können eines jeden guten Geschichtenerzählers – bestimmt einem von Platos machtvollem Intellekt.

Es ist absurd, einzuwenden, wie dies der mystifizierende Mereschkowskij tut, daß es »unglaubhaft« sei, jemand von Platos Aufrichtigkeit hätte in einer so wichtigen Sache wie der Atlantis-Darstellung gelogen. Es ist unwesentlich, wieviel Fiktion darin enthalten ist, Plato kam gar nicht der Gedanke, daß er lüge. Statt dessen ging es ihm darum, »höhere Wahrheiten« auszusprechen, mit denen Philosophen gern herumspielen, die jedoch nichts mit wissenschaftlichen oder historischen Tatsachen zu tun haben. Er verfaßte Allegorien. Seine Zeitgenossen taten desgleichen. So war dies üblich, zum Beispiel auch unter den jüdischen Philosophen.

Was die ›aus dem Leben gegriffenen oder überkommenen Fakten‹ betrifft, die Plato verwandte, so können wir die Möglichkeit nicht gänzlich von uns weisen, daß er etwas davon einer Geschichte entnahm, die Solon aus Ägypten mitgebracht hatte. Doch verlassen können wir uns darauf ebensowenig. Plato ist der einzige Gewährsmann für Solons fragmentarische Dichtung. Sonst wird sie von niemandem erwähnt (außer denen, die sich auf Plato beziehen). Das beweist zwar nicht, daß sie nicht existierte. Doch wenn man Solons Bedeutung bedenkt, sollte man annehmen, daß andere griechische Schriftsteller daraus zitiert oder sich auf dieses Atlantis-Epos bezogen hätten, falls es wirklich in Umlauf gewesen wäre. Zudem bewies Plato keine präzise Kenntnis, was Solons Ägypten-Reise betrifft. In seinem Bericht darüber setzt er den falschen König auf den ägyptischen Thron.

Einen Schimmer von Information gibt es in bezug auf die originalen Quellen des *Timaios:* »Timon, der Schüler Pyrrhons (279 v. Chr.), ist die früheste Quelle für die Feststellung, daß Plato sich bei dem *Timaios* auf ein Buch stützte, das er gekauft hatte. Spätere Schriftsteller erweitern die Geschichte: Einer versichert, daß Plato Mitglied der Pythagoreischen Bruderschaft gewesen sei und daraus ausgestoßen wurde; ein anderer erzählt uns, daß das Buch von Ocellus Lucanus war; ein dritter schreibt es Timaeus Locrus zu; ein vierter geht sogar so weit, die Summe anzumerken, die Plato dafür gezahlt habe. Die letzte Version stammt von Hermippus von Smyrna: sie besagt, daß das Buch von Philolaos war und daß es Plato durch einen von dessen Verwandten erhielt. Hermippus sagt nichts darüber, daß es noch zu seiner Zeit existierte. Wäre dem so gewesen, wäre es wahrscheinlich in der Bibliothek von Alexandria aufbewahrt worden, und wir hätten mehr darüber gehört.«

E. K. Chambers, den wir hiermit zitiert haben, fährt fort, daß eben diese Abhandlung von Philolaos, einem Oberhaupt der Pythagoreer nach Pythagoras, von nachfolgenden Schriftstellern zitiert wird. Doch Chambers erachtet diese Zitate als Erfindungen. Während wir die Ausführungen von Hermippus und seinen Kollegen nicht ernst nehmen müssen, könnte es doch sein, daß der skeptische Timon, der weniger als ein Jahrhundert nach Platos Tod darüber schrieb, wußte, wovon er sprach. Bücher waren selten und kostspielig genug in diesen Zeiten, um das Wie und Wo einer einzigen Kopie für einen literarisch Interessierten wichtig zu machen.

Timons Erwähnung des *Timaios*, ohne Nennung des *Kritias*, legt nahe, daß das betreffende Buch nicht Atlantis, sondern die pythagoreische Philosophie zum Inhalt hatte, die im *Timaios* ja abgewandelt wird. Plato aber besaß zweifellos noch andere Bücher.

Bramwell macht darauf aufmerksam, daß wir, wenn mehr Bücher der Bibliothek von Alexandria die Verwüstungen der Kriege und Religionen überstanden hätten, heutzutage in der Lage wären, Platos wirkliche Quellen bis in Einzelheiten herauszufinden.

Angenommen, Plato bezog seine Vorstellungen von Atlantis nicht aus einer verlorengegangenen Abhandlung über pythagoreische Philosophie, wo bekam er sie dann her? An diesem Punkt sollten wir uns vielleicht darüber klarwerden, was gebildete Männer in Platos Tagen für ein Weltbild besaßen. Naheliegenderweise kann Plato keine Gerüchte über Amerika als Quelle für Atlantis benutzt haben, da kein Grieche der Antike je von diesem Flecken Erde gehört hatte.

Aus den Abhandlungen eines Strabon und anderer Geographen der Klassik sowie geographischen Bezugnahmen klassischer Schriftsteller auf andere können wir uns ein einwandfreies Bild über das Wissen machen, das die Hellenen von der Welt außerhalb ihrer bergreichen Insel besaßen.

Wenn ein Schriftsteller eine Landschaft genau beschreibt, kann man annehmen, daß er entweder dort war oder seine Informationen aus einer verläßlichen Quelle erhielt. Wenn er jedoch einwandfrei falsche Angaben über einen Ort macht, indem er angibt, daß dort Wasser sei, während sich in Wirklichkeit an dieser Stelle Land befindet, dann dürfte dieser Ort eindeutig jenseits der Grenzen des Bereiches liegen, von dem er zuverlässig Kenntnis hat.

Das Zeitalter Homers bis Strabon war in der Welt der Klassik eine Zeit mehr oder minder kontinuierlichen Fortschritts, was die geographischen Kenntnisse betrifft. (Es mag sein, daß es nach Homer eine kleine Flaute gab – das Ergebnis von Karthagos Aufstieg.) Wenn also Platos Vorgänger einen Ort kannten, dann dürfte die Wahrscheinlichkeit bestehen, daß ihn Plato entweder auch kannte oder Einzelheiten darüber erfahren konnte, wenn er dies wünschte. Gebildete Männer konnten zu jener Zeit in ihren geographischen Vorstellungen voneinander abweichen, dennoch gab es einen guten allgemeinen Konsensus der geographischen Auffassungen im Athen jener Tage.

Davon ausgehend, wollen wir sehen, wie das Weltbild sich von Homer bis Plato erweiterte. Jeder, der sich für die griechische Geschichte interessiert, sei es mit Hauptaugenmerk auf die Wissenschaften oder auf die Künste, beginnt selbstverständlich mit Homer.

Wer war eigentlich Homer?

Die Antwort darauf ist alles andere als einfach. In der Klassik galt es als selbstverständlich, daß die *Ilias* und die *Odyssee* von einem blinden ionischen Dichter namens *Homeros* verfaßt wurden, der sich im ägäischen Raum auf Wanderschaft befand und Balladen zur Leier sang. Ein Dutzend oder mehr Geburtsorte wurden ihm zugeschrieben. Die Datierung seines Geburtsjahres schwankt zwischen 1159 und 685 v. Chr. In hellenistischen und römischen Zeiten machten einige Biographien über Homer die Runde, alle vermutlich in der Zeit von Aristoteles oder später geschrieben als Ergebnis des Wunsches nach (nicht vorhandenen) Informationen, hauptsächlich auf dem basierend, was man aus den Dichtungen schlußfolgerte, oder auf bloßen romanhaften Erfindungen.

Gewiß, es gab eine kleine Schule der *chorizontes* oder »Separatisten« wie Xenon und Hellanikos, die die Meinung vertraten, daß die zwei Epen von zwei verschiedenen Autoren verfaßt wurden. Doch sie hatten wenig Einfluß und fielen bis in unsere Zeit so ziemlich der Vergessenheit anheim.

Dann, im Jahre 1795, störte Friedrich August Wolf die akademische Welt durch die Behauptung auf, daß ›Homer‹ nicht ein Mann gewesen sei, sich hinter dem Namen auch nicht zwei Verfasser verbergen, sondern viele. »Homer«, stellte er fest, »war ein Pseudonym, das von einer Gruppe von Dichtern verwendet oder dieser Gruppe verliehen wurde, einer Gruppe, die eine Anzahl von Heldenepen verfaßte, welche nicht vor der Zeit von Peisistratos, einem attischen Diktator des 6. Jahrhunderts v. Chr., zur *Ilias* und *Odyssee* zusammengefaßt wurden.« Diese radikale Behauptung löste eine gewaltige Diskussion unter den Hellas-Experten aus, die bis heute anhält. Eine endgültige Lösung der Frage ist nicht in Sicht. Einige neigen der Ein-Mann-, andere der Zwei-Männer-Theorie zu, wobei sie die beiden Dichtungen verschieden zwischen den Autoren aufteilen. Einige schreiben zum Beispiel die

»Schiffsaufstellung« im Zweiten Gesang der *Ilias* einem Autor zu, den Rest einem anderen. Die Wolfianer oder die Partei derer, für die der Name Homer ein Sammelname war, ist sich intern weitgehendst uneinig, wie und wann die verschiedenen Teile der Dichtungen zusammengefügt wurden und ihre gegenwärtige Form erhielten. Die Argumentationen der verschiedenen Homeristen-Gruppen werden durch einen üppigen Subjektivismus so vernebelt, daß ein Außenseiter ihnen kaum mit Gewinn folgen kann.

Gilbert Murray, der bedeutendste der Wolfianer, erklärt, daß beide Dichtungen von vielen Poeten verfaßt wurden, wobei einer der begabtesten Homer geheißen habe. Es handle sich bei den Werken um Überlieferungen, die in die Zeit zurückgingen, als es keine lesende Öffentlichkeit gab und die Schreibkunst nur einigen wenigen Barden geläufig war, von welchen jeder sein eigenes Buch besaß: eine lange Papyrus-Rolle, auf die die Gesänge gekritzelt waren, ohne daß es Inhaltsangaben, Kapitelüberschriften, Interpunktion oder auch nur Zwischenräume zwischen den einzelnen Wörtern gab. Jeder Barde fügte neues hinzu, wenn er dazu imstande war. Er konnte zum Beispiel auch einem Kollegen erlauben, eine seiner Balladen zu kopieren, wenn ihm umgekehrt dafür dieselbe Gunst gewährt wurde. Andererseits bewahrte er sein Manuskript, so gut es ging, wie ein Geheimnis. Wenn er, inmitten einer Rezitation, erklärte, er hätte die Musen zu befragen, dann verschwand er in dem nahe gelegenen Wald, um einen raschen Blick in sein Buch zu tun und sein Gedächtnis aufzufrischen. Wenn Dichtungen von der Länge der *Ilias* oder der *Odyssee* auch aus dem Gedächtnis memoriert werden können, ist der Besitz einer geschriebenen Version doch eine große Beruhigung.

Im übrigen standen die *Ilias* und die *Odyssee* in der frühen griechischen Literatur nicht allein. Sie waren ein Teil des trojanischen Epenzyklus, der ein Halbdutzend anderer Dichtungen, wie etwa die *Plünderung von Troja* und *Die Heimkehr*, die *Argonautensage* und den *Herakles*-Mythus, mit umfaßte. Keine, außer der *Ilias* und der *Odyssee*, wurden vollständig überliefert. Sie verdanken ihr Überleben wohl der Tatsache, daß sie für eine öffentliche Rezitation beim Panathenäischen Fest im 5. Jahrhundert v. Chr. ausgewählt wurden. Fragmente der anderen Epen, wovon einige Homer und einigen anderen mehr oder weniger legendären Barden wie Stasinos zugeschrieben werden, haben als Zitate überlebt. Wir kennen sie aus viel später geschriebenen griechischen Theaterstücken, Gedichten und mythologischen Abhandlungen.

Was den Inhalt von *Ilias* und *Odyssee* betrifft, so reichten die Meinungen in früheren Zeiten vom extremen Skeptizismus bis zu einer abgöttischen Verehrung von Homers Wissen und Wahrhaftigkeit. Strabon kochte vor Wut, wann immer ein Skeptiker, wie etwa Eratosthenes oder Kyrenë, Zweifel an Homers Genauigkeit anmeldeten. Sie meinten, daß Dichter schließlich dazu da seien, um zu erfreuen, nicht um zu belehren. Wenn auch einige Homeristen dazu neigen, die Dichtung wortwörtlich zu nehmen, geht die moderne Auffassung doch im allgemeinen dahin, Eratosthenes recht zu geben. Die Gesänge enthalten demnach hauptsächlich fiktive Elemente, wie etwa die Einmischung der Götter in menschliche Angelegenheiten, und Unterhaltungen privater Art, die niemals überliefert werden konnten.

Was das »Substrat der Wahrheit« anlangt, das ergebene Homeristen den Dichtungen meinen unterlegen zu können – es mögen schon historische Fragmente darin enthalten sein. Verglichen mit ähnlichen Werken, die aus Zeiten stammen, deren Historie wir kennen – wie etwa dem Zyklus des Carolus Magnus –, ist der historische Inhalt der homerischen Epen jedoch so dünn und wirr, daß wir ihn nach so langer Zeit nicht herausfiltern können.

Einige von Homers Figuren hatten ohne Zweifel Menschen aus Fleisch und Blut zum Vorbild: mit Atreus, König der Achäer, Vater von Menelaos und Agamemnon, ist möglicherweise Atarissiyas, König der Akhiyawas, gemeint, der in den königlichen Hethiter-Archiven, die bei Bogazköy in der Türkei ausgegraben wurden, erwähnt wird. Andere hingegen sind reine Erfindungen: Helena zum Beispiel müßte, wenn sie alle Entführungen durchgestanden hätte, die ihr zugeschrieben werden, neunzig gewesen sein, als Paris sie nach Troja brachte. Murray nahm an, daß der raschfüßige Achilles – wie andere – ein Stammesgott gewesen sein könnte oder die Personifikation eines Stammes.

Wären uns alle Fakten über die homerischen Personen bekannt, so könnten wir möglicherweise die Entdeckung machen, daß die Gesänge in verschiedenem Maße 1. die Namen, 2. die Taten von Personen, die gelebt haben, sowie der Helden der Volkssagen, und 3. die Eigenschaften von Menschen aus Fleisch und Blut, erdachten Charakteren und Göttern in einem enthalten. Die ganze Frage, wer Odysseus und seine Gefährten ›wirklich‹ waren, ist so ungeklärt und schon so oft diskutiert worden, daß ich froh bin, sie nicht ein für allemal in diesem Buch klären zu müssen.

Nun zu Homers Geographie: die Anti-Homer-Schriftsteller der Klassik, wie Kallimachos von Kyrenë, neigten dazu, Homers geographische Kenntnisse auf das östliche Mittelmeer zu beschränken. Die Pro-Homer-Partei, zu der Strabon und Plutarch gehörten, nahm indessen an, daß der Dichter die Länder und Meere vom Atlantik bis zum Schwarzen Meer gekannt habe, und trachteten danach – wie Victor Bérard und andere heutzutage –, die Orte, die Odysseus während seiner Fahrten besucht hatte, mit der Wirklichkeit in Übereinstimmung zu bringen. So wurde aus Homers »Thrinakia« Trinacria, ein Name für Sizilien. Skylla und Charybdis wurde sowohl auf die Straße von Messina zwischen Italien und Sizilien als auch auf die Meerenge von Gibraltar bezogen. Samuel Butler verfaßte sogar ein Buch, in dem er, nachdem er heftig die Wolfianer attackiert hatte, zu beweisen suchte, daß die *Odyssee* von einer Frau verfaßt wurde: einer jungen Dame aus Drepanum (dem heutigen Trapani), die sich selbst in dieser Dichtung als Nausikaa verewigte. Die Ortschaften, die in dem Werk angeführt werden, seien sämtlich sizilianische. Butlers äußerst subjektive Argumente überzeugten einige Leute, ausgenommen George Bernard Shaw.

Wenn wir bestimmt wüßten, daß Homer (ob es nun einer oder mehrere Dichter waren) exakt über die Geographie des westlichen Mittelmeeres Bescheid wußte, würden wir sicher versucht sein, um unseres inneren Friedens willen herauszubekommen, wo die Fakten übereinstimmen und wo es sich um Fiktionen handelt. Doch tatsächlich wissen wir nichts darüber.

Von der Autorschaft abgesehen, bekamen die Dichtungen (die sich mit Vorkommnissen befassen, von denen angenommen wird, daß sie sich im 12. oder 11. Jahrhundert v. Chr. ereigneten) ihre gegenwärtige Form etwa zwischen 900 und 600 v. Chr. Endgültige Gestalt nahmen sie erst nach Plato an. Ihre Autoren und Herausgeber scheinen Mühe darauf verwendet zu haben, keine ›modernen‹ Erfindungen und Einrichtungen anzuführen, um das archaische Fluidum nicht zu zerstören. So benutzen die Helden stets Waffen aus Bronze, obgleich die Personen Homers das Wort ›Eisen‹ in ihren Reden durchaus verwenden.

Andererseits gründeten die Griechen vor dem 18. Jahrhundert v. Chr. keine Kolonien außerhalb der Ägäis. Vor dem 7. Jahrhundert drangen sie nicht ins westliche Mittelmeer vor, und auf Dauer ließen sie sich nicht vor dem 6. Jahrhundert dort nieder. Damit wir uns recht verstehen, Phönizier und Kreter hatten vor ihnen die westlichen Gewässer durchfahren. Doch daraus folgt nicht, daß diese versucht hätten, ihr Wissen den Griechen mitzuteilen. Eher behielten sie es für sich. Und sollte irgendwann einmal ein griechischer Barde von einem betrunkenen phönizischen Seemann Hinweise auf westliche Länder aufgeschnappt haben, hätte er damit noch immer kein klares Bild von dieser Region gewinnen können. Die griechische Kartographie kam nämlich erst ernsthaft auf, als Anaximander aus Milet den ersten Entwurf einer Weltkarte anfertigte. Das war im 6. Jahrhundert v. Chr.

Tatsache ist, daß Homer keine Ahnung von Landkarten besaß. Er siedelte die Ost-Kimmerier im Westen an. Er mag gerüchteweise von Tartessos gehört haben, was er benutzt haben kann, um daraus sein magisches Reich Scheria zu machen. Er könnte Madeira in die Insel der Kalypso, Ogygia, verwandelt haben. Und vielleicht wurden Erzählungen über die Eruptionen des Ätna und Vesuv zum Bombardement der Schiffe des Odysseus, das Laistrygones mit Steinbrocken veranstaltete. Es entbehrt nicht der Plausibilität, daß der Schädel eines fossiliären Elefanten (der bei Draufsicht tatsächlich wie ein einäugiger menschlicher Riese aussieht) die Figur des Kyklopen Polyphem abgab (der auch einem Vulkan gleichgesetzt wurde) und daß ein riesiger Tintenfisch oder Oktopus die Metamorphose zum menschenmordenden Monster Skylla durchlief.

Jahrhunderte hindurch glaubten die Homeristen, das schwimmende Eiland Aiolia in den Liparischen Inseln nördlich von Sizilien gefunden zu haben. Sie ignorierten jedoch dabei die Tatsache, daß Odysseus, nachdem er die Insel, ausgestattet mit dem Zauberschlauch des Äolus, verlassen hatte, mit einem von Westen her wehenden Wind geradenwegs fast bis zu seiner Heimatinsel Ithaka segelte — um das zu bewerkstelligen, hätte er durch Süditalien, über Gebirge und was sonst noch hinwegschippern müssen.

Aus der Verwendung der Namen und den Ortsbeschreibungen läßt sich schließen, daß Homer das Ägäische Meer, dessen Gestade und Inseln aus erster Hand kannte. Er besaß ein einigermaßen verläßliches Wissen über die Westküste Griechenlands, wo er jedoch die Inseln verwechselte. Das überrascht nicht. Sogar Apollonius von Rhodos brachte in seiner *Argonautika* die Geographie dieser Region wüst durcheinander, obgleich er lange nach Plato lebte und eine Menge an neueren Informationen zur Verfügung hatte.

Homer besaß auch Kenntnis von den nomadischen Skythen und Thrakern, die nördlich von Griechenland wohnten und die er mit einem so bezeichnenden Namen wie *hippemolgoi*, ›Stutenmelker‹, belegte. Im Osten hatte er von den Mysiern, die im Innern Anatoliens lebten, gehört. Seine Kenntnis erstreckte sich bis zum Hethiter- und Assyrerreich, vorausgesetzt, daß die Keteioi, die in der *Odyssee* erwähnt werden, die Khatti oder Hethiter sind. Südwärts weiß er Bescheid über das Sidon der Phönizier, über Ägypten und die dunkelhäutigen Äthiopier (»die mit den sonnenverbrannten Gesichtern«). Seine Kikonen und die Lotus-Esser der libyschen Küste waren womöglich Völker, die existierten, und die verlockende Frucht, die letztere verzehrten, ist eventuell die Jujube, die noch immer in diesen Ländern genossen wird.

Im Westen hatte er wohl vage von den Völkern Süditaliens und Siziliens gehört, den Sikulern und Sikanern, doch das sind für ihn bloße Namen. Wenn Odysseus das Land der Lotophagen verläßt, segelt er in ein Zauberreich, in dem es Inseln wie Aiaia sowie Ogygia und Monstren wie Polyphem gibt. Der Verfasser plaziert sie, wohin immer er sie haben will. Schließlich besitzt Homer keine wirkliche Vorstellung vom Atlantischen Ozean, da für ihn die Welt noch immer von einem großen Fluß, dem »dahinströmenden Weltstrom Okeanos«, umflossen wird. Als der Atlantik den Griechen später vertraut wurde, nannten sie ihn den ›Ozean‹, da er für sie da lag, wo sie sich zuvor den mythischen Fluß gedacht hatten. Niemand machte sich jemals die Mühe, zu erklären, wieso solch ein Strom, der seine Schwanzspitze im Mund hielt wie die Schlange Ouroboros auf alten okkulten Symbolen, immer rund herum fließen sollte (was sie offensichtlich annahmen).

Hesiod, ein anderer halb legendärer Dichter des 8. Jahrhunderts v. Chr., hatte durch die Tyrrhener oder Etrusker von Italien gehört, wußte aber auch nicht mehr über ferne Orte als Homer. Er beschrieb indessen mehr erdachte Regionen wie Erytheia und die Hesperiden im Westen, Hyperborea im Norden und die Länder hundsköpfiger Menschen und Gold bewachender Greife in Asien, die auf den Landkarten der folgenden zweitausend Jahre durch wirklich existierende Länder, in denen Menschen aus Fleisch und Blut lebten, verdrängt wurden.

Im 6. Jahrhundert, dem Zeitalter des Staatsmannes Solon und Hekataios', des ersten griechischen Geschichtsschreibers, waren das Schwarze und das Kaspische Meer bekannt, wobei die Meinungen auseinandergingen, ob letzteres bloß eine Bucht des die Erde umrundenden Okeanos war. Die großen westlichen Inseln – Sizilien, Sardinien und Korsika – waren sehr genau geortet, die Balearen hingegen, deren Bewohner Fellumhänge statt Kleider trugen und sich als Werfer verdingten, blieben noch für einige Zeit unentdeckt. Die Straße von Gibraltar war bekannt und Tartessos jenseits davon, doch noch weiter – nichts.

Es war das Gerücht, daß die Phönizier durch die Straße von Gibraltar zu einer Inselgruppe gesegelt waren, den Kassiteriden, von der sie mit Zinn zurückkehrten. Doch niemand wußte zu

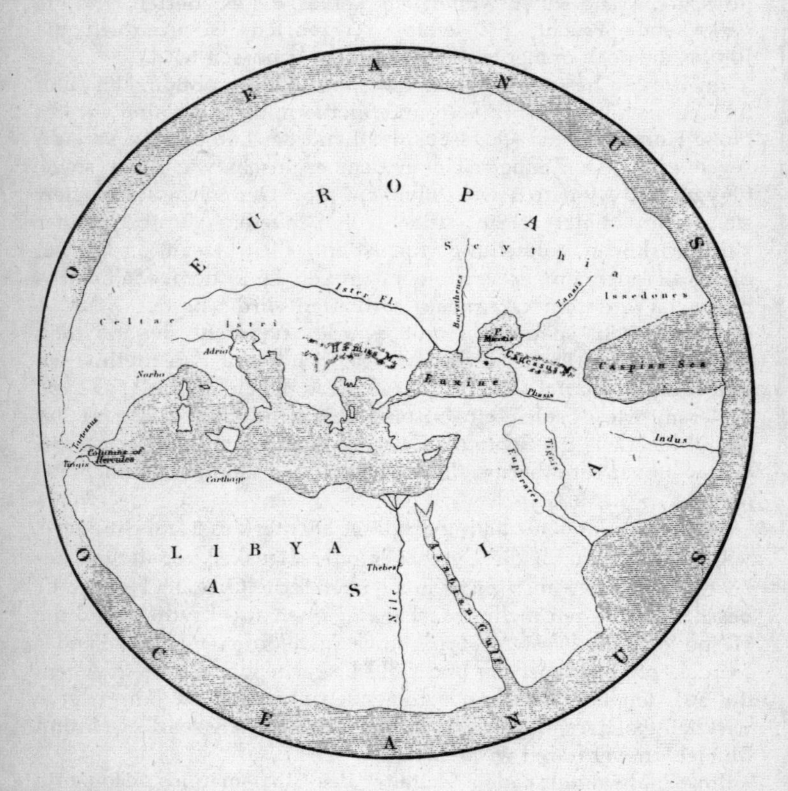

Die Welt nach Hekataios, wie sie auch von den gebildeten Griechen zwischen der Zeit Solons und Platos gesehen wurde (nach Bunburry).

sagen, in welcher Himmelsrichtung diese Inseln lagen. Die Zinninseln wurden in den Gehirnen der Geographen der Klassik zu einer fixen Idee, so daß, nachdem wirkliche Zinnvorkommen in Cornwall und Sizilien bekannt wurden, die Kassiteriden weiterhin eine geisterhafte separate Existenz in der wasserreichen Wildnis des Atlantik führten.

Das nächste Jahrhundert, die Zeit von Herodot und Sokrates, verzeichnete weitere Fortschritte an Wissen. Herodot wußte, daß der Ozean mehr als ein Fluß war. Er konnte jedoch trotz Nachforschungen nicht herausbringen, ob er sich um Nordeuropa hin ausbreitete, wie man dies vom mythischen Okeanos annahm. Er war sich allerdings darin sicher, daß er sich um Afrika herum erstreckte und mit dem Erythräischen oder Arabischen Meer vereinigte. Es ist nicht bekannt, daß ein Grieche vor Pytheas die nördlichen Küsten Europas erforscht hätte. Dieser lebte in nachplatonischer Zeit. Der Dichter Pindar beschreibt die Säulen des Herkules zu seiner Zeit als »die äußerste Grenze einer Reise. Alles jenseits dieser Grenze kann nicht erreicht werden«. Und: »Jenseits von Gadeira in die Düsternis hinein sollten wir nicht fahren.«

Plato wurde zwei oder drei Jahre vor Herodots Tod (425 v. Chr.) geboren. In seiner Zeit erweiterte sich das geographische Wissen noch immer. Einer seiner Zeitgenossen, Damastes, erwähnt als erster Grieche Rom. Ein anderer Zeitgenosse, der viele Jahre zuvor vom persischen König Darius angeworben worden war, den Indus bis zum Ozean zu erforschen, schrieb unter dem Namen Skylax von Karyanda eine Navigationsanleitung. Pseudo-Skylax erwähnte Ansiedlungen jenseits der Säulen – Gadeira, Tartessos, Kernë – doch in so unklarer Weise, daß man wohl annehmen kann, er bezog seine Informationen aus karthagischen Quellen und brachte sie auch noch durcheinander. Oder aber er wurde von seinen Informanten bewußt in die Irre geführt. Er spricht von »viel Schlamm und hohen Gezeiten und offenem Meer« im Atlantik.

Als Plato also gen Westen blickte, war alles klar bis Sizilien. Dahinter, in karthagisch kontrollierten Zonen, sah er alles wie durch dunkles Glas. Von jenseits der Säulen des Herkules, wo der Ozean beginnt, besaß er nur Namen und flüchtige Beschreibungen, aber nichts, womit sich eine Landkarte anfertigen ließ. Wenn die Sandbänke den einstigen Standort eines tatsächlich einmal vorhandenen Atlantis angezeigt hätten, hätte Plato wahrscheinlich keine exakte Kenntnis davon gehabt. Ebenso konnte er nichts von Britannien, Skandinavien oder Amerika wissen und sie als Atlantis-Vorbilder verwenden.

Das gleiche gilt von Solon, der zwei Jahrhunderte zuvor eine namhafte Persönlichkeit war. In Solons Tagen gab es eine vage Vorstellung davon, daß das Mittelmeer sich zum Fernen Westen hin verengt und dann zum Okeanos-Fluß hin öffnet. Was jedoch Einzelheiten dieses Gebietes betraf, so wußten die Griechen darüber nicht Bescheid. Solon konnte also kaum eine reale Vorstellung vom Atlantischen Ozean besitzen — sei es nun mit oder ohne auf- und abtauchende Kontinente.

Konnte er indessen solche Vorstellungen in Ägypten erhalten haben? Alle Anzeichen deuten darauf hin, daß die Ägypter noch weniger als die Griechen über die Welt jenseits ihrer Grenzen wußten. Für sie war die Welt, wie wir bereits wissen, wie die Innenseite einer Schuhschachtel konstruiert. Der Boden bestand hauptsächlich aus Ägypten, das vom Nil der Länge nach durchflossen wurde. Um Ägypten herum lag eine dürftige Meeres- und Wüstenbegrenzung. Die Wüste war teilweise von barbarischen Stämmen bewohnt, die für die Söhne der Götter nicht von Interesse waren, ausgenommen, sie wuchsen über sich hinaus und fielen in Ägypten ein. Nein, die Ägypter waren das letzte Volk auf Erden, das man in geographischen Fragen konsultieren konnte.

Von Homer bis Solon umfaßt das griechische Weltbild die mehr oder minder kreisförmige Landmasse von Europa mit den Anhängseln Asien und Afrika, umgeben vom Okeanos-Strom. Jenseits dieses bemerkenswerten Stromes befand sich der alles umschließende Äußere Kontinent. In der Zeit zwischen Solon und Plato eigneten sich gebildete Griechen — teilweise aufgrund der griechischen Expansion, teilweise aus Erzählungen der allgegenwärtigen Phönizier — eine realistischere Vorstellung des Atlantik an. Herodot nannte den Atlantischen Ozean zum erstenmal bei seinem jetzigen Namen. Dennoch verdrängte diese noch auf Jahrhunderte hinaus nicht Bezeichnungen wie »Großes Meer«, »Äußeres Meer« und »Westlicher Ozean«.

Der Prozeß des ›Zurechtrückens‹ war zu Platos Zeiten noch nicht abgeschlossen. Der alte Okeanos-Strom war einfach erweitert worden, bis er breit genug war, um Platos atlantischen Kontinent zwischen Europa und dem Äußeren oder Wahren Kontinent aufzunehmen. Auf diesen Äußeren Kontinent kamen nicht nur Plato, sondern auch spätere Schriftsteller wie Theopomp und Plutarch zurück, nachdem die Geographen ihn aus den Karten entfernt hatten. Der alte Okeanos-Strom Homers und Hesiods war nicht breit genug für Atlantis. Die Idee von Atlantis kann also kaum älter sein als das Wissen um einen Ozean, der einen solchen Kontinent beherbergen konnte. Da dieses Wissen in die griechischen Köpfe erst zu Zeiten Herodots gelangte, ist schwerlich einzusehen, warum eine Atlantis-Konzeption früher als 500 v. Chr. existiert haben sollte.

Die Kenntnis der legendären Länder, die mit dem Okeanos-Strom in Zusammenhang stehen, entwickelte sich parallel mit seiner Erforschung. Bei Homer, Hesiod und Pindar bleibt alles großartig vage, obgleich diese Örtlichkeiten, das wird angedeutet, entweder Flußufer oder Inseln sind, klein genug, um in den Strom zu passen. Odysseus begibt sich von der Insel der Kirke »zum tief dahinfließenden Okeanos, der äußeren Grenze der Erde, wo Land und Hauptstadt der Kimmerier liegen, eingehüllt in Nebel und Wolken«. Hier versammelt er die Geister der Freunde durch Totenbeschwörung um sich, wobei der Schatten Achills bekümmert verlauten läßt, daß er »lieber eines armen Mannes Sklave als König über die Toten« wäre.

Dort, an den Gestaden des tief schäumenden Okeanos, lagen auch die »Inseln der Seligen«, wo die »glücklichen Helden« wohnen, denen »die Samen spendende Erde honigsüße Frucht dreimal pro Jahr trägt«, »wo die Brisen Okeanos' wehn ... und goldene Blumen blühn«, wo Kronos regiert und der blonde Rhadamanthos, der tugendhafte Bruder Minos', den Schatten der Toten Gerechtigkeit widerfahren läßt. In der griechischen Theologie galt, daß eine Seele, die ihr Karma durch ein genügend tugendhaftes Leben erreicht hatte, der letzten Inkarnation als Staatsmann oder Weiser überantwortet und danach auf der Insel Blest zu Gras wurde. Die geographischen Vorstellungen mußten indessen nicht notwendigerweise auf realen Kenntnissen der Örtlichkeiten beruhen. Viele Völker, etwa die Samoaner, siedelten das Land des Todes im fernen Westen an, vielleicht weil die Menschen unterbewußt eine Analogie zwischen der untergehenden Sonne und einem sterbenden Menschen herstellen.

Als die Griechen den Zyklus der Herakles-Mythen von den Phöniziern übernahmen, bekamen sie damit auch die ergänzenden Details von deren atlantischer Geographie geliefert: die Säulen des Herkules, Tartessos, Gades und die Insel Erytheia, wo Geryo-

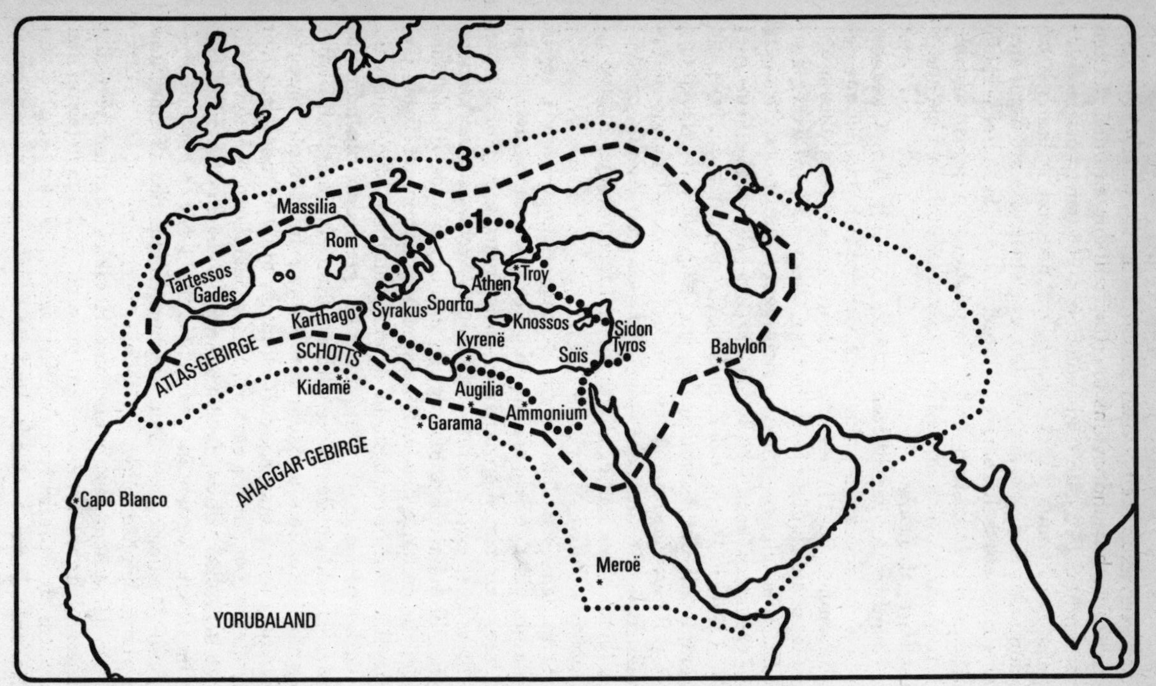

Das Anwachsen griechischer Geographie-Kenntnisse – ungefähres Weltbild zu Zeiten Homers (1), Solons (2) und Platos (3).

neus sich seine Kuh hielt. Wenn Berichte aus fernwestlichen Ländern nach Griechenland durchkamen, identifizierten die Griechen diese Länder selbstverständlich mit den mythischen Inseln ihrer Dichter, so der Name »Inseln der Seligen« für die Kanarischen Inseln. Einige der ersten Berichte, die Griechenland erreichten, entsprachen mitnichten der Realität. Es wurde zum Beispiel erzählt, daß die seefahrenden Semiten eine große Insel entdeckt hätten, die nicht nur ein herrliches Klima besäße und üppige Fruchtbarkeit aufweise, zwei Eigenschaften, die die Mythen der Insel Blest zuschrieben, sondern auch beschiffbare Flüsse. Die Karthager waren von ihr so angetan, daß sie dort im Falle einer Kriegsniederlage Asyl suchen wollten und drohten, jedem die Kehle durchzuschneiden, der sich dorthin ohne Genehmigung begeben wollte.

Auf die tatsächlichen Atlantik-Inseln der Kanaren, Madeira und die Azoren würde die Beschreibung, was die Vegetation und das Klima anbelangt, passen, aber keine ist groß genug, um beschiffbare Flüsse aufzuweisen. Ob hier Berichte über Britannien oder irgendein festländisches Küstengebiet am Atlantik mit Erzählungen zum Beispiel über Madeira vermischt wurden, wissen wir nicht. Zwei Schriftsteller, die nach Plato lebten, erzählen davon: ein Mitglied der aristotelischen Schule, der unter dem Namen des Meisters schrieb, und Diodoros von Sizilien. Ersterer wußte auch von einer Inselregion mit pflanzenüberwachsenen Sandbänken zu berichten, wo sich Schwärme von Thunfischen tummelten. Dies hört sich an, als handle es sich um die westafrikanische Küste bei Capo Blanco und den Golf von Arguin. Doch es gibt keinen Zweifel, Berichte über eine solche Insel waren in Griechenland etliche Zeit, bevor sie aufgezeichnet wurden, in Umlauf. Sie könnten die Idee von Atlantis inspiriert haben. Himilkons Report von einer weiten, pflanzenüberwucherten Sandbank (vielleicht handelte es sich dabei um die Schlammablagerungen des Guadalquivir) und Hannos Aufzeichnungen bezüglich der westafrikanischen Küste erreichten Griechenland ungefähr zur gleichen Zeit und wurden von Pseudo-Skylax, Plato, Aristoteles und einem Pseudo-Aristoteles aufgenommen.

Der alles umgebende Äußere Kontinent durchlief eine ähnliche Entwicklung, konnte jedoch in klassischen Zeiten nicht mit den Fakten in Übereinstimmung gebracht werden, da Amerika, das ihm wohl mehr oder minder entsprochen hätte, außerhalb der Reichweite der Forschungsreisenden des Klassischen Altertums lag. Die fernen Ufer des Okeanos, um damit zu beginnen, wurden immer weiter in den Atlantik hinaus verlagert, da man sie bei Seereisen nicht auffinden konnte, bis sie gänzlich verschwanden. Schwache, schattenhafte Spuren davon kann man noch in der späteren Terra Australis entdecken.

Der Äußere Kontinent scheint mit Satyrn, diesen stupsnasiegen, pferdeschwänzigen übernatürlichen Wesen, in Verbindung gebracht worden zu sein, deren unstillbare Begierde auf griechischen Vasenbildern eine recht freizügige Darstellung fand. Ihr Patriarch war der trunksüchtige Silenos, ein Sohn des arkadischen Bocksgottes Pan und einer Nymphe. König Midas von Lydien, so wurde erzählt, hatte einst Silenos eingefangen, indem er ihn betrunken machte (ein Kunststück, das später dem neopythagoreischen Magier Apollonius von Tyana zugeschrieben wurde). Er hielt ihn gefangen, damit er vom Äußeren Kontinent erzähle.

In späteren Zeiten wurden in der griechischen Mythologie die Satyrn mit Pan durcheinandergebracht und mit Bocksfüßen ausgestattet. Pausanias, der von einem Steinsessel erzählt, auf dem Silenos gesessen haben soll, berichtet, daß Euphemos auf einer Seereise von den Winden in die Äußere See getragen wurde, wo sein Schiff an einer Insel vor Anker ging, die nach den Satyrn, die dort lebten, die Satyriden-Insel hieß. Die Satyrn schwärmten an Bord und vergewaltigten die Frauen ohne viel Federlesens, bis die Seeleute den Anker hoben. Eine unglückliche Dame wurde als Opfergabe für die lüsternen Mensch-Tier-Wesen zurückgelassen.

Wie Sie sehen, war die Geographie der Griechen demselben Erfahrungsprozeß unterworfen wie jedes andere menschliche Wissensgebiet, das in einer Erforschungsphase steht. Ein seßhafter primitiver Stamm weiß normalerweise wenig über ein Land, das einige Kilometer außerhalb seines Territoriums liegt. Sein Land ist für die Stammesangehörigen von einer Zone des Unbekannten umgeben, und was dahinter liegt — niemand kennt es, vielleicht gelangt man dorthin, wo die Weltinsel zu Ende ist und das Himmelsgewölbe mit der Erde zusammenstößt.

Die Mythen-Verfertiger der Stammesvölker benutzten diesen ihr Land umgebenden Gürtel der *terra incognita,* um darin Personen und Schauplätze ihrer Sagen anzusiedeln: die Götter, Ungeheuer, das Land des Todes usw. Später nehmen Wissen und Erkenntnisse zu, der Stamm erfährt etwas über die wirkliche Natur des Gürtels, doch nur, um dies mit den existierenden Mythen zu einem neuen Mythos von Ungeheuern und Supermännern zu verarbeiten. Kommt es zu einem zivilisatorischen Aufschwung, und das Volk wird durch Reisen mit anderen Ländern bekannt gemacht, so muß es feststellen, daß diese nicht, wie angenommen, mythische Wesen beherbergen. Da die Ungeheuer, Riesen und was sonst noch, aber inzwischen Teil der ehrwürdigen Volksliteratur geworden sind, müssen sie doch irgendwo existieren. Deshalb werden sie in einen neuen Gürtel, der noch weiter weg liegt und nun das neu entdeckte Land umgibt, verlagert. So wiederholt sich der Prozeß ständig. »Geographen«, so meinte Plutarch, »drängen in die Ecken ihrer Landkarten die Gebiete, von denen sie nichts wissen, und vermerken in Fußnoten, daß darin nichts weiter existiere als Sandwüsten mit wilden Tieren, unwegsame Sümpfe, skythisches Eis oder ein Eismeer.«

So war Atlas ursprünglich in Griechenland zu Hause (eine Höhle an der Westküste des Peloponnes gab die Szenerie für die Mythe um eine seiner sieben Töchter ab), und vielleicht war es mit den Gorgonen und Satyrn ebenso. Als das Wissen zunahm, wurden die Mythenfiguren aus Griechenland vertrieben. Der ganze Posten wurde in Afrika an Land gesetzt, wo er eine passende Heimstatt fand, da den Griechen nur der Saum der Nordküste bekannt war. Herodot beschrieb denn auch Afrika wie folgt: wenn man von Oberägypten aus sich nach Westen halte, komme man zunächst zur Oase des Ammon (heute die Oase von Siwa), dann nach Augila (das moderne Audschila) und danach nach Garama (das moderne Djerma), der Hauptstadt der Garamenten, eines Berberstammes, dessen Land später Phasania genannt wurde (das moderne Fessan). Noch weiter gehend erreicht man den Berg Atlas, der so hoch sei, daß die Wolken stets seine Spitze umhüllten. Um ihn herum lebten die Atlantes, die sich nach dem Berg benannten. Sie äßen keine Tiere und träumten niemals.

Kann sein, daß ein Stamm in diesen Gegenden wohnte, der einige Griechen an das Wort ›Atlas‹ erinnerte und damit der Region den Namen gab. Vielleicht verlagerte sich auch die Heimstatt von Atlas und seinen Getreuen immer weiter nach Westen, wie die walisischen Indianer bei der Eroberung Amerikas immer mehr abgedrängt wurden:

> »Nahe bei den Gestaden des Ozeans, nicht weit
> entfernt von Sonnenuntergang,
> am weitesten entlegen von allen Orten, liegt
> das Land Äthiopien, wo Atlas, der Mächtige,
> auf seinen Schultern das Firmament trägt, mit
> funkelnden Planeten beschlagen . . .«

Wenn Plato also Atlas noch weiter nach Westen verlegen wollte, mußte er sich dafür im Ozean einen Kontinent ausdenken.

Spätere Schriftsteller bereicherten das Bild: Diodoros erzählte von den Atlantioi (vermutlich dieselben wie die Atlantes des Herodot), von den Gorgonen und von Myrina, der Königin über die afrikanischen Amazonen. Plinius der Ältere und der spanisch-römische Geograph Pomponius Mela fügten im 1. Jahrhundert n. Chr. dramatische Einzelheiten über die schrecklichen Bewohner der Wüste Sahara, die Troglodyten, hinzu, die in Erdhöhlen wohnten (wie es die Matmata Tunesiens heute noch tun), Schlangen aßen und keine Sprache besaßen, sondern sich nur mit fledermausartigem Quieken verständigten. Die Garamanten kannten die Instituition der Ehe nicht; die Aegpani (»die Faune«) waren halb ziegenbockartige Wesen; die Gamphasanten gingen nackt; die Himantopoden waren schlangenfüßig wie die Titanen, von denen Atlas abstammte; die Blemmyaen schließlich waren kopflose Lebewesen, die ihre Gesichter auf der Brust trugen. Nachts hallte der Berg Atlas von den lauten Gelagen der Satyrn wider. Ähnliche Geschichten wurden von noch weiter entfernt existierenden indischen Stämmen erzählt, die ebenso mit Satyrn, schlangenfüßigen Menschen und dem mundlosen Astomi ausgestattet wurden, der sich vom Duft der Blumen ernährte.

Um die Dinge noch mehr zu komplizieren, gab Plinius eine Beschreibung der Inseln der Seligen, spielte dabei auf Platos versunkenes Atlantis an und sprach von einer Insel, die vor der marokkanischen Küste gegenüber dem Atlas-Gebirge existiere und »Atlantis« genannt werde.

Eine Reihe militärischer Expeditionen ins Innere Afrikas, die während der römischen Kaiserzeit stattfanden, klärten die afrikanischen Geheimnisse auf. Die erste unter Cornelius Balba nahm 20 v. Chr. Kidame und Garama in Besitz. Im 2. Jahrhundert n. Chr. stießen die Generale Septimus Flaccus und Julius Maternus südlich von Phasania in den Sudan vor. Unnötig zu erwähnen, daß sie weder Schlangenfüßler noch ziegenbockähnliche Faune vorfanden.

Offensichtlich konnte also Plato seine geographischen Utopien von riesigen Inseln im Atlantik und unpassierbaren Sandbänken, die Überreste solcher Inseln, nur aus dem bezogen haben, was in den Vorstellungen seiner Zeitgenossen lebte. Das gleiche gilt von seinen geologischen Annahmen, was den Untergang von Land durch Erdbeben betrifft, womit die Mittelmeerbewohner ja in

Eine Seite aus dem ›Troano Codex‹.

Nur über einen Felspfad war die in 3840 Metern Höhe gelegene Inka-Stadt Macchu-Picchu im Urumbamba-Tal zu erreichen.

kleinerem Ausmaße vertraut waren. Schwere Beben hatten Griechenland 426 und 373 v. Chr. erschüttert. Das erstere war zu Platos Zeiten von Thukydides in einer Weise beschrieben worden, die an Atlantis denken läßt:

»Ungefähr zur gleichen Zeit, als die Erdbeben stattfanden, wich das Meer in der Gegend von Orobiai in Euböa von der damaligen Uferlinie zurück und kam in einer großen Welle zurück, die Teile der Stadt überflutete ... In der Nachbarschaft, auf der Insel Atalantë, die vor der Küste von Opuntian Locris liegt, gab es eine ähnliche Überschwemmung, die einen Teil des attischen Forts hinwegspülte und eines von zwei Schiffen, die auf den Strand gezogen worden waren, zertrümmerte.«

Wenn irgendeine Passage der vorplatonischen Literatur Plato die Idee vom untergehenden Atlantis eingegeben haben könnte, dann dürfte es wohl diese gewesen sein. Wir wissen nicht sicher, ob Plato Thukydides las, die Wahrscheinlichkeit spricht jedoch dafür, daß er es tat. Von seinem Schüler Aristoteles läßt sich dies dagegen mit Bestimmtheit sagen. Das geht aus einigen Bemerkungen in seiner *Verfassung Athens* hervor.

Machte Plato das kleine Atalantë zum großen Atlantis? Da wir Strabon entnehmen können, daß Atalantë durch das Beben »auseinandergerissen« und »der Einschnitt, der entstand, zu einem Schiffskanal« wurde, könnte dies so gewesen sein.

Platos Geschichtswissen war seinen geographischen Kenntnissen adäquat. Obgleich er ein gebildeter Mann war und abstrakte Ideen mit großer geistiger Wendigkeit zu behandeln verstand, verfügte er im ganzen gesehen nur über beschränktes Material, mit dem er arbeiten konnte. Die authentische griechische Geschichte beginnt zwischen 700 und 650 v. Chr. mit der Einsetzung der Archonten (»Regenten«) in Athen. Aus der Zeit davor besitzen wir lediglich Aufstellungen von Königen, deren Existenz fragwürdig ist, wie etwa Lykurg in Sparta und Kodros in Athen, und die Daten angeblicher Koloniegründungen. Diese Historie wird erst um 600 v. Chr., zu Solons Zeiten, detaillierter.

Es gibt da natürlich die umfangreiche Literatur des griechischen Heroischen Zeitalters, allen voran die homerischen Gesänge, und die Geschichten von der Belagerung Thebens, den Taten des Herakles und dem Raub des Goldenen Vlieses, zusammen mit weniger bedeutenden Erzählungen wie etwa der über die Atalante von Kalydon. Diese Ereignisse, so vermutet man, beschränkten sich auf wenige Generationen in der Zeit zwischen 1250 und 1100

v. Chr. Danach geht das Heroische Zeitalter zu Ende, die griechische Geschichte bleibt mehr als vier Jahrhunderte hindurch ein unbeschriebenes Blatt. Zieht man ähnliche literarische Komplexe, etwa die deutschen Heldensagen, die zur Zeit des Niederganges von Rom spielen, zum Vergleich heran, dann darf man wohl sagen, daß der historische Kern der griechischen Überlieferungen klein ist.

Plato hätte sich also über Atlantis oder das prähistorische Athen, selbst wenn diese wirklich existiert hätten, aus griechischen Quellen keine historisch zuverlässigen Berichte verschaffen können, da diese Quellen nicht weiter zurückreichten als dreihundert Jahre vor seiner Zeit, von 9000 Jahren also ganz zu schweigen. Geschichte muß, soll sie exakt sein, niedergeschrieben werden. Das Schreiben kam in Griechenland aber erst zwischen dem 9. und 8. Jahrhundert v. Chr. auf. Ein prä-literarisches Volk hat in dem Sinn, in dem wir dies hier verstehen, keine Geschichte. Statt dessen besitzt es Mythen, zeitlos und irreal, die einen wirklichen Vorfall einschließen können, wie ein Insekt im Bernstein eingeschlossen ist. Doch daraus läßt sich die Vergangenheit eines Volkes nicht rekonstruieren. In diesem Volk können auch mündlich überlieferte Erinnerungen an außergewöhnliche Vorfälle oder hervorragende Persönlichkeiten lebendig sein. Diese reichen ein paar Jahrhunderte zurück, aber nicht mehr.

Wenn in einem Volk das Schreiben aufkommt, versuchen einige Leute, die von der Geschichte fasziniert sind, herauszufinden und zu berichten, was von der Erschaffung der Erde bis in ihre Zeit sich ereignet hat. Diese Neulinge der Geschichtsschreibung setzen voraus, daß Mythen und mündliche Überlieferungen wirklicher Ereignisse dasselbe seien. Mythen, so vermuten sie, beschreiben Ereignisse, die vor Beginn der weltlichen Geschichte stattfanden. Deshalb versuchen sie, beides durch Mutmaßungen und Abänderungen miteinander zu verbinden. Geschichtsschreiber der Klassik, die versuchten, aus einer hoffnungslosen uneinheitlichen Mythenmasse eine zusammenhängende Geschichte zu machen, um ihr weltgeschichtliches Konzept zu vervollständigen, sahen sich genötigt, mit mehreren Helenas und mehreren Zeus fertigzuwerden. Cicero, einer dieser Rationalisten, versichert zum Beispiel, daß »der dritte Apollo der Sohn des dritten Jupiter und der Latona ist«. Der Scholastiker in *Timaios* berichtet von drei Überschwemmungen.

Die griechische Pseudo-Historie beginnt mit der Schöpfungsgeschichte: »Am Anfang beherrschte Uranos (der Himmel) das Universum. Mit Gaia zeugte er zunächst Briareos, Gyes, Kottos, die in Größe und Kraft unübertroffen waren. Jeder von ihnen besaß 100 Hände und 50 Köpfe. Dann gebar ihm die Erde die Kyklopen . . .«

Uranos' Sohn Kronos wurde zum Gott, unter ihm herrschte das Goldene Zeitalter, das von Hesiod beschrieben wird – eine Zeit, in der jedermann glücklich und gut war. Die Idee des Fortschritts entspricht einem modernen Weltgefühl. Für Griechen wie für andere Völker, die in nicht-wissenschaftlich ausgerichteten Zeiten lebten, war Vollkommenheit nur im Zusammenhang mit der Vergangenheit denkbar. Das Goldene Zeitalter endete, als Kronos von seinem Sohn Zeus entthront wurde. Platos Atlantis gehörte dem darauffolgenden Bronzezeitalter an. Es wurde von Deukalions Flut abgeschlossen, von der Plato zu berichten weiß, daß sie dem atlantischen Erdbeben folgte. Als die Abkömmlinge von Deukalion und andere Überlebende die Erde wieder bevölkert hatten, dämmerte das Heroische Zeitalter von Herakles und Theseus herauf, das Zeitalter auch der Handelsschiffahrt und des Thebischen und Trojanischen Krieges.

Derselbe Ablauf kann in der hebräischen Literatur festgestellt werden, wo die authentische Geschichte ungefähr mit der Zeit von Samuel und König Saul beginnt. Denn erst von da ab fingen die Hebräer an, ihre Berichte schriftlich niederzulegen. Alles, was früher liegt – Adam und Noah, Abraham und Moses –, ist mehr oder weniger Fiktion, wobei diese Fiktionen verschiedenen Ursprungs sind. Einige, wie etwa die von der Sintflut, sind abgewandelte Euphrat-Mythen, die die Hebräer während der Babylonischen Gefangenschaft kennenlernten.

Da Plato von Atlantis nichts aus griechischen Quellen erfahren haben kann – ist es möglich, daß er davon via Ägypten gehört hat, wie er dies auch angibt? Wenn die Ägypter auch weniger geographischen Entdeckergeist besaßen als die Griechen, so hatten sie doch einen guten Sinn für Historie und verfügten über Berichte aus den frühesten Dynastien. Als Herodot das Land besuchte, erzählten sie ihm, daß »Min der erste König Ägyptens war« und gaben Einzelheiten von den 330 Königen bekannt, die seitdem regiert hatten. Einiges von dem, was sie Herodot erzählten, war wahr, anderes wiederum nicht: sie benannten die Pyramiden-Erbauer der Vierten Dynastie ziemlich exakt, ordneten sie jedoch 2000 Jahre zu spät ein.

Unter den Ptolemäern schrieb Manetho, ein Priester des Nil-Deltas, eine Abhandlung in Griechisch über sein Volk. Das Original ist leider vernichtet worden, aber durch spätere Schriftsteller wurde der Text auszugsweise überliefert. Wie zu erwarten, beginnt Manetho mit Dynastien von Göttern und Halbgöttern, die Ägypten nach der Erschaffung der Welt regierten. Demnach zählte »in der Nachfolge der Geister des Todes, den Halbgöttern, das erste königliche Haus acht Könige, wovon der erste, Menes von This, 62 Jahre regierte. Er wurde von einem Nilpferd entführt und kam ums Leben«. Dieser Min oder Menes hatte insofern historische Umrisse, als er eine Verkörperung verschiedener Herrscher darstellte, die viele Jahre versuchten, ihre Macht über das ganze Land auszudehnen: Ka-Ap, Narmer und Aha-Mena, um die prominentesten von ihnen zu nennen.

Ägypten besaß also tatsächlich eine Geschichte, die jedoch von Plato aus – überschlägig gerechnet – nicht mehr als 3000 Jahre zurückging. Das ist zwar eine ganze Spanne Zeit, trotzdem bringt es uns nicht auf Atlantis zurück. Dazu wären nochmals 6000 Jahre nötig.

Wenn man in die ägyptische Geschichte zurückgeht, endet diese mit der Ersten Dynastie. Manetho erklärte, daß zuvor die Götter regiert hätten. In Wirklichkeit existierten vor dieser Zeit keine schriftlichen Aufzeichnungen. Die Ägypter tauchten tatsächlich aus neolithischem Primitivismus auf. Das meiste, was wir über die Geschichte Ägyptens und des Irak von vor 3000 v. Chr. wissen, haben wir nicht aus schriftlichen Äußerungen, sondern durch die moderne Archäologie erfahren.

Es dürfte also wohl so sein: Selbst wenn Atlantis zu der Zeit existierte, die Plato angibt, kann er kaum davon erfahren haben, da ihm die notwendigen historischen und geographischen Voraussetzungen hierzu fehlten. Statt dessen muß er das Wissen seiner eigenen Zeit benutzt haben: die Erdbeben, die Griechenland erschüttert hatten, vielleicht Thukydides' Bericht über das Beben von 426 v. Chr. im sechsten Jahr des Peloponnesischen Krieges. Die Vorstellung von Land, das aus dem Meer auftaucht oder in ihm versinkt, war gebildeten Griechen vertraut, ebenso die fiktiven Schlammbänke des Atlantischen Ozeans. Plato kann möglicherweise Elemente seiner Geschichte dem Bericht Solons über dessen ägyptische Reise entnommen haben. Aber dieser Bericht kann kaum Platos Hauptquelle gewesen sein, da wichtige Einzelheiten seiner Story, wie etwa die Existenz des Atlantiks, im östlichen Mittelmeerraum erst einige Zeit nach Solon bekannt wurden.

Da liefen dann Gerüchte um, daß die Phönizier eine oder mehrere ausgedehnte Inseln mit einem großen Fluß im Atlantik gefunden hätten. Was bot sich mehr an, als diese Vorstellungen in ein großes atlantisches Eiland zu verwandeln, das durch ein Erdbeben versank und unpassierbare Sandbänke hinterließ? Plato segnete zweifellos in dem Gedanken das Zeitliche, er habe nicht nur eine fesselnde Geschichte geschrieben, sondern sei auch – beiläufig – auf die wahre Bedeutung der Schlammbänke gekommen. (Plutarch fand für die hypothetischen Untiefen eine andere Erklärung: sie seien Ablagerungen der Flüsse des Äußeren Kontinents.) Es war nicht Platos Fehler, daß diese Bänke nicht existierten und daß große Inseln und Kontinente nicht auf die Weise verschwinden, wie er sich dies vorstellte. Die wissenschaftlich fundierte Geologie lag noch für 2000 Jahre in der Zukunft. Ebensowenig konnte er wissen, daß ein einziger großer Sturm nicht eine Erosion zu bewirken vermochte, die den weichen Konturen der Halbinsel von Griechenland deren heutige trostlose Konturen verlieh. Auch nicht, daß Erdbeben keineswegs ganze Armeen in Erdspalten verschlingen.

Da wir nun Platos Hauptkonzeption aufgespießt haben, können wir uns über die anderen Elemente seiner Geschichte hermachen.

Die Idee der Verteidigung der mutigen Athener gegen barbarische Invasoren könnte auf die persischen oder griechisch-karthagischen Kriege in Sizilien zurückgehen oder auf beide. Plato könnte sie mit der Legende eines Einfalls vom Äußeren Kontinent her verbunden haben, wie dies Theopomp in anderer Form ebenfalls tat. Die Kleito-Romanze wurde zweifellos dem allgemeinen Mythen-Schatz entnommen, der sich mit Techtelmechteln zwischen Göttern wie Poseidon und Sterblichen wie Halia befaßte. Kleitos Kalt-und-heiß-Wasser-System geht auf den Alpheios und andere Flüsse zurück, von denen angenommen wurde, daß sie unter der Erde flossen. Zeit und Ort von Atlantis wurden von Erzählungen über das echte Tartessos bestimmt, den Standardmythen vom Paradies im Westen (Elysium, Garten der Hesperiden) sowie dem Goldenen und Bronzezeitalter.

Plato könnte dem Stadtplan von Atlantis den von Babylon zugrunde gelegt haben, indem er den quadratischen Plan letzterer Stadt (wie ihn Herodot beschreibt) in eine Kreisform verwandelte; oder von Karthago mit seinen kreisförmigen Wällen, oder von beiden. Die ehernen Befestigungen der Zitadelle von Atlantis sind wahrscheinlich von Homers Palast des Alkinoos inspiriert oder von den Erzählungen Reisender über Tartessos. Was die Beschreibung der Hafenanlagen betrifft, so könnte er durch Kenntnis des Hafens von Syrakus, dem New York der griechischen Welt, angeregt worden sein, und die atlantische Seemacht gründet sich womöglich auf Legenden über die See-Könige von Kreta.

Die Theorie periodischer Katastrophen, wie sie von Platos ägyptischem Priester verkündet wird, ist vermutlich babylonischen Ursprungs. Letztendlich könnte die religiöse Zeremonie auf die Mysterien-Religion der Orphik zurückgeführt werden, mit der Plato wahrscheinlich vertraut war, da er viele seiner Ideen aus der pythagoreischen Schule der Philosophie bezog, und Pythagoras war von der Orphik sehr beeinflußt.

Am vernünftigsten ist es, in Platos Vorlage den ebenso eindrucksvollen wie fehlgeschlagenen Versuch einer politischen, historischen und wissenschaftlichen Fantasiegeschichte zu sehen — die Pioniertat einer Science-Fiction-Story sozusagen —, die auf Material aus Platos Zeit basierte und wahrscheinlich auch auf Überlieferungen von Kreta und/oder Tartessos, und die teilweise aufgrund von Platos philosophischer Reputation und teilweise wegen ihres nostalgisch-emotionalen Appeals überlebte. Sie paßte exakt zu den geographischen, geologischen und historischen Anschauungen, die man in Platos Athen von der Welt hatte. Wenn sie auch nicht unseren heutigen Vorstellungen entspricht, so ist dies kein Grund, sich seiner guten Geschichte nicht zu erfreuen.

10

DAS LAND DER SEHNSUCHT

Es ist Abend, sagt Senlin, und am Abend,
die Ufer sind still und das Meer weit
entfernt,
kommen Einhorne majestätisch zum
Wasser herab.
In der violetten Dämmerung erscheinen
sie, weiß und würdevoll.
Die Sterne hängen über dem purpurnen,
glatten Meer;
ein Meer, auf dem nie ein Segel gesetzt,
keine menschliche Stimme je gehört
wurde.

AIKEN*)

Platos Atlantis-Geschichte gehört der großen Kategorie der erdachten Erzählungen an, die ungenau als Mythen, Legenden, Allegorien oder fantastische Darstellungen bezeichnet werden. Was sind nun aber Mythen, woher kommen sie und wie sieht es mit ihrer Realitätsbezogenheit aus?

Die Bezeichnungen ›Mythen‹ und ›Legenden‹ werden für gewöhnlich auf Überlieferungen angewendet, deren Urheber unbekannt sind und die in einem Volk mündlich weitergegeben wurden, bevor dieses Volk zu schreiben lernte und man die Überlieferungen aufzeichnete. Unter Allegorien und fantastischen Darstellungen versteht man Erzählungen, die von bekannten Schriftstellern für Leute, die des Lesens und Schreibens kundig sind, ausgedacht wurden, wobei eine Allegorie eine symbolische oder Metapherngeschichte darstellt, eine fantastische Darstellung, in der übernatürliche Kräfte wie Götter, Geister und Zauberei vorkommen. Mythen und Legenden unterscheiden sich insofern, als sich die ersteren mit Göttern, die letzteren mit Sterblichen befassen.

Diese Unterscheidungen sind indessen nicht ganz trennscharf. Es ist sicher so, daß eine Überlieferung, die von einem schriftstellerlosen Volk weitergegeben wurde, nicht so rasch entstand wie etwa eine Geschichte, die sich ein moderner Poet ausdenkt, viel-

*) Aus »Selected Poems« (1929) von Conrad Aiken.

mehr daß diese in einer Art Stafettenlauf von Barden oder Medizinmännern weitergereicht und zusammengestückelt wurde. Dies mag indessen nicht in jedem Fall zutreffen. Andererseits braut auch ein moderner Schriftsteller Einfälle aus anderen Geschichten und Ereignissen des wirklichen Lebens zu einer Erzählung zusammen. So sind in einem gewissen Sinne alle Erzählungen Produkte nicht eines, sondern mehrerer Gehirne.

Es gibt viele Arten von Mythen: Schöpfungsmythen, Katastrophenmythen, Kulturmythen von Halbgöttern, die, wie Osiris oder Moses, die Menschheit die Kultur lehrten, Sonnenmythen, Sturmmythen, Völkerwanderungslegenden usw. Vor mehr als fünfzig Jahren versuchten die Pioniere der Mythologie, alle Mythen auf einen einzigen Typ zurückzuführen. Auf diese Weise wollten sie augenfällig machen, daß sämtliche Mythen nichts weiter seien als fiktive Historie, Fabeln mit moralischem Hintergrund oder Erklärungen von Naturphänomenen und daß alle mythischen Helden entweder wirkliche Menschen, phallische Symbole oder Sonnengötter seien. Heutzutage sieht man jedoch ein, daß es zu viele verschiedenartige Mythen gibt, als daß man sie alle auf einen einzigen Nenner bringen könnte.

Mythen können entweder einen homiletischen Charakter (was bedeutet, daß man durch sie versucht, den Zuhörer davon zu überzeugen, daß er etwas tun oder glauben müsse) oder eine betont unterhaltende Note haben. Einige erzählen schlicht eine Geschichte (apologische Mythen), andere erklären, warum die Dinge so geworden sind, wie sie sind (ätiologische Mythen), einige klären darüber auf, was nach dem Tode mit einem geschieht (eschatologische Mythen).

Wenn auch alle Mythen und die meisten Legenden übernatürliche Elemente enthalten und die Mythen primitiver Völker oft eine ziemlich kindische Irrationalität aufweisen, spiegeln sie dennoch Leben und Sitten derer wider, die sie erzählen. König Arthur zum Beispiel reitet nicht auf einem Elefanten, und die Göttin Ischtar fährt nicht in einem Hundeschlitten einher. So haben die polynesischen Mythen mit den Hauptvergnügungen der Polynesier zu tun: Krieg, Wassersport, Genealogie, Ehebruch, und damit, daß der Gewinner eines Wettkampfes das Privileg erhält, den Verlierer zu verspeisen. Die Mythen bringen die Hoffnungen und Ängste der Menschen zum Ausdruck, verkörpern deren Träume und Komplexe, schaffen eine logische Grundlage für Sitten und

Rituale und erläutern soziale Organisation, Klassenkonflikte und persönliche Enttäuschungen.

Pseudowissenschaftler wie die Atlantisten versichern, daß alle Mythen auf Fakten basieren. Sie überbewerten die realistischen oder historischen Elemente darin, um damit ihre Theorien von den Kontinenten, die wie Schachtelteufel in die irdische Existenz springen oder daraus verschwinden, zu stützen. Sollte, wie Babcock die Meinung vertrat, jegliche Fiktion (Mythen eingeschlossen) auf Fakten beruhen, so folgt daraus noch nicht, daß man Fakten aus Fiktionen rekonstruieren kann. Sinclair Lewis' Roman *Das ist bei uns nicht möglich* ist zum Beispiel auf Tatsachen aufgebaut. Dennoch könnte ein Historiker der Zukunft, der die Geschichte der Vereinigten Staaten im 20. Jahrhundert lediglich nach diesem Roman rekonstruieren wollte, zu dem Schluß kommen, daß Windrip, der Diktator, ein Mensch aus Fleisch und Blut war, Franklin Roosevelt hingegen ein Sonnengott oder ein Kultur-Heroe wie Prometheus.

Atlantisten und Diffusionisten sprechen primitiven Völkern gern die Fähigkeit zur Imagination ab, um sich darin bestätigt zu sehen, daß zwei einander ähnliche Mythen, die in verschiedenen Teilen der Welt vorgefunden wurden, einen gemeinsamen Ursprung haben müssen und durch Diffusion verbreitet wurden. Wie wir jedoch gesehen haben, ist der Verstand von Präliteraten nicht anders als der des Schreibens kundiger Völker. In der Frage der Verbreitung von Mythen gilt dieselbe Antwort wie in der Frage der Verbreitung von Kulturerzeugnissen.

Die Sagengruppe der Alten Welt, in welcher ein Kind-Held – Sargon, Moses, Perseus, Romulus und Remus – in einem Behältnis oder Boot auf dem Wasser ausgesetzt wird, um später gerettet zu werden, hat vielleicht einen gemeinsamen Ursprung, da die Sagen in unmittelbar benachbarten Gebieten zu finden sind und ihr Auftreten zeitlich nicht weit auseinanderliegt. Ein gemeinsamer Ursprung dürfte auch für die Erzählung vom Mann ohne Kopf im Sternzeichen des Bären gegeben sein, die in Lappland gleichermaßen wie im Kaukasus auftritt. Die Ideenkombination ist einfach zu ungewöhnlich.

Andererseits ist es wohl wahrscheinlich, daß die Mythen des alten Ägypten und des modernen Neuseeland, die davon erzählen, daß Himmel und Erde in liebevoller Umarmung beieinanderliegen, bis sie von einem ihrer Kinder auseinandergestoßen werden, unabhängig voneinander erfunden wurden. Denn sie wurden von

Völkern erzählt, die auf entgegengesetzten Erdhälften zu Hause sind und Tausende von Jahren voneinander getrennt lebten. Jeder Fiction-Schreiber weiß, wie hart es ist, eine wirklich originäre Handlung zu erfinden, und kann bezeugen, daß nichts Ungewöhnliches daran ist, wenn Mythen-Macher unabhängig voneinander auf ähnliche Ideen kommen.

Mythen werden also nicht aus Liebe zu historischen Fakten an die Nachkommenschaft weitergereicht, sondern die Menschen geben sie weiter, weil sie unterhaltsam sind und Geschichtenerzählern dadurch ihr Auskommen ermöglicht wird, oder weil sie sich als nützliche Zauberformeln erweisen, mit denen übernatürliche Wesen in Schach zu halten sind, oder um die Fragen von Kindern zu beantworten, oder als Libretti für religiöse Riten, oder um damit dem Durchschnittsbürger zu drohen, dem Chef zu gehorchen, dem Priester den nötigen Respekt zu zollen und die Stammestabus einzuhalten.

Man sehe sich einmal die umfängliche Kategorie der Katastrophen-Mythen an, bei denen Götter, durch die Respektlosigkeit der Menschen gekränkt, diese durch Feuersbrünste, Sintfluten oder Landplagen vernichten. Für gewöhnlich entrinnt ein Paar, um die Welt wiederzubevölkern: Ziusudra und seine Frau, Noah und die seine, Deukalion und dessen bessere Hälfte oder das Paar, das jede Azteken-Katastrophe übersteht. Die Azteken, die vom Universum eine düstere Vorstellung hatten, glaubten an ganze Serien von Schicksalsschlägen. Zuerst fraßen Jaguare alle auf; danach zerstörte ein Hurrikan die Welt; zum dritten fiel Feuer vom Himmel; die vierte Katastrophe war eine Sintflut; fünftens steht noch aus. Anläßlich dieser künftigen Katastrophe wird die Welt in einem Erdbeben enden.

Wohl denn, Katastrophen finden statt, und Mythen-Macher benutzen sie, um daraus ihre Katastrophen-Mythen zu basteln, die wie Detektivgeschichten auf wirklichen Tatsachen beruhen. So verwandelten sumerische Priester die großen Flutkatastrophen, die zwischen dem 6. und 5. Jahrtausend v. Chr. ihr Land heimsuchten (und denen, die sie erlebten, weltweit erscheinen mußten), in eine Weltsintflut. Es wurde daraus die Fabel vom frommen Ziusudra, der vor der Flut, durch die die Götter die Menschheit vernichten wollten, gewarnt worden war und vom Lande *Schurippak* mit Familie und lebendem Inventar entkam.

Diese Darstellung, die später im Gilgamesch-Epos in ähnlicher Form wieder in Erscheinung tritt, ist uns etwas entstellt in den fragmentarischen Aufzeichnungen des hellenisierten babylonischen Priesters Berossos erhalten geblieben, der ungefähr 300 v. Chr. auf der Insel Kos die babylonische Pseudowissenschaft der Astrologie lehrte. Und schließlich ging sie auch in die *Genesis* als die uns vertraute Noah-Erzählung ein. Berossos verkündete, daß die Welt jedesmal durch Feuer zerstört würde, wenn alle Planeten in Konjunktion mit dem Sternzeichen des Krebses stünden, und durch Wasser, wenn sie sich im Zeichen des Steinbocks versammelten.

Plato konnte seine Ideen nicht von Berossos bezogen haben, dazu starb er ein halbes Jahrhundert zu früh. Einige babylonische Legenden und Theorien müssen Griechenland jedoch vor Berossos erreicht haben. So weist die griechische Legende von Deukalion und Pyrrha, die sich zumindest bis auf Pindar zurückverfolgen läßt und Plato sicherlich bekannt war, beziehungsvolle Parallelen zu der babylonischen Fluterzählung auf.

Aus der Tatsache, daß Plato den Planeten Merkur den ›Hermesstern‹ nannte, statt ihn mit dem älteren griechischen Namen *Stilbon* zu bezeichnen (»der funkelnde Stern«), ist zu ersehen, daß die babylonische Sitte, die Himmelskörper nach Göttern zu benennen (eine Sitte, aus welcher die Astrologie hervorging), Griechenland zu seiner Zeit bereits erreicht hatte. Platos jüngerer Zeitgenosse, der Astronom Eudoxos von Knidos, warnte seine Schüler vor dem babylonischen Aberglauben der Astrologie, der die Astronomie zu verfälschen drohe. Schließlich entwickelt Platos alter Priester in *Timaios* eine Theorie der periodischen Katastrophen, die der Berossos' sehr ähnelt, aber ohne astrologisches Beiwerk ist. Offensichtlich haben wir in babylonischen Überlieferungen eine weitere Quelle Platos gefunden, zwar nicht in bezug auf Atlantis, aber auf das allgemeine Weltbild, in das Plato sein Konzept eines untergegangenen Kontinents einpaßte.

Wenn auch eine Flut-Legende auf eine wirklich stattgehabte Überschwemmung zurückgehen mag, so ist diese weniger als ein historischer Report einer ganz bestimmten Überschwemmung zu werten denn als Fiktion, bei der ein Hauptelement der Realität entnommen wurde. Dabei werden sich die, deren Aufgabe es ist, solche Legenden von Generation zu Generation weiterzugeben, des Gedankens nicht erwehren können, wie wundervoll geeignet diese Legenden doch sind, eine Gemeinde dazu zu veranlassen, Geld für ein neues Tempeldach zu spenden, wenn das alte durchlässig geworden ist.

Ein Grund dafür, daß Zivilisationen aufblühen, ist der Glaube an den Mythos der Rasse. Wenn man aber Mythen nicht wortgetreu auslegen kann, wie soll man sie dann interpretieren? Die Gläubigen, durch die Entdeckung offensichtlicher Irrtümer in ihren geheiligten Schriften alarmiert, haben sich oft auf die Feststellung zurückgezogen, daß sie Allegorien darstellen, durch welche die Götter verborgene Wahrheiten offenbaren.

Im 5. Jahrhundert v. Chr. schlug Prodikos aus Keos eine andere Theorie vor: daß Götter die Personifikation natürlicher Phänomene wie der Sonne, des Windes und des Meeres seien. Diese Hypothese, die man als Phänomenalismus bezeichnen könnte, wurde bis in moderne Zeiten hinein benutzt und mißbraucht. Fiskes Buch *Mythen und Mythen-Macher* ist hierfür ein Beispiel. Darin werden Götter und Helden meteorologischen Ereignissen gleichgesetzt. Ebenfalls rational wurden die Mythen 300 v. Chr. von dem griechischen Philosophen Euhemeros von Messene interpretiert: daß die Götter nichts weiter gewesen seien als Sterbliche, deren Taten und Qualitäten rückblickend überbewertet wurden. Diese Theorie, die nach ihrem Erfinder *Euhemerismus* genannt wurde, erlangte rasch Popularität. Die Euhemeristen erklärten, daß Zeus in Wirklichkeit ein kretischer König war. Diese Annahme hat sich bis zum heutigen Tag erhalten. Moderne Euhemeristen haben nicht nur Jupiter, der Giganten mit Donner- und Blitzschlag vernichtet, zum menschlichen Herrscher herabgestuft, der einen Aufstand niederschlug, sondern bestehen auch darauf, daß Achilles, Abraham und andere mythologische Figuren einst Menschen aus Fleisch und Blut waren.

Vor einigen Jahrzehnten ritt Lord Raglan in *The Hero* eine Attacke dagegen, daß man den Legenden und Überlieferungen historische Bedeutung beimesse. Er war zu dem Schluß gekommen, daß präliterarische Völker keine Berichte von historischen Ereignissen im Gedächtnis behielten und daß König Arthur, Cuchulainn (der irische Achill), Sir John Falstaff, Helena von Troja und eine Menge anderer »quasi-historischer Personen« keine Menschen, sondern vermenschlichte Götter seien. Er war der Meinung, daß die Geschichten, worin sie auftraten, literarische Versionen ritueller Dramen waren, die die Menschen einst als Teil ihrer religiösen Zeremonien aufführten.

Raglan bietet hierfür einige stichhaltige Gründe an: legendäre Helden sind nicht an Daten gebunden wie Menschen. Sie sprechen in Versen, altern über Jahrzehnte hinweg nicht und feiern magische Feste. Die Legenden berichten von privaten Unterhaltungen, die niemals in der Weise weitergegeben worden sein können, und zeigen Könige, die allein in der Welt umherschweifen, was echte Herrscher selten tun. Die Belagerung von Troja ist in der geschilderten Weise schon deshalb nicht möglich, weil keine halbbarbarische Armee wie die der Achäer für ein Jahr zusammengehalten werden kann, geschweige denn für zehn. Robin Hoods Geschichte ist ein Anachronismus: er war Experte des Langbogens, bevor dieser erfunden wurde, führte die unterdrückten Sachsen, obgleich er und beinahe sämtliche seiner Gefolgsleute normannische Namen trugen, war Earl of Huntington, obschon der Titel in Wirklichkeit von dem Bruder des schottischen Königs getragen wurde, usw.

Raglan schätzte, daß in des Schreibens und Lesens unkundigen Gemeinschaften wichtige Ereignisse höchstens 150 Jahre lebendig blieben. Das ist vielleicht zu kurz bemessen. Von den Hudson-Bay-Eskimos wird berichtet, daß sich bei ihnen bis ins 19. Jahrhundert hinein die Erinnerung an Frobishers im 16. Jahrhundert erfolgte Expedition erhielt; bei den grönländischen Eskimos die Erinnerung an die Einwanderung von Nordländern im 15. Jahrhundert und bei den Bewohnern der Salomoninseln Mendañas' Landung von 1567. Eine Zeitspanne von 400 bis 500 Jahren wäre wohl angebracht. Dennoch hat Raglan wahrscheinlich recht mit seiner generellen These, daß mündliche Überlieferungen nicht auf ewig weitergegeben werden, sondern innerhalb weniger Jahrhunderte von späteren Ereignissen verdrängt werden.

Wie jedoch vielen Persönlichkeiten, die von einer einzigen Idee besessen sind, so unterliefen auch Raglan einige böse Schnitzer. Er erklärte zum Beispiel: »Ich kann keine Anhaltspunkte dafür finden, daß vor Herodots Zeit irgend jemand ein Geschichtsbewußtsein besessen hätte« — anscheinend hat er niemals von Hekataios von Milet oder dem *Buch der Könige* gehört. Solche extreme Ansichten sind so weit von den Sachverhalten entfernt wie Spences Behauptung: »Überlieferungen, dies wissen wir, überleben ungezählte Jahrhunderte ...«, oder Donnellys These, daß alle Mythen »eine wirre Ansammlung historischer Fakten« seien.

Um zu zeigen, daß Sagen niemals auf Historie beruhen, zitiert Raglan Fälle, die tatsächlich gerade das Gegenteil beweisen. Er gibt zwar zu, daß der Dietrich und Etzel der mittelalterlichen deutschen Sagen auf den Ostgoten-König Theoderich d. Gr. und Attila den Hunnenkönig zurückgehen, besteht aber darauf, daß

»sie in den Erzählungen bei Unternehmungen gezeigt werden, die sie im wirklichen Leben niemals ausgeführt haben können«.

Dennoch wird Dietrich von Bern König von Italien wie Theoderich. Wittich, der bisweilen als Dietrichs Gefolgsmann und bisweilen als sein Widersacher auftritt, dürfte auf Witigis, der nach Theoderich König der Ostgoten war, zurückgehen, und seine Einkerkerung ist eine Parallele zur Belagerung des Witigis 539 in Ravenna durch Belisar. Die Geschichte von Dietrichs Jugend an Etzels Hof ist wahrscheinlich eine Verwechslung von Theoderich mit seinem Vater Thiudemer, der ein Vasall von Attila war. Ebenso ist das Gemetzel an Gunther und seinen Getreuen ein Analogon zur Niederlage des Burgunderreiches unter König Gundikar, das 437 von Attilas Hunnen überrannt wurde.

Gewiß, die Schöpfer solcher Dichtungen kehren sich nicht um zeitliche Genauigkeit. In dem altenglischen Gedicht *Widsith* rühmt sich ein Minnesänger, die Höfe Eormenrics (Hermanerichs), Gutheres (Gundikars) und Aelfwines (Alboins) besucht zu haben, die im 4., 5., und 6. Jahrhundert lebten. Sie senden Karl d. Gr. auf eine Kreuzfahrt, umgeben Arthur mit Rittern, einige Jahrhunderte, bevor es Ritter gab, und machen aus verschiedenen Personen eine – was keine Schwierigkeiten bot, da es – zum Beispiel – vier gotische Könige namens Theoderich innerhalb eines halben Jahrhunderts gab plus mehreren Frankenkönigen dieses Namens.

Andere Sagen außerhalb des mittelalterlichen europäischen Sagenkreises haben sich als auf Fakten basierend herausgestellt. Außer König Atreus und Noah, die ich schon erwähnt habe, geht auch die Königin Semiramis auf ein lebendes Vorbild zurück, und zwar auf die Prinzessin Sammuramat, Mutter von König Adadnirari III., eine wichtige Persönlichkeit, wenn sie auch nicht Babylon erbaute oder Indien eroberte, wie einige hellenistische Schriftsteller behaupteten. Gyges, in der griechischen Legende der Besitzer eines Ringes, der Unsichtbarkeit verlieh und mit einem Stein aus dem Auge eines Drachen besetzt war, war König Gugu von Lydien, den die Kimmerier überfielen und erschlugen, als er seinem Bündnis mit Assurbanipal von Assyrien untreu wurde. Mopsos der Seher, der nach dem Fall Trojas Mallos in Kilikien gegründet haben soll, stellt sich als ein Hethiter-König namens Mupsch heraus. Schließlich halten wir Alexander d. Gr. auch nicht für eine mythische Gestalt, weil 200 n. Chr. irgend jemand unter dem Namen des Philosophen Kallisthenes ein verlogenes

Buch mit dem Titel *Das Leben Alexanders* schrieb, in dem der Held nach Rom, Karthago und China kam, wohin der wirkliche Alexander niemals gelangte.

Raglan ist sogar der Auffassung, daß primitive Völker nicht in der Lage sind, eigene Mythen zu erfinden. Denn: »Der Wilde ist an nichts interessiert, was nicht seine Sinne reizt. Er entwickelt niemals eine neue Idee, nicht einmal über die vertrautesten Dinge.« Viele Anthropologen, die unter Primitiven gelebt haben, wissen von ›Wilden‹ ganz andere Dinge zu berichten: daß sie ziemlich genauso sind wie andere Leute auch, mit den üblichen Verhältniszahlen an Gescheiten und Dummen, wobei erstere sehr wohl der Stammeskultur neue Impulse geben. Als ein Beispiel für die Entstehung moderner Mythen unter Primitiven mag folgender Vorfall gelten: Als russische Wissenschaftler den sibirischen Meteoreinschlag von 1908 untersuchten, fanden sie heraus, daß die ortsansässigen Tungusen um das Ereignis, das in ihrer Mythologie zum Besuch des Feuergottes Adgy auf Erden wurde, eine neue Religion entwickelt hatten.

Mythen und Legenden haben oft eine reale Basis. Aber der Anteil an Wirklichkeit ist zumeist zu klein und unklar, als daß man daraus Historisches rekonstruieren könnte. Der Historiker Grote war der Meinung, daß die Lektion gelernt werden müsse, so hart und schmerzlich dies auch sein möge, daß keine noch so scharfsinnige Kombination uns instand setze, zwischen Fantasiegebilden und Wirklichkeit zu unterscheiden, wenn nicht ausreichendes Beweismaterial vorhanden sei. Die Geschichte Theoderichs d. Gr. wäre für uns nicht nachvollziehbar, wenn die Dietrich-Sagen unsere einzigen Quellen wären, da sie – zum Beispiel – das Römische Reich nicht erwähnen. Das wäre dasselbe, wie wenn man in einer Lebensbeschreibung George Washingtons das Britische Empire aussparen würde. Angenommen, unsere Zivilisation würde untergehen und deren Geschichte durch Legenden des Dietrich-Typs ersetzt, könnte es wohl sein, daß eine Sage entstünde, die Präsident Abraham Jefferson Roosevelt zum Mittelpunkt hätte, der Königin Victoria ehelichte, das Automobil erfand, die Japaner in der Schlacht von New Orleans schlug, den Kaiser Sitting Bull in einem Kampf Mann gegen Mann tötete und schließlich in einer fliegenden Untertasse zum Mond entschwand, nicht ohne vorher noch das Versprechen abzugeben, daß er zurückkehren werde, wenn sein Volk ihn brauche!

Zu Platos Zeiten begann der Glaube an die griechischen Mythen aufgrund der gedanklichen Spekulationen der Philosophen, des Rationalismus eines Prodikos und des Agnostizismus der skeptischen Sophisten zu zerbröckeln. Plato, der ein frommer Mann war, hatte die Götter von Homers herzhaften und lustvollen Kriegsbanden befreit und die göttlichen Barbaren in die ewig gute, allwissende Abstraktion entrückt. In *Der Staat* beklagt sich Adeimantos, daß die Erzählungen um Diebstahl, Raub und Mord der Götter nichts weiter seien als lügnerische Erfindungen, die die Poeten zu ihrem eigenen Wohlergehen ersonnen hätten. Adeimantos und Sokrates stimmen in der Diskussion um den idealen Staat darin überein, daß der erste Schritt dazu sei, die Dichter zu verbannen und eine strenge Zensur einzuführen, um zu verhindern, daß solche bösen Geschichten die Jugend verdürben. Zu der Frage, ob die Götter wirklich gut seien, stellt Plato in seiner üblichen subjektiven Einfachheit fest, sie seien es. Und damit punktum.

Wenn also zum Beispiel die Geschichten um Kronos, der seinen Vater Uranos kastrierte und seine eigenen Kinder auffraß, rein poetische Fiktionen waren, warum sollte Plato dieser Tatsache nicht Rechnung tragen und seine eigenen erfinden, die dazu angetan waren, fleckenlose Moral und Anstand zu vermitteln? Oder Gerüchte von fernen Ländern und wundersamen Völkern als Basis für pseudo-historische Erzählungen benutzen, um seine Theorien von einem guten Staat zu untermauern? Das ist, so meine ich, genau das, was er tat.

Plato war in seiner Zeit nicht der einzige, der ein solches Projekt anging. Sein jüngerer Zeitgenosse Antiphanes von Berga, der Dramatiker, und Hekataios von Abdera, der Historiker, verfaßten ähnliche fantastische Geschichten. Letzterer (nicht zu verwechseln mit Hekataios von Milet, der anderthalb Jahrhunderte früher lebte) sammelte die Geschichten, die über die Hyperboreer in Umlauf waren. Er schrieb eine Abhandlung, in der er seiner Fantasie freien Lauf ließ und die Hyperboreer als ein Volk darstellte, das in unschuldiger Glückseligkeit auf einer Insel nördlich von Europa lebt.

Was Plato anbelangt, so ersann er nicht nur die Atlantis-Geschichte, sondern eine Reihe anderer Pseudo-Mythen. Im zehnten Buch von *Der Staat* läßt er Sokrates eine Geschichte von Er, dem Sohn des Armenios, der aus Pamphylien stammt, erzählen. Dessen Seele ging, als er in einer Schlacht bewußtlos geschlagen wurde, ins Jenseits ein, kehrte aber in seinen Körper zurück, als dieser bereits auf dem Scheiterhaufen lag. Der Pamphylier erzählt, wie die Seelen sich auf der Ebene der Lethe oder des Vergessens an einem der Erdpole versammeln, wie einigen eine Ruhepause gewährt wird und andere für die Untaten, die sie im Leben verübt haben, bestraft werden. Schließlich wählen sie ihre nächste Inkarnation und kehren in die Welt der Lebenden zurück. Er sah, wie der Homer-Held Ajax das Leben eines Löwen wählte, da er nicht zum Menschen werden wollte; ferner beobachtet Er, wie Atalante sich für das Leben eines berühmten Athleten entschied, um den Neigungen, die sie in dieser Richtung hatte, frönen zu können. Odysseus, der in seinem vergangenen Leben genug Aufregungen gehabt hatte, suchte sich das Leben eines einfachen, zurückgezogen lebenden Mannes aus.

In seinen anderen Dialogen benutzte Plato ähnliche Konzeptionen. In *Phaidon* spricht er von »Löchern verschiedener Formen und Größen ... überall auf der Erde ..., in welche das Wasser, der Nebel und die Luft sich sammeln« und von Inseln, die am Himmel dahintreiben. Sterbliche wie wir leben in den Löchern, doch Menschen einer höheren Art und die Götter leben in höheren Regionen und auf Himmelsinseln. Er erzählt auch von Tartaros im Innern der Erde, von unterirdischen Strömen heißen oder kalten Wassers, Schlamm und Feuer.

In *Gorgias* erwähnt Plato die Inseln der Blest. *Politikos* beschreibt das Goldene Zeitalter des Königs Kronos, das so lange dauerte, bis Zeus darin nachließ, das Universum zu beherrschen. Durch das Aufkommen des Materialismus fiel dieses dem Verderben anheim. In *Phaidros* erzählt Plato Sokrates eine kleine Fabel von dem ägyptischen Gott Theuth und König Thamos, der dem Gott sagte, daß er närrisch sei, das Schreiben erfunden zu haben, da die Menschen im Glauben an die Buchstaben ihr Gedächtnis verlieren würden. Theuth ist der ibisköpfige Tehuti, der ägyptische Gott des Wissens, bekannter als Thot, der später mit dem griechischen Hermes gleichgesetzt wurde und zu einem Zauberkönig Ägyptens euhemerisierte. Thamos ist mitnichten ein ägyptischer König, sondern der alte nahöstliche Vegetationsgott Tammuz oder Dumuzi, das Äquivalent zum griechischen Adonis. Da Platos Geschichte nicht durch ägyptische Quellen bestätigt wird, erdachte er sie wahrscheinlich selbst, wie auch andere seiner Allegorien.

Schließlich legt Plato in *Timaios* seine Version des pythagoreischen Schöpfungsmythus dar, in dem die Menschheit von den

Göttern ursprünglich als Rasse der Doppelhermaphroditen erschaffen wurde – mit vier Armen und vier Beinen. Da sich diese Konstruktion als unbequem erwies, teilten die Götter ihre Kreaturen in Männlein und Weiblein auf. Wenn alle Atlantisten Platos andere Werke genauso lesen würden wie seine Atlantis-Geschichte und damit sähen, was für ein fruchtbarer Mythenerfinder er war, würden sie wohl weniger felsenfest von seiner Verläßlichkeit als Historiker überzeugt sein. Platos Atlantis-Geschichte läßt, wie die meisten Allegorien, mehr unausgesprochen, als sie aussagt. Es ist nicht schwierig, auf Dinge der realen Welt hinzuweisen, die die Geschichte symbolisieren könnte, wobei man jedoch nicht sicher sein kann, ob Plato solche Bezüge tatsächlich herstellen wollte.

Platos vorgeschichtliches Athen ist indes kein wirklicher Staat, sondern eine fiktive Version des Idealstaates, den er in *Der Staat* entwarf: ein Athen, dem er die puritanischen, militaristischen und grimmig autoritären Institutionen Spartas aufzwingen wollte. Auf diese Weise idealisierte er den reglementierten Ameisenstaat, der viele Jahrhunderte später von den osmanischen Türken und in der Neuzeit von verschiedenen totalitären Regierungen wiederbelebt wurde. Platos Zeitgenossen waren der Meinung, daß dieses unliebenswürdige System um das 9. Jahrhundert herum von dem spartanischen König Lykurg eingeführt wurde. Dies wird ausführlich in Plutarchs *Vitae* beschrieben; wenngleich Lykurg wahrscheinlich mehr eine Legende denn ein Mensch aus Fleisch und Blut war, hatte Plato doch keinen Grund, an seiner Existenz zu zweifeln, und nahm ihn samt anderen Elementen in seinen intellektuellen Schmelztiegel mit hinein.

Platos Autoritätsgläubigkeit zum Trotz muß man ihm doch zugute halten, daß er einer radikalen Emanzipation der Frau das Wort redete, deren Los im platonischen Athen kaum besser war als das in den rückständigen Moslemländern.

Zur Zeit Platos – die kurze spartanische Herrschaft über Griechenland zwischen den Schlachten von Aigos Potamoi und Leuktra war vorüber – begann der Niedergang der spartanischen Institutionen. Dieser Niedergang entsprach jedoch durchaus Platos Theorien. Er war der Meinung, daß Regierungsformen einem natürlichen Prozeß der Degeneration unterworfen seien, von der primitiven Aristokratie über die Timokratie, Oligarchie, Demokratie zum Despotismus, jede weniger ›gerecht‹ als die vor ihr. Da dieser Abstieg ein universeller und unvermeidbarer Vorgang sei, war eine vollkommene Regierungsform nur in der fernen Vergangenheit denkbar. (Philosophen wie Plato hätten aber selbstverständlich den Regierungen auf die Beine helfen können, hätte man sie nur gelassen.)

Plato diagnostizierte als Hauptgrund für den moralischen Abstieg die Habsucht. Daher galt ihm der Handel als unfein und schlecht, der Bauern- und Soldatenstand hingegen als edel und gut. Dieses in der klassischen Philosophie häufige Thema der Minderwertigkeit gewöhnlicher Arbeit steigerte Plato bis ins Extrem. Nachdem es durch die Liebe zum Gold herabsank, muß das kommerzielle und luxuriöse Karthago-Atlantis vom bescheidenen und bukolischen Athen-Sparta unterworfen werden. Weisheit und kriegerischer Geist der Athene müssen über Poseidons die Meere beherrschende Macht die Oberhand gewinnen.

Plato mag auch der Anspruch der Ägypter auf althergebrachtes und okkultes Wissen nicht geschmeckt haben. Seit Solons Zeiten haben wohlhabende Griechen Ägypten bereist. Wenn die Priester, die sie in ihren Tempeln herumführten, die Hieroglyphen, von denen sie behaupteten, daß sie alle Einzelheiten der ägyptischen Geschichte von der Erschaffung der Erde an aufwiesen, erklärten, dann hatten die Touristen, da sie des Ägyptischen nicht mächtig waren, die Worte der Priester für bare Münze zu nehmen. Indem er seine Geschichte 9000 Jahre zurückversetzte, suchte Plato diese Anmaßung zu brechen und zu zeigen, daß die Griechen ebenfalls ihre Zivilisation bei der Erschaffung der Welt direkt von den Göttern bezogen hatten. Gleichzeitig schützte er sich mit einer Geschichte, die Tausende von Jahren vor Beginn griechischer und ägyptischer Historie angesiedelt war, vor Kritik. Niemand konnte sie ihm widerlegen. Sie hätte damit auch noch hunderttausend Jahre früher spielen können.

Dennoch scheint Plato mit seiner Darstellung Schwierigkeiten gehabt zu haben. Der merkwürdige Schluß von *Kritias* deutet darauf hin. Vielleicht verlor der alte Plato das Interesse daran. Wahrscheinlicher ist, daß er empfand, wie sehr er sich in eine Sackgasse geschrieben hatte. Er war aufgebrochen, um zu zeigen, daß sein idealer ›Staat‹ in der Praxis lebensfähig war. Er wollte, damit zusammenhängend, die Wege der Götter rechtfertigen, Fragen wie Schicksal kontra freien Willen und den Ursprung menschlicher Schlechtigkeit klären.

Um nun eine sinnfällige Geschichte zu konstruieren, hatte er sowohl Atlantis als auch das prähistorische Athen loszuwerden, da beide nicht geschichtlich waren. Zunächst geschah die Überflutung, ausgelöst durch ein Erdbeben. Danach ließ er auch Proto-Athen durch ein Beben verwüsten, um so eine Geschichtslücke zwischen dem fiktiven Athen und dem wirklichen zu legitimieren.

Athen stellte Platos idealen Staat dar, Atlantis hingegen war ein Staat, der zwar mit denselben günstigen Voraussetzungen angetreten war, jedoch dadurch verkam, daß das göttliche Blut seiner Bewohner sich immer mehr verdünnte, und durch ihre Liebe zum Wohlstand. So weit, so gut. Der Abstieg von Atlantis paßte auch in Platos Theorie von der politischen Entwicklung.

Doch die Sache hat einen Haken. Wenn der Abstieg naturgegeben und unausweichlich war, wie Plato es in *Der Staat* darlegte: »Alles, was einen Anfang hat, hat auch ein Ende. Auch eine Staatsform wie die eure wird nicht ewig bestehen, sondern wird eine Auflösung erfahren«, warum galt dieser Grundsatz nicht zur gleichen Zeit auch für Athen, wie er für Atlantis galt? Zudem hatten die Götter bei beiden Staaten Pate gestanden. Wenn sie, wie Plato annahm, gut, omnipotent und allwissend waren, warum mißlang dann Poseidons Experiment?

Ferner ist die Abschwächung des göttlichen Erbes, das Atlantis' Fall mit verursachte, ein natürlicher Prozeß. Kann man Menschen gerechterweise für etwas bestrafen, was außerhalb ihrer Kontrolle liegt? Kein Zweifel, Plato wollte, daß Zeus in seiner Rede vor den Göttern seine Aktionen vernünftig begründe – doch als er diese Rede schrieb, versagte Platos Inspiration. Das ist nicht alles. Wenn die Atlantier durch ein Erdbeben vernichtet werden, wo bleibt dann der Lohn für die tugendhaften Athener, die sie besiegten? Ist dies göttliche Gerechtigkeit, das sittenstrenge Athen ebenso zu zerstören wie das dekadente Atlantis? Zudem, wenn Zeus, wie ein guter Vater, nur darauf bedacht war, seine irrenden Kinder angemessen zu züchtigen, warum löschte er sie dann vollkommen aus?

Die Wahrheit ist, daß sich Plato einen philosophischen Schuh anzog, in den Generationen von Theologen nach ihm schlüpften. Wenn, wie Plato voraussetzte, Gott oder die Götter sämtlich gut, mächtig und allwissend waren, wie kam dann das Böse in diese ihre Welt? Wenn Er, untadelig gut, alles erschuf, mußte nicht alles, was Er erschuf, ebenso untadelig sein und auch das, was aus dem Erschaffenen entstand? Ferner, mußte nicht ein allwissender Gott genau übersehen, wie alles, was Er erschaffen hatte, sich gestalten würde? Und sollte Er nicht, wenn irgend etwas die Anlage zum Bösen in sich trug, dies wissen und dementsprechend vorbeugende Maßnahmen treffen?

Jüdische, christliche und moslemische Theologen haben versucht, darauf in verschiedener Weise eine Antwort zu geben, indem sie das Böse für eine Täuschung und nicht existent erklärten, oder indem sie verkündeten, daß Gott dem Menschen die Möglichkeit der Wahl zwischen Gut und Böse freigestellt habe. All diese Erklärungen dienen indes zu nichts weiter, als das logische Dilemma zu vernebeln. Dieses Dilemma wurde bis dato nur von den Zarathustra-Anhängern gelöst, die an zwei miteinander rivalisierende, gleich mächtige Götter glauben, wovon der eine gut, der andere böse ist.

Um dies noch zu sagen: Manch ein Romanschriftsteller, der sich bemüht, eine unterhaltende Geschichte zu schreiben, und zugleich versucht, den Triumph des Guten über das Böse darzustellen, präsentiert am Ende einen faszinierenden Schurken und einen Helden, der nichts weiter ist als ein langweiliger Bursche. Plato ging in diese Falle. Athen, sein ›Held‹, stellt sich als ein öder, langweiliger Ort heraus, während der ›Schurke Atlantis‹ die Menschheit über Jahrhunderte hinweg in seinen Bann schlug. Plato selbst unterlag den Verführungen von Atlantis. Hätte er ihm sonst in *Kritias* dreimal soviel Raum gegeben wie Athen?

Als er zur Zeus-Rede gelangte, muß Plato gemerkt haben, daß das *Kritias*-Buch nicht so wurde, wie er es sich vorgestellt hatte: eine spannende Geschichte vielleicht, aber moralisch konfus. Möglich, daß er sie mit einem Schauder des Widerwillens beiseitelegte. Er, der Welt moralische Leuchte, sollte sich auf die niedrige Ebene eines fahrenden Sängers begeben haben? Wie dem auch sei, in seinem letzten Dialog *Die Gesetze* hat er dem Charme und der Imagination, die seine vorhergehenden Werke auszeichneten, den Rücken gekehrt und sich ganz einer mahnerischen Strenge hingegeben, die sich wenige heutzutage noch zu Gemüte führen.

Plato würde zweifellos erstaunt sein, wenn er wüßte, daß spätere Generationen seiner Atlantis-Geschichte, die er selbst keiner Vollendung für würdig hielt, fast ebenso viel Aufmerksamkeit schenkten wie dem Rest seiner Werke zusammen. Er würde pikiert sein, wenn er erführe, daß sich die Menschen auf Atlantis, den Schurken seines Stückes, konzentrieren und seinen langweiligen Helden Athen entschlossen ignorieren. Er würde ferner erbittert sein, entdecken zu müssen, daß sie die moralischen und philosophischen Aspekte der Geschichte – für ihn deren einzige

Daseinsberechtigung – zugunsten der geologischen, anthropologischen und historischen Seite – für ihn unwichtiges Material – außer acht lassen.

Platos Geschichte war nicht das erste utopische Werk. Einige seiner Zeitgenossen begaben sich auf ähnliche Pfade. Aristophanes hatte ein Stück verfaßt, das sich über Möchtegern-Weltreformer wie Phaleas von Chalkedon lustig machte, der Besitz gleich verteilt wissen wollte. Gleichartige Schöpfungen tauchen in der Literatur anderer Zivilisationen, wie etwa der chinesischen, auf. Einige messianische Prophezeiungen hebräischer Propheten, wie Jesaja, enthalten – etliche Jahrhunderte vor Plato – utopische Sketche eines idealen Israels, wo »der Löwe Stroh statt eines Ochsen fressen wird«.

Platos Erzählung ist auch nicht das einzige klassische Werk dieser Art, das uns vollständig überliefert wurde. Seine Nachfolger schrieben eine ganze Reihe solcher Erzählungen: Zenon von Kition, der Begründer der Stoa, versuchte sich an dieser Art Literatur; ebenso Amometos, der das idyllische Leben eines Himalaja-Stammes beschrieb. Euhemeros, demzufolge die Götter Menschen waren, verfaßte eine regelrecht utopische Erzählung über einen Archipel im Arabischen Meer, Panchaia, der unendlich reich und fruchtbar war. Er beschrieb dessen Hauptstadt auf der Insel Hiera, deren Tempel des Zeus Triphylios mit seinen Marmorstatuen, seinen goldenen Säulen, auf denen die Geschichten von Uranos, Kronos und Zeus zu lesen standen, deren geheiligte Quelle und Priesterkaste, Soldaten und Bauern. Ähnlichkeiten mit Atlantis deuten weniger auf einen Zusammenhang zwischen beiden hin als vielmehr darauf, daß die Griechen einen Hang dazu besaßen, in gleichen Vorstellungswelten zu denken, wenn sie ihre Ideale von Schönheit, Ordnung und Wohlstand darstellten.

Euhemeros folgte im 3. Jahrhundert v. Chr. Jamboulos (auch von Diodoros überliefert), der einen Bericht über ein ideales Gemeinwesen auf einer Inselgruppe im Indischen Ozean lieferte. Möglicherweise wurden beide Beschreibungen von Erzählungen über Ceylon inspiriert – den Geographen der Klassik vage als Taprobanë bekannt.

Jamboulos erzählt, daß er, als er in seiner Jugend Handelsreisender war, von Äthiopiern aufgebracht wurde, die ihn und seinen Begleiter (in einer Art religiösem Akt) mit Proviant versehen im Arabischen Meer aussetzten. Nach vier Monaten erreichten sie sieben herrliche Inseln, wo die Menschen elastische Knochen hatten und gespaltene Zungen, mit denen sie zwei Konversationen auf einmal führen konnten. In ihrem Sonnenstaat wurde der Kommunismus praktiziert, da sie sich ohnehin alle gleich waren und damit auch jeder einmal jede Tätigkeit in dem Gemeinwesen ausübte. Wegen schlechten Benehmens des Landes verwiesen, segelten Jamboulos und seine Gefährten nach Indien, von wo aus der Erzähler seinen Weg nach Hellas zurückfand.

Merkwürdigerweise ist um Jamboulos' Heliopolis nie ein Kult entstanden, obgleich der Autor behauptete, es mit eigenen Augen gesehen zu haben. Vielleicht waren die elastischen Knochen und gespaltenen Zungen zuviel, selbst für phantasievolle Gemüter, obschon sie auch nicht unglaubwürdiger sind als Platos prähistorisches attisches Reich oder Helena Blavatskys lemurische Hermaphroditen.

Dennoch übten solcherlei Geschichten einen Einfluß aus. Man nehme nur Naomi Mitchisons *Der Kornkönig und die Quellenkönigin,* einen der besten historischen Romane, der je geschrieben wurde, trotz der Tatsache, daß Mrs. Mitchisons Griechen des Altertums die etwas verwirrende Angewohnheit besitzen, in einen marxistischen Jargon zu verfallen. Es handelt sich um einen fantastischen Roman, in dem ein kommunistischer König namens Kleomenes III. zusammen mit seinen Gefährten in Sparta drastische Änderungen bewirkt. Diese Idee ist nicht einmal so absurd, da 132 v. Chr. Aristonikos eine proletarische Revolution in Pergamon, wo der letzte König sein Reich an Rom vermacht hatte, anführte und den ernsthaften Versuch unternahm, einen Sonnenstaat wie den von Jamboulos in die Tat umzusetzen. Ein römischer Stoiker, Blossius von Cumae, der ein Anhänger von Tiberius Gracchus war, unterstützte ihn. Aristonikos besiegte eine römische Einheit samt Konsul, bevor er gefangengenommen wurde und im Gefängnis starb. Blossius beging Selbstmord.

Im 3. Jahrhundert n. Chr. versuchte der ägyptische Neuplatoniker Plotin, der sich in Rom als Philosoph etabliert hatte, seinen Freund, den Kaiser Gallienus, davon zu überzeugen, daß man die kampanischen Ruinen der *Stadt der Philosophen* wieder aufbauen, ihr den Namen *Platonopolis* verleihen und darin eine ideale Gemeinschaft begründen müsse, die, unter der Aufsicht Plotins, nach Platos Grundsätzen leben solle. Der Herrscher lehnte indessen ab, entweder, weil andere ihm neidvoll davon abrieten oder, weil er die Idee für Narretei hielt.

Mit Aufkommen des Christentums wandte sich der menschliche Geist von der Hoffnung ab, irdische Verhältnisse bessern zu können. Die Beschreibungen utopischer Länder wurden abgelöst von Abhandlungen über die Freuden eines jenseitigen Lebens, wie etwa Augustinus' *Vom Gottesstaat*. 1516 kehrte der Utopismus mit Sir Thomas Mores *Utopia* zurück, einem Buch, worin ein portugiesischer Seemann, Raphael Hythloday, dem Erzähler davon berichtet, wie er unter Vespucci Utopia besuchte, eine Insel, die die Gestalt einer dicken Mondsichel aufweise und an ihrer breitesten Stelle einen Durchmesser von 260 Kilometern habe. Auf ihr gäbe es 54 Städte, die größte sei Amaurot. Eine Hierarchie von gewählten Beamten, die wiederum bestimmte amtliche Personen bestellten, regierte das Volk, das ein einfaches Leben mit Ackerbau und Heimindustrie führe.

Utopia-Bewohner können ohne spezielle Erlaubnis nicht reisen, und Kriminelle werden zur Strafe als Sklaven verkauft. Das Land vermeidet, wann immer möglich, Kriege. Wenn man jedoch gezwungen wird, zu kämpfen, versucht man einen Sieg durch Arglist und Mord zu erzwingen, da man von den konventionellen militärischen Tugenden nichts hält. Junge Paare, die heiraten möchten, werden einander nackt vorgeführt, um unangenehmen Überraschungen vorzubeugen. Die Bewohner von Utopia (sehr moralisch und philosophisch ausgerichtet, aber nicht wissenschaftlich) nennen ihren obersten Gott Mithras und haben eine Anzahl religiöser Sekten. Ihre Sprache ähnelt dem Persischen, und ihre Kultur weist Züge griechischer Kolonisation auf. Derlei Beschreibungen umfassen ungefähr das halbe Werk, die andere Hälfte ist der Kritik am Europa zu Mores Zeiten gewidmet.

Vor einiger Zeit verfaßte Arthur E. Morgan ein Buch, mit welchem er zu beweisen suchte, daß Hythloday ein Mensch aus Fleisch und Blut war, der sich an einer geheimen Expedition beteiligte, die die Portugiesen zu Kolumbus' Zeiten aussandten und die Peru einige Jahrhunderte vor Pizarros Eroberung im Jahre 1530 erreichte. Mores Utopia, so Morgan, ist eine Beschreibung des Inkareiches; eine interessante Idee, nur weit davon entfernt, bewiesen zu sein. In einer Weise ist der demokratische Staat Mores dem Inka-Despotismus so unähnlich, wie er ihm in anderer Weise wieder ähnelt. Überdies könnte die klassische Literatur ausgezeichnete Quellen für Mores Werk abgegeben haben, Plutarchs *Lykurgos* zum Beispiel oder Tacitus' *Germania*.

Ein Jahrhundert später ging Sir Francis Bacon ein ähnliches

Projekt an. Sein *Neu-Atlantis* erzählt, wie das Schiff des Erzählers auf einer Reise von Peru nach China vom Kurs abkam und an eine unentdeckte Südseeinsel getrieben wurde, deren Turbane tragenden Bewohner in einer perfekt demokratisch institutionalisierten Monarchie lebten. Sie nannten ihr Land *Bensalem* und erzählten, daß sie dorthin von Platos Atlantis, das in Amerika existiert habe, gekommen seien. Das Original-Atlantis, ein Reich, das von Mexiko bis Peru reichte, sei von einer großen, jedoch zeitlich begrenzten Überschwemmung verwüstet worden. Bacons *Utopia* ist geschmacklos, aber eindrucksvoll und viel naturwissenschaftlicher gehalten als das von More; mit Unterwasserschiffen, Flugzeugen, Mikrophonen, Air-Conditioning und einem großen Forschungszentrum. Die Bensalemiten sind Christen, die das Evangelium auf geheimnisvolle Weise von St. Bartholomäus bezogen haben. Wie Platos Atlantis-Geschichte, so blieb auch dieses Werk unvollendet. Bacon hatte beabsichtigt, einen zweiten Teil zu schreiben, der von den Gesetzen des vollkommenen Gemeinwesens handeln sollte, kam aber nie dazu.

Um dieselbe Zeit schrieb ein dominikanischer Mönch aus Kalabrien, Tommaso Campanella, der 28 Jahre im Gefängnis verbringen mußte, weil er Neapel von den Spaniern befreien wollte, ein ähnliches Werk. Es bezieht sich auf Plato und andere Schriftsteller der Klassik und trägt – in Anlehnung an Jamboulos – den Titel *Der Sonnenstaat, ein Dialog zwischen einem Großmeister der Hospitalritter und einem Genueser Seekapitän, seinem Gast.* Der Kapitän erzählt: »Im Verlaufe meiner Reise kam ich nach Taprobanë, wo ich mich genötigt sah, an Land zu gehen, und zwar an einer Stelle, wo ich mich, aus Angst vor den Bewohnern, in einem Wald verstecken konnte. Als ich aus ihm heraustrat, fand ich mich auf einer weiten Ebene unmittelbar unter dem Äquator ... Ich traf auf eine riesige Ansammlung von Männern und bewaffneten Frauen. Viele von ihnen verstanden unsere Sprache nicht. Sie führten mich zur Stadt der Sonne.« Diese Stadt erhebt sich auf einem Hügel, der von sieben großen Wällen oder Befestigungsringen umgeben ist, einem für jeden Planeten. Die Menschen tragen Togen über uniformer Kleidung, weiße bei Tage und rote bei Nacht. Wie Bacons Neo-Atlantier sind sie sehr wissenschaftlich veranlagt, und wie Platos Republikaner praktizieren sie den Kommunismus bei Frauen und Kindern.

Ein anderer Zeitgenosse von Bacon, der deutsche lutherische Geistliche Johann Valentin Andreä, schrieb 1619 ein Werk, das in dieselbe Richtung ging: *Christanopolis.* Dies sollte die ideale Stadt sein, die Mores strenge Einfachheit mit Bacons Wissenschaftlichkeit und Andreäs eigenartiger, beklemmender Frömmigkeit verband. Andreä war wahrscheinlich der Begründer des Rosenkreuzertums. Man nimmt an, daß er der Autor einer Serie anonymer Manifeste war, die zu seiner Zeit erschienen und die Gelehrte und Gebildete animieren sollten, eine geheime Gesellschaft zu begründen, den Rosenkreuzorden, um durch diesen Europa zu reformieren. Wenn Andreä auch mit diesem Projekt keinen Erfolg hatte, so haben doch Okkultisten und Scharlatane diese Pamphlete seither immer wieder ausgebeutet und für sich in Anspruch genommen, die wahren Rosenkreuzer zu sein.

Alle diese Utopien erlauben es ihren Verfassern, die verschiedensten Vorurteile darin einzubringen. Während die Junggesellen Plato und Campanella predigen, daß Frauen Allgemeingut zu sein hätten, treten verheiratete Männer wie More und Andreä streng für das Familienleben ein. Diejenigen (wie Bacon), die an Prunk und Details Gefallen finden, lassen dies in ihren Utopien sichtbar werden.

Um Plato gegenüber fair zu sein, muß festgestellt werden, daß er in den *Gesetzen* dem Kommunismus abschwor, da dieser für unsere unvollkommene Welt ungeeignet sei. Statt dessen sprach er sich für den ›zweitbesten Staat‹ aus, der große Ähnlichkeit mit dem aristokratisch regierten griechischen Stadtstaat seiner Zeit hatte, und zwar mit normalen Familienbanden. Er empfand schließlich sogar die spartanische Gesellschaftsform als zu militärisch, da sie die friedlichen Tugenden nicht ebenso entwickle wie die kriegerischen.

Im 17. Jahrhundert führte James Harrington die utopische Tradition mit seiner *Oceana* fort, ein Werk, das für einige Jahrzehnte sehr populär war, jedoch heute – es ist wie Platos *Gesetze* von mahnerischer Strenge ohne fiktive Dekoration – kaum mehr genannt wird. Harrington war Republikaner, der einem System von Kontrollen und Gegengewichten das Wort redete sowie der Trennung von Legislative, Exekutive und der rechtlichen Funktionen eines Staates. Einige seiner Ideen, so das Wahlmännergremium (das jedoch nicht so arbeitet, wie er dies vorgesehen hatte), wurden in die Verfassung der Vereinigten Staaten und einige seiner Teilstaaten eingebracht, woraus zu ersehen ist, daß Utopien offensichtlich weltliche Angelegenheiten zu beeinflussen in der Lage sind. Eine von Harringtons weniger praktikablen Ideen war, die Judenheit der Welt in Irland anzusiedeln (*Panopea*), da die unglücklichen Iren ohnehin zum Aussterben verurteilt seien und England (*Oceana*) ein fleißiges und anpassungsfähiges Völkchen in seinem Steuerbereich sehr wohl gebrauchen könne.

Während Plato und More sich stark auf hypothetisch-natürliche Tugenden verließen, um ihre Idealstaaten funktionierend zu machen, setzten spätere Utopisten, beginnend mit Bacon, mehr und mehr Vertrauen in die Naturwissenschaften, um Menschheitsfragen zu lösen. Dieser Trend nahm in den Werken der Sozialisten des frühen 19. Jahrhunderts zu (die zumeist Franzosen waren wie Saint-Simon und Cabet), bis er mit den utopischen Romanen von Edward Bellamy und H. G. Wells seinen Höhepunkt erreichte. In ihnen wird eine Kombination aus Wissenschaftlichkeit und Sozialismus als die Hoffnung der Menschheit, den Himmel auf Erden zu schaffen, angepriesen.

In jüngerer Zeit zeigte Aldous Huxley mit seinem Roman *Schöne neue Welt*, wie niederdrückend auch der wissenschaftliche Sozialismus sich auszuwirken vermag, wenn man ihn ins Extrem treibt. Glücklicherweise bringt der Mensch keines seiner Programme zu einem logischen Abschluß – die Menschheit wäre wahrscheinlich längst ausgestorben. In letzter Zeit sind wenige Utopien auf den Markt gekommen. Vielleicht sind die Utopisten von der Einsicht niedergedrückt, daß alles, einschließlich Wissenschaft und Sozialismus, versucht wurde, nichts aber so zu funktionieren scheine, wie die Propheten es uns versprachen.

Ein neuerer Roman, A. T. Wrights *Islandia*, vertritt die Zurück-zur-Natur-Schule des Utopismus. Was uns wieder auf Atlantis bringt. Denn Wrights Gegenreaktion auf die Zivilisationserscheinungen (man nenne dies Primitivismus, Archaismus oder Naturalismus) ist ein Beispiel für die Sentiments, die den Atlantis-Kult am Leben erhalten. Sie gehen zurück bis auf die alten Mythen vom Verlorenen Paradies und Goldenen Zeitalter. Aber erst mit Jean-Jacques Rousseau, der im späten 18. Jahrhundert die Idee vom Edlen Wilden aufbrachte (er selbst hatte nie Wilde gesehen), nehmen sie so etwas wie ansteckende Formen an. Rousseau und seine Zeitgenossen Morelly und Babeuf impften den Utopisten den Glauben an die natürliche Unverdorbenheit des Menschen ein, zusammen mit dem Glauben an die Gleichheit aller Menschen. Ihre dogmatische Milieulehre und andere ihrer Ideen gehen in den frühen Sozialismus ein.

Wordsworth, Coleridge, Byron und andere romantische Schriftsteller des frühen 19. Jahrhunderts machten das Zurück-zur-Natur-Ideal populär. Byrons Freund John Galt schrieb eine Rousseausche Tragödie mit dem Titel *Der Abtrünnige oder das zerstörte Atlantis*, die 1814 veröffentlicht wurde. In diesem Stück bekehrt der böse Antonio, ein schiffbrüchiger Seemann, König Yamos von Atlantis zum Christentum sowie zu westlichen Künsten und Wissenschaften. Zugleich versucht er, die Königin zu verführen, und zwingt den Hohepriester, zusammen mit seinen Anhängern in die Wälder zu fliehen. Antonio erreicht bei der Königin sein Ziel und bringt die Atlantier dazu, eine große sündige Stadt nach europäischem Modell zu bauen. Schließlich wird Antonio entlarvt, und die Priester hetzen die Atlantier auf, die Stadt niederzubrennen, die die arkadischen Wonnen atlantischen Lebens bedroht.

Ein halbes Jahrhundert später benutzt John Ruskin das Atlantis-Thema, um einem Auditorium erstaunter Geschäftsleute von Bradford in England die verheerenden Auswirkungen der industriellen Revolution vor Augen zu führen. Wenn sie weiter darin fortführen, das Gold zu verehren, die Landschaft zu verschandeln und die Arbeiter zu unterdrücken, so warnte er, könnten sie aus Platos Erzählung erfahren, welches Schicksal sie erwarten würde.

Das Atlantis-Thema ist in der Tat zu vielen Zwecken benutzt worden. Der frühchristliche Pater Arnobius wandte es als ein Beispiel für die Katstrophen an, die die Welt vor ihrer Christianisierung bedrohten. Damit wollte er die heidnischen Argumente entkräften (die Edward Gibbon viel später wieder aufnahm), daß diese Religion insofern Unheil über die Welt gebracht habe, als sie das Römische Reich unterminierte. Kosmas nahm Atlantis in seine Vorstellung von einer flachen Welt auf. Bacon benutzte es als ein Beispiel für die wissenschaftlich ausgerichtete Gesellschaft, auf deren Verwirklichung er brannte. Galt hinwiederum zitierte Atlantis als ein Beispiel der präwissenschaftlichen Gesellschaft, auf die er sehnsüchtig zurückblickte. Benoît benutzte Atlantis, um das Thema der Lieblosigkeit der Welt zu illustrieren – ein häufiges Motiv in französischen Romanen einer bestimmten Gattung. Die Theosophen endlich und andere Okkultisten haben Atlantis in ihren eigenen bizarren Kosmos eingefügt.

In den letzten Jahren nahm Lewis Spence Atlantis so ernst, daß er uns davor warnt, wenn wir uns nicht besserten, würde Gott uns dem Untergang weihen, wie er dies mit Atlantis getan habe. Dmitrij Mereschkowskij, der russische Schriftstelleremigrant, ist derselben Meinung. Mereschkowskij ist Beispiel für eine faszinierende, aber nahezu ausgestorbene Rasse: den vorrevolutionären russischen Intellektualmystiker, der in einem Zustand fieberhafter Hoffnungslosigkeit über Gott, Sex, Tod und andere ähnlich großen Themen brütet. Er interpretiert die Atlantis-Geschichte sowohl als historischen Bericht wie auch als Allegorie zukünftiger Ereignisse. Der Westen, so sagt er, hat der Macht der Technik zu großen Spielraum gelassen. Sie wird uns, wenn sie nicht unter Kontrolle gebracht wird, in unserem Hochmut genauso vernichten, wie Anmaßung und Gier den Fall von Atlantis bewirkten. Aus der Sicht der derzeitigen technischen Entwicklung hat Mereschkowskij – bei aller Romantik – vielleicht gar nicht so unrecht.

11

ABENDINSELN DER FANTASIE

Dem Westen zu, ins Unbekannte,
sind Schiffe gesegelt seit Anbeginn der Welt.
Lies, hast du den Mut, was Skelos schrieb,
von kalten Händen, die seinen Seidenmantel betasteten;
und folge den Schiffen durch Tang, den der Wind vor sich hertriebt.
Folge den Schiffen, die niemals zurückkehren.

HOWARD*)

Wir haben gesehen, welche Rolle die Vorstellung versunkener Kontinente in den nüchternen Wissenschaften wie Archäologie, Anthropologie und Paläographie spielt, und sind diesem glitzernden kleinen Geist durch das Labyrinth von Geschichte, Philosophie und Okkultismus gefolgt.

Doch wie steht es mit ihrer Verwertung auf einem Gebiet, auf dem Plato (wie ich meine gezeigt zu haben) es angesiedelt sehen wollte: auf dem Felde der Fiktion, Fantasie und im Bereich des Abenteuerlichen? Denn das ist eine Basis, auf der wir uns versöhnlich mit dem verzücktesten Atlantis-Jünger treffen können. Hier gibt es die Frage nicht: ist es objektiv wahr? Sondern: hat der Autor seine Vorstellungen so geschickt zu entwerfen gewußt, daß sie beim Lesen als wahr erscheinen?

Die Dichter haben von Atlantis zwar einigen Gebrauch gemacht, aber das Thema nicht so intensiv ausgebeutet, wie man dies erwarten würde. Man könnte annehmen, daß es zum Beispiel für die Romantiker des frühen 19. Jahrhunderts ein sich anbietendes Thema gewesen wäre. Nach Blake jedoch ignorierten sie es förmlich. Gewiß, Shelley erwähnt »die Mündung eines großen Stromes auf der Insel Atlantis« in einer seiner Szenen des langen

*) Aus *The Pool of the Black one* in *The Sword of Conan* (1933) von Robert E. Howard.

philosophischen Gedichts *Der entfesselte Prometheus*. Aber außer dem Namen übernahm er nichts.

Atlantis taucht in der moderneren englischen Dichtung in den Poemen von Aiken und Masefield auf, die zu Beginn der Kapitel 1 und 4 zitiert werden: bezaubernde Pièces, aber nicht gerade das Beste, was die Autoren geschrieben haben.

Für die Romanciers hingegen war Atlantis ein Geschenk der Götter. Seit einiger Zeit gehört der versunkene Kontinent, wie Planeten und die ferne Zukunft, zur Standardausrüstung des Science-Fiction-Genres. Die Wiederbelebung der Atlantis-Fiktion erfolgte 1869 mit der Veröffentlichung von Jules Vernes berühmtestem Roman *Vingt Milles Lieues Sous les Mers*, zu Deutsch *Zwanzigtausend Meilen unter dem Meer*, der seither immer wieder Neuauflagen erlebte. Darin verlassen der Erzähler und Kapitän Nemo das Unterwasserschiff »Nautilus« in Tauchanzügen, um auf dem Grund des Atlantik spazierenzugehen. Mit einem Male gelangen sie an eine Stelle, wo Lava einem submarinen Vulkan entquillt und den Meeresboden über Kilometer hinweg erleuchtet: »In der Tat, direkt unter meinen Augen lag eine zerstörte, ruinenhafte Stadt, deren Dächer himmelwärts aufgerissen, deren Tempel zerfallen, deren Gewölbe niedergebrochen waren, während die Säulen auf dem Boden verstreut lagen. Dennoch konnte man aus allem den massiven Charakter toskanischer Architektur erkennen. Im Weitergehen sah man einige Überreste eines gigantischen Aquädukts, hier die Grundmauern einer Akropolis mit den fließenden Umrissen eines Parthenon, da die Spuren eines Kais, als ob ein alter Hafen einst gegen den Ozean hin sich geöffnet hätte und samt seinen Handelsschiffen und Kriegsgaleeren versunken wäre. Weiter noch – lange Mauerzeilen und breite, verlassene Straßen – ein perfektes Pompeji erstand unter den Wassern. Dies war der Anblick, den Kapitän Nemo mir vor Augen führte!

Wo war ich? Wo war ich?! Ich mußte das um jeden Preis wissen. Ich versuchte zu sprechen, aber Kapitän Nemo gebot mir mit einer Bewegung Einhalt. Er hob ein Stück Kreide auf, ging zu einem schwarzen Basaltblock und schrieb darauf ein einziges Wort: ATLANTIS.«

Während Vernes Romanfiguren in ihr Unterseeboot zurückkehren und weiter auf Abenteuer ausgehen, fanden seine Nachfolger bald Wege, um nicht nur die Ruinen von Atlantis, sondern auch Atlantis-Bewohner auf die literarische Bühne zu bringen. Mehr als fünfzig Romane wurden über das Thema »versunkene Kontinente« in Buchform veröffentlicht, dazu eine riesige Anzahl von Groschenheften. Das Motiv wurde Allgemeingut, nachdem die Abhandlungen von Donnelly und Le Plongeon um 1880 erschienen waren. Der größte Ausstoß solcher Romane wurde um die Jahrhundertwende herum registriert, wo das Interesse an derartiger pseudo-wissenschaftlicher Literatur ihren Höhepunkt erreichte. Zumindest sechzehn solcher Romane erschienen zwischen 1896 und 1905, wovon einige heutzutage zu raren Büchern geworden sind.

Den Geschichten wurde das Atlantis-Motiv in jeder nur erdenklichen Form zugrunde gelegt. Während in manchen Fällen der Held Atlantis als Ruinenstadt vorfindet, trifft er es in anderen noch florierend an. Begibt er sich in einigen Geschichten per Zeitreise, Traum oder »rassischem Gedächtnis« nach Atlantis zurück, wird in anderen die Story einfach nach Atlantis verlegt, und zwar ohne Überleitungen. Bisweilen versinkt ein Kontinent, bisweilen taucht einer aus der Tiefe auf. Der untergegangene Kontinent kann die Haupt- oder eine Nebenrolle spielen wie in Gerhart Hauptmanns berühmtem *Atlantis:* trotz des Titels keine Geschichte um einen versunkenen Kontinent, sondern ein Roman um einen deutschen Physiker, der Amerika besucht, wobei auf Atlantis ein- oder zweimal Bezug genommen wird. Viele Geschichten beziehen sich auf Platos Atlantis, einige, wie etwa G. Firth Scotts *Der letzte Lemurier*, auf andere Kontinente.

Eines der ersten Produkte der literarischen Atlantis-Schwemme war Olivers *Bewohner zweier Planeten,* ein bemerkenswert schwaches Erzeugnis, das dennoch immer wieder aufgelegt wird und das typisch ist für eine lange Folge von okkulten Atlantis-Romanen, von denen die meisten schlicht unlesbar sind.

Merkwürdig, aber einer der besten Atlantis-Romane war auch einer der frühesten, eine Story mit okkulten ›Obertönen‹: Cutcliffe Hynes *Der verlorene Kontinent* (1900). Die Geschichte geht davon aus, daß zwei Engländer ein Bündel Wachsplatten finden, die mit ägyptischen Hieroglyphen bedeckt sind. Fundort ist eine Höhle auf den Kanarischen Inseln. Es handelt sich um die Autobiographie von Deukalion, einem Soldaten-Priester und Politiker des alten Atlantis. Der Roman beginnt damit, daß Deukalion von seinem Posten als Gouverneur von Yucatán abberufen wird. Er erfährt, daß sich Phorenice, eine Abenteuerin niedriger Herkunft, des Thrones von Atlantis bemächtigt hat. Sie empfängt ihn bei seiner Ankunft: ein kleiner, appetitlicher Rotschopf, der auf

Kamen die Inka-Ahnen über das Meer? Tongefäß der Inka-Kultur in Form eines Balsabootes (zwischen 400 und 600 n. Chr.).

Kleinere Inseln werden bei Vulkanausbrüchen noch immer aus dem Meer geboren. Hier die Entstehung einer Insel vor Surtsey in der Nähe von Island (Juni 1965).

einem gezähmten Mammut reitet. Als Ergebnis ihrer rücksichtslosen und tyrannischen Herrschaft ist eine Revolte aufgeflammt. Die Rebellen belagern die Hauptstadt.

Bei einem Festessen erscheint der alte Zaemon, der Oberste aus Deukalions Priesterschaft, der mit Hilfe okkulter Kräfte zu kommen und zu gehen vermag, wann immer es ihm paßt, um Phorenice zu warnen, sie solle sich bessern. Sie verweigert ihm den Gehorsam und läßt Deukalion wissen, daß sie auf ihn als Verbündeten zähle. Deukalion verliebt sich in Zaemons Tochter Naïs, die zu den Rebellen hält. Doch Zaemon befiehlt Deukalion, Phorenice um Atlantis' willen zu heiraten.

Phorenices Soldaten nehmen Naïs gefangen. Phorenice, die deren Liebe zu Deukalion entdeckt, verfügt, daß Deukalion sie lebend in das Fundament für einen Thron, der auf einem öffentlichen Platz errichtet werden soll, einmauern muß. Deukalion verabreicht Naïs in ihrer Zelle heimlich eine Pille, die sie in Schlaf versetzt. Nach der Einmauerung erklärt Phorenice Deukalion zu ihrem Ehegatten. Dieser führt einen Ausfall gegen die Rebellen an. Während er noch dabei ist, sie zu jagen, erfährt er, daß Phorenice von seinem letzten Zusammentreffen mit Naïs erfahren hat und seinen Kopf fordert.

Er flieht in die vulkanische Wildnis von Atlantis, wo er neun Jahre lang ein einfaches Leben unter Dinosauriern führt. Als er, auf Zaemons Geheiß, in die Zivilisation zurückkehrt, muß er erfahren, daß Phorenice jegliche Opposition beseitigt hat und nun den geheiligten Berg von Deukalions Priesterschaft belagert. Es gelingt ihm zwar, Naïs zu retten und sie wieder zum Leben zu erwecken, die Priester aber werden von der Übermacht überwältigt. Zaemon und die anderen Hohenpriester bewirken durch Magie, daß der Kontinent versinkt. Alles Leben darauf wird ausgelöscht, nur Deukalion und Naïs entkommen in einer Arche.

Abgesehen von der Schwäche des Autors für Plesiosaurier und andere anachronistische Reptilien des Mesozoikums (die zumindest 60 Millionen Jahre, bevor die Menschen die Erde bevölkerten, verschwanden), ist der Roman ein gekonntes Stück erzählender Literatur: dicht, ausgezeichnet konstruiert, farbig, wobei die Hauptcharaktere hervorragend gezeichnet sind und gelegentlich die Funken eines grimmigen Humores stieben. Zudem ist die Story nicht mit Sentimentalitäten überladen, ebensowenig mit pedantischem Wissen, was Romane dieser Art Literatur sehr oft belastet.

David M. Parrys bekannter Roman *Das scharlachrote Empire*

(1906) weist eine ganz andere Behandlung des Atlantis-Themas auf. Hauptabsicht des Autors ist es nicht, zu unterhalten, sondern den Sozialismus und die Arbeiterbewegung lächerlich zu machen. Walker, ein junger Sozialist, der an der Aufgabe, die Welt zu reformieren, verzweifelt, springt bei Coney Island ins Meer, um allem ein Ende zu machen. Er gelangt nach Atlantis, das sich am Grund des Meeres unter einer Kristallkuppel befindet. Atlantier (die, bequemerweise, Englisch sprechen) retten, bewillkommnen und machen ihn zu ihrem Bürger. Atlantis ist ein sozialialistisches Land, wo die Gleichheit so weit geht, daß man dieselbe Kleidung trägt (ein scharlachrotes Gewand, daher der Titel), die gleichen Mahlzeiten ißt und nicht mehr als die vorgeschriebene Anzahl Wörter pro Tag spricht. Stellungen werden mit Hilfe eines Glücksrades vergeben. Heiraten auf eugenischer Basis arrangiert, unter dem Gesichtspunkt nämlich, eine so uniforme Bevölkerung wie nur möglich hervorzubringen. Die Menschen tragen Nummern statt Namen. Ein Viertel der Bevölkerung besteht aus Aufsichtspersonen, die den Rest bespitzeln. Diejenigen, welche Individualismus an den Tag legen, werden als Atavisten gefangengesetzt. Selbstverständlich verliebt sich der Held des Buches in eine Atavistin und schwört dem Sozialismus ab.

Das Hauptamüsement dieser unglückseligen Menschen ist das Fest von Kuglum, bei dem Missetäter und unheilbare Atavisten durch eine Luke der Kuppel ins Meer geworfen werden. Eine Krake, eine Art Super-Oktopus, verschlingt sie sodann. Der Held und sein Mädchen erleiden beinahe dieses Schicksal, können aber in einem Rettungsunterseeboot zusammen mit zwei anderen Atlantiern, die heimlich mit ihnen sympathisiert haben, entkommen. Als das Unterseeboot an dem Platz vorbeikommt, wo das Fest stattfindet, wird es von der Krake umschlungen. Walker feuert einen Torpedo ab, der das Ungeheuer verfehlt, dafür aber ein Loch in die Kuppel schlägt. Das ist das Ende von Atlantis.

Als Story ist die Sache mittelmäßig, abgesehen vom Schluß, wo die politische Theorie in den Hintergrund gedrängt und ein dichter und furioser Höhepunkt erreicht wird. Die Charaktere werden simpel schwarz-weiß gezeichnet, die politische Satire ist zu einseitig, um über die volle Länge hinweg interessant zu sein. Dennoch, der Roman stellt eine der ersten fiktiven Mahnungen hinsichtlich der Gefahren des Staatssozialismus dar, ein Thema, das Aldous Huxley und George Orwell dann in ihren Romanen so glänzend abhandeln sollten.

Zwei Jahre nach Erscheinen von *Das scharlachrote Empire* nahm Richard Hatfield in seinem *Land der Geysire* den gegensätzlichen Standpunkt ein. Die Atlantier leben darin am Nordpol in einem kommunistischen Idealstaat ein glückliches Leben. Das Buch basiert auf einer Theorie, die 1852 von Alphonse-Joseph Adhémar an die Öffentlichkeit gebracht wurde, daß sich nämlich im Laufe der Zeit das Eis an den Polen aufstaut. Die Erde wird dadurch unstabil und vollführt einen Ruck, wodurch die neuen Pole nun da sind, wo früher der Äquator war. Der letzte Wechsel dieser Art rief Atlantis, die Sintflut usw. hervor. Nicht nur, daß die Theorie falsch ist, der Autor besaß auch keine Vorstellung davon, wie man eine Geschichte erzählt. Das Ergebnis ist eine gräßliche Ansammlung von polit-ökonomischen Argumenten, die nur dürftig als Fiktion kaschiert und ziemlich ungenießbar sind.

Im Ersten Weltkrieg verschwand das Thema der untergegangenen Kontinente von der Bildfläche. Es wurde im Jahr 1920 durch Benoîts populäres Buch *Atlantis* wieder aktuell. Seitdem erscheinen jedes Jahr ein oder zwei Bücher dieses Genres. Man kann sie – gemäß ihren Handlungen – in verschiedene Kategorien einteilen. Einige sind Abenteurergeschichten, die, wie zum Beispiel Hynes *Verlorener Kontinent*, auf einem Kontinent ohne modernen Charakter spielen, der dem Untergang geweiht ist. Verschiedene Geschichten in Clark Ashton Smiths *Außerhalb von Raum und Zeit* und *Verlorene Welten* sind in Hyperborea, Atlantis oder dem utopischen Kontinent Zothique angesiedelt. Diese Erzählungen setzen die Tradition der Horrorgeschichten, wie sie durch H. P. Lovecraft populär gemacht wurden, fort. Während einige Kritiker Smiths gezierten Stil bemängeln, der weitestgehend von Poe und Dunsany beeinflußt ist, finden Liebhaber der Horrorgeschichte die Erzählungen hinreißend.

Robert E. Howard präsentierte in seinen Kull- und Conan-Stories ein ähnliches Bild prähistorischer menschlicher Existenz, wobei er jedoch mehr auf eisenfresserische Unternehmungen denn auf düstere Hexenkünste setzte. Die Kull-Stories spielen auf Atlantis, während die Conan-Geschichten vor 12 000 Jahren etabliert sind, und zwar in Howards »Hyperboreischem Zeitalter« zwischen dem Untergang von Atlantis und dem Heraufdämmern historischer Zeiten.

Conan der Kimmerier ist bestimmt der zähste Held fiktiver Literatur. Als seine Feinde ihn kreuzigen und ein Geier herniederstößt, um ihm die Augen auszuhacken, beißt Conan dem Tier den Kopf ab. Der mit Bärenkräften ausgestattete Abenteurer wird mit furchtbaren Gegnern fertig – natürlichen und übernatürlichen – und watet durch Hekatomben von Blut, um sich des Thrones von Aquilonia zu bemächtigen, von dem ihn seine Feinde prompt wieder verdrängen wollen.

Abgesehen von geringfügigen Fehlern besitzen diese Stories Vitalität und Pfiff. Howard wußte seine Figuren, die Ereignisse usw. so lebendig zu zeichnen, daß sie, bei aller Unglaubwürdigkeit des Hyperboreischen Zeitalters, über die Seiten hinweg großartiges, mitreißendes Leben gewinnen. Conan war die Wunschfigur ihres unglücklichen Schöpfers, eines jungen Texaners, der mit dreißig Jahren in einem depressiven Anfall nach dem Tod seiner Mutter Selbstmord beging.

Eines der bekannteren Bücher aus der Reihe konventioneller Atlantis-Romane ist Lillian Elizabeth Roys *Der Prinz von Atlantis* (1929), der, wie Olivers Roman, eine vage theosophische Sicht des untergegangenen Atlantis-Kontinents bietet. Die Geschichte (unerträglich langweilig und dilettantisch) erzählt, wie Atlantis seine Einwanderungssperre lockerte, eine Menge heidnischer Götzenanbeter hereinließ, die die offizielle Religion untergruben, das Gesetz des Einen, dessen Gläubige Tempelritter genannt werden. Meister Qoka warnt die restlichen Tempelritter, den Kontinent, der reif ist, für seine Sünden unterzugehen, zu verlassen. Es gibt da auch ein uninteressantes Intrigenspiel um König Atlas, seine Frau Lias und seinen Sohn Atlan (der Held), den Zauberer Ritaro und andere. Die Autorin scheut selbst den alten Gag nicht, ein königliches Baby mit einem gewöhnlichen zu vertauschen.

Neuerlichen Datums sind zwei ähnliche okkulte Atlantis-Romane. Marjorie Livingstons *Insel Sonata* ist zwar literarischer als das Buch von E. Roy, aber fast ebenso langweilig. Erfolgreicher dagegen ist Phyllis Cradocks *Tor der Erinnerung,* das, wie die beiden kurz beschriebenen Romane, von Atlantis' Niedergang erzählt, der dadurch erfolgte, daß seine Bewohner vom strengen Glauben an das Wahre (eine Art glorifiziertem theosophischem Spiritualismus) abfielen und sich materialistischen und hedonistischen Zielen zuwandten. Die Heroine Clio, Tochter des letzten Atlantis-Königs und verlobt mit Porlas (einem der sieben gewählten Richter), verliebt sich in Divros, den Führer der atheistischen

Freiheitsbewegung. Sie flieht, um mit ihm in Sünde zu leben, derweil dieser einen lasterhaft-ausschweifenden, ketzerischen Kult, der mit der Staatsreligion nichts mehr zu tun hat, begründet. Natürlich führt dies ins Verderben. Wenngleich die Story einen langsamen Start hat, sehr feminin in ihrer Betrachtungsweise ist, zu überladen mit einer allerdings reizvollen Prosa, und ein darin enthaltener weihevoller Okkultismus eher dazu angetan ist, den Nichtgläubigen abzustoßen, trotzdem, ich kann mir nicht helfen, finde ich, daß das Buch geschickt ausgearbeitet und fesselnd erzählt ist.

Wenn diese okkulten Atlantis-Romane eine Moral enthalten, dann die, daß religiöse Freiheit von Übel ist und der Idealstaat eine priesterliche Diktatur mit einem Yogi oder Theosophen an der Spitze.

Ferner gibt es die Geschichten, in denen, wie etwa in den Romanen von Parry und Benoît, Atlantis, das auf dem Meeresgrund oder sonstwo ein blühendes Dasein führt, von einem Menschen der Gegenwart entdeckt wird. Conan Doyle zum Beispiel verwertete diese Idee in *Die Maracot-Tiefe*, ursprünglich einem Fortsetzungsroman, der 1928 in *The Saturday Evening Post* erschien und nachträglich zusammen mit einigen seiner kürzeren Science-Fiction-Stories als Buch herauskam. Diese Erzählung repräsentiert die spiritistische Version der Atlantis-Romane.

Der Erzähler Headley unternimmt zusammen mit Professor Maracot und dem amerikanischen Mechaniker Scanlan eine Tiefseeexpedition. Als sie im Atlantik über einem Abgrund, der Maracot-Tiefe, schweben, zerschneidet ihnen ein riesiges Schalentier das Kabel, und sie sinken auf den Grund hinunter, Atlantier in Taucheranzügen retten sie und nehmen sie mit in ihre submarine Stadt. Als die Zeit herannaht, da Atlantis wegen seiner Schlechtigkeiten versenkt werden sollte, erbaute der tugendhafte Führer Warda eine wasserdichte Konstruktion, in der er seine Anhänger versammelte. Nun leben Tausende von ihnen in diesem subozeanischen Gehege. Sie ernähren sich durch Unterwasserjagd und Anbau auf dem Meeresboden. Nach kleineren Abenteuern kommt es zu Schwierigkeiten zwischen den Landmenschen und einem Dämon, Baal-Seepa, der Atlantis zerstören will. Maracot gelingt es mit Hilfe des Geistes von Warda, den Dämon auszutreiben. Alles geht gut aus.

Die Story ist schlechter Doyle, mit einer dünnen Handlung,

ärgerlichen wissenschaftlichen Schnitzern, einer ziemlichen Dosis spiritistischer Propaganda, wobei die Figuren nicht das Kaliber eines Holmes oder Challenger haben. Dennoch, von einem Meistererzähler erfunden, ist die Geschichte immer noch besser als einige andere auf diesem Gebiet.

Einer der wahrscheinlich am schlechtesten geschriebenen Romane, die zu diesem Thema je verfaßt wurden, ist *Neue Passatwinde nach den Sieben Meeren* (1942) von Alaric J. Roberts, in welcher der Held nicht nur Lemurier, die auf einem pazifischen Eiland leben, entdeckt, sondern auch in Hohlräumen unter den Ozeanbecken ein blühendes Atlantis und Lemuria.

Unter den qualitativ besseren Romanen dieser Gattung sind zu nennen *Die versunkene Welt* von Stanton A. Coblentz und *Sie fanden Atlantis* von Dennis Wheatley. Das Coblentz-Buch benutzt das Unterwasser-Kuppel-Konzept von *Das scharlachrote Empire.* Ein amerikanisches Unterseeboot, das von einem deutschen U-Boot beschädigt wurde, sinkt auf den Grund des Atlantik nieder. Es wird in den Flußarm des zu Atlantis gehörenden Salzflusses eingesogen. Der Erzähler, Ensign Harkness, entdeckt, daß er sich mit den Atlantiern unterhalten kann, da er im Zivilleben Griechischlehrer war und sie einen archaischen griechischen Dialekt sprechen. Die Atlantier sind gutaussehende Vegetarier und Eugeniker, die alt werden und in einer utopischen kommunistischen Gesellschaft ohne Geld leben, in der Beamte mit Hilfe qualifizierten Prüfungen ausgewählt und Karrieren durch ein Expertenkomitee bestimmt werden.

Harkness erfährt, daß die alten Atlantier aus Abscheu darüber, wie andere Völker sich entwickelten, über ihrer Insel eine Kuppel erbauten und dann das Eiland zum Sinken brachten, indem sie Atombomben unter dem Ozean zündeten. Er wird damit beauftragt, eine Historie der Oberwelt zu verfassen, die, als sie veröffentlicht wird, die Atlantis-Bewohner derart schockiert, daß eine Bewegung, die mit der Welt über den Wassern wieder Kontakt aufnehmen wollte, im Keime erstickt wird. Harkness heiratet eine Atlantier-Frau, Aelios, und bereitet sich darauf vor, den Rest seines Lebens unter Wasser zu verbringen. Dann jedoch stellt sich heraus, daß das Unterseeboot, als es in den Fluß gesogen wurde, gegen die Kuppel geprallt war und das Glas beschädigt hatte. Wenn der Riß auch gekittet wurde, so doch unzureichend, und Wasser dringt immer stärker nach Atlantis ein, rascher, als die Atompumpen es wieder hinausbefördern können. Die Atlantis-

Bewohner entsenden Harkness und seine Frau in einem ihrer Unterseeboote an die Oberfläche, um die auf der Erde lebenden Völker um Hilfe zu bitten. Doch als eine Rettungsmannschaft Atlantis erreicht, ist die Kuppel bereits vollkommen mit Wasser angefüllt.

Nicht gerade unlesbar, fehlt dem Buch doch ein Schuß Lebendigkeit. Geschrieben ist es mittelmäßig, der Autor hat wenig Kenntnis vom Marineleben. Zudem leidet die Geschichte unter einer Schwäche, die viele utopische Satiren auf die moderne Zivilisation aufweisen, wie etwa Wheatleys *Sie fanden Atlantis*, C. S. Lewis' *Aus dem stillen Planeten*, S. Fowler Wrights *Die Welt da unten* und H. G. Wells *Menschen wie Götter*. Der Autor, vom Eifer erfüllt, ein kräftiges Gegenstück zum modernen Leben zu zeichnen, richtet eine Pappkulisse auf: Ein Bild der modernen Welt, bei dem die bösen Züge übertrieben dargestellt und die positiven Errungenschaften ignoriert werden. Dafür bietet er eine ideale Gesellschaft an, in der alle Fehler eisern ausgemerzt wurden. Das Resultat ist ein Gebilde, dem die westlichen Zivilisationen niemals ähnlich sein werden.

Wheatleys *Sie fanden Atlantis* (1936) bedient sich der Taucherkugel, des submarinen Atlantis und der Ideen eines utopischen Kommunismus. Dr. Tisch überredet die amerikanische Erbin Camilla Hart, seine Atlantis-Expedition zu finanzieren. Sie schließt sich mit einer Freundesclique, einschließlich dreier Freier, an. Doch als sie in See stechen, kapert eine kriminelle Bande das Schiff, um Camillas Vermögen zu erpressen. Die Gangster lassen jedoch ihre Gefangenen die Unterwasserexpedition ausführen. Ein Kriegsschiff eilt ihnen zu Hilfe, als sie sich auf Tauchstation befinden. In dem stattfindenden Kampf wird das Kabel der Taucherkugel zerstört. Diese sinkt auf den Meeresgrund und wird von den Wasserpumpanlagen von Atlantis angesogen. Die Besatzung hat mit einer Horde Untermenschen zu kämpfen, die in Tunnels leben und sich von den Fischen ernähren, die in das Pumpsystem geraten. Nachdem sie diesen Wesen entkommen ist, gelangt die Gruppe zum eigentlichen Atlantis, einer Insel in einem See in einer riesigen, erleuchteten Höhle. Hier existieren zwölf Atlantier, sechs Männer und sechs Frauen, die ein Lotus-Esser-Leben führen, sich lieben, gemeinsam arbeiten und tagelang schlafen. Während sie schlafen, entsenden sie ihre Seelen, um die Oberwelt zu erforschen. Sie sind Abkommen der wenigen Atlantier, die die Flutkatastrophe überlebten, da sie in wasserdichten unterirdischen

Gelassen waren. Bei den Untermenschen handelt es sich um eine künstlich von atlantischen Zauberern erzeugte Rasse. Die Atlantier bewillkommnen die Forscher. Alles geht gut, bis einer von Camillas Verehrern, ein nichtsnutziger Filmschauspieler, Tisch unabsichtlich in einem Streit tötet. Die friedliebenden Atlantier sind über den Mord so entsetzt, daß sie die ganze Gesellschaft hinauswerfen. Indem sie noch einmal den Untermenschen entkommen, erreichen die Reisenden an der Insel Pico bei den Azoren die Oberfläche des Meeres. Den Tunneleingang finden sie indes niemals wieder.

Das Buch weist viele Züge populärer Romane der *Scheich*-Ära auf. So haben Camilla und ihre Cousine Sally Hart Haare »von der Farbe reifen Weizens«. Sallys Freund, Kapitän McKay, ist der typische rauhe Seebär. Die Gangster sprechen einen grotesken amerikanischen Unterweltslang. Das Buch enthält lange Passagen von Atlantis-Argumenten, wie sie von Donnelly oder Spence dargelegt wurden, desgleichen ausführliche Schwärmereien hinsichtlich der Schönheiten der Tiefsee, die von Beebe übernommen wurden. Wenn auch nicht außergewöhnlich, so vermag der Roman dennoch in den Passagen mit starker Handlung die Aufmerksamkeit zu fesseln.

Eine weitere ansehnliche Sparte moderner Heldengeschichten, die im alten Atlantis spielen, ist die der pseudowissenschaftlichen Sensationsstories. In Nelson Bonds *Zeitexil* wird zum Beispiel eine ganze Gruppe in der Neuzeit lebender Personen mit Hilfe der Zeitmaschine nach Mu versetzt, und zwar zu einem Zeitpunkt, da der Kontinent jeden Augenblick von einem Kometen zerstört werden kann.

Die beste Geschichte dieser Art ist wahrscheinlich J. Leslie Mitchells *Drei gehen zurück* (1932), in welcher der Autor, der auch das wissenschaftliche Sachbuch *Die Unterwerfung der Maya* verfaßt hat, zu dem Thema die diffusionistischen und pazifistischen Elemente beisteuert. Er entwickelt dabei die Vorstellungen, daß die Zukunft des transozeanischen Lufttransports dem großen, starren und steuerbaren Luftschiff gehöre und daß alle Kriege durch böse Munitionsfabrikanten angezettelt würden, den »Kaufleuten des Todes«, die kriegerische Auseinandersetzungen unter den Nationen aus gewinnsüchtigen Motiven schürten. Ein Luftschiff gerät in eine Art ›Zeit-Krümmung‹ – so der Beginn des Romans –, auf der es in das Pleistozän zurückversetzt wird. Niemand bemerkt dies zunächst, bis das Luftschiff bei Nacht gegen einen Berg von Atlantis prallt. Die einzigen Überlebenden dieses Zusammenstoßes sind die englische Autorin Clair Stranlay, der unangenehme, aber energische amerikanische Berufspazifist Sinclair und der aalglatte ältere Munitionsfabrikant englischer Abkunft Mullaghan. Da Sinclair kurz zuvor aus Deutschland ausgewiesen wurde, weil er für Lynchjustiz gegenüber allen Munitionsfabrikanten eingetreten war, ist das Häuflein der Überlebenden einander weniger sympathisch, als dies der Fall sein sollte. Sie irren in ihren Nachtgewändern umher, stoßen auf ein Mammut und andere pleistozäne Tiere, bis sie von einer Gruppe baskisch sprechender Cro-Magnon-Jäger aufgefunden werden. Die Höhlenbewohner sind ›edle Wilde‹ Rousseauscher Prägung: heitere Naturkinder, nackt, ohne Scheu, Hemmungen, Aberglauben, Aggressivität, Besitz, Regierung, Krieg oder andere sogenannte Errungenschaften der Zivilisation.

Zum Entsetzen der zwei Männer tut sich Clair (eine ziemlich frustrierte junge Dame) mit dem Jäger Aerte zusammen, da er sie an einen früheren Geliebten erinnert, der im Ersten Weltkrieg fiel. Mullaghan, der von der ungewohnten Diät krank wird, stirbt, nachdem er seine Schuld bereut hat. Der Untergang eines Teiles des Kontinents infolge eines Erdbebens zwingt den Stamm, sich auf Wanderschaft nach Süden zu begeben. Im Verlaufe dieser Wanderschaft werden sie von Neandertalern überfallen. Die Neandertaler sind gräßliche Wesen – schmutzige, grausame Kannibalen. Nun stellt der Konflikt zwischen Cro-Magnon-Menschen und Neandertalern ein gern genutztes Thema der Science-Fiction-Literatur dar, wobei moderne Autoren dazu neigen, die Neandertaler zu benachteiligen.

Wie dem auch sei, während die Cro-Magnon-Jäger den Neandertalern ein Rückzugsgefecht liefern, um ihrem Stamm das Entkommen über einen Bergpaß zu ermöglichen, werden Clair, Sinclair und Aerte von einer Übermacht überwältigt und beinahe getötet, doch plötzlich finden sich Clair und Sinclair unverletzt im 20. Jahrhundert wieder, und zwar, wie sich herausstellt, auf den Azoren. Zum Schluß wollen sie einander heiraten und den Kreuzzug Sinclairs gegen die Kriegsgewinnler weiterführen. Abgesehen von einigen Schnitzern wissenschaftlicher und literarischer Art ist die Story mit einem raffiniert professionellen Touch geschrieben. Die Aufmerksamkeit des Lesers wird stets wachgehalten.

In Ergänzung zu sozialistischen, pazifistischen und anderen Aspekten des Themas der versunkenen Kontinente übernahm

Francis Ashton Hörbigers Kosmische Eis-Theorie und machte sie zur Grundlage für einige seiner Romane. In *Der Siegelbruch* (1946) wird der junge Engländer Melville von dem Psychologen Kurdt dazu überredet, bei einem Experiment mitzumachen. Nach psychologischen und Yoga-Übungen versetzt Kurdt Melville in Trance, in welcher er das Leben von Maht, einem jungen Krieger der Stadt Mahbahste, die auf einem Kontinent irgendwo im Atlantik liegt, nachlebt. Die Mahbahsteer beten Bahste, den Satelliten der Erde (einen Vorläufer des Mondes), an, der der Erde so nahe gekommen ist, daß er fast den ganzen Himmel bedeckt und die Erde so rasch umrundet, daß er die Sonne dreimal am Tage verfinstert. Die Handlungen, Fluchtunternehmungen und Kämpfe in Mahts aktivem Leben werden unterbrochen, als Bahste anfängt, zu zerfallen.

Zuerst fällt der Eismantel des Satelliten in einem entsetzlichen Hagelschlag auf die Erde nieder. Eine Schlammflut folgt. Dann gibt der Restkern von Bahste nach, und die Erde ist einem Meteorregen ausgesetzt, Eruptionen sowie Erdbeben. Zum Schluß fließen die äquatorialen Gezeitenwellen polwärts und überschwemmen Mahts Kontinent. Dieser und seine große Liebe, Prinzessin Runille, entkommen in einer Arche, die von dem Patriarchen Nodah gebaut wurde.

Ach, diese große Stadt vom selben Autor behandelt die nächste Phase von Hörbigers Kosmogonie, in der der Mond von der Erde eingefangen wird. Jonathan Grant sagt zu, einen unbekannten Mann namens Allanson zu einem bestimmten Zeitpunkt in seiner kleinen Segelyacht an einen bestimmten Ort im Atlantik zu bringen. Er ist verwirrt, als sich sein Passagier als Mädchen herausstellt, Joyce Allanson. Sie erklärt, ihr Vater habe nicht kommen können. Über die ersten hundert Seiten hinweg wird amüsant erzählt, wie das arme Mädchen sich anstrengt, seemännische Kenntnisse zu erwerben, um ihren Bootsführer zu versöhnen. Grant nämlich, der sich hintergangen fühlt, hat gegenüber der Unternehmung eine starrsinnige und überkritische Haltung eingenommen. An dem bezeichneten Ort bricht ihnen eine riesige Welle den Mast und sie erleiden beinahe Schiffbruch. Während Grant noch unter Wasser ist, erlebt er (wie Melville) das Leben eines Vorfahren — Larentzal, eines jungen Atlantis-Bewohners — nach.

Larentzal und seine Freundin Cleoli (die Joyce ähnelt) sind in ein Komplott gegen die böse Königin Nethali verwickelt, die regiert, während ihr Gemahl, König Ramenzal, sich auf Kriegszug befindet. Das Komplott mißlingt, da Larentzal, anstatt, wie ihm aufgetragen wurde, Nethali zu ermorden, sich von ihr verführen und zu ihrem Geliebten machen läßt. Cleoli, die arretiert wird, kann einer öffentlichen, mit ihrem Tode endenden Auspeitschung nur dadurch entgehen, daß sie Priesterin von Ra-Zatthwal, dem Sonnengott, wird. Als Ramenzal aus dem Kriege zurückkehrt, rettet Larentzal ein Erdbeben, das von unserem heutigen Mond verursacht wird, vor des Königs Rache. Vor dem Untergang des Kontinents flüchten Larentzal und Cleoli (der jegliches Mißgeschick einschließlich dem Verlust eines Beines widerfahren ist) auf einem Boot, werden aber von einer Erdbebenwelle erfaßt und vermutlich ertränkt. Dann kehren wir mit Grant, der selbst fast ertrunken wäre, in die moderne Zeit zurück. Nun ist er dabei, Meerwasser aus Joyce herauszupumpen (in die er sich natürlich verliebt hat). Er erfährt, daß er den Beweis für ihres Vaters Theorien vom ›kollektiven Unbewußten‹ und dem ›universalen Gedächtnis‹ geliefert hat.

Nicht unbedingt schlecht, waren diese beiden Geschichten dennoch kein Erfolg. Es ist schwer zu sagen, warum. Sie sind sentimental und schludrig geschrieben, ihre Höhepunkte werden ungebührlich lange hinausgezogen, wobei der zweite Roman weniger interessant ist als der erste.

Eine ganze Anzahl von Geschichten über untergegangene Kontinente handeln von einzelnen oder einer kleinen Gruppe von Überlebenden, deren Existenz bis in die Gegenwart hineinreicht. G. C. Fosters *Der verlorene Garten* (1930) ist zum Beispiel eine liebenswerte Travestie, in der einer kleinen Gruppe von Atlantiern von On-Ra, dem Hohepriester von Poseidon, die Quasi-Unsterblichkeit verliehen wurde. On-Ra und die Gruppe entkommen dem Untergang von Atlantis. Durch die Zeitalter hindurch leben sie die abenteuerlichsten Existenzen bis in die Gegenwart hinein. Am Ende der Geschichte ist On-Ra zum Beispiel ein anglikanischer Bischof. Die amüsanteste Passage ist die, in welcher die alten Atlantier darüber diskutieren, ob das legendäre Lemuria jemals existierte, wobei sie die Argumente, die heutzutage für oder gegen Atlantis gebraucht werden, ins Feld führen.

In Owen Rutters *Das Monster von Mu* (1932) wird eine Gruppe von Schatzsuchern zu einer Insel bei den Osterinseln im Pazifik ausgesandt, wo der weiße Priester von Mu über die letzten Überlebenden des untergegangenen Kontinents gebietet. Die

Arbeiten auf dem Eiland werden von kleinwüchsigen braunhäutigen Männern verrichtet. Die Muvianer sind unsterblich. Da Frauen auf der Insel nicht zugelassen sind, entscheidet der Priester, daß die Heldin an einen Felsen gekettet werden muß, um, wie Andromeda, einem Ungeheuer geopfert zu werden, in diesem Falle einem Reptil, einer Art blindem Plesiosauraus. Nach einem sehr bewegten Handlungsablauf versinkt die Insel im Meer. Held und Heldin entkommen. Es handelt sich dabei um konventionelle Abenteurerliteratur von nicht eben großem Format.

Ein anderer Roman dieser Spezies erschien 1920 in Deutschland: Otto Schulz' *Tlavatli*. Ein Deutscher namens Justus, der sich mit dem Okkultismus befaßt, wird darin von seinem indischen Mahatma angewiesen, mit seiner Yacht zu einem bezeichneten Ort im Ozean zu schippern. Aus den Überresten einer versunkenen Stadt befreit er die Prinzessin von Atlantis, hat mit Wiederbelebungsversuchen Erfolg und prompt eine Liebesaffäre mit ihr. Zudem holt er den Chefzauberer von Atlantis herauf, der die Prinzessin in einen langen Schlaf versetzte, da sie sich geweigert hatte, ihn zu heiraten. Der Zauberer, zu neuem Leben erwacht, beschwört einen Dämon in Gestalt einer riesigen Kröte. Doch da erscheint der Mahatma auf der Bildfläche, und in der folgenden okkulten Auseinandersetzung kommen Dämon, Zauberer und Prinzessin um.

Von allen Stories, in denen eine Handvoll Atlantier oder Überlebende anderer verschwundener Kontinente in der Gegenwart ihr Wesen treiben, ist eine der bemerkenswertesten *Aus der Stille* (1927) von Erle Cox, einem australischen Schriftsteller.

Ein australischer Farmer, Alan Dundas, entdeckt beim Graben in seinem Weinberg eine Kuppel aus einer harten Substanz und von riesigen Ausmaßen. Nach vielen Versuchen gelingt es ihm, eine Tür zu öffnen. Im Innern findet er eine Reihe von Museumssälen vor, in denen eine Ausstellung über eine versunkene Zivilisation gezeigt wird. Im letzten der Gemächer liegt eine wunderschöne Frau im Schlaf. Dundas verpflichtet seinen Freund Dr. Barry zu strengster Diskretion und bringt diesen dazu, die Schöne wieder ins Leben zurückzuholen. Sie heißt Earani und wurde vor 27 Millionen Jahren in dem Raum eingemauert, bevor die Zivilisation, in der sie lebte, durch eine Katastrophe ausgelöscht wurde. Die Wissenschaftler jener Zeit bauten, um ihr Wissen weiterzugeben, drei solcher ›Zeitkapseln‹, zwei von ihnen enthielten je einen Mann, die dritte Earani. Ihr Ahnungsvermögen sagt Earani, daß einer der Männer, Andax, in seiner Kapsel im Himalaja noch am Leben ist.

Nachdem die Sprachschwierigkeiten überwunden sind, entwikkelt Earani Pläne, Andax zum Leben zu erwecken und die Welt nach ihren Plänen durchgreifend zu reformieren. Diese sehen zunächst vor, daß ein ganzer Teil der Weltbevölkerung ausgerottet werden soll — alle farbigen Völker, die sie als rassisch minderwertig betrachtet. Dundas, der sie liebt, wird ihr Sklave. Barry hingegen bricht sein Versprechen und geht nach Melbourne, um den Premierminister vor der drohenden Gefahr zu warnen. Sie stimmen darin überein, daß Mord ihre einzige Hoffnung bedeutet. Der Premier ist gerade dabei, seinen Revolver einer Prüfung zu unterziehen, als Earani erscheint, ihn durch ihre Geisteskräfte entwaffnet und beide davor warnt, sich fürderhin einzumischen. Dies würde ihren augenblicklichen Tod bedeuten. Es sieht so aus, als könne Earani nicht mehr aufgehalten werden. Da wird sie von Dundas' früherer Freundin in einem Eifersuchtsanfall erstochen. Dundas trägt Earanis Leichnam in die Kapsel zurück und betätigt den Hebel, der die Kapsel und damit auch ihn in die Luft jagt.

Die ist eine gut geschriebene, fesselnde Geschichte, die die Aufmerksamkeit auch deshalb wachhält, weil nicht bloß der konventionelle Konflikt zwischen Gut und Böse abgehandelt wird, sondern eine weitaus interessantere Auseinandersetzung zwischen zwei voneinander verschiedenen, unvereinbaren Anschauungen stattfindet.

Außerdem gibt es eine Spezies von Romanen, die sich mit einer imaginären modernen Katastrophe von der Art, wie sie Atlantis angeblich traf, befassen. So erzählen die Romane *Deluge* (1928) und die Fortsetzung davon mit dem Titel *Dämmerung* (1929) von S. Fowler Wright (einem talentierten Romancier von sehr kraftvoller Schreibweise, ebenfalls Rousseau-Anhänger) von einer Katastrophe, bei der der größte Teil der heutigen Erdoberfläche überflutet wird, einschließlich fast aller Inseln Großbritanniens. Der Held, ein englischer Rechtsanwalt, übernimmt das Kommando der wenigen britischen Überlebenden (zum größten Teil Bergleute) und bringt nach und nach Ordnung in das Chaos.

Karl zu Eulenburgs *Die Brunnen der Tiefe* (1926) hat eine andere Tendenz: Ein Passagierschiff strandet auf Atlantis, als der verschwundene Kontinent wieder an der Meeresoberfläche auftaucht. Einige der Passagiere gehen auf Erkundung aus und entdecken ein atlantisches Museum, vollgestopft mit präparierten

Dinosauriern und anderen ausgestorbenen Tieren. Als eine Dame aus Mutwillen ein Rad dreht, kommt Leben in die Tiere – denn, so scheint es, sie waren nicht ausgestopft, sondern nur paralysiert –, und die Besucher müssen fliehen. Nach vielen Aufregungen werden die Schiffspassagiere gerettet, und der Kontinent versinkt abermals.

Die eindrucksvollsten Romane dieser Gattung, bei denen – wie bei Eulenburg – das Thema des sinkenden Kontinents in der Umkehrung benutzt wird, sind jedoch wohl zwei von Francis H. Sibson. In *Die Überlebenden* (1932) stranden zwei Schiffe auf einer Insel von der Größe Grönlands, die plötzlich im Sargasso-Meer auftaucht. Das Passagierschiff ›General Longstreet‹ wird vollständig zerstört. Die einzigen Überlebenden sind der 2. Ingenieur und eine amerikanische Erbin. Das andere Schiff, der britische Kreuzer ›Maple Leaf‹, kommt mit einem Loch im Schiffsrumpf davon. Außerdem bleibt der größte Teil der Besatzung am Leben. Die Seeleute beginnen sofort damit, Pläne zu machen, wie sie ihr Schiff reparieren und wieder flott bekommen können. Ferner erzählt die Geschichte die mühselige Errettung der zwei von der ›Longstreet‹ durch eine Crew der ›Maple Leaf‹. Die Fortsetzung *Der gestohlene Kontinent* (1934), ist komplizierter.

Diese Romane wurden geschrieben, als das amerikanische Gangsterwesen am berüchtigtsten war. Der Autor schildert, daß Gangsterbanden die ganzen Vereinigten Staaten übernommen haben – die bewaffneten Streitkräfte ausgenommen, welche gegen die Verbrecher einen Guerillakrieg führen. Als sich ihre Niederlage abzeichnet, bauen die Gangster eine Geheimbasis im Innern von Neu-Kanada (wie das neu aufgetauchte Land benannt wurde). Von dort aus planen sie, die atlantischen Schiffslinien zu beschießen, um so,wie die Seepiraten früherer Zeiten, Tribut erheben zu können. Um die Aufmerksamkeit von sich abzulenken, haben sie eine Scheinorganisation aufgebaut, die Liga zur Verteidigung der Vereinigten Staaten, die einen Streit zwischen Großbritannien und den Vereinigten Staaten um die Besitzrechte von Neu-Kanada heraufbeschwört. Sie kidnappen auch verschiedene Leute und verschleppen sie zur Geheimbasis. Die Gekidnappten sprengen indessen die Base in die Luft, wobei es ihnen gelingt, noch rechtzeitig zu fliehen und einen anglo-amerikanischen Krieg zu verhindern.

Außer den Geschichten, die auf Plato, Donnelly, Churchward und anderen ›orthodoxen‹ Atlanto-Lemuristen basieren, gibt es auch einige, die weder Atlantis noch den Untergang von Kontinenten erwähnen, sondern uralte Zivilisationen behandeln, deren Blütezeit viele tausend Jahre vor der Menschheitsgeschichte angesetzt wird. Cox' Roman, der zuvor beschrieben wurde, könnte dieser Kategorie zugerechnet werden. Diese Konzeption spielt auch eine Rolle in H. Rider Haggards *Sie* und in Fowler Wrights *Die Insel des Kapitän Sparrow* und *Die Rache Gwas*. Die gleiche Idee gibt die Grundlage zu Pierrepont B. Noyes' *Bleichen Giganten* ab (1946 wiederveröffentlicht). Der letztere Roman enthält eine Warnung vor den Gefahren bewaffneter Völker. In Frankreich werden Berichte über eine Prä-Cro-Magnon-Zivilisation gefunden, die ausgelöscht wurde, als Wissenschaftler einen Todesstrahl erfanden. Mit diesem vernichteten die Kriegsmächte jener Tage die Menschheit.

Diese Übersicht gibt keinesfalls erschöpfende Auskunft darüber, in welcher Weise das Thema der verschwundenen Kontinente in der Fiction-Literatur Verwendung fand. In Victor Rousseaus *Auge von Balamok* zum Beispiel findet ein Prospektor, der in Australien nach Gold sucht, die Abkommen der Atlantis-Bewohner, die in einer Kaverne unter der Erde wohnen – ein Ort, an dem ganze Serien von Science-Fiction-Stories angesiedelt sind, wie etwa Burroughs *Pellucidar*-Geschichten. Abraham Merritts *Kriechender Schatten* nimmt sich der Sage von Ys und seiner lasterhaften Prinzessin Dahut an, während A. E. van Vogts *Buch von Ptath* in der Zukunft und auf dem Kontinent »Gonwonlane« spielt – womit Sueß' Gondwanaland zu neuem Leben erweckt wäre.

Eine ganze Anzahl der genannten Romane sind britischer Herkunft. Ihre Verfasser arbeiten mit einer Reihe von Klischees: Deutsche sind nahezu immer Professoren, amerikanische Staatsbürger Millionäre, Erbinnen oder Gangster. Anflüge von Rassismus und Antisemitismus gibt es bisweilen. Einige Autoren legen einen gewissen aristokratischen Snobismus an den Tag: die Arbeiterklasse stellt fast immer die Schurken und Narren, die total unfähig sind, ihre Angelegenheiten in zivilisierter Manier über die Bühne zu bringen, während die Helden der Oberklasse den Laden schmeißen.

Außer den genannten Romanen, die weiter keinen Anspruch erheben, als Fiction-Literatur zu sein, gibt es eine Gattung Atlantis-Bücher, die von den meisten wohl als Fiction eingestuft werden, deren Autoren jedoch behaupten, sie hätten Tatsachenberichte verfaßt, die sie auf okkultem Wege empfingen. Unter diesen sind die Bücher von Leslie und Phelon, die im dritten Kapitel erwähnt werden, Clara von Ravns *Selestors Mannen von Atlantis* und Daphne Vigers' *Das Auftauchen von Atlantis.* Während Mrs. von Ravn den Anschein zu erwecken sucht, ihr Buch sei ihr von einem ägyptischen ›Geisterführer‹ namens »Selestor« diktiert worden, mach Miß Vigers geltend, sie habe Atlantis mit ihrem Astralleib persönlich besucht. In keinem der beiden Fälle kam jedoch etwas Lesenswertes dabei heraus.

So wurde denn das Atlantis-Thema mit dem Kommunismus, dem Sozialismus, Anti-Sozialismus, Spiritismus, der Theosophie, dem Rassismus, Pazifismus, Romantizismus, Diffusionismus, dem Rousseauschen Primitivismus und dem Hörbigerismus in Verbindung gebracht. Im ganzen gesehen sind die unterhaltsamsten Geschichten – wie Hynes *Verlorener Kontinent* – die, die ideologiefrei sind und einfach eine lebendige Story in geschicktem, professionellem Stil erzählen.

Seit dem Erscheinen von Science-Fiction-Groschenheften ist die Zahl der Erzählungen über versunkene Kontinente unübersehbar geworden. (Um der Wahrheit die Ehre zu geben, ich habe selbst einige geschrieben. Es gibt gute darunter, schlechte und mittelmäßige. Eine komplette Übersicht darüber würde ein Buch für sich füllen. Die meisten sind vom simplen Action-Liebe-Typ, zumeist mit einer pseudo-wissenschaftlichen Voraussetzung versehen, die den Handlungskern trägt.

Unter den neueren Atlantis-Romanen, die ich kenne, sind die genußreichsten von einer jungen Engländerin, Jane Gaskell, verfaßt: *Die Schlange, Atlan* und *Die Stadt.* Das sind lang ausgesponnene farbige Erzählungen, reich an heiteren Einfällen und fantasievollen Details. Sie werden in der ersten Person von Prinzessin Cija (was wie KEE-ya ausgesprochen wird) erzählt, Tochter eines der Monarchen, die zu Atlantis-Zeiten die südamerikanischen Königreiche beherrschten. Atlantis ist dekadent, da es sich von der übrigen Welt durch einen Vakuumzaun abgesondert hat. Cija ist eine zierliche, flatterhafte, aber zähe Heldin, die Kriege, Revolutionen, Unterdrückung, Hunger, Verfolgung, Versklavung, Auspeitschung, Vergewaltigung, wilde Tiere, sterbliche Widersacher, unheilvolle Intrigen und was immer sich ein Autor noch alles ausdenken kann, um so ein armes kleines Ding in Schwierigkeiten zu bringen, übersteht.

In *Die Schlange* wird Cija Zerd, einem charmanten, gerissenen, erbarmungslosen General eines anderen Königreiches, als Geisel übergeben. In Zerds Stammbaum sind auch Reptilien vertreten. Sein Körper ist mit schiefergrauen Schuppen bedeckt. Zum Schluß wird Cija Zerds Frau und Kaiserin von Atlantis. In *Atlan* wird die Kaiserin mit ihren zwei Kindern zu einem gehetzten Flüchtling. In *Die Stadt* flieht sie noch immer vor ihrem Krokodil-Gatten, dem sie sich entfremdet hat, und kehrt schließlich nach Südamerika zurück. Hier wird sie vom Kapitän ihres Schiffes heimtückisch in die Sklaverei verkauft. Sie kann jedoch fliehen, sammelt Erfahrungen in einem Bordell und muß eine Jagd durch das von Alligatoren wimmelnde Innere eines Tempels mitmachen — einem der unheimlichsten Tempel der Fiction-Fantasie. Dann wird sie von einem Rudel fleischfressender Affen entführt. Von einem der Tiere wird sie geschwängert.

Miß Gaskell erzählt sicherlich verrückte Geschichten, aber voller Humor, einiger großartigen Orgien und spannenden Menschenjagden. Die Geschichte ist mehr Science-Fiction denn fantastische Erzählung, da übernatürliche Elemente keine Rolle spielen. Die Kavallerie dieser Zeit reitet gigantische Raubvögel, die nicht fliegen können. Eine solche Art lebte tatsächlich in einem Abschnitt des Zeitalters der Säugetiere in Südamerika.

Miß Gaskell beging jedoch zwei Kardinalfehler. Einmal ist sie zu wortreich (Konversationen werden weit über das hinaus ausgedehnt, was zur Handlungsführung und Charakterzeichnung notwendig wäre). Zum anderen benutzt sie Modernismen wie »o. k.«, »Radar« oder »Sadist«, die die Illusion zerstören, wir seien Zeugen von Ereignissen, die viele tausend Jahre zurückliegen. Dennoch, die Autorin ist eine geborene Geschichtenerzählerin, und die Romane sind weit über dem Niveau dieses Genres.

Zum Schluß sei noch einmal erwähnt, daß Plato eine fiktive Geschichte verfaßte, die einen großen und kontinuierlichen Einfluß auf die westliche Literatur und das westliche Denken ausübte, jedoch nichts mit Geologie, Anthropologie oder Geschichte zu tun hat, wovon Plato geringe Kenntnisse besaß. Sollte es Kontinente gegeben haben, die versanken, so haben sie nichts mit Platos Vorwurf zu tun, schon aus erdgeschichtlichen Gründen nicht. Geologische Umwälzungen finden über Millionen von Jahren hinweg statt und gehen nicht so vor sich, wie Plato dies schilderte. Hinzu kommt, daß die mündlich weitergegebenden Überlieferungen der primitiven Völker solche Veränderungen nicht über so große Zeiträume hinweg bewahren.

Es gab vergessene Zivilisationen. Die von Kreta und Tartessos (vor allem die letztere) könnten Plato beeinflußt haben, nicht jedoch ältere oder entferntere Kulturen wie die der Sumerer oder Maya, da Plato keine Möglichkeit besaß, etwas über sie zu erfahren. Die Ideen für die Atlantis-Geschichte bezog er aus dem Wissen und den Überzeugungen seiner eigenen Zeit — aus den Legenden und Mythen um Scheria, Atlas, Poseidon, den Garten der Hesperiden und das Goldene Zeitalter; aus Gerüchten um wilde Atlantes in Afrika, um fruchtbare Inseln und unpassierbare Sandbänke im Atlantik, von den Schilderungen der Städte Babylon, Syrakus und Karthago und aus Berichten über Erdbebenkatastrophen im Mittelmeergebiet, besonders aus dem über die mächtige Eruption von Thera 1400 v. Chr. und die kleinere Katastrophe, bei der Atalantë 426 v. Chr. durch eine Springflut überflutet wurde.

Der Zweck, den er mit seiner Geschichte verfolgte, war weder historischer noch wissenschaftlicher Natur. Er wollte zeigen, wie seine ideale Republik in der Praxis arbeiten würde. Wahrscheinlich ließ er das Werk unvollendet, da er in Schwierigkeiten mit der Konstruktion geriet. Er besaß das Material für eine solche Erzählung, das Talent und die Fantasie, sie zu schreiben. Er verfaßte eine Anzahl solcher Allegorien. Wahrscheinlich wäre es ihm nie in den Sinn gekommen, daß spätere Generationen Atlantis für bare Münze nehmen und sogar einen Kult daraus machen könnten. Wäre ihm dennoch dieser Gedanke gekommen, so hätte er sich sicher nicht allzu sehr den Kopf darüber zerbrochen. Für ihn war die Idee alles, die materiellen Fakten waren unwichtig.

Ich hoffe, daß es mir gelungen ist, zu zeigen, daß die meisten Anhänger des Atlantis-Kults nicht zu ernstgenommen werden sollten. Zum größten Teil wiederholen sie die längst widerlegten Behauptungen von Donnelly, Le Plongeon und anderen frühen Atlantisten sowie die teilweise wilden Spekulationen von Wissenschaftlern des 18. und 19. Jahrhunderts, Historikern, Anthropologen und Geologen, wobei sie die immensen Fortschritte ignorieren, die auf diesen Gebieten während des vergangenen halben Jahrhunderts gemacht wurden. Aus einigen örtlichen, kulturellen und sprachlichen Ähnlichkeiten glauben sie — zum Beispiel die

Diffusionisten, die Zehn-Stämme-Anhänger oder jene, die Homers Scheria überall auf der Landkarte ansiedeln –, Zusammenhänge konstruieren zu können. Eine Methode indes, die für einen Fall ebenso gut neun wie sechzig voneinander abweichende Resultate zu erbringen imstande ist, kann ja wohl nicht viel taugen. Um wirkliche Übereinstimmungen zwischen Kulturmerkmalen zu erzielen, die an weit auseinanderliegenden Orten der Erde auftreten, muß man mehr tun, als nur Ähnlichkeiten feststellen; man muß eine Menge anderer Möglichkeiten in Betracht ziehen. So muß man zum Beispiel die Unterschiede ebenso herausstellen wie die Gleichartigkeiten.

Daß sich die Atlantis-Idee so lange am Leben erhalten hat, dafür gibt es mehrere Gründe. Die Suche nach versunkenen Kontinenten ermöglicht es dem überheblichen Amateur der Wissenschaften, ein bißchen Historiker, Archäologe oder Paläograph zu spielen. Das Grenzland zwischen dem Bekannten und Unbekannten ist das faszinierendste Feld menschlichen Wissens, und Behauptungen zu Ort und Zeit, die nicht historisch belegbar sind, sind auch schlecht zu widerlegen. Atlantis birgt für diejenigen, die die Geschichte nicht erregend genug finden, Geheimnis und Romantik zugleich, zudem läßt sich das Thema leicht mit Moral befrachten – in der Tat mit den verschiedensten und widersprüchlichsten moralischen Auffassungen.

Am meisten aber fällt doch wohl ins Gewicht, daß dieses Thema eine Saite zum Klingen bringt, die etwas mit der Melancholie darüber zu tun hat, daß etwas Schönes verlorenging, eine glückliche Vollkommenheit, die die Menschheit einst besaß. Das rührt eine Hoffnung in uns an, die die meisten von uns – sei es auch nur unbewußt – mit sich herumtragen, eine Hoffnung, die so oft bestärkt und so häufig enttäuscht wurde: daß nämlich irgendwo zu irgendeiner Zeit ein Land des Friedens und Überflusses existieren könne, ein Land der Schönheit und Gerechtigkeit, wo wir, verlorene Kreaturen, die wir sind, glücklich zu sein vermögen. In diesem Sinne wird Atlantis – ob wir es nun Panchaia, das Königreich Gottes, Okeana, die klassenlose Gesellschaft oder Utopia nennen – uns stets begleiten.

REGISTER